中国经贸新形势与地方发展

以义乌与 RCEP/CPTPP 的关系为例

中国人民大学重阳金融研究院 义乌中国小商品城研究院 编写

王 文 赵文阁 刘 英 主编

人民出版社

编 委 会

主　编：

王　文　赵文阁　刘　英

执行主编：

王　栋

副 主 编：

傅春晗　方正平

撰稿人团队：

王　文　刘　英　胡倩榕　郭方舟　李懿行
许　林　刘锦涛　刘思悦　陈正浩

本书导读

● RCEP 的前世今生及其将如何影响世界？在单边主义、贸易保护主义和逆全球化泛起之际，全球最大自贸协定——RCEP 经过 15 个国家 31 轮谈判，历时 8 年终于签署达成。RCEP 协议的签署将加速全球经贸重心从北美、欧洲向亚太地区转移，推动世界经贸格局、经贸规则和贸易模式转变。

● 全球最大的自贸协定 RCEP 为什么如此重要？区域全面经济伙伴关系协定（RCEP）成员国的人口、GDP、贸易总额均占全球约 30%，RCEP 所在区域是全球人口最多、经贸规模最大、最具发展潜力的自由贸易区。RCEP 涵盖我国 1/3 的贸易超过 1.4 万亿美元。RCEP 签署是我国入世以来又一重大开放成果，不仅促进我国制度型开放、推动要素流动性开放，而且将区域贸易安排作为推动我国经济增长重大推动力，构建高水平开放型经济新体制。

● RCEP 将令世界重心向亚洲转移。纵观历史，展望未来，新冠疫情及地缘政治风险加速百年未有之大变局的演进，RCEP 的落地生效不仅将改变世界经贸格局，也将改变世界政治格局，推动亚洲世纪的回归，世界将形成以亚洲、欧洲和美洲三大中心鼎足而立的格局。

● 全球最大的自贸协定 RCEP 将如何改变世界经济格局？据联合国贸发会（UNCTAD）统计，RCEP 各成员国的制造业产出总水平占世界的 50%，其中，RCEP 区域内生产的汽车及电子产品占全球的 50% 和 70%。RCEP 落地生效，关税壁垒和非关税壁垒锐减，将扩大区域内贸易和产业内贸易，世界经济政治重心将进一步向 RCEP 区域转移。

● RCEP、CPTPP、USMCA 等 FTA 的国际比较。本书比较 RCEP 与最新签署的《美加墨协定》（USMCA）、非洲自贸协定、CPTPP 等。本书论述了

RCEP、CPTPP 的提出与形成过程的来龙去脉，及其背后的理论逻辑，针对性地总结了区域经济合作发展历程及趋势，并进行国际比较，通过对比 RCEP 与 CPTPP、USMCA、欧盟、东盟 FTA、非盟 FTA 的异同，分析 RCEP 落地生效将带来的五重经济效应。

• RCEP 促进中日韩合作及自贸区的签署。RCEP 使得中国与全球第三大经济体的日本之间首次形成自贸协定关系，这也是中国首次与前十大经济体建立自贸关系。日韩间也首次形成自贸关系，不仅促进中日经贸往来，而且有助于加深东亚地区经贸发展，有助于推进区域经济一体化的发展，有助于推进中日韩 FTA 的达成，这将给世界带来重大经贸契机。

• 从规则条款解读看 RCEP 带来的商机。本书将 RCEP 的主要条款分别加以解释并进行了举例说明，对 CPTPP 主要条款进行解读，比较 RCEP 与 CPTPP 条款。RCEP 是首次在多边协定中纳入政府采购规则。不仅在货物贸易和服务贸易有新机遇，而且原产地累积规则等带来新效应。

• RCEP 推进区域一体化和经济全球化。全球最大自贸协定 RCEP 带来关税壁垒和非关税壁垒下降。RCEP 首次采取负面清单的方式，使得区域内国家间进行贸易投资等的关税壁垒和非关税壁垒大幅下降，部分关税在 RCEP 落地生效之日起即下降至零关税，部分关税分年度梯次降低，各地区需要结合自身产业和贸易优势把握住 RCEP 带来的巨大机遇并发挥各自比较优势。

• RCEP 对成员国的包容性增强。作为全球最大的自贸区，RCEP 既包括日本、新加坡、澳大利亚等发达国家，也包括老挝、缅甸、柬埔寨等发展中国家，还包括中国、韩国等新兴经济体，体现了现代、包容等特征。加强与 RCEP/CPTPP 国家的贸易与投资，既要全方面了解相关 18 个国家，也要了解东盟，还要了解作为 RCEP 潜在伙伴的印度。

• RCEP 与 CPTPP 的国别画像。本书对 RCEP、CPTPP 以及印度、东盟 20 个国别和组织的宏观经济、产业结构、贸易投资等进行了画像。按照地域划分并展示了 RCEP/CPTPP 相关成员国的宏观经济、产业结构、经贸关系、金融投资与营商环境，系统诠释了 RCEP/CPTPP 各成员国的发展特征及其与中国的经贸往来。

- RCEP 有助于构建以国内大循环为主体、国内国际双循环相互促进的新发展格局。RCEP 有助于我国实施自贸区提升战略，培育竞争新优势。各地要根据自身的资源和要素禀赋及产业优势，抓住 RCEP 的经贸投资机遇。

- RCEP 对区域内经贸规则进行了全面和现代化的整合，实现了高质量和包容性的平衡。RCEP 是一种"最大公约数"式的包容性整合，同时也适当增添了区域内的电子商务、中小企业等重点和现代化议题。CPTPP 则在劳工、国企、电信、金融等领域有更严格的规定。

- RCEP 重塑区域乃至全球的产业链、供应链。RCEP 所确立的区域累积的原产地规则，突破了产品只有在原产地或双边累积的附加值达到协议规定标准才能适用协定优惠税率的限制，有助于促进区域内产业链、供应链融合发展。原产地的认定标准和方式更加灵活多样，增加厂商自我认证，出口商可自主声明。背对背原产地证明促进转口贸易。

- RCEP 给予中国及缔约方以巨大的发展潜力。相比其他成员国对 RCEP 内国家的贸易占比超过一半，中国对 RCEP 国家的经贸占比不足 1/3，而义乌相对 RCEP 国家的进出口贸易又有较大落差，两个落差叠加起来，使得义乌在与 RCEP 国家的经贸关系发展方面潜力巨大。

- RCEP 与 CPTPP 的主要相同点与差异点。中国正在考虑积极加入 CPTPP，CPTPP 将给中国带来哪些发展机遇？又在国企、劳工等方面带来哪些挑战？本书对中国应如何应对挑战和加入 CPTPP 提出建议。

- 选取世界小商品之都义乌作为样本，分析研究 RCEP 给地方经济、产业及进出口贸易等带来的机遇与挑战。义乌堪称中国经贸的名片，打造以义乌为重要枢纽的国际贸易网络、数字贸易平台，建成高质量、高水平的世界"小商品之都"，有助于加强中国与 RCEP 经贸合作提供样本。

- RCEP 带来的具体商机在哪里、挑战有哪些？义乌正在打造世界小商品之都，义乌不仅最早实施了国际贸易综合改革试点，而且创造了市场采购新模式，义乌不仅仅是义乌，实际上是中国制造、中国供应链的典型代表，本书将 RCEP 成员国与义乌的贸易正是代表了 RCEP 与中国的贸易。本书通过全面的 RCEP 各成员国与义乌的最近贸易统计数据分析，图文并茂地得出 RCEP 存在的商机。而这些大量的数据分析耗时良久。从数据中分析得出的不同国别存在的机遇，得出不同国别不同产品的机遇，及其未来的增长态势。这是本书为读者创新性地分析得出务实有效的结论参考。此外，本书还结合实际具体分析 RCEP 带来的挑战，及地方和企业的应对之策。

● RCEP 促进电子商务和数字贸易。鉴于义乌的商贸活动受到国家各级政府的高度重视，将义乌作为 RCEP 背景下挖掘自身潜力锐意进取的典范，对其进行深度的研究与剖析具有很大意义。对于走在世界前列且拥有集成优势的义乌，RCEP 将助推义乌数字经济、数字贸易、数字产业、数字政府、数字金融五位一体发展。

● RCEP 开始并将深入影响国际格局。RCEP 成员国中，经贸实力较强的日本、澳大利亚、新西兰，以及新加坡、越南、文莱、马来西亚等东南亚四国，选择同时加入 CPTPP。但在权衡加入 RCEP 或 CPTPP 时，并未全然倒向美国。日本甩开美国核准通过 RCEP，足见 RCEP 之魅力。

● RCEP 正在保护谁的利益？区域投资协定应该更注重保护外国投资者利益还是应该更注重保护东道国利益？这要根据不同情况具体分析。区域投资协定的可持续化发展需要根据实际情况权衡好东道国利益和外国投资者利益，相比 CPTPP，RCEP 对于东道国利益的关注更多，这有利于保障 RCEP 中众多发展中国家的平稳发展。对日本等国实现本地化发展，助推本地经济发展。

● RCEP 推进绿色贸易？在日益严峻的全球气候变化问题下，各国相继提出了"碳中和"净零排放承诺并开启绿色发展进程。为此，中国有望以"碳中和"为目标，以绿色低碳为切入点开展与 RCEP 和 CPTPP 成员国间的绿色贸易，推动"绿色全球化"进入新局面。义乌应抓住与 RCEP 和 CPTPP 绿色贸易的历史机遇，逐渐建立起相关行业的绿色产品标准并开展第三方绿色认证，实现小商品城的绿色升级转型并打造出世界级的绿色贸易综合服务商。

● RCEP 框架下义乌将大有作为。义乌率先实施 RCEP 试点，促进原产地规则、电子商务等落地生效，有助于义乌在 RCEP 更快发展。义乌近年外贸形势向好，在诸多重要增速指标上，义乌的表现大幅超过全市乃至全国同期水平。义乌应善于把握政策机遇，促进与 RCEP 国家经贸往来迅猛发展。

• RCEP 会带来产业转移效应。作为全球最大的自贸协定，RCEP 有助于强化中国在成员国中的核心需求方与供给方的双重身份。既能吸引域外投资，又能促进域内投资和产业转移。在此背景下，义乌需要做到进口、出口、转口三线发展齐头并进，顶层设计与地方落地协同推进。RCEP 生效实施后，要拓展跨境电商国际营销网络，并顺势而为，在新产业莱尼供应链当中掌握先机和主动性。

• RCEP 在给各地带来发展机遇的同时也带来挑战。包括一些劳动密集型产业可能会加快向东盟等国家转移，各地需要在产业结构转型升级的同时，加大产业在 RCEP 成员国的布局，通过 RCEP 及 CPTPP 倒逼深化改革和产业升级，促使产业向中高端迈进。

• 市场规模效益与精准进行国别定位与国际合作。包括义乌在内的各地方政府与企业应从现实和长远利益出发，抓住区域国别的比较优势，把握地方（义乌）与 RCEP/CPTPP 国家经贸合作新形势，并运用地方优势把握与 RCEP/CPTPP 国家经贸投资合作中的新契机。

• RCEP 有助于助推义乌构建世界小商品之都。在 RCEP 落地生效之后，义乌已在推进市场化、带动工业化、催生城市化和加速国际化方面取得显著成效，但面对新冠肺炎疫情的不稳定性和全球经济的不确定性，义乌要以更高站位和更宽视角开辟新发展思路，深入 RCEP/CPTPP 国别特色研究，利用协议优势，有针对性地与 RCEP/CPTPP 相关国家开展经贸合作，这也将为地方及中国经济发展注入活力。

• RCEP 成为义乌扩大对外开放的重要平台。特别是成员国间的货物通关、关税互惠、壁垒消除、数字贸易等模式将极大提升义乌参与国际贸易的效率。根据国别、产业、经贸之不同而精准定位，加强国际合作，采取不同领域不同方式的国际经贸合作。差异化国别对策有助于义乌全方位把握新格局下的经贸发展契机。

目　录

绪　论

　　疫情冲击下世界经济向何处去？作为经济增长引擎的国际贸易走向如何？在美国阻挠下 WTO 改革阻力重重，而在全球大量的双边 FTA 下，"意大利面碗"效应显著，经过八年长跑，包含 15 国的全球最大自贸协定——区域全面经济伙伴关系协定（RCEP）终于签署并落地生效。世界经贸格局将由此发生深刻变化，中国经济发展将面临新的形势，地方及市场主体企业如何抓住 RCEP 落地带来的机遇，如何变革以应对挑战？本书在全面从理论研究开始，介绍 RCEP 二十年章节具体内容，并对 RCEP 和 CPTPP 国别的经贸进行画像，并以中国国际贸易的名片——义乌为例，从义乌与 RCEP/CPTPP 的关系为例，得出 RCEP 带来的巨大机遇并提出相应建议。

　　据中国商务部 2019 年的统计数据，RCEP 成员国总人口达到 22.7 亿，GDP 达到 26 万亿美元，出口总额达到 5.2 万亿美元，均约占全球总量的 30%。通过采用区域累积的原产地规则，深化了域内产业链价值链；利用新技术推动海关便利化，促进新型跨境物流发展；采用负面清单推进投资自由化，提升投资政策透明度。此外，RCEP 还照顾到不同国家的国情，给予最不发达国家差别待遇，通过规定加强经济技术合作，满足了发展中国家和最不发达国家的实际需求。

　　全球最大的自贸协定 RCEP 将如何改变世界？据联合国贸易和发展会议统计，RCEP 各成员国的制造业产出总水平占世界的 50%，其中，RCEP 区域内生产的汽车及电子产品占全球的 50% 和 70%。RCEP 落地生效，关税壁垒和非关税壁垒削减，将扩大区域内贸易和产业内贸易，世界经济重心将向 RCEP 区域发生转移。

RCEP 的经济效应体现在三个方面①：亚太地区在世界经贸体系中的位置有所提升。RCEP 的建立将使 15 国的出口额、对外投资存量和 GDP 基准线到 2025 年分别多增长 10 个、3 个和 2 个百分点，在全球经济总量中的比重将进一步上升。因此，到 2025 年，RCEP 15 国的经济总量将不仅与美、加、墨三国拉开距离，而且还将欧盟甩在身后。

亚太地区在世界贸易格局中的重要程度有所加强。亚洲占世界贸易总额比重的总态势具有两个突出特点：一是亚洲的比重上升很快；二是北美地区和欧洲比重相对下降。通过比较亚洲、北美地区和欧洲占全球出口比重，北美地区最弱，只占 13%；欧洲最强，占 38%；亚太地区 RCEP 占 30%。考虑到 21 世纪以来的升降态势与 RCEP 带来的贸易增长潜力，到 2030 年，RCEP 比重可能接近欧洲，各占世界 1/3 左右，北美地区比重将进一步下降，至 12% 左右，相当于 RCEP 的 1/3 左右。

北美、欧洲和亚太地区是全球价值链的重心，各自在全球价值链的分布中具有特殊意义，但这三个地区的出口产品对国外增值的依赖程度有所不同。其中，依赖程度最高的是欧洲及中亚地区，36% 的增值在国外；其次是亚太地区，为 25%；再次是北美地区，为 19%。亚太地区出口的国外增值中，55% 是在区内实现的；欧洲、中亚地区出口的国外增值中，65% 在区内实现；北美地区出口的国外增值中，39% 在区内实现。由此可见，作为全球经济一体化程度最高的地区，欧洲、中亚地区内贸易比重最高。其次是亚太地区，再次是北美地区。亚太地区出口的国外增值中，除区内实现 55% 外，在欧洲、中亚地区实现 20%，合计 75%，即 3/4 在欧亚板块实现。欧洲、中亚地区出口的国外增值中，区内实现 65%，在亚太地区实现 17%，合计 82%，即 4/5 以上在欧亚板块实现。这两个地区对北美地区的依赖程度都不高，亚太地区只有 12%，欧洲、中亚地区只有 8%。欧洲更清晰地体现区内贸易的压倒性地位。欧盟成员国出口中，在境外实现的增值，65% 是在欧盟其他成员国发生。欧盟统计局的数据

① 何伟文：《新全球链的开启——RCEP 时代的深度影响与中国机遇》，中国人民大学重阳金融研究院，2020 年。

显示，2019 年欧盟 27 国内部贸易额为 71809 亿欧元，区外贸易额为 40463 亿欧元。前者占各成员国对外贸易总额 112272 亿欧元的 64%；后者只占 36%。北美地区则不同，出口的国外增值中，只有 39% 在区内实现，47% 要在亚太地区（23%）和欧洲、中亚地区（24%）实现。因此，北美地区对东半球这两大板块的依赖超过对区内的依赖。

第 一 章

后疫情时代全球经贸格局演变

全球最大的自由贸易协定 RCEP 是怎么来的？RCEP 对世界格局又有怎样的影响？RCEP 将如何对世界格局及其中的你我产生重大而深远影响？世界处于百年未有之大变局，正经历格局之变、规则之变、经济之变。从全球最大的自由贸易协定 RCEP 签署的宏观背景与国际环境来看，RCEP 的起源与产生，经历 8 年 31 轮谈判，涉及东盟及中、日、韩、澳、新 15 国，甚至谈判中还牵涉印度，最后 15 国"撞线"签署落地 RCEP。

第一节 世界经贸格局新趋势

百年未有之大变局加速演变，当今世界经贸格局正在经历一场质变。美国违背经济全球化制度基础的一系列行为，间接强化了世界各贸易板块的区域主义特性。单边主义、贸易保护主义抬头，世界贸易组织（WTO）面临改革，区域贸易协定成为推动经济增长的动力，RCEP 正是在此背景下应运而生。

一、世界经贸的区域主义特征

据美国学者约瑟夫·奈的定义，区域主义指由于地理上的联系，导致处于一定程度的相互依赖关系之中的若干国家以某种形式聚集在一起。①

世界经贸区域主义的产生主要有三个原因：第一，实现全球供应链本地

---

① Joseph Nye, *International Regionalism：Readings*, Boston：Little Brown & Co. ,1968, p. 5.

化。由于全球化成本的不断提升，企业基于对供应链韧性和效率的权衡，认为供应链本地化是一项能够防范供应链中断的风险减缓措施。第二，避免去全球化的快速进展造成大型经济灾难。尽管近年来全球化似乎不再具有政治可行性，但仓促地退出全球化可能会触发民族国家主义，甚至导致贸易或货币战争。第三，全球治理缺失的必然结果。即使在疫情较为严重的时期，国际合作仍然有所缺失，"本国优先"大于全球普惠①。CPB（荷兰经济政策分析局）全球货物贸易指数显示，2019 年全球贸易量较 2018 年减少 0.5%，为 2008 年全球金融危机以来发生的首次贸易量缩水。疫情期间，欧洲大部分国家关闭边境、取消航班、停止国与国之间的铁路运输、限制国内交通、增加出入境管制。世界多个地区加强人员流动限制。此外，由于中间产品主要供应方受到限制，供应链面临着效率不断降低的风险，导致产出的降低。②

二、全球经贸变革与 RCEP 的相互促进

全球经贸区域主义趋势促成 RCEP 基本通过两个路径：一是逆全球化促使原有经贸组织的集体升级；二是亚洲市场相对于其他区域市场的指数型增长。一方面，可以发现 RCEP 与其他区域经贸协定的不同之处是，RCEP 开放水平更高，规则标准更严格，与 WTO 对标的频率更强，标准层次更上一层；另一方面，WTO 2021 年 3 月 31 日发布的数据预测，到 2022 年 10—12 月，亚洲出口商品将比 2015 年增长三成。这一增幅高于北美地区和欧洲一成的增幅。

事实上，相较于疫情期间的全球化，全球经贸区域主义的上升趋势有助于降低企业经营成本，作为区域经贸协定的典范，RCEP 由此产生。从企业经营成本的"重头戏"——进出口关税来看，以制造业为例，在全球化的背景下，亚洲国家在未加入 RCEP 之前，它们针对制药产品的进出口关税普遍高于 5%，有些国家甚至高于 10%。但在 RCEP 签署之后，成员国针对制造业的进出口关税均值为 2%，缅甸进口关税为最高值，为 4%，而澳大利亚和新加坡针对制

---

① ［德］克劳斯·施瓦布、［法］蒂埃里·马勒夫：《疫情后的"全球化"》，2021 年 2 月 19 日，见 https：//www.yicai.com/news/100952867.html。
② 康勇：《新冠疫情如何影响世界经济》，毕马威，2020 年。

造业的进口关税为最低值 0。尽管不同国家关税设置的标准不一样，但可以确定的是，RCEP 通过降低成员国进出口关税，降低了企业运营成本。因此，RCEP 的模式具有显著的区域主义特征。

第二节　新发展格局对国内经贸影响

依据我国现今所处的发展阶段、环境和条件变化，党的十九届五中全会提出"双循环战略"，旨在加快形成以国内大循环为主体、国内国际双循环相互促进的新发展格局。我国不同区域也因而作出了差异化的政策选择。

一、国内双循环与新发展格局

双循环战略是重塑中国国际合作和竞争新优势的战略抉择。以前，在经济全球化深入发展的外部环境下，市场和资源"两头在外"对中国快速发展发挥了重要作用。但是，在当前保护主义上升、世界经济低迷、全球市场萎缩的外部环境下，中国必须充分发挥国内超大规模市场优势。

双循环与新发展格局对中国经贸的影响体现在三个方面：第一，国内市场对中国经济的贡献在上升。国内市场在中国经济比重的提升是中国近年来的一大发展趋势。自 2008 年国际金融危机以来，出口在中国 GDP 的比重呈现出显著的下降趋势，由危机前的 30% 下降至当前低于 20% 的水平。"国内国际双循环"和新发展格局顺应了这一趋势。

第二，由于出口速度低于经济增速，出口将进一步下降。相较于全球经济增长速度，中国经济的增长速度非常快，因此，随着中国经济体量越来越大以及经济增速的维持，出口的增长速度将慢于中国经济的增长速度，出口占比将会下降，中国经济速度和体量的增长将依赖其他因素。

第三，中国对国际市场的依赖程度会持续下降。对国际市场依赖程度的下降是经济发展的规律。经济规律显示，随着经济体量的增高，国家对贸易的依存度将不断降低。因此，作为世界第二大经济体，中国对贸易的依存度低于经济体量相对较小的经济体，如新加坡、瑞士和韩国等。其他经济体量较大的国家对贸易的依存度也体现出这一规律，如美国作为世界第一大经济体，其出口占 GDP 比重仅为 12% 左右，而世界第三大经济体的日本，出口占 GDP 的比重也低于中国①。

二、中国经贸政策与地方发展

在"双循环"新发展格局的塑造下，中国经贸政策最大特征之一是较强的区域差异性。面对"双循环"新发展格局，中国不同省份应有相互区别的政策导向。其中，沿海省份以"外循环"为导向，受"双循环"新发展格局政策的冲击较大，由外向内转型发展的意愿较强烈，因此，这些省份需要迅速将外向型经济发展模式转变为"双循环"新发展格局模式。内陆省份以"一带一路"倡议为导向，外贸呈现出"逆势增长"的良好势头。根据 2020 年上半年的分地区经济表现数据，中国经济增速明显分化。其中，大部分内陆省份的经济增速为正，而大部分沿海省份的经济增速为负。因受到较大负增长影响，2020 年上半年全国经济增长率为−1.6%。

总的来说，不同省份要根据自身的资源禀赋和产业特色，适应中国的"双循环"新发展格局政策体系。一般来说，对于土地面积和人口规模较大、投资和消费需求较大、工业化和城镇化加速推进的地区，需要坚持以"内循环"为主的经济发展体系，以内促外；对于土地面积和人口规模较小、投资和消费需求趋于饱和的地区，则需要打通外部经贸途径，以"外循环"为主，以外促内②。

具体来说，鉴于中国的实际情况，在后疫情时代，增强沿海省份的国内大循环能力，是中国经济增长的有力保证。从"双循环"角度来看，对于沿海省份，"外循环"比例要有所缩减，"双循环"比例要有所增加；对于内陆省份，"外循环"比例保持增长态势，"双循环"比例可以稳步增加。"双循环"体系有利于重塑地区发展新格局。从以内促外角度来看，通过产业内迁，可以

---

① 朱天：《双循环新发展格局的战略考量》，《广州日报》2020 年 8 月 31 日。
② 张可云等：《双循环新发展格局与区域经济发展》，《区域经济评论》2021 年第 1 期。

促进国内价值链的整体升级,一方面提升内陆地区在全国产业链中的位置,另一方面也促进沿海地区价值链的升级。从以外促内角度来看,通过产业转移,可以促进产业布局的重构,一方面推动国内更多企业参与全球产业链、价值链的结构调整之中;另一方面与全球价值链紧密融合从而拓展拉长国内价值链,更好地促进经济的高质量发展。

第三节　RCEP 塑造国际和区域经贸新格局

当前,我国正经历百年未有之大变局。在西方世界贸易保护主义逆流中,国际和区域经贸格局亟待洗牌。RCEP 的签署将成为一剂有力的催化剂,进一步助推世界格局之变、经贸规则之变和数字经济之变。

一、世界格局之变

(一)西太平洋地区一体化

在塑造国际和区域经贸新格局的进程中,RCEP 首先促成了西太平洋地区的一体化。为达成这一目标,RCEP 主要依赖两个路径:一是通过较强的包容性增进西太平洋地区国家的认同感。一方面,RCEP 对缔约成员国具有较大包容性,对若干国家加入的可能性持保留态度;另一方面,RCEP 的协议内容也具有较大的包容性,如开放了为期 6 年的适应期。

二是通过建立域内统一市场,加快西太平洋地区的一体化进程。RCEP 的签署通过实施削减关税、降低贸易壁垒和门槛等措施,一方面促使出口成本大幅下降;另一方面促使进口成本大幅削减,维护了消费者的权益。

(二)中美经贸摩擦新趋势

2020 年 7 月至 2021 年 3 月的相关进出口数据显示,RCEP 的签署会对中美经贸摩擦带来三个影响:

第一,中国对冲中美贸易摩擦的能力会增强。中国对美国出口额于 2020 年 11 月,即 RCEP 签署月达到峰值,为 45 亿美元,随后这一数值基本呈连续下降的趋势。与此同时,中国在全球的贸易额于 2020 年 12 月达到峰值。由此可见，中国从与其他区域的贸易中对冲了中美贸易摩擦的影响。

第二，中非贸易增势显著，非洲市场或成为中美贸易与投资的新关注点。相较于中美、中欧在这一时期的贸易水平，自 RCEP 签署之后，中非总体经贸水平高于 RCEP 签署前，于 2020 年 12 月达到峰值，约为 1300 万美元。

第三，中美经贸摩擦有长期化的趋势。自 2020 年 11 月以来，中美不仅在出口额方面有所下降，进口额和进出口差额方面也均有所下降。进口额和出口额虽于 2021 年 3 月呈现小幅上升趋势，但仍未超过 2020 年 11 月前的水平。由此可见，中美在经贸领域虽然能找到替代性方案，但二者的竞争关系依然显著。

（三）全球治理新形式

霸权主义与强权政治对全球共同利益实现的危害从来不是虚张声势。总的来说，霸权主义与强权政治不利于国际规则的建立，威胁着国家间合作的实现，同时也削弱着国家间的利益。RCEP 的签署，推动了全球治理新形式的建立，主要体现在三个方面：

一是削弱全球霸权的影响力。RCEP 主张成员国的共同参与，并没有建立以某个国家为中心的权力体系，表明 RCEP 自身和国际上不需要霸权国的主导。在 RCEP 中，成员国均不是主导者，而是身份平等的规则倡导者、利益推动者和共同目标的实践者。

二是重回全球治理的正轨。RCEP 贸易规则的构建既体现了稳定、有效、公正国际经济秩序和规则的必要性，又将运用硬约束和软约束相结合的办法将每个成员国视为潜在的合作伙伴，体现了 RCEP 较强的包容性和灵活性，以及最终达成体现各国需求和共同利益的普适化目标。

三是注重区域治理与全球治理的结合。RCEP 本质上属于区域治理的范畴，但由于成员国在经济体量、进出口额和对外投资等指标上表现突出，因此也为全球治理提供了一个有利参考。RCEP 在目标上注重全球治理与区域治理的结合。随着亚太经济对全球经济贡献率的不断提升，RCEP 通过将成员国、亚太地区和全球的发展目标嵌入一个牢固统一的框架之中，实现了 RCEP 与全球利益的融合，即最大限度促进全球经济的增长。

二、经贸规则之变

过去几十年，世界经贸规则一直由发达国家所主导，广大发展中国家往往处于被动状态，利益得不到有效保护。从某种程度上来说，RCEP 改变了世界经贸规则的运行模式，即发展中国家与发达国家的国际力量对比不再处于完全的失衡状态，在世界经贸规则制定方面，RCEP 为发展中国家的利益提供了一定保障。

打破了发达国家主导的经贸标准制定现状。自 2008 年以来，发展中经济体在世界 GDP 中的比重开始超过发达国家，且差距不断扩大。其中，亚洲新兴市场约占过去 30 年新兴市场 GDP 全球份额增量的 91%[①]。在这种情况下，为实现利益共享，发达国家不再能够通过集团意志主导世界经贸标准的制定，而是要考虑不同经济体的利益诉求。

规则制定同时注重发展与标准。RCEP 以成员国发展为重要导向，CPTPP 以规则的高标准为重要导向，这两项基于亚太地区的协定均突破了西方国家以自身利益和意志为重要导向的传统规则制定模式。未来两项协定将在亚太地区发挥着更加重要的作用，由此可见，发展型规则和标准型规则将同等重要。

三、数字经济之变

RCEP 的签署对数字经济的一大改变在于将零散的数字贸易规整为区域的数字贸易。WTO 世界贸易体系并未赋予数字贸易明确的规则，致使数字贸易尚未能在国际贸易体系中高度有效开展。而 RCEP 实现了一大突破，即通过区域一体化效应，推动数字贸易在全球范围的进展。

此外，RCEP 对数字经济产品免除关税，进一步促进了数字经济的繁荣发展。RCEP 规定，协议生效后，成员国将继续维持不对电子商务征收关税，针对跨境电商和数字经济加强监管与合作，客观上有利于数字经济的健康发展。

---

① 基岩资本：《大国博弈：世界格局的分化与重塑》，2019 年 7 月 19 日，见 https：//www.sohu.com/a/327957641_ 788199。

第四节 RCEP/CPTPP 对世界格局的影响

近年来，美国对多边贸易体制的排斥与中国形成了鲜明对照。2017 年初，特朗普甫一就任美国总统，便立即颁布行政命令退出前任总统奥巴马大力推动的 TPP（CPTPP 前身）。如今，美国既非 RCEP 成员，又不在 CPTPP 框架内。它在亚太区域性自贸协定中的缺位，或使中国在双方地缘经贸博弈中抢占一定先机。2021 年，曾任奥巴马政府副总统的拜登当选总统，号称支持多边主义，单边主义丝毫不减。若美国再度涉入 CPTPP 议程，中美经贸关系的勾兑有望找到新的锚点。

与东盟及 RCEP 各国一道，中国积极推动 RCEP 落地，并研究加入 CPTPP 将对世界格局产生何种影响？拜登上台后，美国会在何种程度上重返 CPTPP 议程？RCEP 与 CPTPP 将如何左右中美博弈？亚太各国对 RCEP 和 CPTPP 及中美在其中的态度为何？本节试图通过追溯 RCEP 与 CPTPP 的来龙去脉，分析各利益攸关方在其中的角色，并对上述问题给出简明的答案。

一、RCEP 与 CPTPP 部分成员国的战略考量及其在中美博弈中的角色

在 RCEP 成员国中，经贸实力较强的日本、澳大利亚、新西兰，以及新加坡、越南、文莱、马来西亚等东南亚四国，选择同时加入 CPTPP。这背后不乏出于自身利益，平衡中美地区实力的考量。尽管日本、澳大利亚、越南等国作为美国盟友，或存在一定反华倾向，但它们在权衡加入 RCEP 或 CPTPP 时，并未全然倒向美国，而是积极加入 RCEP。

（一）日本

在 RCEP 和 CPTPP 缔结之前，东亚乃至亚太地区更倾向于发起双边特惠贸易协定（PTA）谈判，而非推进多边 PTA，从而导致地区"意大利面碗"效应严重，双边 PTA 的质量被异质化的条款规则所侵蚀。除了亚太经济体结构性差异的因素外，区域内前两大经济体中国和日本的政治关系不佳也是主要

原因之一。

RCEP 的前身可追溯于 1997 年亚洲金融危机后形成的东盟加中日韩的 10+3 机制。2004 年中国提出在该国别组合下发展东亚自贸协定（EAFTA），两年后，日本将印度、新西兰和澳大利亚纳入东盟 10+3，形成东盟 10+6 机制，并在此基础上提出了东亚全面经济伙伴关系（CEPEA）。CEPEA 是日本分化中国与东盟关系、削弱中国地区影响力的策略。直至 2011 年，由东盟主导的、在东盟 10+6 基础上建立的 RCEP 问世，才一定程度上避免了 EAFTA 和 CEPEA 的正面竞争①。

与此同时，中日融入 RCEP 又间接推动了中日美关系的进展。一方面，日美参与 TPP 谈判让中国感到了促进 RCEP 谈判的紧迫感；另一方面，日本也希望通过在 RCEP 中与中国更紧密的经济联系，提升自身在 TPP 谈判中相对于美国的地位。美国与日本在 TPP 中的诉求并不完全一致，美日分歧延长谈判周期，甚至导致新西兰等少数成员国反感日本加入。美国退出 TPP 后，日本急切地将 CPTPP 的主导权抓在手里，不仅是为了寻求在亚太地区建立基于规则的秩序以对冲中国，也是为了增加未来与美国进行自贸协定谈判的筹码。

（二）东盟

随着大型区域自由贸易协定兴起，东盟十国都被囊括在 RCEP 框架内，并极力倡导在 RCEP 中保持东盟的中心地位。新加坡、文莱、马来西亚和越南等四个经济发展状况较好的东盟国家，在不同的机缘之下先后加入 TPP（CPTPP）。其中，新加坡和文莱可视为 TPP 最初的倡议国，马来西亚和越南则是随美国之后加入。TPP 最早的前身可追溯到由智利、新西兰和新加坡（P3）在 2002 年墨西哥 APEC 峰会上发起，文莱于 2005 年加入的 P4 协议。该协议的独特之处在于缔约方之间的地理联系和经贸往来相对薄弱，四国追求这一协议的动机是希望共同塑造一个高标准的全面协议，制定贸易规则成为它们致力于 P4 谈判的首要原因。

---

① Chika Yamamoto Rosenbaum. RCEP or TPP? An Empirical Analysis Based on Global Experience [J]. Asian Politics & Policy, 2018, 10 (3)：428-441.

在亚太三国宣布 P3FTA 的同期，美国正在与新加坡、智利和澳大利亚进行 FTA 谈判。P3FTA 本身就源于美国的太平洋 5 号提案，所以 TPP 最初的雏形就深受美国的亚洲政策及自贸规则的影响。文莱参与 P4 谈判的原因则是期盼借助外部规则的约束力促成国内改革，该国经济结构严重失衡，石油天然气占出口的 95% 以上。2008 年，布什政府在执政的最后一年宣布有意加入 TPP，这大大增强了该自贸区的经济分量。越南和马来西亚随即加入 TPP 谈判，目的是为了打入美国市场。当时，越南刚加入 WTO，被视作向自由化过渡的非市场经济国家；马来西亚与美国的自贸协定谈判失败，两国贸易额萎缩，因此马来西亚将 TPP 作为美马自贸协定的替代方案①。东盟国家普遍认为，TPP 是美国向亚洲发展的一个经济分支，其隐含的目标是遏制中国。部分东盟成员国加入 TPP 体现了一种对冲战略，目的是使其经济多样化，以避免过度依赖中国，从而保持与大国之间的等距。

在亚太区域经济一体化议程中，日本同样发挥着重要的主体作用。如前所述，由中国倡导的 EAFTA（东盟 10+3）和日本倡导的 CEPEA（东盟 10+6）相互矛盾，东盟国家内部对中日引领的区域一体化的方向也未达成一致，它们面临收获与中国更紧密的经济一体化利益，和过度依赖中国导致自主权丧失的两难选择。由于多数东盟成员国未加入 TPP，TPP 所带来的边缘化威胁最终推动了 RCEP 的谈判。对于东盟国家而言，RCEP 是对中国和日本，及其分别领衔的 EAFTA 和 CEPEA 的妥协方案。

（三）澳大利亚

与日本、东盟有所区别的是，澳大利亚参与亚太区域一体化协议谈判的动机主要源于全球价值链现象的发展及其对贸易自由化的支持，其中平衡亚太地缘政治力量的色彩较弱。

澳大利亚企业部分融入全球价值链，但总体参与度不高。全球价值链所引致的生产碎片化也使得保护如 20 世纪六七十年代发展起来的澳大利亚汽车工

---

① Chien-Huei Wu. ASEAN at the Crossroads：Trap and Track between CPTPP and RCEP ［J］. Journal of International Economic Law，2019，23：97-117.

业等大型综合国家产业，变得难以为继。鉴此，澳方意识到要提高产品的国际竞争力，就必须融入全球价值链生产。在此前提下，贸易成本、时间和确定性等方面的便利化成为澳大利亚贸易政策的目标之一。如果不能为贸易提供便利，就会增加携带零部件库存的需要，从而削弱一个国家作为全球价值链参与者的吸引力。此外，与信息通信技术（ICT）的进步相关的贸易技术发展，以及在 WTO 框架内确定新领域监管制度的困难，也是促使澳大利亚与主要贸易国寻求新的贸易关系体制的动因。

国内有学者认为，澳大利亚主要是为了防止自身被排除在亚太地区区域自由贸易协定之外，造成经济损失，从而加入 RCEP 谈判①。事实上，澳大利亚在 RCEP 和 CPTPP 路径上，都能收获实际收入和贸易收益。由于澳大利亚已经从本国的自由贸易政策和之前缔结的双边贸易协定中获益，参与两个协议的收益对澳大利亚而言相对较小，通常低于实际收入的百分之一。从澳大利亚参与 RCEP 的动机来看，该国排斥中国的立场或在一定程度上使得其议会对 RCEP 的核准程序复杂化和延期，但并不代表澳大利亚会否决 RCEP 通过生效。

（四）新西兰

在 CPTPP 与 RCEP 共同的成员国中，新西兰属于体量较小的发达经济体。同时加入两大多边区域贸易协定的主要原因是为了提升与其他成员国之间的贸易投资自由化水平。新西兰与 RCEP 成员国的经贸联系更为紧密，RCEP 成员国占其前十大贸易伙伴中的七席，占该国货物出口的 61%，以及服务出口的 45%，为其提供了 61% 的外国投资（截至 2019 年 12 月）。但基于新西兰与 RCEP 国家已经缔结的双边 FTA，RCEP 对新西兰出口商而言，仅仅削减了对印度尼西亚出口部分食品和工业制成品的关税壁垒②。相较之下，CPTPP 成员

---

① 肖琬君、冼国明：《RCEP 发展历程：各方利益博弈与中国的战略选择》，《国际经济合作》2020 年第 2 期。

② New Zealand Foreign Affairs & Trade. Regional Comprehensive Economic Partnership [EB/OL]. https：//www. mfat. govt. nz/en/trade/free-trade-agreements/free-trade-agreements-concluded-but-not-in-force/regional-comprehensive-economic-partnership-rcep/rcep-overview，2020.

国分别仅占新西兰货物出口及服务出口的 30%，所提供的 FDI 份额与 RCEP 成员国大致相当（65%）。但通过加入 CPTPP，新西兰首次获得了来自日本、加拿大、墨西哥、秘鲁的优惠准入。尤其是在 CPTPP 项下，新西兰输往日本的牛肉关税将从 38.5% 降至 9%，这是日本与贸易协定伙伴达成的最优结果。新西兰方面倾向认为，随着时间推移，CPTPP 关税减免将为该国带来收益，平均每年节省的关税即可达到 2.22 亿美元。

新西兰在 RCEP 和 CPTPP 中对华态度相对友好，这或与两国贸易结构有关，该国对中国处贸易顺差。自与中国达成自贸协定以来，新西兰对中国的出口翻了四倍①。2021 年 1 月，中新两国升级了双边自贸协定。根据最新的 FTA，新西兰基于 CPTPP 成员审查门槛，给予中国投资者同等待遇，原有门槛将大幅提高。中方已对 CPTPP 进行了全面评估，将在市场准入领域作出超过中方现有缔约实践的高水平开放承诺②。新西兰明确反对美国重返 CPTPP。因此，该国或可成为中国融入 CPTPP 的突破口。

二、RCEP 背景下亚太地区经贸格局的变化

RCEP 签署前，我国在东亚太平洋贸易版图中的重要性就已基本全面超越美国。RCEP 在统一原产地规则上所取得的突破，将进一步强化区域内的经贸联系，提升我国在其他成员国对外贸易中的地位。截至 2021 年 5 月，中国、日本、新加坡、泰国四国已核准 RCEP。只要 6 个东盟国家及 3 个非东盟国家批准 RCEP，该协议即可先行实施③。现阶段仍无法排除地缘政治风险对 RCEP 生效的潜在影响。

---

① New Zealand Foreign Affairs & Trade. Comprehensive and Progressive Agreement for Trans-Pacific Partnership ［EB/OL］. https：//www. mfat. govt. nz/en/trade/free-trade-agreements/free-trade-agreements-in-force/comprehensive-and-progressive-agreement-for-trans-pacific-partnership-cptpp/cptpp-overview/，2020.

② 商务部谈 CPTPP：中方将在市场准入领域作出超缔约实践的高水平开放承诺. http：//chinawto. mofcom. gov. cn/article/e/r/20211003205346. shtml，2021 年 10 月 8 日商务部网站。

③ 《王受文副部长兼国际贸易谈判副代表在〈区域全面经济伙伴关系协定〉专题培训班的开班动员讲话》，中华人民共和国商务部，2021。

（一）中美在东亚太平洋地区经济投射对比

据中国商务部透露，2020 年，中国对 RCEP 国家进出口总额约 14786 亿美元，其中出口额达到 7007 亿美元，占我国出口总额的 27%。进口额达到 7779 亿美元，占我国进口总额的 37.8%①。同期，美国对 RCEP 国家进出口总额仅约 6643 亿美元。所有的 RCEP 成员国与中国的贸易总额都高于与美国的贸易总额，这意味着中国在 RCEP 成员国对外贸易中的重要性全面超越美国。2020 年及 2021 年第一季度中国和美国分别对 RCEP 成员国的进出口额有所变化，如图 1-1、图 1-2 所示。

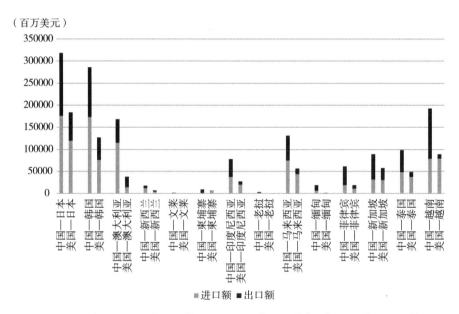

图 1-1　2020 年 1—12 月中国和美国对 RCEP 成员国进出口额（单位：百万美元）

数据来源：Wind，中国人民大学重阳金融研究院。

从 2020 年至 2021 年，中美两国相对 RCEP 成员国的经贸格局大体维持。根据 2020 年与中国的贸易规模，RCEP 成员国可大致分为四个梯队：日本韩国属第一梯队，贸易总额在 3000 亿美元上下。越南、澳大利亚和马来

——————

① 《促进全球最大自贸协定落地　中国积极行动》，见 http://www.gov.cn/zhengce/2021-03/26/content_ 5595812.htm。

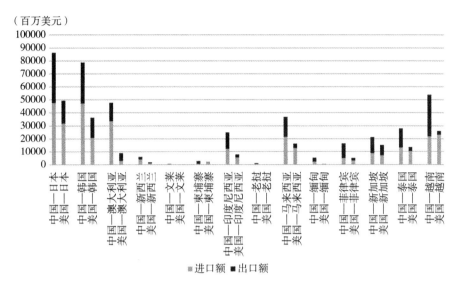

图 1-2　2021 年 1—3 月中国和美国对 RCEP 成员国进出口额（单位：百万美元）
数据来源：Wind，中国人民大学重阳金融研究院。

西亚属第二梯队，贸易总额在 1000 亿美元到 2000 亿美元区间。泰国、新加坡、印度尼西亚和菲律宾属第三梯队，贸易总额在 500 亿美元到 1000 亿美元之间。缅甸、新西兰、柬埔寨、老挝和文莱属于第四梯队，贸易总额低于 200 亿美元。

　　中国与 RCEP 成员国的贸易总额数倍于美国，在贸易规模较小的少数东南亚国家，如老挝、缅甸等，差距可达到 27.5 倍和 13.8 倍。韩国、日本、澳大利亚和越南等国，对中美贸易总额的差额都相对悬殊，大致分别达到 1591 亿美元、1351 亿美元、1304 亿美元和 1033 亿美元，说明 RCEP 成员国在经济上对中国的依赖程度远高于美国。从相对具备综合实力的 RCEP 成员国的角度考虑，为平衡地缘格局，它们或多或少会选择在政治上倾向于美国。因此，中国在与此类国家落实 RCEP 经贸规则的过程中，或面临一定的政治风险。

　　鉴于 RCEP 15 国内部即可形成完整的产业链及工业体系，随着 RCEP 逐步核准生效取消关税，在该协定所覆盖的东亚太平洋地区国家的对外贸易中，区内贸易比重有望提升，美国的影响力可能会继续下滑。据世界银行《2020 世界发展报告》①，在东亚太平洋出口的国外增值中，区内实现了 55%，欧洲中亚板块实现了 20%，美国所在的北美板块实现的增值仅占 12%。在北美板块的出口的国外增值中，23% 在东亚太平洋板块实现，63% 在北美区内（39%）和欧洲中亚（24%）实现。

RCEP 落地后，东亚太平洋的价值链预计将进一步转向区域化，中国与其他成员国的经贸往来也或将更加紧密。据中国海关总署公布的数据，2020 年中国对 RCEP 其他 14 个成员国进出口同比增长 3.5%，比同期中国外贸整体增速高 1.6 个百分点，占中国进出口总值的 31.7%。其中，中国对 RCEP 成员国出口增长 5%，进口增长 2.2%。2021 年第一季度，由于上一年度同期暴发新冠肺炎疫情导致基数较低，中国对其余 RCEP 成员国进出口反弹 22.9%，出口同增 27.5%，进口同增 19%。

（二）RCEP 原产地规则巩固区域经贸联系

RCEP 在逐步落地生效后对区域贸易格局的重要影响，很大程度上源于其在统一原产地规则方面取得的成就。在 RCEP 国家，跨境两次以上的复杂价值链比简单价值链更重要。通过全球价值链创造的附加值中，超过 50% 是通过复杂价值链创造的；在中国，这一比例为 58%，与其他国家相比，该比例相对较高。例如，欧盟仅有 41%，美国仅有 42%，世界其他国家只有 38% 的全球价值链增值是通过复杂的价值链创造的②。在 RCEP 通过全球价值链多次跨境的货物所占的比例很高，这表明为 RCEP 国家制定统一原产地规则的重要性。

在 RCEP 签订以前，RCEP 各成员国已经有了不少双边贸易协定来削减贸易关税，因此 RCEP 对削减关税的约定相对温和。但各种双边贸易政策中对原产地规则的规定不统一给 RCEP 各成员国的出口商带来了很大的挑战。在RCEP 签订以前，RCEP 各成员国的出口商，尤其是商品生产过程横跨多个亚

---

① World Bank. Trading for Development in the age of Global Value Chains ［R］. Washington, DC：World Bank，2020.

② Lisandra Flach, Hannah Hildenbrand and Feodora Teti. The Regional Comprehensive Economic Partnership Agreement and Its Expected Effects on World Trade ［R］. Germany：Leibniz Information Centre for Economics，2021.

洲国家的出口商，可能会为了遵循原产地规则选择更贵的中间生产商来提高商品中本国价值的比重，而不是更高效的中间生产商，或者放弃最惠国的关税优惠。例如，中国汽车出口商需要证明其生产的汽车零部件至少 40% 是在中国或在另一个东盟国家生产的，才能获得对老挝的免税待遇。如果未提供此证明，则适用 20% 的关税。这种方式极大地提高了出口商享受税收优惠的成本。

RCEP 的出现使得各成员国有望实施统一的原产地规则，使得成员国间的中间投入也可以被归入本国生产，从而解决因严格的原产地规则导致拥有复杂价值链的出口商无法享受到关税优惠的问题，使得成员国间的税收优惠可以进一步落到实处，继而产生更紧密的经济联系。

（三）中美经贸争端及中印地缘冲突对 RCEP 的潜在影响

美国排除在 RCEP 与 CPTPP 之外，印度退出 RCEP 等事实再度证明，来自北美、南亚的域外成员想要融入以东亚太平洋为中心的多边贸易机制的动力是薄弱的，往往会让位于国内政治等其他方面的利益。然而，这并不意味着美国和印度已然放弃在亚太地区对冲中国的影响力。研究表明，美国对中国发起的贸易战反而进一步凸显了 RCEP 的福利；而印度与中国的地缘冲突则有可能对 RCEP 规则落地构成风险。

1. 中美贸易摩擦、美国退出 TPP 凸显 RCEP 福利

在前任总统特朗普任期内，美国退出 TPP 并主动挑起对华贸易战，使得美国与亚太国家关系的裂痕不断加大。RCEP 通过降低东亚太平洋板块的贸易成本，间接加速亚太地区与美国经济脱钩。在中美贸易战背景下，RCEP 有望在亚太地区缔造最富成效的区域伙伴关系。若中国还能趁势加入 CPTPP，在区域内相对美国的优势还将继续扩大。

尽管中美贸易战对两国均会产生巨大的负面影响，但西方学术界的共识是中国的福利损失将大于美国，且这种损失难以完全被替代性的区域贸易协定所覆盖。彼得森国际经济研究所（PIIE）2020 年 6 月一项研究①通过可计算一般

---

① Peter A. Petri and Michael G. Plummer. East Asia Decouples from the United States：Trade War，COVID-19，and East Asia's New Trade Blocs ［R］. Washington，DC：Peterson Institute for International Economics，2020.

均衡模型（CGE）测算得出，RCEP 和 CPTPP 抵消了中美贸易战产生的全球损失，但不能完全抵消中美各自的损失。在"贸易战未发生"的情景下，中美被排除在 CPTPP 之外，中国的损失更大，达到 100 亿美元，美国的损失较小，在 20 亿美元左右。RCEP 的增益主要归于中日韩三国，中国收益为 850 亿美元。

如果在此基础上考虑中美贸易战的叠加效应，CPTPP 的增量收益将因贸易战而减少。部分原因是贸易战扩大了的 CPTPP 所引致的美国贸易转移。美国的收益损失将从-20 亿美元扩大到-120 亿美元，中国的收益损失将从-100 亿美元上升到-280 亿美元。相比之下，RCEP 15 国的增量值在贸易战中则会增加，美国将从 10 亿美元上升至 100 亿美元，中国将从 850 亿美元上升至 1000 亿美元。除了中国作为 RCEP 成员直接获取收益外，美国同样会从更高效的亚洲供应链中获益，而这部分收益抵消了贸易战的成本。在贸易战背景下，RCEP 对全球和地区福利的贡献将大于"贸易战未发生"的假设。因此，就理论而言，中美贸易战延续的前景，将加大各成员国缔结 RCEP 的动力。

事实上，自 RCEP 协议签署之日起，中国在亚太地区贸易地位抬升及规则话语权增强，已经让美国感受到了巨大的压力。美国现任总统拜登在 RCEP 诞生后表示，美国占世界贸易能力与经济总量的四分之一，拟将与其他民主国家一起，共同制定贸易规则，而不应放任中国主导[1]。

2. 印度退出 RCEP 加剧区域地缘政治风险

从经济的层面上看，RCEP 落地生效，使得印度成为除美国外的另一输家。根据在 RCEP 经济福利测算领域引用率最高的美智库学者 Petri 和 Plummer 的研究[2]，若 RCEP 在排除印度的情况下成立，将使该国损失 60 亿美元；反之，若印度加入 RCEP，该国将获得 600 亿美元的收益。此外，加入 RCEP 收

---

[1]　Alex Fang. Biden says US needs to align with democracies after RCEP signing［EB/OL］. https：//asia. nikkei. com/Economy/Trade/Biden-says-US-needs-to-align-with-democracies-after-RCEP-signing，2020-11-17.

[2]　Peter A. Petri and Michael G. Plummer. Trade War，RCEP and CPTPP：Will East Asia Decouple From The United States？［R］. Washington，DC：Peterson Institute for International Economics，2020.

入增益将由印度所有的经济部门共享，印度大型贸易服务部门的收益将远超其他制造业部门，这与其相对于东亚国家的比较优势是一致的。

在收益如此丰厚的前景下，印度选择在谈判敲定前夕退出 RCEP，主要是出于对短期利益的权衡。与中国产业竞争为代表的经济问题，以及中印地缘冲突等政治问题是印度在谈判敲定前夕退出 RCEP 的决定性因素之一。从印度的角度来看，中国是 RCEP 协议的主导经济力量，也是该协定最大的受益方。中国制造业输出对印度制造业就业的潜在威胁，令印度在政治上难以接受。中美贸易战爆发后，印度愈发担忧对中国将出口从美国转移至本国。RCEP 签订的两年前（2018 年），印度对中国的贸易逆差达到 740 亿美元的高点，占其总逆差的 25%。除此之外，中印双方还存在边境纷争，这进一步助长了印度国内的反华情绪，导致商人和公民抵制中国商品。为摆脱对中国的经济依赖，印度与欧盟、英国、澳大利亚等国展开贸易谈判，并希求与美国达成有限的协定。

地缘政治方面，印度所处的南亚次大陆呈现一种中心—外围权力结构。印度作为主导国家，自然而然地认为该南亚应属其辐射范围。中国的"一带一路"倡议同样包含南亚和东南亚地区，除了与巴基斯坦的全方位关系外，中国还加大了在斯里兰卡和孟加拉国的投资，这让印度担心其势力范围会受到侵蚀。为抗衡中国的印太影响力，印度一方面开始推行所谓的"东方政策"，试图提高其在东盟事务上的话语权，并加强与日本和澳大利亚的合作；另一方面，在外交政策上积极向美国靠拢，参与美国牵头的四方安全对话反华同盟。对印度来说，RCEP 条款未见任何"印度优先"的待遇，而美国的印太战略与 RCEP 覆盖区域基本重合，印度在其中或更加有利可图①。

由于 RCEP 参与国之间复杂多变的关系以及亚太地区的敏感性和特殊性，RCEP 比其他区域经济合作协定面临着更多不可预测的地缘政治风险。中国与印度的冲突，致使 RCEP 的地缘政治性质更加突出。RCEP 高屋建瓴的规则，在落地时可能会被地缘政治问题稀释，不排除印度将对中国与其他成员国经济

---

① Chao Wang and Vinay Sharma. India's RCEP Dilemma with China：Beyond the Legal Texts ［J］. Pacific Focus，2021，XXXVI（1）：40-62.

合作的稳定性构成威胁。

专栏 1-1：中美贸易摩擦与印度退出 RCEP 对中国的双重影响——以义乌为例

义乌拥有全球最大的小商品批发市场，美国和印度是义乌 2020 年排名前两位的出口目的国。据最新统计，2020 年义乌一般贸易出口和市场采购出口的主要商品门类包括纺织服装、轻工和钢铁制品等。运用一般均衡模型的定量模拟研究表明①，不包含印度的 RCEP 15 国对我国纺织服装的产出最为利好；但进出口方面，纺织服装的进口增长（7.87%）预计将远超出口（3.50%），贸易逆差很可能扩大。包含印度的 RCEP 16 国或使得我国纺织服装产出及出口相比 RCEP 15 国略微下降，但对我国轻工产品的产出和出口，以及钢铁产品的出口更加利好。

尽管测算模型都有严格的前提假设，但从上述预测结果中我们或可得出，印度退出 RCEP 对义乌纺织服装业产出有利，但对纺织服装、轻工产品和钢铁的出口不利。义乌的优势产业也是我国传统优势出口产业，印度不愿加入 RCEP 也是出于对中国进口冲击本国市场的担忧。测算结果还指出，在中美贸易摩擦背景下，我国轻工产品出口预计下降 12.27%，是研究囊括的产业中受冲击最大的一个；而纺织服装出口将保持正增长。受 RCEP 加持，我国纺织品对美出口将进一步上升，轻工出口负增长抵消约三个左右的百分点。2020 年，义乌对美出口增长 64.83%，是所有出口国中增长最快的一个，可见中美贸易摩擦并未使义乌对美贸易萎缩。

三、围绕 CPTPP 的国际博弈及中美对 CPTPP 的立场

在大众普遍的认知中，TPP 是由美国主导并试图将中国排除在外的亚太区域经济集团，而 RCEP 则是中国领衔、以求在区域内抗衡美国的另一自贸协定框架。事实上，美国并不是 TPP 最初的倡议方，而中国的官方口径一直强调东盟在 RCEP 中的核心地位。RCEP 与 CPTPP 不是非此即彼的互斥关系，而是相互借鉴的竞合关系。就目前的形势看来，未有明显的迹象表明美国将在拜登

---

① 梁一新：《中美贸易摩擦背景下加入 RCEP 对中国经济及相关产业影响分析》，《国际经贸》2020 年第 8 期。

政府的倡导下重返 CPTPP。中国欲加入 CPTPP，则需经历一个更漫长的、与已有成员国及潜在缔约国的磨合过程。

（一）CPTPP（TPP）的缘起及成立初衷

1985 年广场协议签订后，东亚太平洋区域的国际贸易以日美贸易为支柱，主要依赖美国欧洲等区域外市场，间接造成了亚太区域一体化进展缓慢。20 世纪 90 年代初，东亚国家基本实现金融体系的自由化，并开放资本账户中资本的流动。大量长期和短期的资本投资涌入，并使其以市场为导向的增长政策更加深入人心。然而，全球金融市场的脆弱性引致 1997 年亚洲金融危机，客观上推动了东亚的区域一体化进程。金融危机前，美国在东南亚贸易中占主导地位。但由于当时西方对冲基金运作导致东盟成员国国民财富枯竭，东盟开始寻觅他国以维持贸易平衡。正是在这一时期中国开始取代美国，东亚太平洋域内贸易加速整合。时至今日，东亚太平洋地区的经济一体化程度高于北美地区，在世界贸易板块中仅次于欧洲。与亚太地区经贸联系的疏离也是美国对涉足该区域经贸协定兴趣锐减的主因之一。

即使在 TPP 中美国领衔规则制定，TPP 的发起国也并非美国，而是智利、新西兰、新加坡和文莱等四个亚太国家。2009 年，美国奥巴马政府于决定加入 TPP 谈判，这主要是因为 2008 年全球金融危机让美国意识到依赖国际贸易的风险，以及背负巨额贸易金融赤字及债务的严重性。为增加出口、减少贸易逆差，进而提振经济促进就业，奥巴马提出加入 TPP 的动议。加强与东亚太平洋国家的经济联系也是考虑之一，但这些目的能否通过 TPP 达成，在美国国内存在争议。由于 TPP 与对冲中国在亚太地区影响力的理念一致，并可能与中国发生利益冲突，长期以来 TPP 一直被舆论视为美国打压中国的工具。事实上，TPP 可视为迈向更广泛而全方位的亚太自由贸易区（FTAAP）的垫脚石，其谈判本身就考虑纳入更多的国家，目的是促进包括中国在内的 APEC 成员广泛合作[①]。

---

① Young-Chan Kim. RCEP vs TPP-The pursuit of Eastern Dominance ［Z］. United Kingdom：University of Greenwich，2015.

（二）CPTPP 的发展现状与最新动向

2015 年，经过 25 轮谈判，TPP 12 国在美国亚特兰大召开的部长级会议上就条款达成一致。次年，在诸多不确定因素中，12 国于新西兰奥克兰签署 TPP。TPP 一旦做实，将覆盖 8 亿人口及全球近 40% 的 GDP，影响力毋庸置疑。然而，该协议并没有被顺利批准。2017 年，特朗普宣布退出 TPP 后，协议的存续陷入僵局。

特朗普认为，加入 TPP 是由本国特殊利益集团推动的一场灾难，退出对美国工人而言则是一件伟大的好事。这并非特朗普一时兴起，其同时期的竞选对手希拉里亦曾明确表态反对 TPP，并承诺当选后将阻止任何扼杀就业或压低工资的贸易协议[1]。此外，美国方面对 TPP 的主要顾虑还包括：该协议将使本国贸易竞争对手更容易对美国出口廉价补贴商品并增设进口壁垒，中国加入 TPP 后将使美国边缘化，TPP 对美国商业构成冲击且不能阻止他国操纵汇率等[2]。

美国退出 TPP 后，日本接棒主导了 TPP 协议。2017 年 11 月 10 日，除美国外的 TPP 11 国在越南岘港举行的亚太经合组织领导人峰会期间进行了会晤，同意在美国缺席下推动 TPP，并改名 CPTPP，就推动 CPTPP 达成共识。原 TPP 文本中，22 项曾为美方极力支持的争议条款被修改或冻结，其中 11 条集中于知识产权领域，另外 11 条分布于海关管理与贸易便利化、投资、跨境服务贸易、金融服务、电信、政府采购、环境、透明度与反腐败等章节[3]。2018 年 3 月 8 日，CPTPP 11 国于智利正式签署协议。

CPTPP 对协议外成员加入持有所保留的开放态度。2021 年 2 月 1 日，英国正式申请加入 CPTPP，成为首个申请加入 CPTPP 的非创始成员国。英国介入 CPTPP 的政治意义大于经济意义。2019 年，英国对 CPTPP 国家的出口额仅

---

① Ben Popken. Why Trump Killed TPP-And Why It Matters To You［EB/OL］. https：// www. nbcnews. com/business/economy/why-trump-killed-tpp-why-it-matters-you-n710781，2017-01-24.

② Robert D. Blackwill and Theodore Rappleye. Trump's Five Mistaken Reasons for Withdrawing from the Trans-Pacific Partnership［EB/OL］. https：//foreignpolicy. com/2017/06/22/trumps-five-mis-taken-reasons-for-withdrawing-from-the-trans-pacific-partnership-china-trade-economics/，2017-06-22.

③ Australian Government. CPTPP suspensions explained ［EB/OL］. https：//www. dfat. gov. au/trade/agreements/in-force/cptpp/outcomes-documents/Pages/cptpp-suspensions-explained，2019-01.

占其出口总额的 8.4%①，该国加入 CPTPP 后的市场准入收益低于其他竞争者。除为脱欧寻找弥补方案外，英国抢在中美之前加入 CPTPP，亦有发挥"离岸平衡手"传统的意图。一方面，英国对美国重返 CPTPP 抱有期待，因为届时英国就能与美国通过 CPTPP 搭桥实现自由贸易。另一方面，英国加入 CPTPP 增强了该协议中所谓"自由民主"国家的力量，这或对中国的融入构成阻碍。

韩国、中国台湾、泰国、菲律宾、印度尼西亚等中等经济体在不同程度上表达了加入 CPTPP 的意向，但它们加入的困难不一而足：韩国面临的关键阻碍在于与日本双边关系的龃龉。台湾作为 APEC 成员，在法律上有资格加入 CPTPP，但它没有主权国家地位。对泰国、菲律宾、印尼等发展中国家而言，CPTPP 门槛较高且触及诸多国内敏感行业的改革。如果再顾及新冠肺炎疫情及经济复苏压力，此类国家加入 CPTPP 的动力将大为减弱②。

（三）中美加入 CPTPP 的立场与愿景

CPTPP 涵盖 5 亿人口，占全球 GDP 的 13%。尽管 CPTPP 与 RCEP 的体量相比存在差距，但 CPTPP 对成员国规则、标准的整合程度高于 RCEP。目前，缺少中美等重量级成员的 CPTPP，是一众出口经济体的组合，缺乏与成员国构成内循环的、协定框架内的开放性大市场。因此，中美之中的任何一个国家加入 CPTPP，影响举足轻重，动关大局。客观而言，中美现阶段加入 CPTPP 都会受制于国内政治，中国所面临的外部阻碍更甚美国。

1. 美国

自拜登当选美国总统，重返 CPTPP 的动议在美国再度升温，提议者甚至包括新内阁的农业部长汤姆·维尔萨克（Tom Vilsack）③。然而，无论是重返原始的 TPP 协议、加入已有的 CPTPP，还是重新谈判 CPTPP，抑或制定临时部门协

---

① BBC. 英国申请加入 CPTPP 没有美国的自贸区，有什么吸引力［EB/OL］. https：//www.bbc.com/zhongwen/simp/business-55885066，2021-02-02.

② Jeffrey Wilson and Hayley Channer. Expanding the CPTPP：A form guide to prospective members ［EB/OL］. https：//www.hinrichfoundation.com/research/article/ftas/expanding-the-cptpp/，2021-04-13.

③ Sam Sachdeva. The case for-and against-the US joining the CPTPP ［EB/OL］. https：//www.newsroom.co.nz/case-for-and-against-us-joining-cptpp，2021-05-04.

议过渡，都会受到来自现有成员国或美国国内的掣肘。有评论指称，奥巴马布局 TPP 时机太早，当时大多数美国人认为对华采取接触策略；而拜登重返 CPTPP 时间点又太晚。因此，美国重返 CPTPP 的阻力不一定亚于中国加入的阻力。

上台之后，拜登尚未对是否重返 CPTPP 明确表态。关于拜登对 CPTPP 的立场可追溯至其 2019 年接受美国对外关系委员会的采访。当时，他表示，尽管 TPP 不完美，但该协议在团结各国力量，围绕劳工、环境、知识产权、透明度的高标准来遏制中国过剩行为的构想却值得提倡。此外，拜登还声称他的贸易政策将从巩固国内中产阶级入手，在对工人和基础设施进行重大投资之前，不会签署新的贸易协定，也不会同意不保护劳工、环保利益的协定①。由此可见，拜登对重返 CPTPP 更倾向于有所保留，态度处于模棱两可的状态。

拜登在采访中还批评了特朗普在贸易实践中奉行"美国优先"的单边主义策略。然而，事实上在特朗普执政的中后期，美国已然意识到在亚太地区的收缩会给予中国推行自身倡导的标准的机会。特朗普的应对方法是在制定贸易规则方面双边主义与单边主义并举，其中双边主义的方式更为关键。一方面，特朗普政府通过积极寻求与其他 TPP 成员国缔结或升级双边自贸协定，使符合美国利益的贸易体制最终落地。为实现这一目的，缔约方要么将改革作为参与谈判或最终加入的先决条件，要么规定在落实协议的过程中渐进改革。另一方面，美国还威胁实行或实际实行确保美国重要贸易利益的单边措施，使贸易伙伴在关税升级和为各方争取到更好的交易而重新谈判中进行选择。特朗普的双边举措可能会破坏 CPTPP 的效力，甚至可能会影响 RCEP 发挥作用，从而对亚太地区基于规则的多边秩序构成挑战。

拜登是否会延续特朗普的策略有待进一步观察。就目前情形看来，他在一定的时期内大概将会延续特朗普的政策。对此，中国并没有将 RCEP 作为唯一一个可施加影响以优化自身利益的贸易投资协定集团，中欧全面投资协定则是另一个战略方向。

---

① Joe Biden. The Presidential Candidates on the Trans-Pacific Partnership ［EB/OL］. https：//www.cfr.org/article/presidential-candidates-trans-pacific-partnership，2019-07-30.

2. 中国

RCEP 为中国争取国际规则话语权开创了一个良好的局面。但 RCEP 协议贸易改革要求相对温和，对成员国间的贸易整合程度弱于 CPTPP。如果能够加入 CPTPP，中国可获得更多经济收益，从而更好地服务于国内经济转型升级。尽管中国与 CPTPP 的标准仍存在一定差距，但先于美国入局 CPTPP 对中国依然是正确的选择。在美国缺位 CPTPP 的情景下，知识产权对中国加入的阻碍相对弱化，国企改革、数据流动等问题的重要性则更为突出。

中国对加入 CPTPP 的兴趣并不是新近出现的现象。自 TPP 问世起，中国政府就反复表示与 TPP 框架交流互动的意愿，各部委也切实展开了加入 CPTPP 的一系列可行性研究①。中国方面的立场一向是，即使未能达到加入 TPP 的标准，也会审慎思考它对国内改革议程的意义。CPTPP 所引致的国际经贸规则变革是广泛的，加拿大、日本、越南等国也都在利用 CPTPP 的要求来推进国内经济改革。CPTPP 部分规则已被纳入美国新近批准的美墨加协定，未来很有可能会融入世贸组织的改革中。

中国把握 CPTPP 机遇将为中国探索更深入的区域及全球经贸关系做好准备。同时，由于 CPTPP 的前身 TPP 由美国主导谈判，协议的众多条款反映出国际社会对中国经贸政策的关注重点，并指明了对国有企业补贴、知识产权薄弱及强制技术转让的处理方法，因此 CPTPP 对从根本上缓解国际贸易冲突也会起到正向作用。

事实上，中国加入 CPTPP 对中国和其他成员国都会产生巨大的经济效益。根据彼得森国际经济研究所的测算，当前 CPTPP 每年产生的全球收入增益预计为 1470 亿美元，但如果中国加入，该项收益将翻两番，达到 6320 亿美元，比原来与美国牵头的 TPP 还要多出四分之一②。美国全国经济研究所的报告亦

①　Alex Yu-Ting Lin and Saori N. Katada. China Won't Rush to Join CPTPP. Neither Should the US. ［EB/OL］. https：//thediplomat. com/2021/01/china-wont-rush-to-join-cptpp-neither-should-the-us/，2021-01-14.

②　Peter A. Petri and Michael G. Plummer. China Should Join the New Transpacific Partnership ［R］. Washington，DC：Peterson Institute for International Economics，2019.

显示，在贸易、GDP、制造业就业等方面，中国的加入比美国更利好 CPTPP 成员国，而且在 GDP 和制造业就业上还会让大多数非 CPTPP 成员国受益①。这再次印证了当前中美被排除在 CPTPP 之外，更多是受阻于国内外政治因素而非经济因素。对于加入 CPTPP，中美两国乃至利益攸关的成员国都应保持战略耐心。

四、CPTPP 对 RCEP 规则的影响及中美的规则制定

CPTPP 与 RCEP 作为两大影响深远的亚太区域经贸协定，将为未来全球贸易模式和经贸规则奠定基石。尽管 RCEP 在规则的硬核程度上不及 CPTPP，但该协议也在积极对标 CPTPP 的高标准。RCEP 在反映东亚太平洋地区成员国的偏好方面具有突出的代表性。在未经美国等外部力量施压的前提下，RCEP 可视为多元异质的亚太国家为建立兼容并蓄的区域经贸规则的一次有益探索。

（一）RCEP 规则主要借鉴 TPP（CPTPP）及西方主导的特惠贸易协定（PTA）

RCEP 是各成员国基于已有的区域及双边经贸协定文本，在结合实际、经过谈判后勾兑出的一个各方都能接受的方案。RCEP 的内容并未依照一个明确的模板，因此了解哪些条约文本影响了 RCEP 最终的法律文本就变得尤为关键。这或多或少会透露出缔约方为实现协定目标进行的贸易调整所需的成本与收益。

欧洲议会在对 2010 年以来 RCEP 成员国及东盟对外签署的 56 项特惠贸易协定进行文本数据分析后，发现对 RCEP 影响最大的 PTA 是 TPP 及 CPTPP，RCEP 有 30% 的文本与上述两个协定重复。USMCA 排在了第三位，是非 RCEP 成员国缔结的最具影响力的 PTA。第四至第八顺位的 PTA 则被澳大利亚签署的自贸协定占据。在中国签署的 FTA 中，中韩 FTA 位于 RCEP 重复率排名中的第 11 位，中澳 FTA 位列第 16 位②。

---

① Wendy Cutler. Reengaging the Asia-Pacific on Trade：A TPP Roadmap for the Next U. S. Administration ［R］. New York：Asia Society Policy Institute，2020.

② Joseph FRANCOIS and Manfred ELSIG. Short overview of the Regional Comprehensive Economic Partnership（RCEP）［R］. Belgium：European Parliament，2021.

由于 RCEP 与中国 FTA 重合的比重相对较低，故有理由推断，中国在 RCEP 前期规则制定中远未掌握主导权。以美国为首的西方国家牵头的 PTA 规则仍是国际主流。从 RCEP 与 TPP 的较高重复率中，可得出 RCEP 同样致力于向西方所框定的高标准靠拢，但因包含部分最不发达国家成员，条款不得不有所取舍。RCEP 核准后，还会不断升级。中国作为 RCEP 最大经济体，可在 RCEP 中发挥引领作用，帮助成员国中的后进国家。若中国寻求加入 CPTPP，还有可能扩大两个自贸协定的重合度，对两者间的共同规则有所增益。

（二）中美在国际经贸规则制定方面的比较——以电子商务规则为例

RCEP 借鉴 TPP（CPTPP）规则的一个具体表现在于，RCEP 关于电子商务的权职范围基本参照 TPP 模板①。尽管中国在争夺国际规则制定的话语权方面与美国相比略处下风，但近年来，随着中国数字经济的蓬勃发展，中国开始积极地与美国展开竞争博弈。

美国自 20 世纪 70 年代开始，一直坚持互联网应免受监管，国际电信联盟和联合国等国际组织对互联网治理的动议受到了美国的强烈抵制。国际机制也朝着美国国内法的方向发展，即对电信行业严加管束，同时放开对互联网的限制。然而，这并没有创造一个公平的竞争环境，反而让美国的科技巨头掌握了数字技术控制权，在细分领域形成高度垄断。这些公司凭借自身拥有的知识产权和数据，控制平台与市场，在互联网治理各利益攸关方中发挥主导作用，提出了一系列以自身利益为出发点的要求。2016 年，美国在国际上推行了所谓的、代表自由与选择的 "Digital 2 Dozen 原则"，核心内容包括促进互联网的自由和开放、禁止征收数字关税、确保基本的不歧视原则、促成跨界数据流动、防止本地化障碍、禁止强制技术转让等等。这些基本原则构成了 TPP 中电子商务及限制政府管制跨境金融电信服务的章节基础。

美国制定此类规则的另一动力是应对中国崛起的挑战。中国展开了系统性

---

① Jane Kelsey. The Risks for ASEAN of New Mega-Agreements that Promote the Wrong Model of e-Commerce［R］. New Zealand：The University of Auckland，2017.

的数字追赶计划。与美国相左的是，中国主张对跨境电子商务与互联网进行适度监管。该愿景同时还是"一带一路"倡议的组成部分。为建设数字丝绸之路，中美欧各方在电子商务规则制定上都试图占据主导地位。

对于 RCEP 和 CPTPP 所涵盖的发展中国家和最不发达国家而言，中国与美国是数字经济时代的获益者，而它们与中美等先发国家之间横梗的数字鸿沟，使得其只能被迫接受这些大国制定的规则。

第五节　义乌在 RCEP 中的新角色

鉴于义乌商贸活动受到国家各级政府的高度重视，本书将义乌作为 RCEP 背景下挖掘自身潜力锐意进取的典范，对其进行深度的研究与剖析。对于义乌这样一座典型的经贸型城市而言，RCEP 落地必将对其城市发展道路构成深远影响。

一、选义乌作为 RCEP 研究样本

义乌地处浙江中部，改革开放以来，义乌大力实施"兴商建市"发展战略，以扩大市场容量和质量为核心，大力推进国内国际发展的融合，走出了一条独特的区域发展道路，成为改革开放全国 18 个典型地区之一。2011 年 3 月，经国务院批准开展国际贸易综合改革试点。2013 年 9 月，中国人民银行牵头九部委发布《义乌市国际贸易综合改革试点金融专项方案》。2019 年 1 月，浙江省委省政府下发《义乌国际贸易综合改革试验区框架方案》。2019 年 11 月，浙江省十三届人大常委会第十五次会议审议通过《义乌国际贸易综合改革试验区条例》，正式为义乌国际贸易综合改革赋予法律地位，相关改革措施有了真正意义上的法律保障。

义乌的改革开放发展受到了国家领导人的高度重视。习近平同志在浙江、上海工作期间，先后 12 次到义乌调研指导，要求浙江省委总结推广"义乌发展经验"，并对义乌国际贸易综合改革等工作多次作出重要指示批示。党的十八大以来，习近平总书记 10 次在国内外重要场合推介义乌，肯定"义新欧"

中欧班列是共建"一带一路"的早期收获，为义乌定位"世界小商品之都"。2014 年 11 月，李克强总理莅临义乌视察并发表了重要讲话，称赞义乌小商品市场是中国名片，义乌商贸城是当代"义乌上河图"。2020 年，义乌浙江中国小商品城集团股份有限公司作为 36 家企业代表之一，参加了习近平总书记召开的企业家座谈会。3 月，李克强总理连线义乌，勉励义乌在外贸上"打头阵"。

义乌的商贸机遇离不开义乌商人的辛勤努力。义乌市场经营面积达 640 余万平方米，约占义乌市总面积的 0.6%；经营商位 8 万个，覆盖 26 个大类、210 多万种商品，编制发布全国首个"市场信用指数"和《小商品分类与代码》行业标准，被联合国、世界银行等权威机构誉为全球最大的小商品批发市场。义乌电子商务展现蓬勃发展之势，内外贸网商密度分列全国第一位、第二位，邮政和快递业务量位居全国各大中城市第二，跨境电商业务量位居全国第三批跨境电商综试区第一。打造"义乌中国进口商品城""进口商品孵化区"等日用消费品进口展销平台，列入全国 10 个进口贸易促进创新示范区。

二、RCEP 对义乌的影响

从宏观视角来看，RCEP 的签署与落地会对义乌产生三个影响：首先，低价高质的产品在 RCEP 成员国间，甚至是在全球，将获得更强的竞争力；其次，从短期来看，义乌的成本优势将有所下降，其出口产品面临的竞争将更加激烈；最后，义乌企业在海外投资、贸易的机会将会增多，企业在商务活动与文化交流活动中能够学到更多经验。

从微观视角来看，根据中国各省海关的统计数据，RCEP 的签署和落地会对义乌产生四个影响①：

进出口规模会继续扩大，但增速不及云南、贵州、四川等内陆地区。2020年，浙江省进出口规模为 33808 亿元，占全国比重为 11%，均位列全国第四位。其中，出口为 25180 亿元，位列全国第三位，进口为 8628 亿元，位列全

---

① 卢正源等：《2020 年中国对外贸易全景分析报告》，前瞻产业研究院，2020 年。

国第六位，贸易顺差位列全国第一位，为 16552 亿元，进出口规模增速未在全国前五位之内。这表明，浙江省的贸易优势是由其庞大的出口能力所带来的，义乌在其中发挥了关键性作用。尽管贸易额增速不是最突出的，但对外贸易规模的扩大有着充分的潜力。

出口产品处于产业链的中低端，产业转型升级面临较大挑战。虽然相对于出口额位列全国前两名的广东（0.2%）和江苏（0.9%）2020 年的增速，浙江省的出口额增速较快（9%），但浙江与广东和江苏的主要出口产品存在着显著差距，其中广东和江苏的出口依赖于电子元件、计算机与通信技术和机电产品，但浙江的主要出口产品为纺织制品、服装和纺织织物，依次为 1606 亿元、1393 亿元和 1319 亿元。

与广东和江苏出口贸易遵循就近原则不同，浙江出口贸易以美欧为主，凸显了浙江和义乌在出口贸易方面的成本优势。广东出口额排在前五位的国家和地区包括中国香港、美国、欧盟、东盟和日本，江苏为美国、日本、韩国、中国香港和越南，而浙江的出口主要国家则为美国（4669 亿元）、德国（1037 亿元）、日本（942 亿元）、英国（816 亿元）和印度（775 亿元）。

相较于其他省份，浙江省进出口贸易对进口的依赖较小，产品重组、加工、利用能力不足。进口大省/市如广东、北京、上海的进口额规模较大，主要产品既包括机电产品、集成电路等高科技产品，也包括农产品等原材料，表明这些省市对这些高科技和原材料产品的加工、利用能力较强，通过产品的循环利用实现产业链的创新升级。相比之下，浙江的进口额较小，对外贸易严重依靠出口，这或将导致浙江和义乌产业结构调整遭遇一定困难。

小结

2021 年 4 月 15 日，中国向东盟秘书处交存 RCEP 核准书，成为非东盟国家中第一个正式完成核准程序的成员国。欲使 RCEP 高屋建瓴的经贸规则落到实处，需要地方政府、行业组织及相关企业对 RCEP 深入理解，并通力协作。

本书选择义乌作为研究中国经贸新形势的样本，不仅因为义乌是国际贸易综合改革试验区，为全国提供了包括市场采购等在内的创新示范经验，也不仅因为义乌为全球提供了大量的小商品供应，其中不少商品的全球占比甚至超过70%。更重要的是义乌在全球所具备的综合竞争力，是经世界市场锻炼出来的。作为中国的名片，义乌不仅代表了中国制造，而且代表中国物流，是中国产业链、供应链的一个集中体现。

第 二 章

RCEP/CPTPP 整体内涵

区域贸易安排是驱动世界经济增长的重要力量。近年来,《全面与进步跨太平洋伙伴关系协定》(CPTPP)、《美墨加协定》(USMCA)、非洲自由贸易协定以及欧日自由贸易协定等纷纷签署完成,区域经贸合作到底遵循怎样的理论与逻辑?我们试着从全球最大自由贸易协定 RCEP 的理论进行探源,从而深刻理解为什么要历经 8 年时间形成全球最大自贸区。而 RCEP 与 CPTPP、RCEP 与 USMCA 以及其他自由贸易协定及区域贸易安排又有怎样的区别与联系?本章从 RCEP 历次谈判记录,从 RCEP 内涵到外延,从理论与实践,引导对 RCEP 的理解。

第一节 RCEP/CPTPP 概述

一、RCEP 的起源、发展、现状和特点

(一) RCEP 的前世今生

RCEP 是一项旨在推动亚洲贸易自由化和投资便利化的全面经济伙伴协定。RCEP 究竟是起源东盟,还是源自更深层次的背景因素?

第二次世界大战后,以美国为首的发达国家缔造了以国际货币基金组织(IMF)、关税及贸易总协定(GATT)和世界银行三驾马车等多边治理框架为主体的国际经贸秩序。而经贸合作是维持国与国之间政治关系的压舱石,战后的多边经贸规则对维护国际秩序的稳定和推动全球经济的复苏起到了至关重要

的作用。

可当历史的车轮滚滚向前时,多边的经贸治理体系逐渐变得失去了"效率"甚至"效力"。1995 年,GATT 被世界贸易组织(WTO)所取代。伴随WTO 的不断扩容,随之而来的又是超庞大的成员规模和更广泛的谈判议题。当 WTO 增加到了 164 个成员之后,谈判的议题不仅仅涉及关税还包含环境治理、知识产权保护、服务贸易、农业补贴等各个领域。由于各个国家和地区的经济结构不同,发展程度各异,谈判所涉及的议题过广,WTO 的谈判较难达成共识。多哈回合谈判的僵局是一个最直接的体现。近年来,WTO 的争端解决机制(DSM)也陷入了几乎停摆的尴尬局面。其核心的上诉机制,由于美国政府的阻挠,法官得不到任命,使得 WTO 几乎无法有效解决成员之间的贸易争端,多边治理机制失去了其应有的作用。同时,近年来,贸易保护主义、单边主义盛行,贸易摩擦严重,逆全球化思潮也不断涌现,国际经贸秩序受到冲击,各国经济出现不同程度的衰退。此外,2020 年伴随着疫情在全球的蔓延,多国封国封城,人员和货物流动受限,运费飙升,产业链和供应链断链,国际贸易和投资断崖式下降,全球经济雪上加霜。

而 RCEP 就是在这一百年未有之大变局中签署的。RCEP 是 2011 年由东盟首次提出的,并通过中国、日本、韩国、澳大利亚、新西兰的共同推动而诞生。当全球贸易体系与包容、开放、多边等原则渐行渐远之时,东亚及周边地区的这几个国家走到了一起,共同构建一个以区域合作为基础的自由贸易体系。

在 RCEP 落地生效之后,全球将逐渐形成以欧洲、北美、东亚为核心的三大区域经济一体化的经贸格局。在 RCEP 提出之前,与欧洲和北美的区域经济一体化进程相比,东亚的步伐显得稍微滞后。1993 年,欧洲单一市场成立,实现了该地区内部商品、服务、人员及资本的自由流通。1994 年,《北美自由贸易协议》(NAFTA)生效,形成了由美国、墨西哥、加拿大组成的北美自贸区。而东亚地区,虽然在 1992 年便成立了东盟自贸区,可是东盟与周边国家的经贸合作开展较为迟缓。一直到 1997 年的亚洲金融危机,才开始了东盟"10+3"的合作,而合作范围也仅限于金融货币方面。随着英国的脱欧,欧盟内部的分裂，NAFTA 的推翻重来，和仅注重美国利益的 USMCA 的签署，2020 年签署的 RCEP 使得东亚地区的区域经济一体化的发展具有赶超欧洲和北美的趋势。经济学家汤姆·奥尔利克和比约恩·范鲁瓦耶就曾通过增长核算框架绘制出了世界经济的重大变化：亚洲正重返全球经济舞台的中心。20 世纪末，亚洲只占世界经济产出的 25%，远低于北美和欧洲。但到 2050 年，亚洲预计将贡献世界经济产出的一半以上。同时，全球自由贸易协定数量从 20 世纪 90 年代初的 20 多个增长到 2020 年的近 500 个，发生了几十倍的增长，而目前全球范围内涉及亚洲经济体的自由贸易协定数量已占全球总数的一半以上。伴随着 RCEP 的签署，东亚和周边地区的 15 个国家，全球近 30% 的人口聚集到了一起共谋经贸合作发展。根据中国商务部的数据，2030 年 RCEP 成员国将获得出口净增长 5190 亿美元，并且年收入净增加 1860 亿美元。未来由亚洲引领全球经贸发展的局面将逐渐展现。

（二）RCEP 的发展历程

RCEP 谈判本质上是东盟与 5 个贸易伙伴的 FTA 相互整合并最终形成统一自贸区的过程。2012 年，东盟正式发起谈判，历时 8 年，经过 31 轮谈判，最终于 2020 年 11 月 15 日签署 RCEP。在谈判过程中，东盟作为一个具有高度包容性的整体，抵御住了各方压力。同时，RCEP 能够成功签署还要归因于东盟与包括中国在内的其他国家和地区常年保持了较为稳定的贸易，赢得了彼此信任。当然，RCEP 的谈判过程是非常曲折的。其根本原因在于谈判国利益诉求难以统一。

从谈判国对 RCEP 的支持程度来看，可大致分为三类：第一类是积极推动型，包括中国和东盟；第二类是消极观望型，如日本和印度；第三类是中间派，如韩国、新西兰和澳大利亚。

总的来说，无论如何，RCEP 最终签署维护了大部分国家长期的经济利益。RCEP 各方历经 8 年 28 轮正式谈判、四次领导人会议以及若干次经贸部长级会议、会间会和筹备会，终于在 2020 年 11 月 15 日最终签署。历次谈判、领导人会议及重要部长级会议情况分别见表 2-1、表 2-2 和表 2-3。

表 2-1　RCEP 谈判及历次会议概况

时间	地点	事件	成果
2013 年 5 月 9 日	文莱	RCEP 第一轮谈判举行，东盟 10 国与中国、澳大利亚、中国、印度、日本、韩国和新西兰代表团与会	成立货物贸易、服务贸易和投资三个工作组，并就货物贸易、服务贸易和投资等议题展开深入磋商
2013 年 9 月 23—27 日	澳大利亚布里斯班	RCEP 第二轮谈判举行，东盟 10 国与中国、日本、韩国、印度、澳大利亚、新西兰代表团与会	就货物贸易、服务贸易、投资等三个工作组召开会议
2014 年 1 月 20—25 日	马来西亚吉隆坡	RCEP 第三轮谈判举行，东盟 10 国与澳大利亚、印度、日本、韩国、新西兰等国代表团出席	各方继续围绕货物贸易、服务贸易和投资领域的技术性议题展开磋商
2014 年 3 月 31 日—4 月 4 日	广西南宁	RCEP 第四轮谈判举行，东盟 10 国与中国、澳大利亚、印度、日本、韩国、新西兰等国代表在谈判中展开密集磋商	在货物、服务、投资及协议框架等广泛问题上取得积极进展
2014 年 6 月 23—27 日	新加坡	RCEP 第五轮谈判举行，中国、东盟 10 国、澳大利亚、印度、日本、韩国和新西兰等 16 国的代表团出席谈判	在货物方面，各方重点讨论了关税减让模式，贸易救济，原产地规则，海关程序与贸易便利化，标准、技术法规和合格评定程序，卫生与植物卫生措施等议题
2014 年 12 月 5 日	印度新德里	RCEP 第六轮谈判	就货物贸易、服务贸易、投资等核心领域展开实质性磋商，并举行了竞争政策、知识产权、经济技术合作、电子商务、法律与机制问题等工作组会议
2015 年 2 月 9—13 日	泰国	RCEP 第七轮谈判举行。由美国主导的跨太平洋战略伙伴协定（TPP）在这一时间段即将达成	谈判内容并未向外界公布
2015 年 7 月 6 日	日本京都	RCEP 第八轮谈判结束	谈判内容并未向外界公布
2015 年 7 月	马来西亚吉隆坡	RCEP 第九轮谈判举行	谈判内容并未向外界公布

时间	地点	事件	成果
2015 年 10 月 7—16 日	韩国釜山	RCEP 第十轮谈判举行，东盟 10 国、中国、日本、韩国、澳大利亚、新西兰、印度和东盟秘书处派代表团与会，谈判人数高达 750 人	就货物贸易、服务贸易、投资等核心领域展开实质性磋商，并举行了竞争政策、知识产权、经济技术合作、电子商务、法律与机制问题等工作组会议
2016 年 2 月 14—19 日	文莱斯里巴加湾	RCEP 第十一轮谈判举行，东盟 10 国、中国、日本、韩国、澳大利亚、新西兰、印度和东盟秘书处派代表团与会	会议重点在于推进货物、服务、投资三大核心领域市场准入谈判
2016 年 4 月 17—29 日	澳大利亚珀斯	RCEP 第十二轮谈判举行，东盟 10 国、中国、日本、韩国、澳大利亚、新西兰、印度和东盟秘书处派代表团与会	各方继续就货物、服务、投资、知识产权、经济技术合作、电子商务、法律条款等领域进行深入磋商，谈判取得一定突破
2016 年 6 月 10—18 日	新西兰奥克兰	RCEP 第十三轮谈判举行，东盟 10 国、中国、日本、韩国、澳大利亚、新西兰、印度和东盟秘书处派代表团与会	各方就竞争问题进行了深入磋商
2016 年 8 月 10—19 日	越南胡志明市	RCEP 第十四轮谈判举行，东盟 10 国、中国、日本、韩国、澳大利亚、新西兰、印度和东盟代表团与会	各方就货物、服务、投资三大核心领域市场准入问题展开深入讨论，并继续推进知识产权、经济技术合作、竞争、电子商务、法律条款等领域案文磋商
2016 年 10 月 11—21 日	中国天津	RCEP 第十五轮谈判举行	各方完成经济技术合作章节谈判
2016 年 12 月 2—10 日	印度尼西亚唐格朗	RCEP 第十六轮谈判举行，东盟 10 国、中国、日本、韩国、澳大利亚、新西兰、印度和东盟秘书处的代表团与会	与会代表成功结束了中小企业章节的谈判，这是继结束经济技术合作章节谈判之后的又一积极进展
2017 年 2 月 21 日—3 月 3 日	日本神户	RCEP 第十七轮谈判举行，东盟 10 国、中国、日本、韩国、澳大利亚、新西兰、印度和东盟秘书处共派 700 多名代表与会	各方加紧推进货物、服务、投资三大核心领域市场准入问题和各领域案文磋商，推动谈判进入更加实质性的阶段

续表

时间	地点	事件	成果
2017 年 5 月 2—12 日	菲律宾马尼拉	RCEP 第十八轮谈判举行。来自东盟 10 国、中国、日本、韩国、澳大利亚、新西兰和印度共计 700 余名代表参加本轮谈判	各方就货物、服务、投资和规则领域展开磋商
2017 年 7 月 17—28 日	印度海德拉巴	RCEP 第十九轮谈判举行	各方继续就货物、服务、投资和规则领域展开深入磋商
2017 年 10 月 24—28 日	韩国仁川	RCEP 第二十轮谈判举行	各方继续就货物、服务、投资和规则领域展开深入磋商
2018 年 2 月 5—9 日	印度尼西亚日惹	RCEP 第二十一轮谈判举行	各方继续就货物、服务、投资和部分规则领域议题展开深入磋商，谈判取得积极进展
2018 年 4 月 28 日—5 月 8 日	新加坡	RCEP 第二十二轮谈判举行	各方继续就货物、服务、投资和规则领域议题展开深入磋商，谈判取得积极进展
2018 年 7 月 22—27 日	泰国曼谷	RCEP 第二十三轮谈判举行	各方完成了海关程序与贸易便利化、政府采购章节，在技术法规与合格评定程序、卫生与植物卫生措施等章节的谈判也取得重要进展
2018 年 10 月 19—27 日	新西兰奥克兰	RCEP 第二十四轮谈判举行	谈判内容并未向外界公布
2019 年 2 月	印度尼西亚巴黎岛	RCEP 第二十五轮谈判举行	谈判内容并未向外界公布
2019 年 6 月 25 日—7 月 3 日	澳大利亚墨尔本	RCEP 第二十六轮谈判举行	谈判内容并未向外界公布
2019 年 7 月 22—31 日	河南郑州	RCEP 第二十七轮谈判举行。东盟 10 国、中国、日本、韩国、澳大利亚、新西兰和印度等 16 个成员国委派约 700 名代表参加谈判	本轮谈判在各个领域都取得了积极进展，RCEP 谈判进入冲刺阶段

续表

时间	地点	事件	成果
2019 年 9 月 23 日	越南岘港	RCEP 第二十八轮谈判在越南岘港市正式开幕	岘港 RCEP 第 28 轮谈判意义重大。作为此轮谈判的主办国暨 2020 年东盟轮值主席国，越南将积极与各方配合实现完成谈判的目标，力争 2020 年签署 RCEP

数据来源：根据中国自由贸易区服务网资料整理。

表 2-2　RCEP 历次联合声明及领导人会议概况

时间	地点	事件	成果
2012 年 11 月 20 日	柬埔寨金边	东亚领导人系列会议举行，东盟 10 国与中国、日本、韩国、印度、澳大利亚、新西兰的领导人参会，正式启动亚洲自贸区的建设进程	共同发布《启动〈区域全面经济伙伴关系协定〉（RCEP）谈判的联合声明》
2015 年 11 月 22 日	马来西亚吉隆坡	RCEP 领导人联合声明发布仪式举行，东盟 10 国以及韩国、日本、澳大利亚、新西兰、印度领导人共同出席发布仪式	仪式上宣读了联合声明。声明指出，RCEP 是本地区经济一体化的重要路径
2017 年 11 月 14 日	菲律宾马尼拉	RCEP 首次领导人会议在菲律宾首都马尼拉举行	会后发表《驱动经济一体化　促进包容性发展〈区域全面经济伙伴关系协定〉（RCEP）谈判领导人联合声明》
2018 年 11 月 14 日	新加坡	RCEP 第二次领导人会议在新加坡举行	会议发表联合声明称，相关谈判已经取得实质性进展
2019 年 11 月 4 日	泰国曼谷	东盟成员国和澳大利亚、中国、印度、日本、韩国和新西兰的国家元首/政府首脑召开第三次 RCEP 领导人会议	15 个 RCEP 成员国已经结束全部 20 个章节的文本谈判以及实质上所有的市场准入问题的谈判。印度有重要问题尚未得到解决。所有 RCEP 成员国将共同努力以彼此满意的方式解决这些未决问题

续表

时间	地点	事件	成果
2020 年 11 月 15 日	线上	RCEP 第四次领导人会议以视频形式举行。东盟 10 国以及韩国、日本、澳大利亚、新西兰等国家领导人与会	会议见证了 RCEP 的签署

数据来源：根据中国自由贸易区服务网资料整理。

表 2-3　RCEP 重要部长级会议概况

时间	地点	事件	成果
2015 年 8 月 24 日	马来西亚吉隆坡	RCEP 第三次部长级会议举行，16 个成员国的经贸部长共同出席了此次会议	
2016 年 8 月 5 日	老挝万象	RCEP 第四次部长级会议举行，东盟 10 国、中国、澳大利亚、印度、日本、韩国、新西兰等 16 方经贸部长出席会议	会上，部长们强调实质性推进 RCEP 谈判的重要性，也对推进谈判进程，特别是对核心领域提供既有战略性又有针对性的指导，并敦促成员国以积极和建设性的姿态继续参与谈判进程
2016 年 11 月 3—4 日	菲律宾宿务	RCEP 部长级会议举行	与会部长对在中国天津举行的第 15 轮谈判期间完成经济技术合作章节表示欢迎。为应对全球经济不景气，与会部长们强调以一揽子解决的方式迅速结束 RCEP 谈判的紧迫性，从而提振全球经济的信心
2017 年 5 月 21—22 日	越南河内	RCEP 第三次部长级会间会在越南河内举行，16 个成员国经贸部长出席	截至目前，已有经济技术合作和中小企业 2 个章节结束谈判，同时还有一些章节也即将结束谈判
2017 年 11 月 12 日	菲律宾马尼拉	RCEP 部长级会议举行	为即将于 11 月 14 日召开的首次 RCEP 领导人会议做好各项准备。各国部长还就 RCEP 谈判的关键议题和下一步工作作出了指导

续表

时间	地点	事件	成果
2018 年 3 月 3 日	新加坡	RCEP 部长会议举行	各方部长对推动 RCEP 谈判及货物、服务、投资和规则等领域核心问题进行了指导
2018 年 6 月 30 日—7 月 1 日	日本东京	RCEP 第五次部长级会间会举行	发表了《联合新闻声明》，表示在当前全球贸易面临单边主义挑战的背景下，尽快结束 RCEP 谈判的重要性
2018 年 10 月 13 日	新加坡	RCEP 第六次部长级会间会举行	会议推动各方完成年底一揽子成果，并实质性结束谈判
2019 年 3 月 2 日	柬埔寨暹粒	RCEP 第七次部长级会间会举行	会议欢迎贸易谈判委员会在市场准入和案文谈判中取得的积极进展，并讨论通过了 2019 年工作计划
2019 年 8 月 2—3 日	北京	RCEP 部长级会议举行。本次会议是在 RCEP 谈判的关键阶段举办的一次重要部长级会议，也是首次在华举办的 RCEP 部长级会议	本次会议推动谈判取得了重要进展。在市场准入方面，超过三分之二的双边市场准入谈判已经结束，剩余谈判内容也在积极推进。在规则谈判方面，新完成金融服务、电信服务、专业服务 3 项内容，各方已就 80% 以上的协定文本达成一致，余下规则谈判也接近尾声
2020 年 6 月 23 日	线上	RCEP 以视频方式召开第十次部长级会间会	会议重申将在 2020 年签署 RCEP 协定。此外，会议强调 RCEP 将对印度保持开放
2020 年 8 月 27 日	线上（视频方式）	东盟成员国和澳大利亚、中国、日本、韩国和新西兰的贸易部长召开 RCEP 第八次部长级会议	RCEP 协定将对推动疫后复苏、维持区域和全球经济发展稳定发挥重要作用
2020 年 10 月 14 日	线上	RCEP 部长级视频会议举行	会议肯定了协定法律文本审核工作取得的实质性进展，决定将为争取年内签署协定做好充分准备

数据来源：根据中国自由贸易区服务网资料整理。

（三）RCEP 的发展现状

2021 年 4 月 15 日，中国向东盟秘书长正式交存《区域全面经济伙伴关系协定》（RCEP）核准书。这标志着中国正式完成 RCEP 核准程序。随后，4 月 28 日，日本国会参议院批准了 RCEP，意味着日本已完成 RCEP 核准程序。截至 2021 年 4 月 30 日，已有中国、日本、泰国和新加坡完成 RCEP 核准程序，而中国是所有非东盟国家中第一个正式完成核准程序的 RCEP 成员国。仅从中国来看，目前，中国对 701 条义务中的 613 条已做好准备，即刻就可实施，占全部需要履行的约束性义务 87%，剩下 13% 的约束性义务在 RCEP 生效时就能实施。

（四）RCEP 的主要特点

从 RCEP 的成员国来看，RCEP 具有较强的多元性。RCEP 成员国覆盖了不同收入层面的国家，如日本、韩国、澳大利亚等高收入国家，中国、马来西亚、泰国等中等收入国家，以及柬埔寨、老挝和缅甸等低收入国家；RCEP 成员国覆盖了不同经济制度层面的国家，如日本、韩国、澳大利亚、马来西亚、泰国等市场经济国家，以及中国、柬埔寨、老挝和缅甸等社会主义市场经济国家；RCEP 成员国覆盖了不同发展程度的国家，如日本、韩国、澳大利亚等传统工业国家，中国、马来西亚、泰国等新兴经济体，以及柬埔寨、老挝和缅甸等农业国家；RCEP 成员国覆盖了不同经济规模的国家，如日本、中国、韩国、澳大利亚等大型经济体，马来西亚、泰国等中型经济体，以及柬埔寨、老挝和缅甸等小型经济体；RCEP 成员国还覆盖了不同人口密度的国家，如中国、越南等高人口密度国家，日本、韩国、马来西亚、泰国等中人口密度国家，以及澳大利亚、柬埔寨、老挝、缅甸等低人口密度国家。

从 RCEP 的运作方式来看，RCEP 具有面向所有成员国的灵活性。协定明确提出"顾及到缔约方之间不同的发展水平，对适当形式的灵活性需要，包括对特别是柬埔寨、老挝人民民主共和国、缅甸，以及在适当情况下，对越南，提供特殊和差别待遇，和对最不发达国家缔约方采取的额外的灵活性"。

从 RCEP 的条款覆盖内容来看，RCEP 在经贸和投资领域作出详尽规范，具有强大的包容性。RCEP 包括序言、20 章（分别是初始条款和一般定义，货物贸易，原产地规则，海关程序和贸易便利化，卫生与植物卫生措施，标准、技术法规和合格评定程序，贸易救济，服务贸易，自然人临时移动，投资，知识产权，电子商务，竞争，中小企业，经济技术合作，政府采购，一般条款和例外，机构条款，争端解决，最终条款），以及 4 个承诺表附件（分别是关税承诺表、服务具体承诺表、服务和投资保留及不符措施承诺表、自然人临时移动具体承诺表）。RCEP 的这一架构从侧面也表明，有关亚洲区域内的经贸投资行动均能在这一协定中找到依据。

从 RCEP 包含的具体条款来看，RCEP 具有基于成员国国情有针对性的条款设置特点。也就是说，RCEP 允许不同成员国根据自身国情，选择正面或负面清单承诺方式。但手段仅仅是手段，目标才是 RCEP 签署的真正目的。RCEP 的目标包括在货物贸易领域实现成员国之间 90% 以上的货物贸易分阶段零关税，考虑 RCEP 任何一方的意愿和价值，构建与升级亚洲区域生产链、价值链、供应链等。为了实现这些现实目标，RCEP 成员国均作出巨大努力，有些成员国在设定标准时甚至制定了本国有史以来的最高标准，而 RCEP 作为一个整体，也将在实践中不断得到完善。

从 RCEP 建立的意义来看，抛弃全球主义转向地区主义体现了亚洲国家整体的战略转向，即提高亚洲的自主性，摆脱对区域外大国的依赖。可以说，RCEP 所努力构建的亚洲国家自主性是以利益最大化为基础的，因此这样的自主性具备较强的底气与决心。如果说当前发达国家"霸权鼎立"与发展中国家"受制于人"的国际格局难以违背与打破，那么通过 RCEP 所建立的亚洲统一与融合，无疑会使得亚洲整体增强了与区域外大国和超级大国的谈判博弈能力，这就确保 RCEP 的每个成员国会因此受益的事实。从经济角度来看，亚洲国家自主决定关税大小、贸易规则和仲裁机制，会大大提高经济运行的效率，不仅有利于经济创新，还将减少经济危机等系统性风险。

二、CPTPP 起源、发展、现状和特点

（一）CPTPP 的起源探究

CPTPP 的签署具有两大推动力量，即美国和日本。CPTPP 最早来源于

《跨太平洋战略经济伙伴关系协定》（TPSEP），由新加坡、新西兰、智利和文莱于 2005 年签订，又称为"P4 协议"。2008 年，美国宣布加入 TPSEP，并将这一伙伴关系协定更名为《跨太平洋伙伴关系协定》（TPP），使得该协定对域内国家的吸引力大幅提升。2017 年，美国退出 TPP，日本宣布与其他 10 个成员国继续推动这一协定的签署。2018 年 3 月，CPTPP 正式签署，并于 12 月 30 日正式生效。

从根本原因来说，CPTPP 的起源与 RCEP 类似，也源自全球多边贸易自由化的萎缩。自 20 世纪 90 年代以来，WTO 成为实现对外贸易自由化的主要国际机制。然而，WTO 有其自身局限性，尤其是在多边贸易谈判中屡受挫折，导致全球贸易自由化的目标受阻。与此相对，区域经济一体化机制的优势被许多国家所认识，北美自由贸易区、美洲自由贸易区、跨大西洋贸易与投资伙伴关系、东盟自由贸易区、中国—东盟自由贸易区等区域经济一体化组织相继成立。CPTPP 就是在这一背景下诞生的。

（二）CPTPP 的发展阶段

CPTPP 共经历了四个里程碑式的发展阶段。第一个里程碑式的发展阶段是 1989 年 APEC 的成立，以及 1994 年"茂物目标"的设立，这两个事件确立了发达国家与发展中国家普遍实现自由开放贸易投资的目标。在此基础上，亚太地区其他国家开始寻求更高程度自由化与更合理贸易规则的自由贸易区的构建。TPP 经贸图景就是在这一时期被勾画起来的。

第二个里程碑式的发展阶段是 2005 年 TPP 签订前后。新加坡、新西兰、智利、文莱四国在这期间共同签订了 TPSEP，其后续影响就是引发了亚太地区 FTA 的迅猛发展，亚太地区一度成为全球 FTA 的发展中心，诸如中国—东盟 FTA、中日韩 FTA 均是这一时期的产物。

第三个里程碑式的发展阶段是 2008 年美国宣布加入 TPP 前后。美国的加入让全球其他国家对 TPP 的估值大幅提升。自美国之后，加拿大、墨西哥、秘鲁、澳大利亚、马来西亚、越南、日本等国家均加入 TPP 谈判。在经过 21 轮谈判之后，TPP 于 2015 年 10 月正式达成。

第四个里程碑式的发展阶段是 2018 年 CPTPP 正式签署前后。由于此前美国以 TPP 损害美国工人利益为由，退出 TPP，所以日本与 11 个成员国共同继续推动 CPTPP 的达成。2018 年 3 月，CPTPP 正式签署，同年 12 月 30 日正式生效。

（三）CPTPP 的发展现状

当前，CPTPP 的成员国共有 11 个，分别为日本、加拿大、澳大利亚、智利、新西兰、新加坡、文莱、马来西亚、越南、墨西哥和秘鲁，且多分布于太平洋周边地区。11 国 GDP 约 10 万亿美元，占全球 GDP 的 14%；人口约 5 亿，占全球总人口的 7%；贸易总额 5 万亿美元，占全球贸易总额的 15%。作为 CPTPP 的主导国，日本正寻求扩容，而世界其他大国也有加入 CPTPP 的打算，其中就包括了美国和英国。因此，从这个角度来讲，CPTPP 成员国的扩充可能成为未来的一个趋势。

（四）CPTPP 的发展特点

从经贸自由化目标角度来看，CPTPP 具有高标准、全开放的特点。在货物贸易自由化水平上，CPTPP 提出了实现接近 100% 的目标，这一百分比不仅高于 RCEP，还高于许多其他的地区协定，如"10+1"自由贸易协定。此外，CPTPP 设立的目标超过了一般经贸范围，囊括了环境、国有企业、劳工权益等核心领域的规则体系，旨在发挥经贸与可持续发展的双向促进功能，提升 CPTPP 在地区协定中的引领地位。

从目标实现方式来看，CPTPP 的目标达成方式更为宽松、自主与安全。如在可授予专利客体范围的约束条件上，给予政府更多的自由裁量权；在投资争端解决范围上，CPTPP 缩小了投资者——国家争端解决机制条款的适用范围，给予政府在特定投资争端上更多豁免权，暂停某些最低待遇标准，降低政府被投资者起诉的风险。

从协议的谈判空间来看，CPTPP 的开放性较强。不仅协议生效的方式较简单，不需要全体成员完成国内批准程序，而且协议生效后国家加入的门槛也较低，仅需与成员国在约定的条款和条件上达成一致即可。这些规定为包括韩国、印度尼西亚、泰国、菲律宾、斯里兰卡、哥伦比亚、中国台湾，以及英国等国家和地区的加入提供了充分保障。

从成员的组成性质来看，CPTPP 的成员国构成呈现出多层次和多样化的特点。世界银行公布的数据显示，截至 2017 年，CPTPP 成员国人口规模为 5 亿，GDP 总量达到 11 万亿美元，约占世界经济总量的 13%。另外，WTO 和联合国贸易和发展会议（UNCTAD）公布的统计数据显示，CPTPP 的 11 个成员国的进出口总额和对外直接投资规模分别约占世界总量的 29% 和 35%。成员的发展阶段、政治制度、人口规模等指标大小均有显著差异。

从发展前景来看，CPTPP 不仅覆盖了亚太地区最具活力和韧性的经济体，而且这一协定对成员国外的国家具有较强的吸引力，因此，CPTPP 有望成为在贸易规模和制度创新上具有较大发展潜力的协定。

第二节 RCEP、CPTPP 的理论分析

RCEP 和 CPTPP 都是区域自贸区，都属于区域经济合作范畴，都是基于区域经济合作的理论基础，只是协定所含国家、范围、标准不同。两者都有助于推进区域经济一体化进程，由此，有必要分析区域经济合作模式层级、理论、历程及发展趋势。

一、区域经济合作模式层级

根据合作的程度和融合发展的深度不同，区域经济合作模式一般可分为六个层级。最基础的模式为优惠的贸易安排，即成员国之间通过协定或其他模式对贸易的全部或部分商品实施特别的优惠关税安排。其次，在优惠贸易安排之上则是自由贸易区。自由贸易区中，除了降低相互之间的关税壁垒外，成员国还逐渐减免或取消关税和进口数量的限制。自由贸易区具有一定排他性，对区域外的国家还各自保留着原有的关税结构和贸易保护措施。RCEP 与 CPTPP 目前就属于自由贸易区这一层级的合作。

再高一级的为关税同盟。关税同盟的排他性在成员国内部是统一的，即关税同盟成员国对外事实统一的关税税率。共同市场作为关税同盟的更高级形式，不仅统一对外税率，而且开放成员国内部生产要素的自由流通。更具有超

国家性质的经济一体化组织是经济联盟。经济联盟既满足共同市场的特征，又可以进一步统一和加强财政政策、货币政策和汇率政策的协调。目前典型的经济联盟是欧盟。

而最高级别的经济一体化组织——完全经济一体化还有待实现。完全经济一体化还需政治、安全、外交方面的进一步合作或者统一。这一联邦制或者邦联制的联盟需要国家进一步放弃主权。

这六个层级并不是必然会逐级发展向上至完全经济一体化的。在实地执行中，区域经济合作的发展仍然有赖于具体的执行情况和相互依赖性的发展。

（一）自由贸易区理论

经济一体化第一个基本形式是自由贸易区理论。自由贸易区的一般定义为，一定区域范围内，多国在取消关税或具有关税性质的强制措施基础上所形成的经济一体化模式。此外，国际核心机构都对自由贸易区理论作出过详细定义与阐述，其中，WTO 对自由贸易区的定义为，由两个及以上具备关税环境的国家所组成的针对产品贸易而取消关税和贸易限制的集团。IMF 将自由贸易区定义为，防止进口国因贸易壁垒降低而遭受贸易转移损失，或确保采用自由开放贸易体制的国家不受贸易限制的国家集合。

自由贸易区在贸易自由化方面仍然处在较低层级，主要体现在两个方面：一是自由贸易区的关税减免仅限于成员国之间的贸易，而成员国在与区域外非成员国进行贸易时，各自实行不统一的关税和贸易政策；二是通过严格的原产地规则对原产于区域内或主要在区域内生产的产品进行自由贸易保护，对区域外产品产生排他性。

自由贸易区理论的代表人物是英国学者罗布森，他对自由贸易区理论的主要贡献在于将关税同盟理论应用于自由贸易区，并由此衍生出自由贸易区的"贸易创造"效应和"贸易转移"效应。

具体地，自由贸易区理论拥有两个较为典型的模型；一是传统的国际区域经济一体化模型，即完全的自由贸易区模型。这一模型的提出者认为：第一，在这类自由贸易区内的任何贸易保护都是不合理的，区域经济一旦实现一体化，就应该实现绝对的贸易自由；第二，区域经济在实现一体化后不存在规模经济，而是采用完全市场化的机制；第三，区域经济一体化必须以完全竞争为前提，市场是完全自由的，不存在市场扭曲的情形。因此，传统的国际区域经济一体化模型对所有成员国一视同仁，公平和效率是这一模型所尊崇的首要目标。

另一个是南南型国际区域经济一体化模型，即不完全的自由贸易区模型。这一模型的支持者认为：第一，在这类自由贸易区内，国际贸易不能完全保护发展中国家的利益，因此发展中国家若采取贸易保护措施被认为是合理与可行的；第二，遵循市场规则，同时也强调一体化所带来的规模经济效应；第三，区域经济一体化不以完全自由的市场为基础，不以完全竞争为前提，只要市场能够有效保护发展中国家的利益和权利，就承认市场存在扭曲情形的合理性。总的来说，南南型国际区域经济一体化模型优先考虑发展中国家的工业化和经济发展目标，在此基础上，发展中国家实行规模经济、贸易保护和不完全竞争市场规则均被认为有一定合理性，有利于改善发展中国家在贸易竞争中的不利地位。

（二）关税同盟理论

关税同盟理论于 20 世纪 50—60 年代产生，顺应了国际区域一体化的第一次高潮，并指导了当时丰富的一体化实践，吸取了战前各国竖起贸易壁垒从而导致世界经济步入危机的教训，该理论以对内取消关税和对外统一关税所引起的贸易变化为研究重点，构成了经济一体化理论的第二种基本形式。关税同盟理论的代表人物及其理论包括雅各布·维纳的"贸易创造"和"贸易转移"区分，米德、维纳克、科登和瑞泽曼的"三国三商品"（3×3）模型，麦克米兰、麦克兰和劳埃德的商品替代性和互补性模型，利普赛的商品替代性模型等。总体来说，关税同盟理论提出，在关税减免的情况下，基于比较优势的自由贸易可以助推区域内个体和整体福利的提升，因此对于同盟体系中的国家是有益的。

具体地，RCEP 可以将所产生的经济效应用三种效应解释。

一是"贸易创造"效应。由于经济一体化所构造的有利环境，资源消耗水平较低的生产国以其比较优势替代了资源消耗较高的生产国，成为某类产品的主要贡献者，生产效率的提高最终将促进经济一体化区域福利的提高。

二是"贸易转移"效应。由于一体化环境的缺失或欠缺，资源消耗水平较高的生产国替代了区域外资源消耗水平较低的生产国，成为某类产品的主要贡献者，生产效率的降低最终将促进区域内福利的降低。一体化可以产生贸易创造的效应，但也导致贸易转移效应。这一进程对参与国家的影响取决于贸易创造和贸易转移之间的利弊计算。

三是"贸易扩大"效应。在各国经济规模、人均收入水平、距离相似的情况下，经济一体化制度安排可以促使关税减免，贸易壁垒降低，从而减少贸易成本，不断扩大的贸易需求最终将扩大经济一体化区域内国家贸易规模的提升。

总而言之，关税同盟理论主要区分了经济一体化制度构建后，成员国与非成员国的不同待遇，及其所带来的不同的经济效应。

二、一体化的理论基础

（一）政治派生论

建设区域经济一体化的过程中，参与国常常面对民族文化、政治、经济的差异。在欧洲一体化的过程中，欧洲选择经济作为一个更容易为各参与国所接受的方面作为一体化的途径。这样一来，经济合作成为政治合作的入口，是政治合作的派生物。

（二）新功能主义论

功能主义建立在"扩展说"上，提倡技术和非政治性等争议性较少的部门进行跨国界合作，最终渗透至政治领域，促进一体化。新功能主义的"外溢"理论指出，部门之间成功的合作效应可外溢至整体经济，而经济一体化的效应可进一步外溢至政治领域，促成进一步的一体化。

（三）相互依赖论

在全球化背景的国家关系中，一国的所作所为常常给他国带来影响，本国所实施的计划也时时依赖于他国的行动与政策。这一相互依赖的关系已在国际社会上广泛存在。如果相互依赖输出的影响是正面的，则促进一体化的进程。

如果输出的影响是反面的，则容易将关系向恶化方向发展。在依赖程度还有不平衡的情况下，从维持平衡和保护各方利益的角度出发，组建区域经济一体化组织是一种很好且必要的协调手段。

（四）区域要素流动理论

传统分工与贸易理论把不能流通或者不能完全流通的部分要素看作造成区域要素之间长期和稳定差异的原因。在现代社会，随着科技和设施的不断完善，要素的流通越来越便利。结合新贸易理论和国家竞争优势理论，在区域经济一体化的框架下，各成员国可实现更优化的要素配置，形成新的比较优势。

（五）集团博弈理论

在这一理论中，一个国家是否参加区域经济合作取决于其国内利益集团的博弈结果。该理论指出，通常有两种情况可以使一国政府参与自由贸易协定：一是该自由贸易协定可以为其选民带来福利，进一步增加其政治资本，与此同时，反对该协定的利益集团没有为反对的行动达成一致；二是该协定为出口部门所带来的利益显著超过进口部门和选民福利损失的总和。

（六）协议性国际分工原理

协议性国际分工原理将竞争与比较优势原理可能造成的集中与垄断风险作为深入思考的对象，提出基于竞争和比较优势的国际分工可以被基于协议的分工所替代。协议性国际分工原理的代表人物是日本知名学者小岛清，他提出，为改变原始市场规模小、产量低、成本高等劣势，多国可以就国际分工达成协议，通过各自生产一种独特的产品，扩大市场规模，增加产量，降低成本，并让协议签订国均享受规模经济的红利。

协议性国际分工的实现须满足三个条件：第一，签订协议的国家间不存在显著差异，包括生产要素的差异、经济发展水平的差异等，从而保证作为协议性分工对象的商品可以在协议国生产；第二，商品必须能够获得规模经济效益；第三，凡是在协议性对象中的商品，在生产过程中所带来的成本差异较小。在这三个条件的影响下，发达国家之间建立的协议性国际分工比发达工业国与初级产品生产国之间建立的分工更为可靠，范围较广，且收益较大。

（七）共同市场理论

共同市场的概念最早于 1956 年出现在斯巴克报告中，随后，这一概念被广泛应用，第二次世界大战结束后，"共同市场"一词在贸易领域基本得到普及。值得注意的是，共同市场理论是比关税同盟理论和自由贸易区理论更高一层的经济一体化理论，这是由于共同市场的实现有赖于三个条件：一是这一区域必须从属于同一个关税同盟或自由贸易区，二是成员国的经济发展水平应相近，三是成员国之间的生产要素是自由流动的。在这三个条件中，生产要素的自由流动是关键。在共同市场所促成的经济一体化，通过消除贸易和要素流动的障碍，产品和生产要素均向可能获得最大收益的地区流动，因此不仅实现了产品市场的一体化，而且实现了要素市场的一体化。不过，鉴于资本收益的不平等性在不同地区存在显著差异，相对于劳动力这一相对稳定的生产要素，资本则更可能出现大规模流动，直至不同地区的资本收益逐渐趋同。

事实上，共同市场理论作为更高一层的经济一体化理论不仅体现在实现条件上，更体现在实施效果中。一般来说，共同市场所保障的生产要素自由流动能够通过提高经济效率，从而确保市场主体获得更多收益。这一收益的实现一般通过三个路径：一是竞争驱动情景，即通过大市场内的竞争，鼓励专业化、规模化生产，进一步融合被保护主义分隔的国内市场，从而促进经济利益的实现；二是有限资源情景，即在共同市场区域内，生产得到重新组合，更高效地提高资源的有效配置；三是资源扩张情景，即在区域内生产和贸易额不断扩大的情况下，区域内生产向外扩张，从外部获取新的资源。

共同市场理论的代表人物是经济学家丁伯根、西托夫斯基和德纽。共同市场的目的就是消除贸易保护主义，把被保护主义分割的国内市场统一成为一个大市场，通过大市场内的激烈竞争，实现专业化、大批量生产等方面的利益。通过对共同市场理论的分析发展出了大市场理论，有代表性的说法（丁伯根）是"消除障碍最合理运营的各种人为障碍，通过有意识地引入各种有利于调整、统一的最理想因素，创造出最理想的国际经济结构"。

然而，共同市场的实现建立在较高贸易自由化与经济相似度的基础上。因此，截至目前，共同市场理论虽然在欧盟付诸实践且取得了较大成功，但是在南南型和南北型国际区域经济一体化中还未得到充分应用。总体来说，共同市场理论的实践案例存在不足的现象。

（八）综合发展战略理论

如果说共同市场理论主要基于发达国家经济一体化的成功实践，那么针对发展中国家经济一体化实践的理论则是集体自力更生理论和综合发展战略理论。

具体来说，集体自力更生理论有两个分支：一是结构主义的中心—外围理论，一是激进主义的国际依附理论。以缪尔达尔、普雷维什和辛格为代表的中心—外围理论家提出，世界由以资本为发展基础的资本主义国家构成的"中心"与以生产和出口初级产品为发展基础的发展中国家构成的"外围"组成。尽管中心对经济的促进作用会在一定程度上扩散至外围，但由于外围所积累的大部分财富会最终回流至中心，因此以中心和外围为基础的现代国际经济体系实现的实质上是中心对外围的剥削，经济发展并不以共同富裕为结果，反而加剧了贫富悬殊。因此，对发展中国家来说，结构主义中心—外围理论主张发展中国家实行进口替代战略，以集体力量与中心国家抗衡。

以巴兰、阿明、弗兰克、卡多佐、桑克尔、桑托斯和伊曼纽尔为代表的激进主义的国际依附理论家提出，发达国家与发展中国家的关系实质上是支配与被支配、依附与被依附、剥削与被剥削的极端对立的关系。鉴于此，国际依附理论建议，发展中国家必须实现内部的制度和结构变革，彻底摆脱被动关系，才能实现经济发展。

综合发展战略理论的代表人物是鲍里斯·塞泽尔基。塞泽尔基认为，作为国家的一种发展战略，发展中国家区域经济一体化需要通过有效的政府干预，实现生产和基础设施的一体化等工业化措施，加强彼此间的相互依赖性，而不仅仅依靠统一市场的力量，从而达到集体自力更生和变革世界经济新秩序的目标。

三、FTA 整合理论（为什么要形成 FTA）

FTA 整合理论可分为三类：一类是福利分析法，另一类是非福利分析法，还有一类是实证分析法。

福利分析法从 FTA 构建后对内外部成员国福利的贡献率出发，探讨 FTA 形成的原因。首先，从 FTA 构建后对内部成员国福利的贡献率来看，以瓦伊纳为代表的学者提出，多国形成 FTA 的主要原因在于 FTA 所产生的贸易创造能够为成员国带来比贸易转移损失大得多的福利收益。在这种情境下，资源消耗水平较低，生产效率较高，成员国能够从中获得比净双边贸易更多的价值。

其次，从 FTA 构建后对外部成员国福利的贡献率来看，以肯普-万和克鲁格曼为代表的学者提出，FTA 在构建后能够维持稳固的重要原因在于外部有利环境，即外部非成员国对 FTA 的支持。这一派的学者认为，FTA 内部的关税减免不会降低与 FTA 成员国进行商贸往来的外部国家的贸易福利。在外部国家商贸利益未受损的情况下，任何类型的 FTA 都将受到鼓励，外部国家不会反对 FTA 的建立。

非福利分析法的聚焦点不仅限于 FTA 内外部国家的福利提升，而更关注 FTA 整体运作机制效率的提高。对于这一方法的第一种解释贸易条件分析方法指出，非合作关税贸易会使国家间面临外部化、失信和保护主义的风险，以巴格韦尔、施泰格等为代表的贸易条件分析法学者提出，FTA 是解决这些问题的有力工具。FTA 机制能够将具有外部性特征的关税内部化，避免成员国采取以邻为壑的下策，从而使双方受益。除此之外，FTA 机制也通过自我执行的方式，为成员国背离本机制以获取收益设置了惩罚的门槛，制止了成员国搭便车的行为。而针对成员国试图在没有比较优势的行业选择保护本国企业的情况，FTA 设置了允许其他国家退出本机制的选项，当一个国家背离 FTA 时，其他国家就会退出 FTA，从而用失去出口行业利益的风险制约着成员国的保护主义行为。

再次，从政治经济学方法来看，产业界的利益集团会对政府提出捐赠计划，为获得利益集团的捐赠，并增加全民福利，政府必须选择符合利益集团利益的贸易政策，利益集团以这种方式干预了政府贸易决策。以格罗斯曼和埃尔普曼为代表的政治经济学方法学者提出，当国家间存在相对均衡的潜在贸易，且 FTA 增强对其成员保护的情况下，FTA 更容易形成。支持这一方法论的学者认为，相对均衡的潜在贸易意味着相对收益的均衡，而增强对其成员的保护主要指针对从第三国进口的关税施加保护，国家更容易接受构建 FTA 的各项条件。不过对从第三国进口关税施加保护意味着 FTA 会导致更多的贸易转移，换句话说，是贸易转移更大，并降低了福利的情景导致了 FTA 的产生。

最后，一个更接近现实世界的方法论则是博弈论方法，以阿吉翁为代表的博弈论方法学者提出，FTA 的构建是国家间讨价还价的结果。当一国向另一国提出 FTA 建议时，后者可根据自身利益选择是否接受以及接受的程度。在实际情境中，很多全球自由贸易区和区域性自由贸易区均是在博弈的过程中形成的。

FTA 实证分析方法是在充分的实证数据基础上对 FTA 的形成概率作出精准化评估与预测，分为静态分析和动态分析两种。以拜耳和伯格斯特兰为代表的静态分析学者提出，在影响国家间形成 FTA 的经济因素中，国家间距离、国家间经济规模相似度、国家间相对于世界其他国家的资本——劳动比例差异均与达成 FTA 的容易程度成反比，而国家间相对于世界其他国家的距离、国家间资本——劳动比例差异则与达成 FTA 的容易程度成正比。综合来说，贸易创造和贸易转移作为两种重要的经济因素，在 FTA 的形成中扮演着十分重要的作用。

以埃格和拉尔克为代表的动态分析学者提出了两种重要的 FTA 理论，即多米诺理论和浪潮理论。其中多米诺理论指出，外部国家更有可能在已有 FTA 扩张的时候加入这些 FTA 中；而浪潮理论则指出，外部国家具有更强的动力在已有 FTA 扩张时形成新的 FTA。相对来说，多米诺效应比浪潮效应具有更强大的生命力和实证支持。

第三节　RCEP/CPTPP 的比较

近年来在全球产生了多个具有重要影响力的区域贸易安排，其中 RCEP 是全球最大的自由贸易协定，此处对比 RCEP、CPTPP、USMCA、欧盟、AfCFTA（非盟 FTA）、东盟 FTA 和 CAI（《中欧全面投资协定》）七大区域经济一体化协定/机构。

2019 年在对比人口、GDP 总量、进出口总额、外资总额和经济增速等五大指标上的表现后发现：第一，RCEP 人口最多，达到 22.6 亿人，占全球人口的 30%，表明 RCEP 具有显著的市场优势；第二，CAI 的 GDP 总量最大，达到 29.8 万亿美元，表明 CAI 具有经贸产品、服务种类和数量最丰富的优势；第三，欧盟的进出口总额较高，超过 11 万亿美元，表明欧盟区域内的经贸活动最活跃；第四，欧盟的外资总额较高，达到 0.388 万亿美元，表明欧盟具有营商环境最开放、最便利的优势；第五，东盟 FTA 的经济增速较快，达到 4.6%，表明这一地区的经贸活动增长最快，潜力最大。

事实上，数据显示，RCEP 不仅在人口方面具有显著优势，而且在 GDP 总量、进出口总额、外资总额指标排名上均位于前三位，见表 2-4，RCEP 是一个综合能力较强的区域自由贸易协定。但 RCEP 真正的优势还在于其人口，这不仅是指 RCEP 在消费市场上的优势，而且对 RCEP 区域的人口质量提出更高要求：人口创造力、创新能力、技能掌握是这一地区经贸增长的关键。

表 2-4　RCEP/CPTPP 与主要区域经济一体化协定/机构的规模（2019 年）对比

机构/协定	人口（亿人）	GDP 总量（万亿美元）	进出口总额（万亿美元）	外资总额（万亿美元）	经济增速（%）
RCEP	22.7	25.816	10.437	0.364	5.2
TPP/CPTPP	5.08	11.197	5.793	0.276	2.2
USMCA	4.93	24.369	6.049	0.329	3.9
欧盟	4.48	15.593	11.347	0.388	1.4
AfCFTA	12	~2.5①	0.069②	——	3.2
东盟 FTA	6.2	2.3	3.7	0.2	4.6
CAI	~18.5	29.8	~0.7③	~0.2	——

数据来源：IMF、World Bank、WTO、毕马威分析、Trade Law Centre、中国外交部。

---

① Lisandro Abrego, et al., "The African Continental Free Trade Area", *Staff Discussion Notes* 20, no. 04 (2020)，见 https://doi.org/10.5089/9781513542379.006。

② Tralac (Trade Law Centre), "Summary of Intra-Africa trade 2019"，见 https://www.tralac.org/documents/publications/trade-data-analysis/3982-summary-intra-africa-trade-2019/file.html。

③ 外交部：《中国同欧盟关系》，2020 年 10 月，见 http://www.fmprc.gov.cn/web/gjhdg_676201/gj_676203/0Z_678770/1206_679930/sbgx_679934/。

一、RCEP 与 CPTPP

CPTPP 全称是《全面与进步跨太平洋伙伴关系协定》，2018 年 3 月由澳大利亚、文莱、加拿大、智利、日本、马来西亚、墨西哥、新西兰、秘鲁、新加坡和越南共 11 个国家在智利首都圣地亚哥签署。

从 RCEP 和 CPTPP 两项协定制定的区域治理目标来看，二者较为一致，均希望通过深化区域经济一体化，来实现经济、就业和福利的增长，以及贸易和投资的便利化与自由化。从协定所依赖的基础来看，二者均基于《马拉喀什建立世界贸易组织协定》，但 RCEP 更以东盟为中心，兼顾东盟成员国与其自由贸易伙伴之间的自由贸易协定下的权利与义务。从区域治理目标的实现方式来看，RCEP 比 CPTPP 更注重包容性，即在认识到成员国的差异性和多样性的基础上，对最不发达国家采取更灵活的合作方式。从区域治理的重点来看，RCEP 是宏观的，注重帮助最不发达国家的区域参与，而 CPTPP 则更关注微观，注重成员国在全球市场中竞争力的提高、中小微企业的发展、医疗保障体系的健全、国有企业的规范、环境保护、劳工权利保护以及腐败消除等方面。从协定的示范效应来看，RCEP 比 CPTPP 更进一步，作为国家间合作的起点，RCEP 期望以此协定对全球贸易投资自由化和多边贸易体制发挥积极作用。

二、RCEP 与 USMCA

USMCA 全称为《美墨加协定》，2018 年 11 月 30 日由美、墨、加三国领导人正式签署，以美国为核心连接了加拿大和墨西哥两国，是《北美自由贸易协议》（NAFTA）成员国重新谈判的结果。对于中国来说，USMCA 具有两个著名的条款，对中国经贸活动实行打压：第一个条款是日落条款，设置目的是为保障美国优先的原则。日落条款是 USMCA 第 34 章的最终条款，规定 USMCA 的有效期为 16 年，每隔 6 年进行重新谈判。美国以这种方式削弱了协定的稳定性，不排除在这一条款的影响下，美国以自身经济利益为武器，迫使其他国家与其保持统一立场的可能。第二个条款是毒丸条款，设置目的是迫使加拿大和墨西哥在对待非市场经济国家时与其站在同一战线。毒丸条款是

USMCA 第 32.10 条，界定了非市场经济国家的含义，意图明显地指向中国，并对与非市场经济国家谈判的缔约国施加了许多义务，如任一缔约国有意愿与非市场经济国家进行贸易谈判，必须提前三个月通知其他缔约国，缔约国与非市场经济国家签订的双边协定内容应提交给其他缔约国审查，在任一缔约国与非市场经济国家签订自由贸易协定时，允许其他国家终止 USMCA。

从两项协定制定的区域治理目标来看，USMCA 与 RCEP 和 CPTPP 均较为相似，旨在通过贸易和投资便利化加强区域内的经济合作。有一点值得注意，USMCA 和 CPTPP 均提出加强区域内国家的长期友谊，这表明，这两项协议的社会历史内涵较 RCEP 更为浓重，二者十分重视从巩固和提高国家间认同的方式，来促进投资、贸易和经济的发展。从协定所依赖的基础来看，RCEP 基于《马拉喀什建立世界贸易组织协定》，USMCA 基于 1994 年的《北美自由贸易协议》，表明二者均不是凭空而来的，而是有着坚实的政策基础。从区域治理目标的实现方式来看，RCEP 强调加强与最不发达国家的合作关系，而 USMCA 则注重提升成员国市场主体的竞争力，并营造公平开放的竞争环境。从区域治理的重点来看，RCEP 具有宏观指导性，USMCA 则注重多样化手段，如鼓励商品和材料的生产和采购、为中小型企业创造机会、法律框架制定、促进海关程序、设立公共福利目标、消除贸易壁垒。此外，从协定的示范效应来看，作为国家间合作的起点，RCEP 期望以此协定对全球贸易投资自由化和多边贸易体制发挥积极作用，而 USMCA 则更强调加强劳工权利、保护土著贸易和投资权利、促进男女国际贸易和投资领域的平等。在数字贸易或电子商务方面，二者均要求缔约方接受无纸化贸易，分享在该方面的经验，并作出了一定的监管要求。

三、RCEP 与欧盟

欧盟全称为欧洲联盟，成立于 1993 年，起源于由德国、法国、意大利、荷兰、比利时和卢森堡于 1952 年成立的欧洲煤钢共同体。随着世界贸易投资保护主义加剧，欧盟出于安全利益和竞争优势的考量，加紧对中国的经贸监管。

从 RCEP 与欧盟区域治理领域的目标来看，RCEP 注重贸易与投资的规范化，欧盟更注重经济、金融和货币市场的规范化与一体化。从协定所依赖的基础来看，RCEP 基于《马拉喀什建立世界贸易组织协定》，欧盟则基于《里斯本条约》和《欧盟基本权利宪章》。从区域治理目标的实现方式来看，RCEP 强调加强与最不发达国家的合作关系，而欧盟则注重单一市场的构建，力图通过大量商品、服务、资金和人员在区域范围内的自由流动，实现资源开发的最大化，确保区域内公民利益的最大化。从区域治理的重点来看，RCEP 具有宏观指导性，欧盟则是经济、金融与社会价值的集合体。最后，从协定的示范效应来看，RCEP 是全球贸易投资自由化和多边贸易体制的起点，而欧盟则致力于实现世界最大贸易区的高效运行，促进世界贸易和投资的流动性。

四、RCEP 与非盟 FTA

非盟 FTA 的全称是非洲大陆自由贸易区，于 2018 年 3 月 21 日由非洲 44 个国家在卢旺达首都基加利上正式签署，并于 2019 年 7 月 7 日由非洲联盟非洲大陆自由贸易区特别峰会在尼日尔首都尼亚美正式宣布成立。总体来说，非盟 FTA 的建立对中国的机遇大于挑战。非盟 FTA 的建立能带动地区产业集群发展、产业链延伸和规模经济的壮大，因此有利于中非更深层次的产能合作。目前来看，在关税减免的情况下，一方面促进了非洲地区的基础设施建设，另一方面推动中国产品、资金进入非洲市场，实现了相互促进的功能。

从两项协定制定的区域治理目标来看，RCEP 与非盟 FTA 虽然均旨在加强区域内的经济合作，但非盟 FTA 的目标更为具体，以通过高频度协商，不断融会贯通非洲大陆的市场为目标。从协定所依赖的基础来看，RCEP 基于《马拉喀什建立世界贸易组织协定》，非盟 FTA 则基于 2000 年《非盟基本行动阿布贾条约》以及 1994 年《马拉喀什建立世界贸易组织协定》，表明相对于 RCEP，非盟的自主性意识更为强烈。从区域治理目标的实现方式来看，RCEP 强调对最不发达成员国的包容，而非盟 FTA 则注重通过不断加强人员、资本、商品和服务的自由流动，加深经济融合，提升农业发展、食品安全、工业化，以及结构经济转型。从区域治理的重点来看，RCEP 宏观性较强，非盟 FTA 则更注重于提供充足的基础设施,减免关税和贸易壁垒,构建透明、清晰、可预见的规则。此外,从协定的示范效应来看,RCEP 提出还要对全球贸易投资自由化和多边贸易体制化发挥积极作用,而非盟 FTA 与 USMCA 类似,提出包括如国际安全、民主、性别平等、法治、公共安全、环境、公众道德、文化多样性等对于区域内经济治理具有重要的辅助甚至是决定性作用的影响因素。

五、RCEP 与东盟 FTA

东盟 FTA 的全称是东南亚国家联盟自由贸易区,于 2002 年正式成立。总体来说,东盟 FTA 的成立对中国的消极影响较小,但随着竞争性的加强,中国需要进行更深层次的经贸机制改革。从外贸领域来看,东盟 FTA 没有设置明显的歧视性关税,因此中国—东盟贸易量变化在东盟 FTA 成立前后不会发生显著变化;从外资领域来看,在东盟 FTA 成立后,东盟各国对中国的投资会减少,外资进入东盟的机会会增多,因此会对中国产生一定冲击。

从两项协定制定的区域治理目标来看,RCEP 与东盟 FTA 较为相似,均旨在通过加强贸易合作,提高区域发展水平和贸易与生产力的增长。从协定所依赖的基础来看,RCEP 基于《马拉喀什建立世界贸易组织协定》,东盟 FTA 则基于 1992 年在新加坡签署的《东盟经济合作》。从区域治理目标的实现方式来看,RCEP 强调改善与最不发达国家的合作关系,而东盟 FTA 则注重在区域内最大化实现区域在贸易和发展的潜力。从区域治理的重点来看,RCEP 与东盟 FTA 均较为宏观,东盟 FTA 注重提升区域内的经济韧性,拓展投资和生产机遇、贸易和对外交易所得。此外,从协定的示范效应来看,RCEP 与东盟 FTA 的治理均不限于区域内,而是面向全球,期望在提升其发展的同时,履行全球的贸易发展义务。

第 三 章

RCEP 和 CPTPP 条款政策深入解读

　　RCEP 的二十个章节如何理解，每一个章节到底讲了哪些内容，如何通俗地理解，本章详细介绍了 RCEP 规则的内容，通过专栏以及举例等方式来帮助理解 RCEP 的章节内容。比如"金融"章节提出来哪三个首次？"投资"章节又有哪些影响？RCEP 的新内容对区域内经济体，对中国及义乌有重大利好。RCEP 对区域内经贸规则进行了包容性和现代化的整合，实现了高质量和包容性的平衡。区域累积的原产地规则将深化区域内产业链价值链融合；新技术推动海关便利化将促进新型跨境物流发展；采用负面清单推进投资自由化和提升投资政策透明度，都将促进 RCEP 区域内经贸规则的优化和整合。与 CPTPP 对比，RCEP 包容性更强。对于具有小商品贸易优势的义乌来说，RCEP 更加开放和区域的深度融合必然会助力义乌贸易发展。因此，本章将重点分析对于义乌有重要意义的 RCEP 章节，包括：货物贸易、原产地规则、海关程序和贸易便利化、金融服务、自然人临时移动、投资、电子商务、中小企业等。最后还将结合 RCEP 条例内容，提出义乌对接 RCEP 的对策建议。

第一节　RCEP 与 CPTPP 比较研究

一、RCEP：现代、全面、高质量、互惠的自由贸易协定

　　RCEP 是一个现代、全面、高质量、互惠的大型区域自由贸易协定。RCEP

条款由序言、20 个章节①和 4 个市场准入承诺表附件②组成，不仅包括货物贸易、服务贸易、投资、原产地规则等自由贸易协定都会涵盖的基本条款，也纳入了高水平的知识产权、电子商务、竞争政策、政府采购等现代化议题。

RCEP 对区域内经贸规则进行了包容性和现代化的整合。RCEP 整合了东盟与中国、日本、韩国、澳大利亚、新西兰多个"10+1"的自由贸易协定，以及中国、日本、韩国、澳大利亚、新西兰五国间已经有的多对自由贸易伙伴关系，并且在中日和日韩之间建立了新的自由贸易伙伴关系。RCEP 对于区域内的经贸规则并非简单的叠加。RCEP 中的电子商务、中小企业等条款并没有出现在所有的区域内已有自由贸易协定中。部分区域内的自由贸易协定中所包含的诸如环境保护、劳工标准、国有企业等内容，RCEP 没有纳入进来。所以，RCEP 其实是一种"最大公约数"式的包容性整合，同时也适当增添了区域内重点和现代化议题③。

RCEP 实现了高质量和包容性的平衡。RCEP 下，货物贸易最终整体上将有超过 90% 的产品实现零关税，服务贸易和投资总体的开放水平将显著高于原有的东盟"10+1"自由贸易协定。区域累积的原产地规则将深化区域内产业链价值链融合；新技术推动海关便利化将促进新型跨境物流发展；采用负面清单推进投资自由化和提升投资政策透明度，都将促进 RCEP 区域内经贸规则的优化和整合。同时，RCEP 照顾到不同国家国情，给予最不发达国家特殊与差别待遇，通过规定加强经济技术合作，满足发展中国家和最不发达国家的实际需求。RCEP 最大限度兼顾了各方诉求，将促进本地区的包容均衡发展，使各方都能充分共享 RCEP 成果④。

---

① 20 个章节包括：初始条款和一般定义，货物贸易，原产地规则，海关程序和贸易便利化，卫生与植物卫生措施，标准、技术法规和合格评定程序，贸易救济，服务贸易，自然人临时移动，投资，知识产权，电子商务，竞争，中小企业，经济技术合作，政府采购，一般条款和例外，机构条款，争端解决，最终条款。

② 4 个市场转入承诺表附件包括：关税承诺表、服务具体承诺表、服务和投资保留及不符措施承诺表、自然人临时移动具体承诺表。

③ 白明：《RCEP 并非诸多自贸协定简单叠加》，《中国金融》2020 年第 23 期。

④ 《商务部国际司负责人解读〈区域全面经济伙伴关系协定〉（RCEP）》，2020 年 11 月 16 日，见 http://www.mofcom.gov.cn/article/i/jyjl/j/202011/20201103016301.shtml。

二、RCEP 与 CPTPP 的对比：RCEP 包容性更强

与 RCEP 相比，CPTPP 要求的开放程度更加广泛和深入。CPTPP 包含 30 章的内容，比 RCEP 多 10 章，不过通过目录内容对比，实际上 CPTPP 真正多出的内容有 8 章，见表 3-1。金融服务条款和电信条款在 CPTPP 中单独列出，而在 RCEP 中，这两项条款列在第八章的附件中。CPTPP 的条款有 8 章内容是 RCEP 未单独列出或未纳入其贸易框架中。CPTPP 对纺织品和服装、国有企业和指定垄断、环境、劳工等条款有明确要求。

表 3-1　RCEP 与 CPTPP 目录内容的对比

一、可对照章节			
RCEP		CPTPP	
第一章	初始条款和一般定义	第 1 章	初始条款和一般定义
第二章	货物贸易	第 2 章	货物的国民待遇和市场准入
第三章	原产地规则	第 3 章	原产地规则和原产地程序
第四章	海关程序和贸易便利化	第 5 章	海关管理和贸易便利化
第五章	卫生与植物卫生措施	第 7 章	卫生和植物卫生措施
第六章	标准、技术法规和合格评定程序	第 8 章	技术性贸易壁垒
第七章	贸易救济	第 6 章	贸易救济
第八章	服务贸易	第 10 章	跨境服务贸易
第九章	自然人临时移动	第 12 章	商务人员临时入境
第十章	投资	第 9 章	投资
第十一章	知识产权	第 18 章	知识产权
第十二章	电子商务	第 14 章	电子商务
第十三章	竞争	第 16 章	竞争政策
第十四章	中小企业	第 24 章	中小企业
第十五章	经济技术合作	第 21 章	合作和能力建设

一、可对照章节			
RCEP		CPTPP	
第十六章	政府采购	第 15 章	政府采购
第十七章	一般条款和例外	第 29 章	例外和总则
第十八章	机构条款	第 27 章	管理和机构条款
第十九章	争端解决	第 28 章	争端解决
第二十章	最终条款	第 30 章	最终条款
第八章 附件一	金融服务	第 11 章	金融服务
第八章 附件二	电信	第 13 章	电信
二、CPTPP 单独列出章节			
第 4 章	纺织品和服装		
第 17 章	国有企业和指定垄断		
第 19 章	劳工		
第 20 章	环境		
第 22 章	竞争力和商务便利化		
第 23 章	发展		
第 25 章	监管一致性		
第 26 章	透明度和反腐败		

数据来源：根据 RCEP 和 CPTPP 条款整理。

（一）RCEP 包容性更强，CPTPP 条款更加严格

RCEP 成员更多的是发展中国家，其中不乏中低收入国家，所以其条款体现更多的包容性。比如，在第十三章"竞争"条款中单独列出附件，对柬埔寨、老挝、缅甸给予第十三章第三条针对反竞争行为的适当措施和第四条合作的五年或三年的过渡期。与 RCEP 相比，CPTPP 单独列出的条款"纺织品和服装""国有企业和指定垄断""环境""劳工"等，以及对知识产权监管、电子商务有更严格的标准，也为发展中国家的外贸制造了一些隐性壁垒。

（二）货物贸易和服务贸易上 RCEP 与 CPTPP 各有侧重

与 CPTPP 相比，RCEP 条款更加保守。RCEP 对于传统的自由贸易协定章

节诸如货物贸易有所侧重，而 CPTPP 在知识产权、服务贸易、电子商务等方面提出更严格的标准，以提高各成员国的开放程度。特别是在"电子商务"章节，以跨境数据自由流动和禁止数据本地化为特点，会从网络安全、数据安全、个人信息保护等方面带来较大挑战①。

（三）CPTPP 的关税减让程度多数高于 RCEP

CPTPP 的"货物的国民待遇和市场准入"章节规定成员国应加快减让至零关税，整体而言关税削减程度高于 RCEP。此外，相较于单独签署的双边贸易协定，CPTPP 关于关税的相关规定更加全面，不仅使成员国之间形成统一标准的关税取消规则要求，而且对于某一成员国的关税减让承诺的关税优惠将自动赋予其他所有成员国。RCEP 对于关税的减让有一个缓冲空间。RCEP 货物贸易零关税产品数整体上超过 90%，且主要是立刻降税到零和十年内关税降低至零，并保持一定的农产品配额②。

与 RCEP 相比，CPTPP 采取更加开放的市场准入模式。RCEP 根据成员国的具体情况，正面清单和负面清单兼顾。在服务贸易规定方面，日本、韩国、澳大利亚、新加坡、文莱、马来西亚、印度尼西亚 7 个成员国采用负面清单方式承诺，中国等 8 个成员国采用正面清单承诺，并将于协定生效后 6 年内转化为负面清单。在投资领域各成员国对制造业、农业、林业、渔业、采矿业 5 个非服务业领域采取负面清单的方式。CPTPP 则全部（除禁止或限制开放领域）实行负面清单的模式，要求开放领域更多、程度更深，对于跨国投资来说更加自由便捷。

（四）RCEP 重点条款的分项解读及应用

紧抓小商品城打造 RCEP 经贸合作示范区。义乌最大的特点就在于义乌小商品城。其发展的所有特点和目标几乎都围绕小商品城和小商品城带来的优势与特征。为推动义乌加快融入 RCEP 建设，义乌商务局于 2020 年 5 月提出建立 RCEP 经贸合作示范区的设想，以便于开展下一步的工作。RCEP 经贸合作示范区目前还在初步规划、修改完善和审批阶段。义乌 RCEP 经贸合作示范区

---

① 李墨丝：《CPTPP+数字贸易规则、影响及对策》，《国际经贸探索》2020 年第 12 期。

② 余淼杰、蒋海威：《从 RCEP 到 CPTPP：差异、挑战及对策》，《国际经济评论》2021 年第 2 期。

现阶段分为四方面示范中心的建设。一是 RCEP 国家自由贸易示范中心。义乌货物贸易、跨境电商发达，小商品城内中小企业众多，因此对标 RCEP 规则，重点分析 RCEP "货物贸易""原产地规则""电子商务""中小企业"章节。二是 RCEP 国家投资合作示范中心。义乌虽然货物贸易繁荣，但是在金融方面存在短板，因此会出现 2021 年年初开始发酵的资金冻结的事件，所以重点关注 RCEP "投资""金融服务"章节。三是 RCEP 国家人文交流示范中心。义乌有商务人员临时入境等需求，因此重点分析"自然人临时移动"章节。四是 RCEP 国家互联互通示范中心。重点分析"海关程序和贸易便利化"章节。

第二节　RCEP 的条款解读

一、初始条款和一般定义：突出包容性和额外灵活性

RCEP 第一章"初始条款和一般定义"用三条分别阐明了 RCEP 的基础、一般定义和目标。RCEP 是建立在与《1994 年关税与贸易总协定》（GATT 1994）第二十四条和《服务贸易总协定》（GATS）第五条相一致的基础上，对区域全面经济伙伴关系自由贸易区的内容做了具体规定。

RCEP 的"一般定义"关注到最不发达国家。"一般定义"部分对协定所涉及的机构、法律文件等专业术语作出定义，其中特别值得关注的是 RCEP 首次对于"最不发达国家"和"最不发达国家缔约方"进行了定义。对于最不发达国家的特别定义表明了 RCEP 的"额外灵活性"，考虑到区域内缔约方所处的不同发展阶段和经济需求，对协定提出灵活性适用的要求。对适当形式的灵活性的需要，包括对特别是柬埔寨、老挝、缅甸，以及在适当情况下，对越南，提供的特殊和差别待遇，和对最不发达国家缔约方采取的额外的灵活性。

RCEP 的目标在贸易和投资体现出包容性和便利性。一是循序渐进促进区域贸易。在实现货物贸易和服务贸易的自由化和便利化目标的过程中，考虑到区域内缔约国的经济发展程度，提供缓冲空间。在货物贸易方面，逐步取消缔约方之间实质上所有货物贸易的关税和非关税壁垒，逐步实现缔约方之间货物

贸易的自由化和便利化。在服务贸易方面,逐步在缔约方之间实施涵盖众多服务部门的服务贸易自由化,以实现实质性取消缔约方之间在服务贸易方面的限制和歧视性措施。

二是塑造便捷投资环境。在推动贸易的同时,创造自由、便利和具有竞争力的投资环境。如果说贸易体现的是缔约国之间资源要素禀赋的互补,投资则进一步体现了对于彼此市场的认可。良好投资环境的建立可以增加 RCEP 缔约方之间的投资机会,最终达到提升投资的促进、保护、便利化和自由化的目标。

因此,RCEP 的目标是建立一个现代、全面、高质量和互惠的经济伙伴关系框架,在促进区域内的贸易与投资和推动全球经济增长与发展的同时,兼顾到区域内不同发展阶段缔约国的需求。

二、货物贸易:优惠力度显著

"货物贸易"章节旨在推动实现区域内高水平的贸易自由化,并对与货物贸易相关的承诺作出规定。规定有三个亮点:一是区域内货物国民待遇。承诺根据 GATT 1994 第三条,为 RCEP 其他缔约方货物给予国民待遇。二是市场准入优惠。逐步实施关税自由化,给予优惠的市场准入;特定货物临时免税入境;取消农业出口补贴。三是程序上的简化。全面取消数量限制、进口许可程序管理,以及与进出口相关的费用和手续等非关税措施方面的约束。①

在国民待遇货品方面,RCEP 没有做其他特别的规定,主要参照 GATT 1994 第三条国内税与国内规章的国民待遇来进行。

市场准入开放优惠力度加强,逐步实施关税自由化。关税承诺以附件一(关税承诺表)中承诺表规定的关税税率为依据。RCEP 15 个成员国之间采用双边两两出价的方式对货物贸易自由化作出安排。协定生效后区域内 90% 以上的货物贸易将最终实现零关税,包括立刻降税到零和 10 年内降税到零,这使 RCEP 自由贸易区有望在较短时间兑现所有货物贸易自由化承诺。可以预

---

① 商务部国际司:《〈区域全面经济伙伴关系协定〉(RCEP)各章内容概览》,2020 年 11 月 16 日,见 http://fta.mofcom.gov.cn/article/rcep/rcepjd/202011/43620_1.html。

见，随着原产地规则、海关程序、技术标准等统一规则落地，关税和非关税壁垒双重降低的叠加将逐步释放 RCEP 的贸易创造效应，显著降低区域内货品价格和贸易成本，提升本地区产品的竞争力，从而惠及各方企业和消费者。①

各国的关税承诺表的表现形式和数量有较大区别。从形式上来看，关税承诺表有两种，一种是"统一关税减让"，另一种是"国别关税减让"。8 个国家采用"统一关税减让"，包括澳大利亚、新西兰、文莱、柬埔寨、老挝、马来西亚、缅甸、新加坡。7 个国家采用"国别关税减让"，包括中国、日本、韩国、印度尼西亚、菲律宾、泰国、越南。从数量上来看，采取"统一关税减让"的国家，仅有一张减让表，对各成员的关税减让清单完全相同。采取"国别关税减让"的国家减让数量不同。比如，日本、泰国仅有一张，中国、韩国、菲律宾有五张，印度尼西亚、越南有六张。

货物贸易最终零关税和立即零关税比例在各国之间有所区别。总体来看，协定生效后 RCEP 区域内 90%以上的货物贸易将最终实现零关税。中国承诺对 86%—90%的产品完全开放。中国对东盟、澳大利亚、新西兰承诺的最终零关税税目比例均为 90%左右，见表 3-2。相互最终零关税税目比例基本一致。除老挝、柬埔寨、缅甸 3 个最不发达国家外，其余东盟成员国、澳大利亚、新西兰对中国承诺的相应比例与我国大体持平或略高于我国承诺的比例。

表 3-2　中国对各缔约方承诺最终零关税税目比例

RCEP 成员	中国承诺的最终零关税税目比例（%）
东盟	90.5
澳大利亚	90.0
新西兰	90.0
日本	86.0
韩国	86.0

数据来源：商务部国际司。

---

① 《商务部国际司负责同志解读〈区域全面经济伙伴关系协定〉（RCEP）之二》，2020 年 11 月 16 日，见 http：//fta. mofcom. gov. cn/article/rcep/rcepjd/202011/43619_ 1. html。

中国与 RCEP 成员国相互立即零关税比例基本保持平衡。关税减让主要是立刻降税到零和 10 年内降税到零。中国和东盟、澳大利亚、新西兰之间基本都是 65%—75% 之间，老挝、柬埔寨、缅甸是最不发达国家，对我国立即零关税比例要低一些。同时，中国对日本、韩国相对低一些，但相互之间保持了平衡，见表 3-3。

表 3-3　中国与 RCEP 成员国相互立即零关税比例

RCEP 成员国	中国对成员国立即零关税比例（%）	成员国对中国立即零关税比例（%）
文莱	67.9	76.5
柬埔寨	67.9	29.9
印度尼西亚	67.9	65.1
老挝	67.9	29.9
马来西亚	67.9	69.9
缅甸	67.9	30.0
菲律宾	67.9	80.5
新加坡	67.9	100.0
泰国	67.9	66.3
越南	67.9	65.8
日本	25.0	57.0
韩国	38.6	50.4
澳大利亚	64.7	75.3
新西兰	65.0	65.5

数据来源：商务部国际司。

RCEP 货物贸易和区域内已有的其他自由贸易协定相互补充、相互促进。一是 RCEP 涵盖了区域内其他自贸区中未纳入降税的产品。比如，韩国对我国鹿茸产品的降税、印度尼西亚和马来西亚对我国摩托车的降税，这些降税未包含在中韩和东盟"10+1"自由贸易协定中，因此这些关税壁垒的降低将带来贸易增值，见表 3-4。二是区域内的其他自贸区也可能涵盖 RCEP 中未纳入降税的产品。这种情况下，企业依然可以选择使用中国新西兰、中韩、东盟

"10+1"等自由贸易协定中的降税优惠。三是对于 RCEP 和区域内自由贸易协定总相互重叠的降税产品。短期内，由于此前双边自由贸易协定已经降税，企业仍然可以享受双边自由贸易协定中的优惠。长期来看，由于 RCEP 中有区域累积的原产地规则，待未来 RCEP 逐步降税到位，在同等关税条件下，企业会逐步都采用 RCEP 更优的原产地政策享受优惠。①

表 3-4　RCEP 超出原有双边自由贸易协定的产品

国别	主要产品
印度尼西亚	加工水产品、烟草、盐、煤油、碳、化学品、化妆品、炸药、胶片、除草剂、消毒剂、工业黏合剂、化工副产品、塑料及其制品、橡胶、箱包、服装、床上织物、鞋靴、大理石、陶瓷塑像、玻璃、钢铁制管、链及弹簧、发动机、液体泵、灭火器、录音设备、电视、汽车及零部件、摩托车等
马来西亚	加工水产品、可可、棉纱及织物、化纤、不锈钢、部分工业机械设备及零部件、汽车、摩托车
菲律宾	医药产品、工业副产品、塑料及其制品、硫化橡胶、化纤及织物、服装、纺织品、鞋、玻璃及其制品、钢铁制品、发动机零件、空调、洗衣机、减压阀、电线等机电产品、汽车及零部件等
文莱	烟草、地毯、床上用品、鞋、风扇、空调、冰箱、滤水设备、洗衣机、吸尘器、热水器、电话、传声器、电视、电路、电灯、电线、家具
泰国	纸制品、砂岩、仿首饰、铜、液体泵、电动机、变压器、手电筒、电线
柬埔寨	鸡肉、蔬菜水果、海藻、加工蔬菜水果、面食、杂项食品、烟草、矿产品、石油、化学品、染料、塑料及其制品、橡胶、皮革、木材纸制品、棉制品、化纤及其制品、服装及其他纺织品、鞋靴、钢铁铝制品、工业机械设备、农业纺织设备、电动机、变压器等部分机电设备、汽车及零部件、家具、发卡等
缅甸	大米、中药、树胶、油、酒、饲料油渣、化学品、塑料及其制品、木制品、石棉制品、汽车、摩托车
老挝	活鱼、甘蔗、酒、汽车
中国对东盟	菠萝罐头、菠萝汁、椰子汁、胡椒、柴油等化学燃料、部分化工品、纸制品、柴油发动机、车辆照明及信号装置、车窗升降器等

①《商务部国际司司长详解 RCEP 文本》，2021 年 1 月 26 日，见 http：//chinawto.mofcom.gov.cn/article/e/r/202101/20210103034055.shtml。

续表

国别	主要产品
韩国	零关税：鹿茸、糊精 部分降税：服装、干贝、服装、瓷砖
中国对韩国	零关税：纺织品、不锈钢 部分降税：发电机、汽车零部件

数据来源：商务部国际司。

此外，我国与日本建立了自由贸易关系。从商品关税减免数量来看，日本出口至中国的商品，中国 8000 多个税号中，原来只有 8% 可以享受零关税待遇，现在这个比例从 8% 显著扩大到了 86%。同时，中国可享受日本给予 88% 的税目产品零关税。从货物贸易品种来看，日本对中国商品减税，主要集中在纺织服装、轻工材料、农产品等，未来这些行业将迎来利好。①

专栏 3-1　抓住降税机遇产业升级

对于义乌来说，在抓住降税红利的同时可进行产业升级。超出原有双边贸易规则的产品和与日本新产品的降税将减轻商品贸易成本。贸易成本的减少，一方面可以给企业带来更多的利润空间，另一方面进口商品的价格降低将对相关产业带来冲击。因此，或可调节企业和产业自身的发展战略，将利润空间更大的商品所带来的红利合理分配到受到冲击行业的产品研发或质量提升。产业升级可分为四种方式：一是工艺流程升级。通过改造生产流程或采用新技术来提高投入产出转化效率。二是产品升级。产品升级又可以包括两个方面：提高产品质量和丰富产品种类。三是功能升级。通过完善产品的功能、提升产品的附加值或者对产品进行深加工的方法来达到产业升级。四是价值链升级。通过利用现有技术开发价值链较高的产业②。

---

① 《RCEP 逆势建"新群"，中国升级"外循环"》，《新华每日电讯》2020 年 11 月 25 日。
② 杨翠红等：《全球价值链研究综述及前景展望》，《系统工程理论与实践》2020 年第8 期。

专栏 3-2　义乌需提高光电行业竞争力

RCEP 生效在即，义乌需要提高光电行业的竞争力。义乌的信息光电行业也是义乌产业转型升级的重点行业之一。RCEP 增强了区域光电行业的融合。以中国对日本的关税减让承诺为例，中国在液晶显示与光学部件上设定了 10 年以内的减让期，例如将激光器从现行进口税率 6% 在第 11 年降至零，将放大器、光学门眼从现行进口税率 12% 在第 11 年降至零，液晶显示板 5% 的进口关税维持 20 年并在第 21 年降至零。同时，中国将降低从日本进口的光导材料、光学元件、其他仪器等品类的进口关税。因此，光电行业的进口关税将逐步降低。义乌如果想要达到打造具有国际知名度、影响力和竞争力的"世界光明之都"这一目标，就需要在进口关税逐步降低的 10 年缓冲期内，加快培育一批引领性龙头企业、掌握一批安全可控关键技术、形成标志性产业链，提升竞争力。

三、原产地规则：更加灵活和便利

RCEP "原产地规则"章节确定了 RCEP 项下有资格享受优惠关税待遇的原产货物的认定规则。在确保适用实质性改变原则的同时，突出了技术可行性、贸易便利性和商业友好性，以使企业，尤其是中小企业易于理解和使用 RCEP 协定。在"原产地规则"第一节中，第二条"原产货物"和第三条"完全获得或者完全生产的货物"以及附件一《产品特定原产地规则》（PSR）列明了授予货物"原产地位"的标准。协定还允许在确定货物是否适用 RCEP 关税优惠时，将来自 RCEP 任何缔约方的价值成分都考虑在内，实行原产成分累积规则。在第二节中，规定了相关操作认证程序，包括申请 RCEP 原产地证明、申请优惠关税待遇，以及核实货物"原产地位"的详细程序。本章节有两个附件：《产品特定原产地规则》涵盖约 5205 条 6 位税目产品；《最低信息要求》列明了原产地证书或原产地声明所要求的信息。①

---

① 商务部国际司：《〈区域全面经济伙伴关系协定〉（RCEP）各章内容概览》，2020 年 11 月 16 日，见 http://fta.mofcom.gov.cn/article/rcep/rcepjd/202011/43620_1.html。

（一）RCEP 原产地的认定标准和方式更加灵活和丰富

第一，认定标准更加灵活。区域价值成分原则和税则归类改变标准可二选一。根据 RCEP 第三章第二条，原产地认证有三种方式。前两种都属于区域价值成分原则，在一个成员国生产或者多个成员国累积生产。第三种属于税则归类改变标准，主要根据税号是否发生变更进行判定，即当产成品的税号相比于非原产材料全部发生了变化时，该商品为原产。所以，税则归类改变标准也可以作为认定方式。

第二，证书认证类型丰富。传统的原产地证书认定方式需要区域内厂商去官方授权的认证机构认证，比如去中国国际贸易促进委员会或进出口检验检疫部门认证。RCEP 在此基础上增加了厂商自我认证，允许经核准的出口商声明以及出口商的自主声明。这种自我认证的方式原本只在中国—瑞士、中国—冰岛、中国—毛里求斯三个中国已对外签署的自由贸易协定中出现，RCEP 生效后，"经核准出口商" 原产地自主声明方式将扩展到 RCEP 的 14 个国家中。2021 年 3 月 4 日，海关总署公布了关于《中华人民共和国海关经核准出口商管理办法（征求意见稿）》，为 RCEP 生效后可能出现的新核准工作做准备。

所以，RCEP 原产地认定的选择更加多样，原产地证书认证可由企业信用担保自主声明，节省政府行政管理成本和企业经营成本，进一步提高通关效率，从而增进区域内经贸往来。

（二）RCEP 区域累积的原产地规则，促进区域内产业链融合

产品若享受关税优惠，必须满足原产地规则。按照原产地规则，成员国将本国的原材料直接出口到其他成员国，或者利用进口的半成品、零部件组装加工，再向其他成员国出口，如果能证明这些半成品或零部件来自其他成员国，都适用原产地规则。

但是运用原产地规则享受关税优惠是有门槛的。按照传统的自由贸易协定，一种产品从中国出口到其他成员国，在中国的原产地附加值必须达到 40% 的标准，才能享受零关税。过去的多边区域自由贸易协定只允许双边累积，也就是说当一成员国的产品要出口到另一成员国，只允许这两国之间的半

成品进行累积，区域内其他国家不允许累积。

RCEP 采用区域累积的原产地规则，突破了产品在原产地或双边累积的附加值达到协议规定标准的限制。例如，某种产品在中国的附加值为 10%，而来自印度尼西亚、越南、菲律宾等国中间品的附加值相加超过 30%，整体区域累积后达到了 40% 的标准，也能享受零关税。

专栏 3-3　区域累积的原产地规则计算演示

中国生产的水族箱（FOB 价 58 美元/个），所使用的原料在表格中显示：

原材料名称	每个水族箱所含原材料价值（美元/个）	原产国（地区）
节能灯	6.6	中国
水泵	6.8	中国
插头	1.8	中国
喷胶棉	0.2	中国
聚苯乙烯塑料粒	15.0	马来西亚
电源线	5.0	泰国
玻璃前后板	18.0	德国
制造成本及费用总和	4.6	中国

数据来源：中国海关。

水族箱（HS 7013.99）的原产地标准之一：区域价值成分 40

不使用累积规则，按扣减法计算：$(58-15-5-18)/58 \times 100 = 34$

使用累积规则，按扣减法计算：$(58-18)/58 \times 100 = 69$

所以，使用区域累积规则之后，可将中国、马来西亚、泰国所有区域内的增加值计入区域成分的计算，因此能够达到 40% 的原产地标准，享受到原产地规则的优惠。

因此，RCEP 区域累积的原产地规则能够降低进出口门槛，增进区域产业

链供应链深度融合和优化布局。据安联研究，原产地规则的成本占出口交易额的 1.4%—5.9%，RCEP 区域原产地规则通过降低出口成本，从而推动成员国商品出口平均每年增加约 900 亿美元，占 2019 年区域内商品贸易的 4%，全球商品贸易的 0.5%①。因此，能够为 RCEP 区域的成员国带来每年将近 100 亿美元的潜在收益。分国别来看，对于中国、日本、韩国的增益最大，超过整体增益的一半，见图 3-1。

（亿美元）

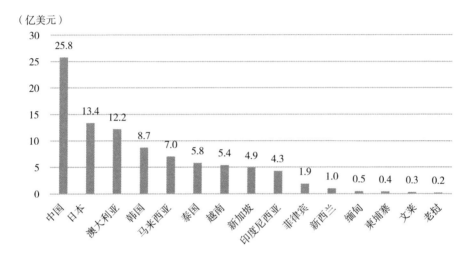

图 3-1　RCEP 区域原产地规则带来的区域内商品年平均潜在收益
数据来源：联合国贸易和发展会议、世界银行、安联研究。

（三）背对背原产地证明促进转口贸易

RCEP 首次提出了背对背原产地证明的概念。背对背原产地证明是指除重新包装或装卸、仓储、拆分运输等物流操作，或仅根据进口缔约方法律、法规、程序、行政决定或政策要求贴标，或其他为保持货物的良好状态或向进口缔约方运输货物所进行的必要操作外，该成员方的签证机构、经核准出口商可以依据初始原产地证明正本签发或者开具新的原产地证明。

---

① 安联研究：《区域全面经济伙伴关系协定：统一的原产地规则》，2020 年 11 月 18 日。

专栏 3-4　背对背原产地证书使用举例

日本出口一批电动汽车电池材料 100000 件，日本签证机构签发了 RCEP 原产地证书。该批货物在中国义乌综合保税区进行分拆，其中 50000 件发往老挝，50000 件发往越南。中国签证机构可以依据日本签发的原产地证书签发背对背原产地证书，分别显示分拆后的出口数量。老挝和越南的进口商可凭借中国签发的背对背原产地证书在本国申报进口享惠。

在中间成员方经物流拆分分批出口的货物可以通过背对背证明来证明其原产资格，并在进口国享受协定税率，极大地提高企业在销售策略以及物流安排方面的灵活性。

专栏 3-5　义乌运用原产地规则发展芯片传感器及智能终端贸易

义乌可运用 RCEP 原产地规则和关税减让，发展芯片传感器及智能终端的进口转口出口贸易。尽管遭受新冠肺炎疫情冲击，2020 年前 7 个月，我国电子信息产业与 RCEP 成员国的贸易仍保持增长，其中出口增长 2.6%，进口增长 4.6%。RCEP 将强化区域内的电子信息产业链深度融合。

根据世界贸易组织信息技术协定（Information Technology Agreement，ITA）的约定，签署国之间的信息技术产品实施零关税，ITA 覆盖绝大多数电子信息产品和除柬埔寨、老挝之外大多数的 RCEP 成员国，因此，RCEP 签署尤其协定涉及的电子信息产品关税减让，并不对区域内既有的行业贸易产生直接影响，但 RCEP 通过区域累计的原产地规则，将明显深化电子信息产业链在区域内的贸易合作和投资发展。

运用 RCEP 规则提升义乌芯片传感器及智能终端贸易效率。芯片传感器及智能终端是义乌产业转型升级的重点产业之一，可以运用 RCEP 的原产地规则（区域累积、背对背原产地证明等原产地规则优惠）和关税减让发展芯片传感器及智能终端的进口转口出口贸易。围绕构建"从芯到端"的产业链协同发展优势，从义乌实际出发，规避能耗水耗制约较大的 IC 制造环节，重点瞄准产业链下游的芯片传感器封装测试和智能消费终端应用领域，充分借助长三角和珠三角地区的软

硬件配套优势与义乌"买全球、卖全球"的市场拉动优势，以义乌芯片小镇为载体，加强与国家集成电路产业投资基金战略合作，全力引进一批有竞争力的产业化项目落地，协同推进本地有潜力的传统小商品网络化、智能化升级步伐，培育壮大义乌芯片传感器及智能终端产业生态圈。

四、贸易便利化：在 WTO 的基础上有所增强

RCEP 的贸易便利化措施主要包括"海关程序和贸易便利化""卫生与植物卫生措施""标准、技术法规和合格评定程序"三章的内容。这三章的内容均是在 WTO 的基础上，采取更加便捷的贸易措施。

（一）海关程序和贸易便利化

"海关程序和贸易便利化"章节主要是海关程序上的规定。本章通过确保海关法律和法规适用的可预测性、一致性和透明度，促进海关程序的有效管理和货物快速通关的条款，简化海关程序，促进海关之间的合作，来创造一个促进全球和区域供应链的环境。本章包含高于 WTO《贸易便利化协定》水平的增强条款，包括：对税则归类、原产地以及海关估价的预裁定；为符合特定条件的经营者（授权经营者）提供与进出口、过境手续和程序有关的便利措施；用于海关监管和通关后审核的风险管理方法等。

1. 海关程序对于贸易便利化的影响更加隐蔽

相较于货物贸易关税壁垒的显性特征，程序性的贸易便利化壁垒往往更具隐蔽性，而其对于贸易成本和效率的影响不可忽视。RCEP 这样的区域贸易协定中的贸易便利化规定，可以有效降低贸易的成本。正如国际商会（ICC）所强调的，海关程序和边境保护的实施会在三个关键领域影响制造商业务：一是清关时间压缩。对于目前世界范围内的发达制造业发展来说，清关的时间需要从过去的数周或者数天控制在数小时之内。所以说，制造商的竞争优势很大一部分有赖于及时可靠或者提前情况的快速放行。二是可预测性带来的确定性。由于海关的管理所造成的交付延迟，有可能会对制造商带来难以承受的库存运

载费用。因此，增加可预测性将提高物流的效率和供应链的稳定。三是透明度的提高。任意的改变货物税则归类或者估价所依据的规则会影响物流和销售计划，从而对于贸易运营产生负面影响①。透明度的提高可有效提高区域内的营商环境。

2. RCEP 规则对清关时间大幅度压缩

RCEP 对清关时间作出具体规定，并超越 WTO 以及我国签署实施的自由贸易协定中的相关承诺水平。（1）普通的货物 48 小时通关。通过简化海关通关手续，采取预裁定、抵达前处理、信息技术运用等促进海关程序的高效管理手段，尽量在货物抵达后 48 小时内放行。（2）易腐货物 6 小时通关。在可能的情况下，对易腐货物等争取实现货物抵达后 6 小时内放行，推动果蔬和肉、蛋、奶制品等生鲜产品的快速通关和贸易增长。（3）快件 6 小时通关。采取或设立海关程序，在维持适当的海关监管和选择的同时，至少允许通过航空货运设施入境的货物加快通关，在正常情况下尽快放行快运货物，并且在可能的情况下，在货物抵达并且提交放行所需信息后 6 小时内放行，促进快递等新型跨境物流发展。

同时，通过定期一致性时间测算和抵达前程序处理措施，进一步缩减和厘清清关时间。RCEP 鼓励每一缔约方定期并且以一致的方式，使用诸如世界海关组织发布的《货物放行时间测算指南》等工具，测算其海关放行货物所需时间，并且公布其结果。RCEP 设立抵达前预申报程序，允许在货物抵达之前提交货物进口所需的文件和其他信息，在货物抵达前开始处理，以便在货物抵达后第一时间放行。

3. RCEP 规则用数字化手段提高通关透明度和效率

"海关程序和贸易便利化"章节第五条透明度条款规定每一缔约方应当以非歧视和易获得的方式，在可能的范围内在互联网上迅速公布第五条第一款下

---

① 王珉：《中国贸易便利化发展战略——基于 RCEP 成员之间区域自贸协定的比较分析》，《国际贸易》2021 年第 2 期。

的十条信息①，以使政府、贸易商和其他利害关系人能够知晓。特别是，每一缔约方应当在可能的范围内并在适当的情况下，通过互联网提供更新进出口程序、文件和咨询点联络信息②。

"海关程序和贸易便利化"章节多处提到用电子的方式提交文件，并在第十二条鼓励缔约方应用信息技术。每一缔约方应在尽可能的范围内，基于国际接受的货物快速通关和放行的标准，应用信息技术以支持海关运行；使用可以加速货物放行的海关程序的信息技术，包括在货物运抵前提交数据，以及用于风险目标管理的电子或自动化系统；努力使公众可获得其贸易管理文件的电子版；应当努力将以电子方式提交的贸易管理文件接受为与此类文件的纸质版有同等法律效力的文件；在制定规定使用无纸化贸易管理的倡议时，鼓励每一缔约方考虑由国际组织主持制定的国际标准或方法；在国际层面与其他缔约方合作，以提升对以电子方式提交的贸易管理文件的接受度。

4. RCEP 通过预裁定、执法一致性和海关合作等措施提高货物贸易可预测性

预裁定制度规定了提出预裁定申请的主体，包括进出口商及具有合理理由的任何人或其代表，并且考虑到了中小企业的需求。预裁定条款还就各缔约方涉及标准的预裁定事项和估价方法作出了义务性承诺，大大超越 WTO 以及我国已经签署实施的自由贸易协定中相关承诺的水平。预裁定的事项包括税则归类和依据第三章"原产地规则"的原产货物判定，估价方法依照《海关估价协定》，以及缔约方可能同意的其他事项。预裁定条款规定预裁定决定应于 90 天内作出，具有约束力，且有效期不少于三年。

---

① 1. 进口、出口和过境程序（包括港口、机场和其他入境点的程序）以及所需表格和文件；2. 对进口或出口所征收的，或与进口或出口相关的任何种类的关税和国内税的实施税率；3. 政府部门或代表政府部门对进口、出口或过境征收的或与进口、出口或过境相关的规费和费用；4. 用于海关目的的产品归类或估价规定；5. 与原产地规则相关的普遍适用的法律、法规及行政裁定；6. 进口、出口或过境的限制或禁止；7. 针对违反进口、出口或过境手续行为的惩罚规定；8. 上诉或审查程序；9. 与任何一国或多国缔结的与进口、出口或过境相关的协定或协定部分内容；10. 与关税配额管理相关的程序。

② 参见 RCEP 第四章第五条透明度中的第二款。

执法一致性首次在自由贸易协定进行规定。RCEP 海关程序一致性规定了各缔约方应在其关税领土内，就法律法规及程序保持统一，并就各方在全关境内执法统一性进行了规定。为履行一致性的义务，各缔约方应当努力制定新的或采取已有行政措施，确保其进出境相关法律法规、规章及制度等措施在全关境各个口岸保持一致，不能因为口岸不同等因素导致执法不一致。

5. 海关合作通过沟通协作增进区域内规则流畅度

规定了区域内成员海关当局之间加强协调与沟通，相互之间提供协助，共享海关管理发展的信息和经验，如有重大法律法规修订或影响区域贸易相关措施修改调整等，海关当局之间应尽可能以英文并及时相互通报。此外，还规定了拥有共同边界的缔约方之间可以就共同感兴趣的跨境程序给予合作，便利跨境贸易。目前，我国与 RCEP 其他 14 个成员国签订了 9 个双边行政互助协定。各方承诺将依据本章条款之规定加强海关间沟通与合作，为保障货物的顺畅流动、共同提升贸易便利化水平提供制度保障和政策支持。

（二）卫生与植物卫生措施

"卫生与植物卫生措施"章节提出了为保护人类、动物或植物的生命或健康而制定、采取和实施卫生与植物卫生措施的基本框架，同时确保上述措施尽可能不对贸易造成限制，以及在相似条件下缔约方实施的卫生与植物卫生措施不存在不合理的歧视。虽然缔约方已在 WTO《卫生与植物卫生措施协定》（SPS）中声明了其权利和义务，但是 RCEP 在 SPS 的基础上加强了在病虫害非疫区和低度流行区、风险分析、审核、认证、进口检查，以及紧急措施等规则的执行。

（三）标准、技术法规和合格评定程序

"标准、技术法规和合格评定程序"章节加强了缔约方对 WTO《技术性贸易壁垒协定》（TBT）的履行，并认可缔约方就标准、技术法规和合格评定程序达成的谅解。同时，推动缔约方在承认标准、技术法规和合格评定程序中减少不必要的技术性贸易壁垒，确保标准、技术法规以及合格评定程序符合 TBT

规定等方面的信息交流与合作。①

五、贸易救济：提升透明度和正当程序

RCEP"贸易救济"章节包括了"保障措施"和"反倾销和反补贴税"两节内容。在"保障措施"方面，RCEP 在重申缔约方在 WTO《保障措施协定》下的权利义务的基础上，设立过渡性保障措施制度，对各方因履行协议降税而遭受损害的情况提供救济。在"反倾销和反补贴税"调查方面，RCEP 在WTO《保障措施协定》的基础上规范了书面信息、磋商机会、裁定公告和说明等实践做法，并首次在自贸协定中纳入"禁止归零"条款②，促进提升贸易救济调查的透明度和正当程序。

六、服务贸易：逐渐采用负面清单

"服务贸易"章节消减了各成员影响跨境服务贸易的限制性、歧视性措施，为区域内进一步扩大服务贸易创造更有确定性的机会和更广阔的空间。条款内容包括承诺减让表、国民待遇、市场准入、最惠国待遇、本地存在、国内法规等规则。部分缔约方采用负面清单方式进行市场准入承诺，要求现在采用正面清单的缔约方在协定生效后 6 年内转化为负面清单模式对其服务承诺作出安排。"服务贸易"章节除市场开放及相关规则外，还包含了金融服务、电信服务和专业服务三个附件，对金融、电信等领域作出了更全面和高水平的承诺，对专业资质互认作出了合作安排。此外，"自然人临时移动"章节也属于服务贸易的范围。

就开放水平而言，15 方均作出了高于各自"10+1"自由贸易协定水平的开放承诺，见表 3-5。日本、韩国、澳大利亚、新加坡、文莱、马来西亚、印度尼西亚 7 个成员国采用负面清单方式（参见 RCEP 附件三）承诺，见表3-6；中国、泰国、越南、菲律宾、柬埔寨、老挝、缅甸、新西兰 8 个成员国

---

① 《〈区域全面经济伙伴关系协定〉（RCEP）各章内容概览》，2020 年 11 月 16 日，见 http://fta.mofcom.gov.cn/article/rcep/rcepjd/202011/43620_1.html。

② RCEP 第七章第十三条。

表 3-5　服务全面自由化部门情况

国别	商业服务	分销	通信	建筑	教育	环境	金融	健康	旅游	娱乐	运输
中国	计算机安装、咨询、数据处理和制表、分时、广告	特许经营、无固定地点的批发或零售	/	/	/	/	/	/	/	体育和其他娱乐	海运代理、公路卡车汽车货物运输
日本	城市规划、医疗、牙科、护理、计算机相关、研发、广告、干租、咨询等	佣金代理、特许经营	速递服务	/	初级、中等、成人教育	整体上全面开放	人寿险、意外险、健康保险等；除存款保险外银行服务	医院、其他人类健康服务	整体上全面开放	整体上全面开放	大部分海洋运输、管道运输
韩国	建筑设计、医疗、牙科、护理、计算机相关、研发、干租、咨询等	佣金代理、特许经营	在线信息和数据调用	/	/	/	/	医院	整体上全面开放	图书馆、档案馆、博物馆等、体育和其他	海运客运、海运其他运输

续表

国别	商业服务	分销	通信	建筑	教育	环境	金融	健康	旅游	娱乐	运输
澳大利亚	除专利移民外的法律、会计、建筑、工程、城市规划、医疗、研发、计算机、房地产、广告、干租、咨询、印刷、出版	除烟草火器酒精外的零售和批发、佣金代理、特许经营	速递、除澳大利亚电信公司的电信	整体上全面开放	整体上全面开放	整体上全面开放	保险	联邦血清实验室之外的医院、人类健康服务	整体上全面开放	整体上全面开放	国际班轮外的海运、铁路运输、公路运输、管道运输
新西兰	法律、会计、审计、簿记、税收服务、建筑设计服务、工程、计算机、兽医、房地产、广告、干租、咨询、管理、农林相关、人员安置、摄影、会议	佣金代理、批发、零售	/	建筑物及民用工程的总体建筑、安装、组装、建筑物装修	部分教育服务	排污、废物处理、卫生及类似服务	/	/	饭店和餐饮、导游	/	机场运营、机场管理、铁路运输、公路运输、管道运输
新加坡	法律、审计、税收、城市规划、计算机、研发	除能源、有害物品的所有分销	邮政、速递、视听	/	初级、中级、高等、成人教育	排污、卫生	/	/	饭店、旅行社、导游	文娱、体育	/

83

续表

国别	商业服务	分销	通信	建筑	教育	环境	金融	健康	旅游	娱乐	运输
越南	会计审计簿记、税收、自然资源服务、飞行器干租	/	部分速递	环境影响评估	/	饭店、餐饮	/	/	/	/	/
老挝	税收咨询、计算机和相关、市场调研、管理咨询	/	部分速递服务、增值电信服务	/	/	/	/	/	旅游咨询服务	/	航空服务的销售和营销、计算机订座系统
柬埔寨	外国法律咨询、税收服务、工程服务、计算机、研发服务、广告、市场调研、管理咨询、技术测试与采矿和能源有关的服务、人员安置、科技咨询、包装	佣金代理、批发销售、零售、部分特许经营	速递、增值电信、移动电话	建筑物及民用工程的总体建筑、安装和组装、建筑物装修	高等、成人	排污、废物处理、卫生及类似服务、部分其他环境服务	保险辅助服务	/	导游	电影院服务	飞机维修与保养、计算机订座系统、公路运输服务

续表

国别	商业服务	分销	通信	建筑	教育	环境	金融	健康	旅游	娱乐	运输
缅甸	建筑设计、工程和集中、城市规划、园林建筑、无操作人员的航空器租赁、音像录音设备租赁、广告	/	部分视听服务	建筑物及民用工程的总体建筑、安装和组装、建筑物装修	/	/	保险附属服务	/	饭店和餐饮、旅行社和旅游经营者服务	图书馆服务	部分海运服务/部分运输服务/所有运输方式的辅助服务
泰国	/	/	/	/	/	/	/	/	/	/	/
菲律宾	/	/	/	/	/	/	/	/	/	/	部分海运服务/部分运输服务/货运代理服务

数据来源：商务部国际司。

采用正面清单（参见 RCEP 附件二）承诺，见表 3-7，并将于协定生效后 6 年内转化为负面清单。

表 3-6　最惠国待遇（MFN）承诺情况之负面清单

国别	共性保留部门	各国保留部门领域
澳大利亚	1. 行使政府职能提供的公共服务 2. 重要基础设施相关行业 3. 国家主权与安全	专利律师、移民代理、寿险、文娱视听、渔业、农业营销、金融
日本		理货服务、水运、渔业、跨境金融、视听服务
韩国		铁路运输、电信、公路运输、视听、文娱、外国法律咨询、会计师、税务师、兽医、金融
新加坡		私人调查、安保、制造业有关服务、海运及理货、文化、法律、报纸分销、出版
马来西亚	1. 行使政府职能提供的公共服务 2. 重要基础设施相关行业 3. 国家主权与安全	教育、旅游、运输、建筑工程、法律、分销、广播、渔业、博彩业、文化、法律、兽医、健康、传统医药服务、研发、邮政、矿业、农林
文莱		航空、广播和陆运、采矿业、干租、法律、房地产评估、税收、邮政服务、分销服务、广播、报纸出版等服务、金融服务
印度尼西亚		航空、渔业、海洋事务、工程和相关工程服务、制造业、农业、林业

数据来源：商务部国际司。

表 3-7　最惠国待遇（MFN）承诺情况之正面清单

国别	承诺最惠国待遇的部门
中国	专业服务、速递服务、建筑及工程服务、环境服务，以及铁路和公路运输服务等
泰国	计算机软件安装有关的咨询服务、软件执行服务、工程和基础研究服务、运营管理和供应链管理服务、与制造业有关的服务
越南	环境影响评估、食品供应服务、饮料供应服务
新西兰	污水管理、其他建筑服务、建筑设计服务、兽医服务、数据库服务、酒店服务、专业航空服务

数据来源：商务部国际司。

RCEP 服务贸易将大幅增强我国建筑领域合作，保险业须增强竞争力。我国 RCEP 服务贸易开放承诺达到了已有自由贸易协定的最高水平，承诺服务部门数量在中国入世承诺约 100 个部门的基础上，新增了研发、管理咨询、制造业相关服务、空运等 22 个部门，并提高了金融、法律、建筑、海运等 37 个部门的承诺水平。其他成员国在中方重点关注的建筑、医疗、房地产、金融、运输等服务部门都作出了高水平的开放承诺。为我国企业"走出去"、进一步扩展区域产业链布局提供了广阔的市场空间。具体来看，在 WTO 基础上扩大承诺范围的部门中，允许外商独资的有制造业相关服务、建筑设计和工程服务、所有环境服务；允许设立外商独资的为营利性养老机构。在 WTO 基础上进一步取消限制的部门包括银行业、保险业、证券业，取消了外资持股比例上限等要求。对照中国与伙伴国服务贸易的竞争力和互补性会发现建筑领域的服务贸易增益非常显著。从竞争力来看，中国与 RCEP 伙伴国均存在服务贸易竞争力较强的部门，建筑、计算机、财务和其他商务服务是中国具有竞争力的行业，而在保险、运输、特许权等领域的竞争力不足。从互补性来看，中国出口与 RCEP 成员国进口服务贸易互补性突出领域大多分布在运输、建筑、保险和计算机等领域，而中国进口与 RCEP 伙伴国出口服务贸易互补性突出领域相对集中，以旅游、建筑等领域服务贸易为主。在建筑领域服务贸易，中国不仅竞争力强劲，而且与 RCEP 成员国之间的互补性突出[1]，因此，RCEP 服务贸易扩大的建筑设计和工程服务领域将对我国大有裨益。保险业的竞争力还需提高，在 RCEP 保险业准入限制进一步放开之时，需要及时提升保险业发展质量。

从国家、地方和自贸区三个层面推动双向服务贸易和规则对接。从扩大服务贸易和投资来看，我国需要着力扩大与 RCEP 成员国的双向服务和投资；在招商引资中主动打好 RCEP/自由贸易协定牌；化疫情为机遇，开拓依托互联网的服务贸易。从促进地方服务业发展来看，地方需要推动先进制造业与现代服务业深度融合；加强 RCEP 自由贸易合作，更好发展生活服务业；着力发展与货物贸易相关的服务业。从地方和自贸试验区发展战略来看，需要将自贸区

---

[1]　杜方鑫、支宇鹏：《中国与 RCEP 伙伴国服务贸易竞争性与互补性分析》，《统计与决策》2021 年第 8 期。

战略与区域发展战略紧密结合；借鉴服务投资全负面清单，实现制度型开放；探索在国内对跨境服务贸易实施负面清单管理，完善事中事后监管体系。①

（一）金融服务附件

下一部分会对金融服务进行详细解读，此处仅对金融服务附件做简要分析。

金融服务附件代表了中国金融领域的最高承诺水平。首次引入了新金融服务、自律组织、金融信息转移和处理等规则，就金融监管透明度作出了高水平承诺，在预留监管空间维护金融体系稳定、防范金融风险的前提下，为各方金融服务提供者创造了更加公平、开放、稳定和透明的竞争环境。这些规则不仅有助于中国金融企业更好地拓展海外市场，还将吸引更多境外金融机构来华经营，为国内金融市场注入活力。

（二）电信附件

电信附件制定了一套与电信服务贸易相关的规则框架。在现有的"10+1"协定电信附件基础上，RCEP 还包括了监管方法、国际海底电缆系统、网络元素非捆绑、电杆、管线和管网的接入、国际移动漫游、技术选择的灵活性等规则。这将推动区域内信息通信产业的协调发展，带动区域投资和发展重心向技术前沿领域转移，促进区域内产业创新融合，带动产业链价值链的提升和重构。

（三）专业服务附件

专业服务附件对 RCEP 成员国就专业资质问题开展交流作出了一系列安排。主要包括加强有关承认专业资格机构之间的对话，鼓励各方就共同关心的专业服务的资质、许可或注册进行磋商，鼓励各方在教育、考试、经验、行为和道德规范、专业发展及再认证、执业范围、消费者保护等领域制定互相接受的专业标准和准则。②

---

① 傅波：《RCEP 服务贸易与投资解读》，商务部国际司，2021 年 1 月。
② 《商务部国际司负责同志解读〈区域全面经济伙伴关系协定〉（RCEP）之二》，2020 年 11 月 16 日，见 http://fta.mofcom.gov.cn/article/rcep/rcepjd/202011/43619_1.html。

七、金融服务：利用 RCEP 推动金融更好地服务实体经济

本部分结合中国金融服务贸易的发展情况，重点介绍 RCEP 金融服务贸易条款并进一步分析 CPTPP 金融服务贸易条款，最后针对我国金融开放的情况提出了相关政策建议。

（一）中国金融服务贸易情况

1. 1997 年以来中国金融服务贸易快速增长

1997—2019 年中国金融服务贸易逆差快速增加，到 2013 年达到峰值 186 亿美元，然后逐渐回落到 2019 年 45.6 亿美元，见图 3-2。

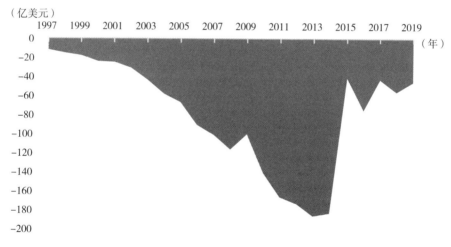

图 3-2　1997—2019 年中国保险与金融服务贸易逆差额

数据来源：商务部。

1997—2019 年中国保险与金融服务进出口额整体上呈现增加的趋势，见图 3-3。2013 年中国保险与金融服务贸易进口额快速增加，而出口增速较低导致了 2013 年中国保险与金融服务贸易逆差迅速扩大。根据商务部的数据，2013 年我国金融服务进出口额较 2012 年增加了 66.2%，金融服务出口增速高达 54.2%；而保险服务出口增长 20%。2013 年保险服务领域逆差为 181 亿美元。

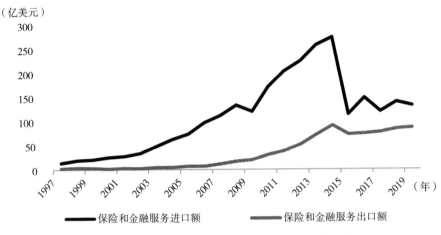

图 3-3　1997—2019 年中国保险与金融服务进出口额

数据来源：商务部。

可以看出我国金融服务贸易发展比较迅速，进出口均有较大的增长，说明我国国内金融行业发展比较迅速，可以对外提供高质量的金融服务。此外，国内经济发展对于金融服务的需求增加，这意味着我国对高标准的金融服务贸易规则也有着比较大的需求。在国内必须推动金融行业改革，推动金融行业更深层次的开放，以满足国内外金融服务快速增长的需求。

2. 中国目前金融服务贸易限制程度仍然较高

STRI 是经济合作与发展（OECD）组织制定的服务贸易限制指数，它提供有关影响 22 个行业的 46 个国家/地区的服务贸易的法规变化的最新信息。STRI 指标的取值介于 0 和 1 之间，其中，1 表示限制性最强的贸易环境。2014—2019 年中国对于对外直接投资的限制逐渐放开，中国的 STRI 指数表现出显著的下降。2019 年，在 22 个计算 STRI 的部门中，中国有三个部门的STRI 低于 OECD 国家的平均水平，其他部门的 STRI 指数均高于 OECD 国家平均水平（包括商业银行和保险），说明目前中国对服务贸易的限制仍较高。

2018 年 4 月 10 日，习近平总书记宣布中国将大幅放宽包括金融业在内的市场准入，将遵循以下三条原则推进金融业对外开放：一是准入前国民待遇和负面清单原则；二是金融业对外开放将与汇率形成机制改革和资本项目可兑换进程相互配合，共同推进；三是在开放的同时，要重视防范金融风险，要使金融监管能力与金融开放度相匹配。① 自此之后，中国在保证金融安全的情况下逐步推进金融市场开放。其中的措施就包括签订 RCEP，在 RCEP 中，中国作出了金融服务领域的最高承诺。

（二）RCEP 金融服务条款

在服务贸易方面，日本、韩国、澳大利亚、新加坡、文莱、马来西亚、印度尼西亚 7 个国家采用负面清单的方式，中国等其余 8 个国家采用正面清单承诺方式，并约定将于协定生效 6 年内转化为负面清单。RCEP 金融服务条款是第八章"服务贸易"下的一个附件，是对服务贸易中的金融服务进行进一步的规定和说明。商务部发文指出，金融服务附件代表了我国金融领域的最高承诺水平。RCEP 金融服务附件首次引入了新金融服务、自律组织、金融信息转移和处理等规则，就金融监管透明度作出了高水平承诺，在预留监管空间维护金融体系稳定、防范金融风险的前提下，为各方金融服务提供者创造了更加公平、开放、稳定和透明的竞争环境。这些规则不仅有助于我国金融企业更好地拓展海外市场，还将吸引更多境外金融机构来华经营，为国内金融市场注入活力。

在第八章"服务贸易"的市场准入、国民待遇、最惠国待遇等承诺下，RCEP 金融服务附件针对金融服务情况作出了一些具体的要求和规定。

1. 金融市场开放

首先，RCEP 对于服务贸易的定义开放性与包容性强，适用于 WTO 框架下《服务贸易总协定》（GATS）包括的全部四种跨境分类，见表 3-8。②

表 3-8 RCEP 对于服务贸易的定义与 GATS 跨境分类方式

RCEP	GATS
自一缔约方领土向任何其他缔约方领土内提供服务	跨境提供模式

---

① 《易纲行长在博鳌亚洲论坛宣布进一步扩大金融业对外开放的具体措施和时间表》，2018 年 4 月 11 日，见 http://www.pbc.gov.cn/goutongjiaoliu/113456/113469/3517821/index.html。

② 赵晓雷：《RCEP 金融服务条款对我国金融开放的影响》，《中国外汇》2020 年第 24 期。

RCEP	GATS
在一缔约方领土内向任何其他缔约方的服务消费者提供服务	境外消费模式
一缔约方的服务提供者通过在任何其他缔约方领土内的商业存在提供服务	商业存在模式
一缔约方的服务提供者通过在任何其他缔约方领土内的一缔约方的自然人存在提供服务	自然人移动模式

数据来源：RCEP 与 GATS 文本。

其次，RCEP 从横纵两个方向推动了我国的金融开放。横向来看，RCEP 金融服务条款对于金融服务范围有比较广泛的界定，与 CPTPP 对于金融服务范围的界定大体相同：涉及保险业和与保险相关的服务、银行业、货币市场、证券市场、衍生品市场、资产管理业务、金融资产的结算和清算服务、金融数据与信息相关的服务，以及所提及服务的其他附属金融服务。

纵向来看，RCEP 对于我国银行业、保险业和证券业开放均减少了一定的限制，表 3-9 列举了 RCEP 金融服务方面部分承诺内容。限制性措施的减少推动我国银行业、保险业和证券市场更深层次开放。

表 3-9　RCEP 金融服务方面的承诺内容

行业	具体承诺内容
银行业	取消了外资持股比例上限，取消了外资设立分行子行的总资产要求
保险业	取消了人身险公司外资股比上限，放开了保险代理和公估业务，扩大外资保险经纪公司经营范围以与中资一致，取消了在华经营保险经纪业务经营年限和总资产要求
证券业	取消了证券公司、基金管理公司、期货公司的外资持股比例上限

数据来源：中华人民共和国商务部。

根据 RCEP 中国具体服务承诺表，我国对于跨境提供方式、境外消费方式、商业存在方式以及自然人移动方式四种金融服务提供方式在部门或分部门、市场准入限制、国民待遇限制及其他承诺方面进行了非常明确的承诺和规定。我国金融服务业减少外资准入限制的规定有利于推动吸引外资企业进入中国，推动中国金融服务产业优化和升级。RCEP 为中国金融业扩大开放提供了国际法治保障，增强了外资对中国金融市场的信心，既有利于已进入的外资机构深耕中国市场，也有利于通过宣示效应引入更多包括非 RCEP 成员国在内的高水平参与者，共同完善中国金融市场竞争机制，推进金融业供给侧结构性改革。① 目前已经有日本、韩国、澳大利亚、新加坡、菲律宾、泰国、马来西亚、印度尼西亚 8 个 RCEP 成员国在中国设立外资银行机构；日本、韩国、澳大利亚、新加坡、泰国 5 个 RCEP 成员国在中国境内设立外资保险机构。

与此同时，RCEP 的签订也推动其他成员国提高金融服务开放的承诺，降低国内金融市场的准入限制，中资金融机构可以借助政策利好更高质量地走出去，优化境外机构布局，提高国际竞争力。比如，部分 RCEP 成员国在外资持股比例、机构准入和业务范围、企业形式、地域限制等方面放宽标准，降低了中资金融企业拓展国外市场的难度。目前中资银行在 RCEP 其余 14 个成员国境内均设立了分支机构；中资保险机构在日本、韩国、澳大利亚、新加坡和印度尼西亚 5 个 RCEP 成员国境内设立了保险分支机构。

国家之间的银行业和保险业相互设立分支机构有利于推动金融合作和金融创新，提高彼此的金融服务国际竞争力，推动金融产业提质增效。此外，金融区域内成员国的贸易合作推动金融服务的进一步发展。由于贸易性限制措施的减少以及关税的降低将极大地促进 RCEP 成员国之间的商品和服务贸易，这为中国银行业和保险业提供跨境金融服务和贸易金融服务带来机遇。

在人民币国际化方面，RCEP 生效后，区域内经贸关系将日益紧密，消费市场不断升级扩容有助于通过对外贸易规模的扩大降低人民币在国际交易和结算中的成本，培育人民币真实需求、增强人民币计价功能，稳步推动人民币国际化，同时也有助于提高中国银行业保险业的国际影响力。②

2. 提高金融监管透明度

RCEP 指出，透明的管理金融服务提供者活动的措施对于提升缔约方进入

---

① 廖媛媛、马兰：《RCEP 对中国金融业的影响》，《中国金融》2021 年第 7 期。

② 廖媛媛、马兰：《RCEP 对中国金融业的影响》，《中国金融》2021 年第 7 期。

彼此市场并开展运营的能力至关重要，并且对协定缔约方提出相应的提高金融监管的透明度的要求。① 主要包括：

（1）使相关法律法规可以被快速获取，并且给利害相关者留出足够的缓冲和进入时间。一缔约方要即时公布或者使利害关系人可获得与提供金融服务相关的任何普遍适用的法规，并提供说明和给予利害关系人评议的机会。在最终法规公布日期与生效日期之间留出合理期限。

（2）协助完成提供金融服务的申请工作。一缔约方要及时回复利害关系人申请提供金融服务相关的咨询，告知申请提供金融服务的要求，申请进度，补充申请资料。一缔约方的监管机构需要在 180 天内作出行政决定，如在 180 天内无法作出决定，应及时通知申请人。如果拒绝申请人的申请，应失败申请人的书面申请，应在可行范围内说明拒绝的原因。

提高金融监管透明度相关条款（附件第七条"透明度"）可以改善金融机构的经营环境，使别国金融机构可以及时了解所在国的法律法规，并有一定的时间适应所在国的法律法规从而提高经营的效率。此外，RCEP 中对于申请提供金融服务过程有着明确的规定，有利于避免行政环节久拖不决的情况，促进我国金融机构走出去，以及接受他国金融机构提供的金融服务。

3. 扩大开放与风险防范

协定也为成员国留出了充足的监管空间和监管灵活性，以防范可能的监管风险，维护东道国金融体系的稳定性。②

如金融服务附件第四条"审慎原则"规定不得阻止一缔约方出于审慎原因而采取或维持措施，但此类措施不得被用作逃避该缔约方在本协定项下的承诺或义务的手段。③

以及第八条"金融服务例外"规定不得利用金融服务附件阻止一缔约方采取或实施必要的措施以确保与附件不相抵触的法律法规得到遵守，但是本条

---

① RCEP 第八章附件一"金融服务"第七条"透明度"第一款。
② 沈铭辉、修青华：《RCEP 贸易与投资条款解读》，《中国外汇》2020 年第 24 期。
③ RCEP 第八章附件一"金融服务"第四条"审慎措施"。

不得用于对金融机构投资或金融服务贸易构成变相限制。①

中国以及东盟 10 国除了新加坡外都是发展中国家，由于发展中国家经济体系中某些特殊因素，导致其金融体系更脆弱，更易受到金融危机的威胁。②RCEP 兼顾不同国家的发展水平，在稳步促进金融市场对外开放的同时，也为缔约方完善监管、维护金融稳定预留了空间，兼顾了发达国家和发展中国家的实际诉求，促进均衡协同发展。

4. 新条款的颁布和实施

金融服务附件首次引入新金融服务、自律组织、信息转移和处理等规则，跨境金融服务需求可能随之激增，对金融服务创新构成利好，金融信息跨境流动也将享受更多便利。③

商务部对于首次引入的条款进行了详细的解读和说明：

（1）首次纳入新金融服务条款：新金融服务指未在一缔约方领土内提供，但已在另一缔约方领土内提供和被监管的金融服务。在提供新金融服务上，A 成员应努力给予 B 成员，在 A 成员境内设立的金融机构一样的待遇。

新金融服务条款存在两个方面的影响：一方面允许外国金融机构依据其所在国的金融发展水平向本国提供新金融服务，但与此同时要遵守服务接受国的法律法规。外国金融机构提供新金融服务可以提高本国的金融发展水平和推动金融创新，但是也需要防范新金融服务可能带来的风险。另一方面，本国可以利用金融服务发展的优势方面对外提供新金融服务，迅速占据和扩大国外市场份额。比如，中国可以利用本国移动支付、电子贸易等发展领先的优势，向国外市场提供新金融服务。

（2）首次纳入自律组织条款：自律组织指任何非政府机构，包括任何证券或期货交易所或市场、清算或支付结算机构或其他下列组织者协会。如 A 成员要求 B 成员金融机构只有加入 A 国自律组织，才能在 A 国境内提供某种

---

① RCEP 第八章附件一"金融服务"第八条"金融服务例外"。

② 巩云华、张若望：《发展中国家的金融脆弱性及其防范》，《国家行政学院学报》2009年第 6 期。

③ 沈铭辉、修青华：《RCEP 贸易与投资条款解读》，《中国外汇》2020 年第 24 期。

金融服务，那么应该在会员加入上给予同等待遇。如加入中国银行间市场交易商协会会员，才能承销债券，获取会员资格方面，须对内对外一视同仁。

（3）首次纳入信息转移和信息处理条款：缔约方不得阻止其领土内金融服务提供者，为进行日常营运所需的信息转移和信息处理。一缔约方可出于监管或审慎原因要求金融服务提供者遵守与数据管理、保护个人隐私等相关的法律法规。

允许日常运营所需的信息转移和信息处理有利于提高金融机构数据流通和使用的便捷性。但是该条规定也强调尊重各成员国对数据治理的管理自主权。赋予金融监管部门在遵守义务前提下要求数据存储、保留记录副本等监管权力。由于中国金融科技发展处于世界前列，协定上述要求体现出发展和安全并重的原则，有助于推动中国及区域内数字经济稳妥有序发展。①

此三项条款的实施有利于提高金融市场的公平性与开放性，改善金融机构的营商环境，促进本国金融服务的创新。在保护个人隐私和公共实体的机密性信息的同时保证经营性金融数据的转移和处理的进行。这些新规则的制定可以提升我国金融业整体发展水平，进一步向更高水平的国际标准看齐，有助于完善我国金融市场，推动产业升级，提高我国金融业的竞争力。

5. 磋商和争端解决

此外，协定还鼓励缔约方之间就协定项下产生的影响金融服务的任何事项进行磋商，并且规定"根据第十九章（争端解决）成立的与审慎问题和其他金融事项相关的专家组应当具有与争端中特定金融服务相关的必需专业知识"②。

八、自然人临时移动：给予更广泛的优惠措施

"自然人临时移动"章节列明了缔约方为促进从事货物贸易、提供服务或进行投资的自然人临时入境和临时停留所做的承诺，制定了缔约方批准此类临

---

① 廖媛媛、马兰：《RCEP 对中国金融业的影响》，《中国金融》2021 年第 7 期。

② RCEP 第八章附件一"金融服务"第十四条"争端解决"。

时入境和临时停留许可的规则，提高人员流动政策透明度。涵盖了商务访问者、公司内部流动人员等类别的承诺以及承诺所要求的条件和限制。章节主要包括定义、范围、配偶及家属、准予临时入境、自然人临时移动具体承诺表、处理申请、透明度、合作、争端解决九条内容。

RCEP"自然人临时移动"章节涵盖人员类型齐全具体。各缔约方承诺对于区域内自然人临时移动包括商务访问人员、公司内部调动个人员、合同服务提供者、安装人员和服务人员等，也包含相关人员的配偶和家属，并在 RCEP 附件四"自然人临时移动具体承诺表"作出具体细则规定（主要内容见表 3-10）。在符合细则条件的情况下，可以获得一定居留期限，享受签证便利。自然人临时移动的范围不适用于第九章第二条第二款中提到的影响寻求进入另一缔约方就业市场的自然人的措施，也不适用于与国籍、公民身份、永久居留或永久雇佣有关的措施。

RCEP 承诺水平整体超过以往协定。以与中国—东盟协定①相比，对于我国而言 RCEP 的承诺扩展体现在两点，见表 3-11。第一点是适用范围的扩展，增进商贸人文交流。一是 RCEP 将承诺适用范围，从服务销售人员扩展至商务访问者（包含服务销售者、货物销售者、投资者或者投资者授权的代表），以此鼓励货物贸易和投资。二是增加随行配偶及家属，为相关从业人员解决后顾之忧的同时也有通过商贸往来增强人文交流的意涵。

第二点是移除部分限制条件，跨国企业人员流动更自由。一是公司内部人员流动更加自由。在 RCEP 条款下中国向另一缔约方承诺，不对该缔约方公司内部流动人员的临时入境和临时停留实施数量限制、劳动力市场测试或其他产生类似影响的程序。所以，RCEP 为跨国企业的公司内部跨境人员流动移除了规则上的壁垒，使得跨国企业的人员安排可以更加自由。二是合同服务提供者的流动有限放开。可能会要求劳动力市场测试，以此作为合同服务提供者临时入境的条件，或者对合同服务提供者的临时入境实施数量限制。

---

① 《中华人民共和国政府与东南亚国家联盟成员国政府全面经济合作框架协议货物贸易协议》（2016 年签订）。

表 3-10 各个国家不同种类自然人临时入境和停留期限

国家/类别（居留时限）	商务访问者	公司内部调动人员	合同服务提供者	安装人员和服务人员	配偶和家属	其他自然人
中国	最高 90 天	与合同期限一致三年，以较短的为准	合同期限，不超过一年	合同期限，不超过三个月	不得超过 12 个月，并且不得超过与入境者停留期限相同的期限	/
澳大利亚	服务提供者：6 个月，不超过 12 个月，商务访问（项目谈判）：不超过 3 个月，投资者：不超过 3 个月，货物销售者：不超过 3 个月	高管、专家：不超过 4 年，专家：不超过 2 年	原则上不超过 12 个月	/	与入境者的停留期限相同的期限	独立行政人员：不超过 2 年
新西兰	不超过 3 个月	不超过 3 年	原则上不超过 12 个月	不超过 3 个月	/	/
日本	商务访问：不超过 90 天，投资者：不超过 5 年，可延期	不超过 5 年，可延期	不超过 5 年，可延期	/	与入境者的停留期限相同的期限	专家：不超过 5 年，可延期
韩国	不超过 90 天	不超过 3 年	不超过 1 年	/	/	/
菲律宾	首期居留 30 天，可延期	首期居留 30 天，可延期	/	/	/	/

续表

国家类别（居留时限）	商务访问者	公司内部调动人员	合同服务提供者	安装人员和服务人员	配偶和家属	其他自然人
马来西亚	不超过90天	首期居留2年，每两年延期	／	3个月/合同期限，以较短的为准	／	／
泰国	不超过90天	1年，可延期3次，每次不超过1年	／	／	／	／
新加坡	／	3年，可延期，总时限不得超过5年	／	／	／	／
印度尼西亚	60天，不超过120天	2年，可延期2次，每次不超过2年	／	／	／	／
越南	服务：不超过90天，投资：不超过90天	首期3年，视实体在越南运营期限可延期；不能被越南人替代的上述其他人员：合同期限/3年，以较短的为准；可视合同期限延期	90天/合同期限，以较短的为准	／	／	／
文莱	／	3年，可延期，总时限不得超过5年	／	／	／	／

中国经贸新形势与地方发展——以义乌与 RCEP/CPTPP 的关系为例

续表

国家/类别（居留时限）	商务访问者	公司内部调动人员	合同服务提供者	安装人员和服务人员	配偶和家属	其他自然人
老挝	不超过90天	1年，每6个月可延期，最长不超过3年	/	/	/	/
缅甸	70天，可延长至3个月至1年不等	70天，可延长至3个月至1年不等	/	/	/	/
柬埔寨	商务访问：首期居留30天，投资签证有效期90天；投资：没有时间限制，需符合经济需求测试	不超过5年，可延期	/	/	/	/

数据来源：商务部国际司，RCEP 附件四。

表 3-11　RCEP 和中国—东盟协定在自然人临时移动章节的对比

对比事项	自然人类别	允许停留期限	其他要求或限制
RCEP	商务访问者（包括服务销售者、货物销售者、投资者或者投资者适当授权的代表）	不超过 90 天	/
	公司内部流动人员（包括经理、高级管理人员、专家等高级雇员）	合同规定期限 3 年，以两者较短者为准，可延长	不限制公司内部流动人员的数量、不进行劳动力市场测试或其他产生类似影响的程序
	合同服务提供者	合同规定期限，但不得超过 1 年	可能会要求劳动力市场测试，以此作为合同服务提供者临时入境的条件，或者对合同服务提供者的临时入境实施数量限制
	安装和服务人员	合同规定期限，但不得超过 3 个月	/
	随行配偶及家属	不得超过 12 个月，并且不得超过与入境者相同的停留期限	/
中国—东盟协定	仅限于服务销售人员	90 天	/
	a. 公司内部调任人员（包括经理、高级管理人员和专家等高级雇员）b. 在中国领土内的外商投资企业雇佣从事商业活动的 WTO 成员的公司的经理、高级管理人员和专家等高级雇员	a. 首期停留期限 3 年 b. 合同规定期限 3 年，以较短者为准	/
	合同服务提供者	合同规定期限，但不得超过 1 年	/
	安装和服务人员	合同规定期限，但不得超过 3 个月	/

数据来源：RCEP 文本、大成律师事务所。

　　RCEP 下相关申请的处理更加高效透明。一是尽快向申请人通报办理情况。RCEP 要求，各缔约方应当依照承诺表尽快处理其他缔约方自然人的临时入境申请，在合理期间内向申请人通报申请状态，征收费用也应当合理。二是采取更高效形式。致力于接收电子格式提交的申请或接受经认证的文件复印件。三是增加透明度。公开与临时入境条件和限制相关的解释性材料及相关表格和文件，对修改或修正的内容及时更新，同时设立答复咨询机制，并在可行的范围内以英文公布前述信息。

RCEP 的"自然人临时移动"条款增进了货物贸易和投资人员的交流机会，以进一步促进区域内的贸易和投资。相关人员更加频繁的往来将会使得区域内的市场更加的透明化，所以贸易和投资布局将更加优化，市场竞争也将更加充分，因此需要加强国际经贸竞争合作，推动经济高质量发展。每年有超过55 万人次的外商，通过义乌市场实现中国制造与全球需求的匹配对接，为广大中小微企业开拓全球市场。RCEP 规则下开放的货物贸易人员临时移动条款将极大促进外商与义乌小商品企业与商品的了解和交流。

九、投资：开放的脚步只会向前迈进

"投资"章节涵盖了投资保护、自由化、促进和便利化四个方面，是对原"东盟'10+1'自由贸易协定"投资规则的整合和升级，包括承诺最惠国待遇、禁止业绩要求、采用负面清单模式作出非服务业领域市场准入承诺并适用棘轮机制（即未来自由化水平不可倒退）。投资便利化部分还包括争端预防和外商投诉的协调解决。本章附有各方投资及不符措施承诺表。①

（一）负面清单等规则为区域投资提供制度保障

近年来，全球跨境直接投资进展缓慢，不过 RCEP 成员国之间的跨境投资发展较好，在 2010 年到 2019 年之间投资存量的年均增速约为 9%。对于疫情蔓延的 2020 年，RCEP 成员国的跨境投资情况可能仍将好于全球水平，其主要原因之一是负面清单。

---

① 《〈区域全面经济伙伴关系协定〉（RCEP）各章内容概览》，2020 年 11 月 16 日，见 http：//fta.mofcom.gov.cn/article/rcep/rcepjd/202011/43620_1.html。

整体而言，虽然 RCEP 并未和 CPTPP 一样全部采用负面清单模式，但在投资领域 RCEP15 个成员国均采用了负面清单模式①。负面清单仅规定被禁止的项目，未明确规定的项目皆视为被允许，这很大程度上放松了 RCEP 区域间的投资限制。比如在"中国投资保留及不符措施承诺表"中，中国仅在渔业、种子产业、涉及部分中药材的药品制造、部分民生领域、部分垄断行业，对适用高级管理人员与董事会、禁止业绩要求、国民待遇等规定了负面清单。RCEP 投资协定是中国第一次在投资领域深入应用负面清单模式，除了负面清单的限制之外，不应再有更多的限制。这对中国外商投资市场的进一步发展起到重要作用。

同时 RCEP 中的"投资"章节围绕投资保护、投资促进等规则进行了详细阐述。RCEP 强调投资的公平公正和投资的安全，RCEP 规定不得对当地成分等加以要求，对征收及国有化进行了严格限制，强调投资者的安全感。关于投资促进，成员国将通过多种方式促进商业配对，促进企业跨境投资。RCEP 还包含了丰富的投资便利化措施，比如简化投资流程，提高投资规则透明度等。关于投资者与国家间投资争端解决机制（ISDS），RCEP 也进行了明确规定。与此同时，RCEP 还充分强调了东道国的利益和东道国的监管权。

对于中国，RCEP 致力于营造良好的投资环境，同时帮助中国吸引外资和对外投资。中国产业链体系健全，有利于吸引外资，RCEP 将进一步减少外资进入国内的阻碍。同时，RCEP 的投资保护条款也为中国资金走出去提供了一定的制度保障。

（二）RCEP "投资"章节内容或将促使全球化进程更具亚洲特色

1. RCEP 的投资保护条款具有包容性和严谨性

RCEP 是现代全面高质量的区域经济一体化协定，在投资议题中，投资保护是重点内容之一。出于平衡考虑，高水平的投资保护一定不是只关注投资保护而是在东道国正当公共规制权限制下关注投资保护②。RCEP 较为全面地规

---

① 沈铭辉、修青华：《RCEP 贸易与投资条款解读》，《中国外汇》2020 年第 24 期。

② 王彦志：《RCEP 投资章节：亚洲特色与全球意蕴》，《当代法学》2021 年第 2 期。

定了适用范围、投资和投资者定义等多项投资保护条款。

关于适用范围，RCEP 在税收措施方面的规定类似于《东盟与日本全面经济伙伴关系协定》2019 年第一议定书（AJFTAP1）。AJFTAP1 规定，税收措施仅适用于转移但不适用于其他义务，缔约方须对征收条款、投资争端解决条款与税收措施的适用性进行磋商。税收措施在《国际投资协定》（IIA）中起到重要作用，很多国家由于税收措施问题而面临投资仲裁或更严重的后果，因此很多国家逐渐限制了国际投资协定的适用范围，甚至完全排除了税收措施。因为税收措施会同时对东道国和投资者带来很大影响，所以应从平衡的角度来充分考虑双方的利益。CPTPP 规定了税收措施限制与例外，不过多数投资保护义务都适用于税收措施，同时还应用了硬限制模式，税收措施争端须先进行国家间磋商，如果磋商无效，那么投资者可继续运用投资仲裁，这会有助于平衡投资者和东道国之间的利益。CPTPP 的模式值得 RCEP 借鉴。

对于投资定义，RCEP 采用了基于资产的开放式列举方法，还增加了一定的限制。RCEP 中规定，投资指的是投资者直接及间接拥有及控制的各类资产，投资的形式包含法人中的股权类权益、法人中的债权类权益、合同项下的权利等，但其未明确包含 CPTPP 中的"企业"和金融衍生工具类证券组合投资，这可能意味着不确定性。RCEP 投资定义中要求的投资特征包括收益或利润的预期、承诺资本或其他资源的投入、风险的承担等，这一点与 CPTPP 相同。与 CPTPP 不同的是，RCEP 对于投资授权和投资协议没有明确的界定。

在间接征收方面，RCEP 和 CPTPP 对于间接征收的表述类似，都将间接征收界定为虽未正式转移所有权或完全没收但却具有与直接征收同等效果的行为，都强调认定间接征收需要以事实为基础进行个案考察，强调不能单纯以政府行为的经济影响认定构成间接征收。但在区分构成间接征收和不构成间接征收的正当规制方面，RCEP 和 CPTPP 的表述存在一定差异。RCEP 的表述是，缔约方旨在适用于实现诸如保护公共健康、安全、公共道德、环境以及稳定房地产价格等正当公共福利目标的非歧视规制行为不构成间接征收。CPTPP 的表述加上了"除非在极少的情形下"的限定，这是 CPTPP 与 RCEP 的关键差别，RCEP 的表述中没有"除非在极少的情况下"的限定，而是直接规定非歧视规制行为不构成间接征收。这会在一定程度上放任东道国政府权力，从而不利于外国投资保护。

总体而言，发展中国家主导的 RCEP 比发达国家主导的 CPTPP 有更多对于投资保护的限制，这意味着保护水平相对较低。这主要体现了东盟的经验和立场，符合以发展中国家为主导的现实，具有合理性。

2. RCEP 具有渐进务实的投资准入自由化条款

投资准入自由化条款主要包括投资准入待遇、禁止业绩要求、高管人员国籍要求三类条款。全面采取投资准入国民待遇加负面清单模式是 RCEP 投资章节的最大亮点，标志着 RCEP 15 国全面汇入并进一步推动投资准入自由化的大潮。

整体而言，RCEP 与 CPTPP 的投资准入自由化程度较高。对于投资准入待遇，RCEP 明确规定，在投资的设立、取得环节，对于另一缔约方投资者和所涵盖投资给予在类似情形下的国民待遇和最惠国待遇，并在附件中列出限制和禁止外国投资的措施和部门。这与 CPTPP 相同，都采取了投资准入国民待遇加负面清单的投资准入自由化模式。但在早期投资准入自由化并不是国际投资协定（IIA）的主要目标。第二次世界大战后，欧洲国家双边投资条约（BIT）主要关注准入后的投资保护，而将投资准入交由东道国国内法管辖。1980 年后，美国 BIT 将投资准入自由化作为主要目标之一，并率先规定了投资准入国民待遇加负面清单模式。目前，在已达成的投资协定中，中国只在内地与港澳两个特别行政区之间的投资协定中采取了投资准入国民待遇加负面清单模式，签署 RCEP 意味着中国首次在与其他国家之间的 IIA 之中采取这种模式。当然，投资准入国民待遇加负面清单模式本身并不必然说明投资准入自由化水平就一定高，这还取决于各国负面清单保留和不符措施的具体内容、范围和程度。不过，与投资准入完全受东道国国内法管辖相比，在 IIA 中采取国民待遇加负面清单模式将投资准入自由化提升到和锁定在国际法层面，这本身也是有意义的。

投资自由化中的禁止业绩要求需要平衡好东道国利益和投资者保护之间的关系，整体而言 RCEP 禁止业绩要求水平较高，但低于 CPTPP。美国等发达国家模式 IIA 中禁止业绩要求条款的水平高于 WTO《与贸易有关的投资措施协定》（TRIMS）的水平，而许多发展中国家的 IIA 仅接受 TRIMS 义务，甚至拒绝接受禁止业绩要求条款。RCEP 规定，对于缔约另一方投资的处置，缔约方不应施加或强制执行当地含量要求、产品进出口平衡要求、技术转让要求等。

同时，RCEP 也规定了禁止业绩要求的限制和例外，不得阻止一缔约方将在其领土内确定生产地点、提供服务、培训或雇佣员工、建设或扩大特定设施、开展研发的要求，作为缔约另一方的投资者在其领土内的投资获得或者继续获得优惠的条件。但与 CPTPP 相比，RCEP 只将货物而没有将服务纳入禁止业绩要求范围。RCEP 的禁止业绩要求水平低于 CPTPP，但是就 IIA 禁止业绩要求条款总体状况而言，RCEP 属于高水平之列。RCEP 将 15 国全面纳入禁止业绩要求范围，推高了全球禁止业绩要求的整体水平。

对于高级管理人员和董事会待遇，RCEP 与 CPTPP 都规定缔约方不可限制高级管理人员国籍，但在未实质性损害投资者控制其投资能力的前提下，可以限制董事会或委员会大部分成员的国籍或居民身份。

投资准入自由化水平并不是越高越好，须视国家自身发展水平匹配合适的自由化水平。RCEP 各国在附件中分别列出了各自保留和不符措施清单，这是不同发展水平国家的普遍做法。由于发展水平、规制能力、互惠关系、成员身份等多方面因素，不同 IIA 的自由化水平存在较多差异，各国负面清单具有诸多差异，同一国家在不同协定下的负面清单也存在诸多差异。比如，在 CPTPP 和 RCEP 中，新西兰都保留了基于其外国投资审查机制对须经批准的外国投资设定审批标准的权利，但是，在 CPTPP 下非政府来源的外商投资收购或控制新西兰实体的股份或投票权 25% 以上且转让对价或资产价值超过 2 亿新西兰元，则须经审批，而在 RCEP 下该数额超过 1 千万新西兰元，则须经审批，可见，新西兰在 CPTPP 下的投资自由化程度远远高于其在 RCEP 下的自由化程度。

RCEP 并不是一味追求高水平投资准入自由化，与 CPTPP 等相比，RCEP 投资准入自由化水平相对较低，而其限制、例外和保留较多。这是比较正常的，即使发达国家也是在发展到一定程度自身具备了对外开放和竞争的能力，才开始在国际法层面推行投资准入自由化。不可能也不应该不考虑各国不同发展水平和能力而片面要求高水平自由化，既不能盲目排斥对外开放，也不能盲目追求高水平对外开放，而应该将对外开放与本国的发展水平和能力相结合，与本国的发展战略和目标相结合，采取灵活、渐进、现实和务实的投资准入自由化进路。对义乌而言，股权投资、信托投资、基金管理等经营能力有短板，针对交易平台、电子商务、投资咨询、私募基金等金融风险高发领域协同检查和穿透式监管仍存在不足，为了匹配高水平自由化，义乌需要补齐相应短板和不足。

3. RCEP 具有详细的投资促进与便利化条款

早期的 BIT 主要是投资保护范式，随后又融入了投资准入自由化范式。随着投资保护和投资自由化的深入推进，国际投资间的硬壁垒问题逐渐得到解决，进而着重关注投资促进与便利化，力求解决相关的软壁垒问题。

对于投资促进，RCEP 规定了促进商业配对活动及相关信息交流等内容。对于投资便利化，RCEP 规定了简化投资相关程序、帮助投资者与政府机构友好处理投诉或不满等内容。其中，简化投资申请及批准程序是最常规的便利化措施。帮助促进投资者与东道国友好解决投诉或不满属于创新性质的投资便利化举措。各国依据自己的法律，主动设立投资便利机构，提供顺畅的外国投资者投诉渠道，积极解决外国投资者投诉，对于早期预防和化解投资者与东道国投资争议，避免将投资争议提交国际仲裁，具有重要意义。

不过整体而言，目前投资便利化的规范相对薄弱，IIA 对投资便利化议题的关注相对较少。美欧等发达国家更注重投资保护与投资自由化，但对投资促进与便利化尤其对投资便利化不太积极。而许多发展中国家对此非常积极，在投资促进与便利化方面，亚洲国家的探索、实践和经验值得重视。东盟较早开始关注投资便利化，并将其与投资保护、投资自由化一起列为投资议题四大支柱，进而采取专门条款模式，详细规定投资促进与便利化规范。东盟与伙伴国（方）之间的 FTA 一般都规定了专门的投资促进条款和投资便利化条款。中国在内地与港澳关于建立更紧密经贸关系的安排（CEPA）框架下的投资协议中都规定了高水平的投资便利化规范，其主要内容包括不时评估并逐步简化投资手续和要求、便利取得相关营运证照、建立明确统一的投资申请审批标准和程序、优化投资相关许可及资格要求和程序、在可能情况下建立"一站式"审批机构、尽可能降低投资者的申请手续成本和费用等。CPTPP 第 28 章"竞争性与营商便利化"规定了比较详细的投资促进与便利化条款。可以说，RCEP 投资促进与便利化条款体现了东盟、中国、日本等国家的积极探索和成功经验。不过，与中国内地与港澳 CEPA 投资协议以及巴西合作和投资便利化协议相比，RCEP 的投资便利化条款仍然比较简单粗糙，存在较大完善空间，例如可以考虑订入 RCEP 投资便利化的制度化合作机制、利害关系方参与机制等条款。

4. RCEP 强调东道国规制权

传统的国际投资协定非常强调投资保护及投资自由化，这引起了对国际投资法正当性的质疑。新一代国际投资协定逐渐强调外国投资者利益与东道国利益间的平衡，在维护东道国规制权的方式上，各国际投资协定之间存在一定差异。

针对投资，CPTPP 与 RCEP 的侧重点存在差异。区域投资协定的可持续化发展需要根据实际情况权衡好东道国利益和外国投资者利益，对此相比于 CPTPP，RCEP 对于东道国利益的关注更多一些，这有利于保障 RCEP 中众多发展中国家的平稳发展，同时还有利于帮助义乌实现提升小商品附加值的目标，因为 RCEP 下义乌可以有更灵活的政策空间。类似于其他新一代国际投资协定，RCEP 在投资保护与正当规制的区分界定上体现了对于东道国正当规制权和可持续发展目标的保障。此外，RCEP 对东道国规制权和可持续发展的保障还在各例外条款中有所体现。CPTPP 的例外条款不适用于"投资"章节，这意味着其对投资保护自由化等的限制相对更少，在这一点上 RCEP 与 CPTPP 存在差异。RCEP"投资"章节中"安全例外"条款可以很好地保护东道国的安全利益。同时，RCEP 的例外条款将外国投资准入审查排除在了争端解决条款以外。可以看出，RCEP 通过多种例外条款来保障东道国规制权。

5. RCEP 具有灵活包容的发展条款

各类区域协定、投资协定最终都包含了发展这个目标。而广大发展中国家由于各种原因，在发展水平和能力方面存在局限性。因此在以贸易与投资自由化便利化为主的国际经济法领域，需要合理尊重广大发展中国家的发展道路和模式，需要特别考虑广大发展中国家尤其是最不发达国家的特殊现实、水平、能力和需求。这在 RCEP "投资" 章节和其他有关章节得到了较好体现。

RCEP 谈判之初设定的指导原则和 RCEP 序言及目标都强调考虑参与国不同发展水平和经济需求，对于发展中国家尤其是柬埔寨、老挝、缅甸以及越南给予适当的灵活性，提供特殊与差别待遇，并且要给予其中最不发达国家额外的灵活性，促进其更好地参与和享受 RCEP 带来的利益。

RCEP 第十五章 "经济与技术合作" 特别强调考虑不同缔约方的发展水平和国家能力，加强包括投资在内的各个领域的能力建设和技术援助。RCEP 第十九章 "争端解决" 也极具创新性地规定了对于最不发达缔约国的特殊与差别待遇。随着发展中国家的广泛参与，发展导向已经成为新一代包含发展中国家成员的国际投资协定的重要维度，例如 CPTPP 同样也包含了高水平的发展章节、合作与能力建设章节。

长期以来，国际投资协定包含了关于发展的一个重要前提预设，即国际投资协定有利于改善广大发展中国家包括法治环境在内的各个方面的投资环境，从而有利于投资的促进、保护、便利化和自由化，进而有利于外国投资流入广大发展中国家并促进其经济与社会发展。然而，这种新自由主义的预设是存在严重缺陷的，必须将保护和促进外国投资与东道国合理的发展战略和目标有效结合，才能够真正实现通过国际投资协定吸引外国投资促进东道国发展的结果，这就要求国际投资协定不仅给予外国投资者以自由和保护，还要给予发展中国家合理的灵活性和必要的政策空间。RCEP 总体上更加注重保障东道国政策空间，这也是其发展维度的重要体现。

6. RCEP 对东道国的过度保护可能会抑制成员国间的资金流通

投资者与国家间投资仲裁赋予了外国投资者对东道国的国际请求权，是保障国际投资协定得以实施、东道国实体义务得以遵守、投资者实体权利得以保障的核心机制。但是，由于传统国际投资协定实体权利义务失衡，传统投资仲裁存在诸多局限，近些年质疑、反对、限制、改革乃至废除投资仲裁的政府政策和条约实践变得越来越多。

在此背景下，RCEP 最终暂时搁置了投资者与国家间争端解决条款，没有纳入投资仲裁。而且 RCEP 各谈判方在投资者与国家间争端解决问题上也存在很多不一致。同时，在 RCEP 谈判各方中，不但印度、印度尼西亚等发展中国家排斥投资仲裁，新西兰和澳大利亚等发达国家也越来越排斥投资仲裁。排斥投资仲裁的趋势还在 USMCA 和 CPTPP 中得到了一些体现。总的来说，对于投资者与国家间争端解决，RCEP 缔约方后续是否能够如期发起讨论进而是否能够达成协议，仍然存在诸多变数和不确定性。这会较大程度地削弱投资者保护和倾斜于东道国利益，从而抑制成员国间的资金流通。RCEP 还是应该在继续保留投资者国际请求权的前提下，作出更加灵活的变通或限制，达成各方都能接受的投资者与国家间争端的解决方案。

总体而言，RCEP "投资" 章节内容体现出了国际投资协定的转型，从片面强调投资保护转型为全面平衡投资保护与东道国规制权。RCEP 是亚洲国家主导的超大规模 FTA，RCEP 部分章节借鉴了东盟及其相关 FTA 的部分内容。RCEP 不要求达到西方国际投资协定中更严格的标准，而是更注重对发展中国家的灵活性和包容性。RCEP "投资" 章节的亮点包括：投资准入自由化更加务实，投资保护条款更加审慎平衡，结合各国差异制定了更具灵活性和包容性的规则等。RCEP "投资" 章节的短板包括：缺失了投资者与国家间争端解决条款，在可持续发展问题上不够重视国际合作及社会参与等。在 RCEP 生效前，各缔约方需全面评估，并制定可持续的发展战略，准备好迎接 RCEP 带来的机遇与挑战，通过投资促进、投资便利化来促成 RCEP 各缔约国间可持续的经济合作。

（三）RCEP 和 CPTPP 可以帮助中国稳健地开拓发达国家投资市场

对欧美投资的减少是中国对外投资总量下降的主要原因之一，并且短期内难以扭转该下滑趋势①。但是，加强与发达国家投资合作是新格局下高质量对

---

① 张原：《中国对外投资的特征、挑战与"双循环"发展战略应对》，《当代经济管理》2021 年第 7 期。

外开放必不可少的内容,中国应借助 RCEP、CPTPP 等多边、双边协定,改善与各发达国家的投资合作关系。

关于与亚太区域发达国家间的跨境投资,中国主要依托 RCEP 推进投资便利化等,RCEP 跨境投资规则在已有东盟"10+1"投资规则的基础上进行精进,并承诺未来自由化水平相比原有规则将只增不减。

对于更大范围的投资促进,中国将通过积极考虑加入 CPTPP 来实现。对于成员国构成,《美墨加协定》中的加拿大、墨西哥均为 CPTPP 成员国,并且不排除美国重回 CPTPP 的可能性。此外,英国也在 2021 年 2 月正式申请加入 CPTPP。中国积极考虑加入 CPTPP 将会有助于深化中国与英国、美洲等地区发达经济体间的投资合作,并有利于投资环境的改善。

开拓发达国家投资市场要求中国加强海外投资的规范化。高水平的对外开放不仅涉及产业链向中上游转移,还涉及中国资本在对外投资过程中要更规范地处理劳工权益、环境保护等问题。RCEP、CPTPP 等规定了对知识产权和数据的保护,CPTPP 还对劳工权益、环境保护等问题进行了规范;发展中国家近些年对于劳工问题、环保问题等的规范也趋于严格,并向发达国家靠拢。中国对外投资尤其是对发达国家投资时应注意转移或避免劳工法律风险、知识产权风险、环境风险等相关风险。

（四）RCEP 为义乌带来机遇与挑战

在 RCEP 下,部分领域跨境投资持股比例限制得到放宽。对于银行保险等金融行业,不再设立外资持股比例上限。对于养老服务这类民生领域,不再对外商独资设立限制（见表 3-12）。

表 3-12　跨境投资限制与要求

服务贸易部门	承诺内容
一是在入世基础上扩大承诺范围	
制造业相关服务	允许外商独资
养老服务	允许设立外商独资的营利性养老机构
建筑设计和工程服务	允许外商独资

续表

服务贸易部门	承诺内容
所有环境服务	允许外商独资
二是在入世基础上进一步取消限制	
银行业	取消了外资持股比例上限，取消了外资设立分行子行的总资产要求
保险业	取消了人身险公司外资股比上限，放开了保险代理和公估业务，扩大外资保险经纪公司经营范围以与中资一致，取消了在华经营保险经纪业务经营年限和总资产要求等
证券业	取消了证券公司、基金管理公司、期货公司的外资持股比例上限
国际海运	取消了合资要求；取消董事会、高管必须为中方的国籍要求

数据来源：商务部。

1. RCEP 可以加大跨境投资与人民币国际化之间的联系

根据义乌调研，义乌经贸的发展规划之一是在东南亚推动人民币国际化和数字人民币概念。在美元的监管体系下，义乌与 RCEP 成员国间的经贸很容易受到环球银行金融电信协会（SWIFT）反洗钱等相关制裁和限制。因此贸易结算问题需要解决，需要推动人民币国际化，减少美元体系施加的负面影响，对此，对外投资会起到一定程度的促进作用。如果要实现与中国开展贸易的 RCEP 成员国通过亚洲开发银行进行人民币互换，那前提是外商手中要持有人民币，而外国人民币储备又需通过中国企业对外投资来进行积累，这个过程也会进一步帮助实现贸易畅通和资金融通。

2. 义乌跨境投资可重点关注"两国双园"

"两国双园"是指两个主权国家在对方境内互设园区、联动发展的一种产能合作方式。"两国双园"的基本模式包括政策对接、互建园区、共同规划、互相投资、合作开发、共同招商、海关互检、产业互补、利益共享，其主要内容都与共同可持续发展相关。这与 RCEP 投资条款的关注点一致，为了实现共同可持续发展，RCEP 并未过度强调投资者保护，而是力求平衡投资者与东道国的长期利益。对于"两国双园"的投资建设，其侧重点应根据各国的比较优势而定，比如义乌与东南亚的"两国双园"建设可侧重于水果领域，义乌与日韩的"两国双园"建设可侧重于高端日用品领域。

总的来说，在义乌和 RCEP 成员国间打造"两国双园"模式，投资建设园区平台，将会助力盘活双向贸易、投资、人文交流等活动，加强商品流动、技术流动、人员流动、资金流动，使义乌与 RCEP 成员国联系更紧密，加深区域化程度。这还有利于实现义乌的规划目标，义乌的初步目标构想是将义乌打造为 RCEP 商品进中国的首选地、RCEP 双向投资合作首选地、中国与 RCEP 人文交流的首选地。

3. 义乌投资可重点关注跨境物流

FTA 的基本内容就是要素、产品等的自由流动，其关键在于流动，以及各国间的一体化。对此，义乌正谋划成立的 RCEP 经贸合作示范区的一大核心也是要聚焦运输自由，打造 RCEP 区域物流中心。

畅通国际物流通道包括多个方面。一是做大做强东南亚班列，比如 2020 年 10 月已开通义新欧至越南河内的南向班列。二是开通国际货运包机，比如义乌直飞菲律宾马尼拉货运包机，以及义乌与日本大阪每周常态化包机。三是公路运输，比如在东南亚边界上发展卡车运输，也就是卡航业务。

同时，义乌对物流的投资还可聚焦于拼箱组柜业务。外迁产业回流促进了拼箱组柜转口等业务。很多义乌企业因劳动力成本问题、与美国贸易摩擦问题，将产业转到东南亚国家。虽然生产转移出去了，但销售仍会通过义乌平台或国内市场来对接国际业务，东南亚生产的东西仍通过国内辐射出去。因此，义乌引导和发展的方向之一可以是帮助走出去的企业的商品与义乌小商品拼箱组柜后转口至第三方国家。也就是说，某生产企业将生产线迁至了东南亚后，商品仍会运回中国，然后在义乌保税区与一些小商品进行拼箱，拼箱后转口到第三国。逻辑上来讲，商品越小自然会越容易拼单运输，因此拼箱组柜业务在以小商品为主的义乌会具有一定的优势。

4. 义乌可重点关注东南亚国家汽车零部件领域相关投资

对东南亚国家进行汽车零部件相关投资会有较大潜力，相关投资可围绕园区仓储建设、跨境物流建设等相关产业链条建设展开。

专栏 3-6 东南亚国家汽车零部件领域投资机会较大

RCEP 国家中部分国家的汽车市场已经进入饱和期,而东南亚汽车市场保持了较高的增速。2000—2017 年东南亚主要五国(印度尼西亚、泰国、马来西亚、菲律宾、越南)汽车销量年均增速为 7.0%,是同期全球汽车销量年均增速 3.5% 的 2 倍,因此相关投资布局可以围绕东南亚国家展开。相比于整车制造,零部件领域技术门槛相对较低,因此如果在东南亚投资汽车零部件产业,其技术风险较低。

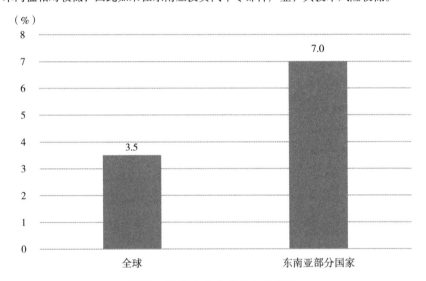

2000—2017 年汽车销量年均增速

数据来源:中国汽车技术研究中心。

东南亚国家经济相对落后,其对价格更加敏感,汽车高端配置和功能的下沉趋势有助于拓宽东南亚的相关零部件市场。该下沉趋势可以通过高端功能的配置率来佐证,比如在 10 万元以下价格区间中巡航系统的配置率从 2011 年的 2.2% 增长至 2020 的 25.3%。很多的汽车高端配置和功能已经比较成熟,研发成本等初期成本已经收回,下沉至更大规模的市场后,规模效应会使得相关零部件价格下降,这适合于东南亚国家以价格敏感型人群为主的市场结构。比如,HUD 抬头显示功能及 LED 矩阵式智能大灯功能下沉至中低价格车辆及中低收入市场,这会带动汽车玻璃及车灯等相关零部件的交易,尤其是被开发程度较低的东南亚汽车市场。这种背景下，在东南亚投资汽车零部件相关产业链条建设可能机会较大，义乌可结合自身的世界货地功能通过资本介入加大对汽车零部件相关产业链条的掌控力度。

除了东南亚国家本身的市场潜力，RCEP 针对 65% 汽车零部件的关税减免也有助于拓展 RCEP 中的中、日、韩等市场。东南亚自身还具有劳动力等优势，通过更低成本制成的零部件可通过零关税政策更畅通地流向中、日、韩等成熟汽车市场。因此，东南亚内部市场与外部市场会共同支撑东南亚汽车零部件产业的发展，相关投资前景明朗。

此外，东南亚部分国家针对汽车零部件领域没有设置外资投资比例上限等限制。根据 RCEP 中的服务和投资保留及不符措施承诺表，东南亚国家中的泰国、菲律宾、老挝、柬埔寨、文莱针对汽车零部件的外商投资没有持股比例等限制，因此从这个角度来看，在这些国家中进行汽车零部件领域的投资会更具灵活性。

5. RCEP 中关于环境、社会和公司治理（ESG）的部分内容与义乌"十四五"规划建议没有产生协同效应

义乌"十四五"规划表明要争创 RCEP 经贸合作示范区，现在义乌绿色发展指数跃居浙江省第一位，并致力于发展绿色低碳循环美丽经济，加快建设绿色工业园区，构建绿色服务体系，建设绿色低碳交通体系，深化绿色金融改革等。不过，RCEP 序言并没有明确提及环境保护、劳权保护、人权保护，RCEP 也没有环境、劳工专章，而是把重点放在了通过经济增长促进可持续发展，强调通过东道国规制权实现可持续发展。虽然 RCEP 的内容设置有其一定的合理性，比如 RCEP 中众多发展中国家在权衡经济增长和环境保护方面，可能会更倾向于提高经济增长的优先级，不过这种情况会对义乌的引进外资和对外投资造成一定的困扰。在义乌"十四五"规划建议下，义乌在跨境投资方面需要更多考量绿色 ESG 因素，而在 RCEP 下，其他缔约国间的跨境投资可能不需要考虑 ESG 的要求和限制。这意味着相比于其他缔约国，中国或义乌的资金流动需考量的因素和限制会更多，这可能会对义乌跨境投资产生一定的负面影响。

专栏 3-7　义乌对 ESG 的重视程度应超出 RCEP 的要求

　　不同的国际投资协定对于绿色 ESG 的要求并不相同，但都有其自身特色与合理性，各国应通过绿色 ESG 来促进合作而非加剧竞争。可持续发展包含了经济发展、环境保护和社会发展三个维度，融合了经济、人权和环境三个领域的国际法。美国、加拿大和欧盟一般都在国际投资协定序言中明确订入环境保护、劳工保护等条款，并且订入专门的环境、劳工章节。CPTPP 序言也明确规定了环境保护及环境法的执行、劳工保护与劳工权利的执行，且订入了环境、劳工两个专章。RCEP 与美欧等区域和国家的国际投资协定很不一样，虽然 RCEP 对 ESG 没有高要求，但义乌应着眼于长期，在对外经贸合作中需要重视 ESG 因素，随着"十四五"规划的推进以及中国逐渐加入 CPTPP 等更多高标准协定，中国将因前期对 ESG 的投入获得长期收益。

　　虽然 RCEP 序言明确强调了可持续发展三个维度的相互依存、相互促进，不过 RCEP 既没有规定专门的可持续发展或者环境、劳工等社会条款，也没有规定缔约国不得降低环境、劳工保护标准以吸引外国投资的条款，还没有规定企业社会责任或者投资者在环境、劳工等方面的义务。这是 RCEP 的一大特色，许多亚洲国家和地区的国际投资协定的环境、劳工和可持续发展导向都非常薄弱。东盟绝大多数成员国都不强调国际投资协定的环境、劳工和可持续发展维度。中国对于国际投资协定中的环境、劳工和可持续发展问题也比较谨慎和敏感，除了极少数情形，一般都不订入专门的环境、劳工和可持续发展序言、条款或者章节。

　　这种差异主要可以归结为亚洲国家尤其是东亚国家、东南亚国家比较独特的政治、经济、社会、文化传统等因素。其中最主要因素可能是经济，这些国家主要为发展中国家，并且更重视经济合作与收益，更强调国家主权独立和政策灵活性，而不愿在国际投资协定中受到更多的环境、劳工、可持续发展方面的国际法约束。因此结合 RCEP 的现实情况，在 RCEP 中践行欧美高水平的社会条款可能是不合适的。此外，RCEP 发达成员一般也并不特别强调和坚持订入环境、劳工、人权、可持续发展目标、条款或章节。这与美国、加拿大、欧盟等出于国内政治、价值观或利益考量而积极推行高水平社会条款的做法形成了鲜明对比。

可持续发展应以合作方式而非对抗方式来践行。绝对排斥环境、劳工、可持续发展条款并不妥当，单纯将可持续发展交由国内法或者其他专门国际投资协定管辖，可能无法有效促进和实现可持续发展目标。但是，实现可持续发展的方式和道路多种多样，并非只有美国模式的硬裁判对抗机制，可以采取软磋商机制，重在交流、对话、磋商、合作，重在技术援助和能力建设。同时亚洲国家的价值、利益和立场本身是丰富多样的，也并非一成不变。中国与欧盟全面投资协定（CAI）包含了具有一定实质内容的环境、劳工和可持续发展条款。中国近些年来对于包括环境、劳工、可持续发展条款的态度变化可资借鉴。将来，在条件成熟时可以考虑在 RCEP 框架内达成软磋商性质的包括环境、劳工等在内的可持续发展协定，建立合作性（而非对抗性）的可持续发展合作机制。

6. 对于义乌而言，落实透明度条款可能存在难度

透明度条款是美欧发达国家最早订入且积极推动的投资便利化条款，目前已经成为各国普遍接受的 IIA 基本条款。RCEP 的透明度条款与 CPTPP 等基本相同或类似，都非常具体详细，属于高水平的透明度条款。RCEP 透明度条款规定了公布、提供信息、行政程序、审查与上诉多个方面的内容。具体而言，其内容主要包括事后迅速公布相关事项、提前公布拟采取的行为事项，以及应任一缔约方的请求，迅速提供相关事项信息并答复问题。透明度条款类似于金融领域中的信息披露，但义乌市国际贸易综合改革试点金融专项改革总结报告表示义乌金融主体经营能力有待提升，金融信息服务等中介机构执业能力有待提升，这可能意味着义乌践行透明度条款会存在一定的难度。

7. 义乌跨境投资的不均衡状态可能难以通过 RCEP 来改善

2019 年，中国利用外资规模和对外投资规模基本持平，分别为 1412.3 亿美元和 1369.1 亿美元，均居世界第二位。但义乌的情况并没有持平，根据义乌调研得到的不完全信息，目前义乌企业赴东南亚的投资仅有 9 个项目，而东亚、东南亚国家来义乌投资的企业相对较多，约为 100 家，其中主要是来自韩

国、日本、新加坡这些发达国家。由此可见，不同于整个中国的跨境投资结构，针对 RCEP 成员国间跨境投资，义乌的对外投资远低于引进外资，其结构并不均衡。其主要原因包括义乌市政府没有提供充足的关于对外投资的咨询服务和信息，这一定程度上抑制了义乌对外投资需求的释放。虽然义乌对此已经制定了相应改善的规划，同时义乌的规划还包括支持企业在 RCEP 成员国境内设立义乌产业园，通过政府支持把有意愿走出去的企业的剩余产值快速转移至东南亚，但由于 RCEP 比较强调东道国的利益，义乌的规划想要得到有效落实还是存在一些困难。

十、知识产权：在兼顾各国不同发展水平的同时，提高区域知识产权保护水平

RCEP "知识产权" 章节为本区域知识产权的保护和促进提供了平衡、包容的方案。内容涵盖著作权、商标、地理标志、专利、外观设计、遗传资源、传统知识和民间文艺、反不正当竞争、知识产权执法、合作、透明度、技术援助等广泛领域，既包括传统知识产权议题，也体现了知识产权保护的新趋势。在《与贸易有关的知识产权协定》（TRIPS Agreement）的基础上，全面提高了区域内的支持产权整体保护水平。

RCEP "知识产权" 章节内容全面且以 TRIPS 为基础。RCEP "知识产权"章共包含十四节①83 个条款和 2 个附件（特定缔约方过渡期、技术援助请求清单），是 RCEP 内容最多、篇幅最长的章节，也是我国迄今已签署自由贸易协定所纳入的内容最全面的知识产权章节。RCEP "知识产权" 章节第二条和第三条明确规定，知识产权的含义和范围与 TIRPS 一致，而且若某一规定与TRIPS 的某一规定不一致时，在此类不一致的范围内应该与 TRIPS 为准。在

---

① 第一节 "总则和基本原则"，第二节 "著作权和相关权利"，第三节 "商标"，第四节 "地埋标志"，第五节 "专利"，第六节 "工业设计"，第七节 "遗传资源、传统知识和民间文学艺术"，第八节 "不正当竞争"，第九节 "国名"，第十节 "知识产权权利的实施"，第十一节 "合作与磋商"，第十二节 "透明度"，第十三节 "过渡期和技术援助"，第十四节 "程序事项"。

TRIPS 的基础上，RCEP 对于著作权和相关权利、商标、地理标志、专利、工业设计、其他知识产权、知识产权的实施等内容作出了更全面的规定。

知识产权的范围扩大，权利更明晰。第一，在著作权和相关权利方面，考虑数字版权并延长保护期。数字化著作权和相关权利的保护，包括防止规避有效技术措施和保护权利管理电子信息。RCEP 将著作权保护期从 TRIPS 规定的 50 年延长到作者死亡后至少 70 年。RCEP 鼓励缔约方建立适当组织对著作权和相关权利进行集体管理，以解决难以逐一获得海量权利人授权的难题。第二，在专利权方面，保护范围扩大。明确允许为已知物质的新形式和新用途申请专利，并且在部分特殊情况下，专利期限可以适当地延长。第三，在商标保护方面，扩大申请范围，申请数字化、便利化。在 RCEP 协议下，香气和声音也可以注册成商标。RCEP 对商标的界定门槛、注册申请、权利授予、驰名商标的保护作了规范。为提高申请和查询商标的便利性，协议要求缔约方建立电子商标体系。第四，在知识产权权利的实施方面，实施规定根据区域特点细化。RCEP 知识产权权利的实施分为一般义务、民事救济、边境措施、刑事救济四个部分，在 TRIPS 的基础上有增加有细化。增加的部分包括司法程序规则①和数字环境下的执法规则。细化的部分主要在于第七十六条的合作和对话，第十三节的对于最不发达国家或特定缔约方的过渡期和技术援助条款。

RCEP 知识产权更符合区域特点具有包容性。RCEP 知识产权强调了区域经济一体化和合作，并且考虑到缔约方间不同的发展水平和能力。RCEP 知识产权的两条目标有一条和 TRIPS 完全一致：知识产权权利的保护和实施应该有助于促进技术创新和技术转让及传播，以利于社会和经济福利的方式推动技术知识的创造者和使用者的共同利益，并且有助于权利与义务的平衡。另一条目标全新且强调合作与包容。旨在通过有效和充分的创造、运用、保护和实施知识产权权利来深化经济一体化和合作，以减少对贸易和投资的扭曲和阻碍。

---

①　救济措施与知识产权侵权的严重性之间适当比例（第五十八条第 3 款），在著作权的民事诉讼中如无反证以署名推定为作品作者（第五十八条第 5 款），知识产权民事诉讼中机密信息保护（第六十三条），知识产权海关保护在合理期限内作出侵权认定（第七十一条）等。

该目标还特别提到，认识到缔约方间不同的经济发展水平和能力，以及各国法律制度的差异。过渡期和技术援助相关规定，旨在弥合不同成员发展水平和能力差异，帮助有关成员更好地履行协定义务。全面提升区域内知识产权整体保护水平，将有助于促进区域内创新合作和可持续发展。

RCEP 知识产权规则更加符合发展中国家的利益，为今后谈判提供新范例。RCEP 将遗传资源、传统知识和民间文学艺术作为一个整体范畴（第五十三条），纳入"可以制定适当的措施"加以保护的条约内容。这一条主要反映了发展中国家和最不发达成员国的利益，是知识产权保护国际条约史上的一项突破。在 2001 年 WTO 谈判时，对于传统知识和民间文学艺术保护中的遗传资源多样性与专利申请中遗传资源披露的关系成为一个谈判焦点。欧盟和美国反对发展中成员提出的以专利制度来解决遗传资源的保护问题，因此，此项内容至今在 WTO 框架下没有结果。RCEP "知识产权" 章节对于有关遗传资源、传统知识和民间文学艺术保护的整体纳入可以说是对于发展中成员利益的维护。这也为今后的多边知识产权规则的谈判提供了一个新型的范例。

RCEP 知识产权更加与时俱进。一是数字化的与时俱进。由于 TRIPS 生效于数字化时代之前的 20 世纪八九十年代，新的基于 TRIPS 的条款必然需要加入相关的更新。RCEP "知识产权" 章节新增的相关规定包括数字网络化的著作权和相关权利保护，要求缔约方应当批准和加入《世界知识产权组织版权条约》（WCT）和《世界知识产权组织表演和录音制品条约》（WPPT）这两项 "因特网条约"，商标、专利及工业设计等网上的电子申请，域名相关反不正当竞争、数字环境下的知识产权执法等。二是国际条约的与时俱进。RCEP 将 TRIPS 之后的多项条例包含入内。RCEP "知识产权" 章节第九条 "多边协定" 规定，每一缔约方应该批注或加入包括 WCT 和 WPPT、2001 年修改的《专利合作条约》（PCT）、2006 年及 2007 年修正的《商标国际注册马德里协定有关议定书》和 2013 年通过的《关于为盲人、视力障碍者或其他印刷品阅读障碍者获得已出版作品提供便利的马拉喀什条约》。这些条款虽然与 RCEP 条款相对独立，但是 RCEP 促进缔约方对于新条款的加入可以促进区域知识产权领域的整体提升①。

专栏 3-8 RCEP 知识产权亮点应用

RCEP 知识产权增加了保护品类范围。对于对非传统商标，如声音标记和工业品外观设计等也进行保护。义乌相关从业者可在打造自有品牌时，申请相关知识产权保护。

RCEP 鼓励成员国加入知识产权条约，将节省专利申请成本和时间。RCEP 框架下缔约国同意加入多个知识产权条约，这将使缔约国的公司能够提交指定多个国家或地区的单一专利或商标申请，不必须在每个国家或地区提交多份单独的申请，从而给企业节省知识产权维护的成本和时间，增强企业的原创动力和活力。

十一、电子商务：鼓励数字贸易形式

"电子商务"章节旨在促进缔约方之间电子商务的使用与合作。本章用五个小节阐释区域内电子商务规则。第一节"一般条款"，强调了电子商务章节促进电子商务发展、提升消费者对于电子商务的信息、便利电子商务发展和使用以及电子商务合作的重要性。第二节"贸易便利化"，包含无纸化贸易、电子认证和电子签名条款。第三节为"电子商务创造有利环境"，要求缔约方为在线消费者提供保护，保护电子商务用户的个人信息，并针对非应邀商业电子信息加强监管和合作，同意根据 WTO 部长级会议的决定，维持当前不对电子商务征收关税的做法。第四节"促进跨境电子商务"，对计算机设施位置、通过电子方式跨境传输信息提出相关措施方向，并设立了监管政策空间。第五节"其他条款"，规定了电子商务对话合作以及争端解决的方式。

RCEP"电子商务"章节是亚太区域内首次达成的全面、水平较高、包容性强的多边电子商务规则成果。

---

① 张乃根：《与时俱进的 RCEP 知识产权条款及其比较》，《武大国际法评论》2021 年第 2 期。

首先，鼓励电子商务成为共识。一是在 RCEP 电子商务规则的原则目标中提出，条款的制定是为了缔约方之间的电子商务，以及全球范围内电子商务的更广泛使用；致力于为电子商务的使用创造一个信任和有信心的环境；以及加强缔约方在电子商务发展方面的合作。二是规则提出了五种合作领域和方式，包括共同帮助中小企业克服使用电子商务的障碍；确定缔约方之间有针对性的合作领域，以帮助缔约方实施或者加强其电子商务法律框架，例如研究和培训活动、能力建设，以及提供技术援助；分享信息、经验和最佳实践，以应对发展和利用电子商务所面临的挑战；鼓励商业部门开发增强问责和消费者信心的方法和实践，以促进电子商务的使用；积极参加地区和多边论坛，以促进电子商务的发展。三是条例明确支持跨境电子商务。任一组织不得要求把主体使用或部署计算设施在其领土内作为在其领土开展业务的条件、任一组织不得阻碍用于商业的信息跨境传输。

其次，RCEP 电子商务规则更加符合发展中国家的现状。RCEP 电子商务条款虽然对数据流动、数据存储等事项作出了具体规定，增加了标准的严格性，但是，对于数据的明确要求是在符合数据安全的大前提下进行的。RCEP 电子商务条款力求在数据安全和贸易自由间取得平衡。一方面，在"通过电子方式跨境传输信息"等具体条款中，明确对以数据本地化为代表的"数字壁垒"表示反对态度，以有效应对部分国家以"排他性的市场化"和"实用性的发展策略"为核心的"数字保护主义"战略。另一方面，RCEP 电子商务条款提供例外条款和"线上个人信息保护"等规则的安排。如果缔约方认为是其实现合法的公共政策目标所必要的措施，只要该措施不以构成任意或不合理的歧视或变相的贸易限制的方式适用，或者该缔约方认为对保护其基本安全利益所必需的任何措施。其他缔约方不得对此类措施提出异议。RCEP 并未包含 CPPTPP 中提到的允许个人信息跨境传输①。2021 年 8 月 20 日颁布的《中华人民共和国个人信息保护法》也明确规定，非经中华人民共和国主管机关批准，个人信息处理者不得向外国司法或者执法机构提供存储于中华人民共和

① 俞子荣等：《RCEP：协定解读与政策对接》，中国商务出版社 2021 年版，第 287 页。

国境内的个人信息。此外，对于最不发达国家柬埔寨、老挝和缅甸，在电子商务的多条规则中，都有至少 5 年的过渡时间。所以，RCEP 电子商务规则是在保障数据安全和显示公共政策目标的基础上，服务于缔约国自身网络建设的客观需要，来保持电子商务良好发展的势头。①

再次，RCEP 电子商务条款建立了一种符合亚太地区国家自身利益的电子商务规则。RCEP 区域发展中国家众多的特殊性意味着需要相适应的电子商务规则。美国主张的 CPTPP 数字贸易规则对数字安全带来较大挑战。以跨境数据自由流动和禁止数据本地化为代表的 CPTPP 数字贸易规则，将从网络安全、数据安全、个人信息保护、政府获取数据等方面对发展中国家带来重大挑战。在亚太地区，美国试图借助亚太经济合作组织（APEC）的跨境隐私规则（CBPR）体系主导亚太跨境数据流动圈。目前，RCEP 区域内的日本、澳大利亚、菲律宾已经加入 CBPR 体系，新加坡、越南等在积极申请加入。② 虽然 CBPR 没有要求参与国修改或降低在本国国内对个人数据的保护水平，但是 CBPR 强制参与国在管控个人信息出境时，不得要求第三国的数据接收方提供超过《APEC 隐私框架》的保护水平，所以会在一定程度上限制参与国在数据监管标准方面的自主权。RCEP 的电子商务条款更具有包容性，也因此得到区域内缔约国的认同。诸多电子商务规则并存且具有竞争关系，形成了"电子意大利面碗"效应。RCEP 电子商务规则虽然会加剧这一效应，但是因为更加符合区域内成员国的利益，因此为亚太地区电子商务规则提供了一个适用性更广泛的模式。该模式或可推广到"一带一路"发展中国家等更多的区域。

在跨境电子商务规则成为各方共识和贸易便利化增加的双重利好之下，RCEP 区域跨境电子商务必将迎来井喷式发展。中小微企业和东南亚市场将是跨境电商的新增长点。第一财经商业数据中心（CBNData）4 月初发布了《2020 跨境出口电商行业白皮书》（以下简称《报告》）。《报告》显示，从地

---

① 黄家星、石巍：《〈区域全面经济伙伴关系协定〉电子商务规则发展与影响》，《兰州学刊》2021 年第 5 期。

② 刘宏松、程海烨：《跨境数据流动的全球治理——进展、趋势与中国路径》，《国际展望》2020 年第 6 期。

域分布来看，北美、欧洲市场最为成熟，东南亚市场逐渐兴起。北美和欧洲作为跨境电商企业最传统的市场，仍然是超过五成跨境电商卖家的选择；同时，东南亚市场在近年来十分火爆，跨境电商卖家数量已占比38.5%。东南亚对跨境商品需求旺盛，多家当地电商在中国招商。"一带一路"建设推动东盟成为我国最大贸易伙伴。在东南亚，Lazada、Shopee 等跨境电商平台兴起，它们纷纷来到中国，开展大规模的中国商家招募，力图输入更多的中国商品以满足当地消费者的需求。

微型跨国电商企业大量涌现。从需求端来看，个人消费者和经销型企业仍是跨境电商的主力买家。变化最大的体现在供应侧，微型跨国企业快速崛起。数字技术不断降低全球贸易门槛，让大批创业者、小企业得以投身其中，经营多国市场，成为微型跨国企业。它们正为全球买家提供多样化的"中国制造"和轻定制服务。以天猫淘宝海外分销平台为例：2020 年 5 月，仅一个月时间，超过15 万家中小商家加入天猫淘宝海外分销平台，商家入驻速度相当于过去一年的 8 倍。微型跨国企业具有独特的需求和优势，受到跨境企业的广泛青睐。大规模商家客户对于跨境电商而言往往灵活性不够、碎片化订单、采购周期长，这给小型创业者腾出大量生存空间；小规模商家客户的兴起，刚好兼顾了灵活性和效率，周期短且采购量均衡的优势，这同时缓解了买家和卖家的现金流压力①。

专栏 3-9　加强跨境电商全产业链服务支撑

　　义乌的市场主体主要为中小微企业，因此在 RCEP 区域内的跨境电子商务增长潜力巨大，但是还需要更多全产业链服务能力的支撑。

　　跨境电商主要分为交易、交付、支付三个环节。在交易环节，虽然跨境电商飞速发展，但是缺乏国内自有全产业链跨境交易平台的应用。义乌大部分跨境电商是在诸如亚马逊等平台上运行，因此，需要在构建 Chinagoods 平台基础上引导我国跨境电商平台、外贸综合服务企业、物流企业和传统制造企业等运用人工智能、区块链和云计算等新　代信息技术，加强协同，进行资源整合。

---

① 第一财经商业数据中心：《2020 跨境出口电商行业白皮书》，2021 年。

在交付环节，义乌有快递和物流优势，但是仍需更多的海外仓的支持。因此，一是需要扩大海外仓全球布局，除欧美市场外，还应引导企业加强在其他地区，比如 RCEP 区域，规划建设海外仓，形成遍布全球、合理分布的海外仓网络。二是以海外仓为节点拓展全产业链服务。加强面向特定领域的海外仓建设，并向国际物流、清关、国际营销、加工维修、金融等方面拓展服务功能，满足跨境电商不同模式、不同层次的服务需求，帮助企业融入本地化运营①。

在支付环节，由国有银行牵头，建立、完善国有第三方支付平台。目前，大多数跨境电商使用的是 PayPal、Payoneer 等境外第三方支付平台。长此以往，不利于我国外汇管理，也不利于我国人民币国际化。此外，国内第三方支付平台尚处于起步阶段，小型第三方支付平台乱象丛生，对于国内跨境电商来说，使用这类私人的支付平台缺乏安全保障。由国有银行负责运营的第三方支付平台有利于规范国内第三方支付平台，有利于巩固我国外汇政策，有利于国家宏观经济调控，也有利于我国金融市场稳定。

十二、中小企业和经济与技术合作：考虑到中小企业的利益

为促进区域内各成员实现均衡发展，RCEP 专门设置了"中小企业"和"经济技术合作"两个章节。RCEP 规定各方将合作实施技术援助和能力建设项目，促进各方充分利用协定发展本国经济，使中小企业、发展中经济体更好地共享 RCEP 成果，将中小企业纳入区域供应链的主流之中，不断缩小成员间发展差距，推动区域经济高效包容发展。

RCEP 中的中小企业可由缔约国本国定义。中小企业指任何小型和中型企业，包括任何微型企业，在适当情况下可由每一缔约方依照各自的法律、法规或国家政策进一步定义。

"中小企业"章节鼓励缔约方之间的信息共享和合作。在信息共享方面，

---

① 曲维玺、王惠敏：《中国跨境电子商务发展态势及创新发展策略研究》，《国际贸易》2021 年第 3 期。

每一缔约方应当促进与本协定相关的中小企业的信息共享，包括通过建立和维持一个可公开访问的信息平台。在合作方面，条例指明了 8 个合作方向：鼓励高效且有效地执行涉及便利性和透明度的贸易规章制度；改善中小企业市场准入以及全球价值链参与度，包括促进和便利企业之间的合作关系；促进中小企业使用电子商务；探索缔约方创业计划经验交流的机会；鼓励创新和使用技术；提高中小企业对知识产权制度的认识、理解和有效使用；推广良好的管理实践和有关制定有助于中小企业发展的法规、政策和计划方面的能力建设；共享加强中小企业能力和竞争力的最佳实践。在 RCEP 的"海关程序和贸易便利化"和"电子商务"章节，也特别提出了对于中小企业的考虑①。

RCEP 背景下的经济与技术合作旨在缩小缔约方之间的发展差距，并从协定的实施和利用中实现互惠的最大化。经济与技术合作应当考虑每一缔约方的不同发展水平和国家能力。合作侧重于 8 项内容的能力建设和技术援助，包括货物贸易、服务贸易、投资、知识产权、竞争、中小企业和电子商务，以及缔约方一致同意的其他事项。

专栏 3-10　运用好 RCEP 区域中小企业合作平台

以中小企业和经济与技术合作两章的内容为切入口，RCEP 成员国未来可打造东亚合作平台。义乌有 60 万市场主体，辐射带动全国 200 多万家中小企业。对于义乌来说，可以充分运用 RCEP 区域的中小企业合作平台。一是参与区域内的信息交流和共享，及时获取各个国家的有关贸易投资的法律法规和商业信息。二是顺应规则指导的方向，增加中小企业在全球价值链的参与度，增强创新技术的研究和应用，鼓励跨境电商等。三是分享中小企业参与全球贸易的困难与经验，使得 RCEP 中小企业合作平台成为一个动态反馈更新系统。

---

① 第四章"海关程序和贸易便利化"第十条"预裁定"第二款中支出海关程序的预裁定环节，特别考虑中小企业的特定需求；第四章第十三条第二款对经认证的经营者的贸易便利化措施的标准不得在可能的范围内，限制中小企业的参与。第十二章"电子商务"第四条"合作"的第一款中规定，每一缔约方应当在适当时，共同帮助中小企业克服使用电子商务的障碍。

十三、争端解决：以"东盟+自由贸易协定"为蓝本

"争端解决"章节旨在为解决协定项下产生的争端提供有效、高效和透明的程序。在争端解决有关场所的选择、争端双方的磋商、关于斡旋、调解或调停、设立专家组、第三方权利等方面作了明确规定。本章节还详细规定了专家组职能、专家组程序、专家组最终报告的执行、执行审查程序、赔偿以及中止减让或其他义务等。①

东盟是 RCEP 谈判的倡议者和主导者，RCEP 争端解决机制的构建以"东盟+自贸协定"为基础。RCEP 争端解决机制有三个主要特点：一是注重多样性和灵活性。RCEP 承认各成员国在经济与文化上的异质性，充分认识到亚洲地区发展多样性的现实，RCEP 的争端解决机制并不是机械地照搬 CPTPP 的争端解决机制，而是在满足各缔约方需求与高标准之间找到平衡，以灵活的安排和方式，推动 RCEP 争端解决机制更贴合区域内各国国情和传统。二是体现渐进性。RCEP 缔约方已将投资者—国家争端解决机制排除在外，但承诺在不损害缔约方各自立场的前提下，应当就一缔约方与另一缔约方投资者之间投资争端的解决事项在不迟于本协定生效之日后的两年内进行讨论，讨论结果须经所有缔约方同意。讨论开始后三年内结束。三是具备规则导向性而非原则导向。RCEP 争端解决机制具有明确的既存规则和规范，比较重形式，可操作性比较强，需要较少的职业判断②。所以说，RCEP 争端解决机制以"东盟+自贸协定"为基础，对于中国来说，可以参照中国—东盟自由贸易协定的解决机制的经验，来解决 RCEP 争端。

---

① 商务部国际司：《〈区域全面经济伙伴关系协定〉（RCEP）各章内容概览》，2020 年 11 月 16 日，见 http：//fta. mofcom. gov. cn/article/rcep/rcepjd/202011/43620_ 1. html。

② 孔庆江：《RCEP 争端解决机制：为亚洲打造的自贸区争端解决机制》，《当代法学》2021 年第 2 期。

第三节　CPTPP 重点条款分析

一、当前正是中国主动对接 CPTPP 的机会窗口

随着中国自身和外部环境的变化，中国应倾向于作出加入 CPTPP 的决定。而且，中国加入 CPTPP 不仅具有必要性，也具有可行性。在考虑是否加入一个自由贸易协定时，中国首先需要考虑是否对自身有利，这是最基本的判定条件。中国加入 CPTPP 能带来经济层面、深化自身改革开放、参与全球经济治理三方面的收益。

从规则接受难度来讲，尽管仍有不少接受难度较大的规则，但是与 TPP 刚完成谈判时相比，中国现在加入 CPTPP 的难度已大大降低。CPTPP 已经生效，其成员已开始考虑该协定的成员扩容问题，整体上对我国的加入持正面甚至欢迎态度。与 TPP 时期相比，中国加入 CPTPP 面临的美国因素的困难有所降低。中美双边谈判中，中国已经同意美国提出的许多诉求，这些诉求和 CPTPP 规则有不少重合之处，中国已经在中美经贸磋商中积累了谈判高标准国际经贸规则的经验①。

数字贸易是我国贸易高质量发展的重大机遇，以 CPTPP 数字贸易规则为典型代表的高标准规则也给我国发展数字贸易带来了巨大挑战。我国应当在维护自身利益的前提下，对标 CPTPP 数字贸易规则，加强数字贸易监管基础设施建设，探索超越政治体制和意识形态分歧的国际合作新路径，推动国内改革开放与全球改革同步进行，为我国参与数字贸易规则谈判奠定坚实基础。

CPTPP 作为一个高标准的、融入边界后管理的具有兼容性的区域贸易协定，未来将会成为发达国家和发展中国家共同促进经贸治理、改善地缘政治的重要方式，以及规则制定和重构的标杆，在金融服务条款上的接受程度也处于合理的范围内。

---

① 苏庆义：《中国是否应该加入 CPTPP？》，《国际经济评论》2019 年第 4 期。

　　TPP 的搁浅和 CPTPP 的浮出，从战略层面看对中国产生的影响颇大。CPTPP 对中国的遏制程度与 TPP 相比明显变小。RCEP 的持续推进以及"一带一路"倡议使得中国在亚太地区的影响力持续增强、国际地位快速提高。

　　当前正是中国主动对接 CPTPP 的最好机会，全面开放战略下的主动扩大开放力度，积极对接国际标准，相关领域取得长足进展，也为申请加入 CPTPP 增加了现实可能。加入 CPTPP，既符合中国未来改革开放的新要求，又能帮助中国尽早适应全球价值链分工对国际贸易规则的改变。

二、国际关系和规则上有待解决的问题和困难

（一）需重视关键国家的影响因素

　　从国际关系层面来看，一是我国面临让所有 CPTPP 成员国同意其加入的困难。二是中国加入 CPTPP 还面临美国方面带来的不确定性。只有在美国不反对中国加入的情形下，中国加入 CPTPP 才更具可行性。三是中日两国争夺亚太地区领导权。CPTPP 的签署与日本的积极推动不无关系，背后体现出日本想维持其在亚洲的影响力，以及与中国日益增长的国际影响力抗衡的野心。

（二）部分条款对于发展中国家颇具挑战

　　从 CPTPP 规则层面来看，对于中国而言，接受难度大或不能接受的规则主要包括国民待遇与市场准入、投资、国有企业和指定垄断、知识产权、电子商务、劳工这六个方面。原产地规则对中国纺织和汽车产业影响较大。国有企业、劳工等规则对中国海外投资与"一带一路"建设形成挑战。CPTPP 有可能成为发达国家联手重构规则的平台。

　　1. 数字贸易：对数字贸易谈判和国内数据治理带来两个层面的挑战

　　第一个层面是 CPTPP 数字贸易规则对我国国际谈判的影响。我国的电子商务规则与 CPTPP 相关数字贸易规则存在较大差距。我国电子商务规则中有些条款仅作原则性规定，"尽可能""致力于"等表述执行力不强，不太适于争端解决。

　　一是我国参与 WTO 的电子商务谈判压力较大。谈判时，美国可能会以 CPTPP 相关数字贸易规则作为谈判重心，并联合其他立场相近的成员给中国

施压。而我国秉持国家安全和网络安全优先原则，很难接受有关数字贸易的条款，因此会面临如何既坚持自身主张、又不影响谈判进程的两难选择。

二是影响我国区域贸易协定中电子商务规则的谈判。日本、秘鲁是 CPTPP 的成员国，很有可能以 CPTPP "电子商务" 章节作为谈判文本，要求中国作出相应承诺。不过，新西兰也是 CPTPP 成员，2021 年 1 月 26 日升级中新自由贸易协定中新增了电子商务条款，这对于我国与 CPTPP 成员国的电子商务规则谈判有非常重要的借鉴意义。

第二个层面是 CPTPP 数字贸易规则对我国国内数字安全的挑战。以跨境数据自由流动和禁止数据本地化为代表的 CPTPP 数字贸易规则，将从网络安全、数据安全、个人信息保护等方面对我国带来重大挑战，国家安全也同样很难得到有效保护。

我国应对 CPTPP 数字贸易规则，应当在维护国家安全的前提下，注重国内法治和国际规则的良性互动，加强数字贸易监管方面的基础设施建设，探索国际合作新路径，为我国参与国际数字贸易规则谈判奠定坚实的基础[1]。

2. 金融条款：总体符合改革趋势但金融数据本地化改革难度较大

需要通过进一步合理有效对标金融条款采取结构化政策推进金融开放，为我国加入 CPTPP 谈判工作做好技术准备。在金融服务方面，CPTPP 的金融服务规则符合我国金融改革的大趋势。2018 年以来，我国加速金融业对外开放，已出台系列政策。对比我国金融开放政策与 CPTPP 金融条款，发现我国的金融政策已与部分 CPTPP 金融服务条款契合。我国金融开放政策主要在于丰富金融市场主体和金融产品，改善外资企业营商环境，降级银行、保险、证券等行业的金融机构的准入门槛，推进平等国民待遇等。但是在新金融服务、特定措施的透明度与管理、快速提供保险服务、金融数据本地化等方面推进开放的政策较少或者缺乏相关的政策。其中，金融数据本地化的相关规定与我国现行的规定相悖，推进改革的难度较大。

---

[1] 李墨丝：《CPTPP+数字贸易规则、影响及对策》，《国际经贸探索》2020 年第 12 期。

三、CPTPP 重要条款及与 RCEP 金融条款比较

（一）货物贸易：对于纺织品贸易造成冲击

CPTPP 成员国中已经有 8 个经济体与中国签订了自由贸易协定。而且目前 CPTPP 成员国的最惠国待遇（MFN）平均关税已经很低，因此会对 CPTPP 的贸易转移效应产生对冲。但是，对于纺织品贸易而言，由于 CPTPP 规定了严格的原产地规则，因此会对中国纺织品贸易的出口方面造成一定的负面影响。

（二）服务贸易：提高空间大

中国跨境服务贸易的开放程度低于 CPTPP 缔约方的平均水平，具体表现为中国受限制的服务部门数量远高于 CPTPP 缔约方，以及对市场准入更为严格的限制。这种服务贸易开放程度以及服务贸易承诺水平的巨大差异，也会导致服务贸易方面产生一部分贸易转移效应。

（三）投资：对产业转移做准备

对中国的影响主要表现在之前 CPTPP 成员国在中国投资的劳动密集型产业向越南、马来西亚、文莱等东南亚国家的转移。

（四）知识产权：需增强立法

目前我国知识产权与 CPTPP 相关款项在六大条款中差距较小，差异集中在以下方面：CPTPP 的知识产权条款对我国知识产权的立法尤其是执法提出了更高要求，目前我国法律在知识产权保护相关术语和边界的界定上还较为模糊，要抓住 CPTPP 窗口期进行谈判，有关部门仍应加紧法律及标准的试点和修改。

（五）国有企业：提出更严苛要求

CPTPP 的严苛条款与我国先行国有经济体制产生了一定矛盾，给国有企业尤其是重点公共民生行业国有企业发展带来巨大的限制和挑战。

一是对国有企业范围界定更宽泛。CPTPP 将国有企业条款适用门槛金额界定为 2 亿美元特别提款权（SDRs），这一标准将涵盖众多大型国有企业。CPTPP 第 17.6 条的不利影响条款不仅限制政府对国有企业的非商业援助，同

时也要求限制国有企业间非商业援助的不利影响，进一步扩大了受限的国有企业范围。

二是在透明度上提出了更高要求。目前依据《国有资产监督管理信息公开实施办法》公开的国有企业信息远未达到 CPTPP 要求，且透明度条款进一步要求公开国有企业非商业援助相关信息。对位于我国经济命脉行业和关键领域国有企业而言，披露过多信息将对我国国家整体安全构成威胁，严重冲击了我国公有制经济制度。

三是提高国有企业海外投资难度。CPTPP 秉承竞争中立原则，明确了各国国内法对其他国家企业在本国行为的管辖。协定国可通过本国法律规则在外国企业进入前即设立门槛，尤其是针对国有企业的透明度和改革要求，从而限制外国国有企业进入本国市场。

（六）劳工：劳工权益的挑战较大

CPTPP 劳工权益标准主张劳工结社自由和集体谈判、废除强迫或强制劳动、禁止童工劳动和消除就业与职业歧视四大权利。目前我国在禁止童工劳动和消除就业歧视方面基本实现保障。劳工制度对维护我国社会稳定具有重要作用，在短期内，我国劳动制度的调整有限。在加入 CPTPP 过程中，劳工标准将可能被与贸易挂钩，损害我国贸易利益。所以，CPTPP 确立的高标准的经贸规则，对中国经贸规则的制定和完善提出了挑战。同时，CPTPP 对中国国内规则的配套和改革将提出较高的要求。

（七）CPTPP 第 11 章金融服务条款概述

《全面与进步跨太平洋伙伴关系协定》（Comprehensive and Progressive Agreement for Trans-Pacific Partnership，CPTPP）是在美国退出后，由日本主导的《跨太平洋伙伴关系协定》（Trans-Pacific Partnership Agreement，TPP）。2017 年 11 月 11 日，启动 TPP 谈判的 11 个国家发布联合声明，宣布"已经就新的协议达成了基础性的重要共识"，并将《跨太平洋伙伴关系协定》改名为《跨太平洋伙伴关系全面进展协定》。2018 年 3 月 8 日，参与《全面与进步跨太平洋伙伴关系协定》的 11 个国家在智利首都圣地亚哥进行签字仪式。2018 年 12 月 30 日，《全面与进步跨太平洋伙伴关系协定》正式生效，签署 CPTPP

的国家有日本、加拿大、澳大利亚、智利、新西兰、新加坡、文莱、马来西亚、越南、墨西哥和秘鲁。

　　面对快速发展的国际金融服务贸易以及日益复杂的国际金融服务贸易发展环境，WTO 制定的《服务贸易总协定》（General Agreement on Trade in Services，GATS），曾经的国际金融贸易规则的先进性代表，现已经不能满足金融服务贸易参与者的需求。1982—2018 年世界保险以及金融服务占服务贸易出口的比重，见图 3-4。从中可以看出，1982 年以来，世界金融服务贸易快速发展，现已经成为服务贸易中非常重要的组成部分。

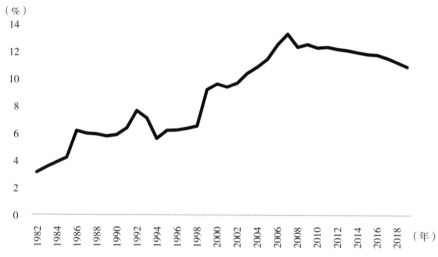

图 3-4　1982—2018 年世界保险以及金融服务占服务贸易出口的比重

数据来源：World Development Indicators。

　　发达国家为了要求其他国家放开本国金融市场和金融服务业监管，以此来强化自身金融霸权的主导地位和全球框架下配置金融贸易资源以及建立适合自身的金融服务贸易新秩序，由此内生出对金融服务贸易规则修订、细化和升级的强烈需求（Ortino and Lydgate，2019）①。GATS 框架下的金融服务贸易规则

---

　　①　F. Ortino，E. Lydgate，"Addressing Domestic Regulation Affecting Trade in Services in CE-TA，CPTPP，and USMCA：Revolution or Timid Steps？"，*Domestic Regulation*，No. 10（2019），pp. 23-38.

无法适应发达国家的发展金融服务贸易的需求。但是对于发展中国家而言，一方面由于国内金融市场和金融监管体系的不完备，过快的金融开放可能会影响到发展中国家的金融安全；另一方面，若不积极主动地争取加入高标准的金融服务贸易协定，则发展中国家可能会无法进行更深层次的金融服务贸易，被挤出高标准的金融服务贸易市场以至于处于被动地位。较发达国家和地区金融服务贸易占服务贸易出口量比重相对而言比较大，而发展中国家以及一些欠发达地区也基本都在出口金融服务。这意味着世界范围内的大多数国家都对制定合理的金融服务贸易规则有需求。但是相对于发达国家和地区而言，发展中国家和地区金融服务贸易体量较小一些。

基于上述背景，被各国学者称为"最高标准的 FTA 自由贸易协定"的 TPP 应运而生。而 CPTPP 作为美国退出后由日本主导的 TPP，它在经济金融规模、自由贸易标准、规则制定影响力以及条约话语权上均不如原版的 TPP①。CPTPP 对原有 TPP 服务贸易框架下的一般条款和特定部门条款进行了总计 22 条的搁置，这一定程度上降低了原有 TPP 条款的标准和要求。CPTPP 在原先 TPP 规则的基础上对金融服务贸易领域的改动具体内容为暂停"最低待遇标准"的适用，最低待遇标准条款在 TPP 中指"各缔约方按照国际法原则给予涵盖投资公平公正待遇和全面保护与安全待遇，即不得拒绝司法公正和提供治安保护"。此外，CPTPP 还暂停了附件 11—E 全部内容的适用，其中包括有关文莱、智利、秘鲁和墨西哥违反最低待遇的豁免时间，使最低待遇条款在适用上不再存在特殊对待的情况，是国民待遇原则的体现。②

这些条款的修订在一定程度上降低了谈判的难度，使得条款内容在体现金融服务贸易自由化、便利化的同时兼顾发展中国家保证本国金融安全的诉求，对于不同发展水平的国家具有更大的包容性。例如，在 CPTPP 第 11 章附件 C 中，"不符措施棘轮机制"，允许越南采取更多的"例外"条款，以保持越南

---

① 常思纯：《日本主导 CPTPP 的战略动因、影响及前景》，《东北亚学刊》2019 年第 5 期。

② 李旻：《后 WTO 时代 CPTPP 金融服务贸易规则的先进性研究》，《新金融》2019 年第 6 期。

国内宏观金融监管和金融开放权衡上有更大的自由度，进而吸引越南加入协定。此外，相对于 TPP 来说，CPTPP 没有冻结条款，这意味着未来缔约方在谈判博弈中也会拥有更大的回旋余地和国内调控监管的政策空间。①

但是从整体而言，CPTPP 就协议框架、文本理念、具体规则等方面在很大程度上继承了 TPP，同时也保留了许多边界内的规则和横向议题，如服务贸易、投资、金融服务、环境等，这意味着 CPTPP 仍不失为全球当前高标准的国际经贸规则样本。②

（八）CPTPP 与中国金融开放

相比 RCEP 而言，CPTPP 对金融开放的要求更严格，将目前中国金融服务领域的开放措施与 CPTPP 对标后发现，中国与高标准的金融服务贸易规则仍有一定的距离，见表 3-13。

表 3-13　2018 年以来我国金融业对外开放进程对标 CPTPP

时间	文件	主要内容	与 CPTPP 金融服务条款的对照
2018 年 4 月	银保监会《关于进一步放宽外资银行市场准入相关事项的通知》	允许外资银行开展代理发行、代理兑付、承销政府债券业务，增加了关于外资法人银行投资设立、入股境内银行业金融机构的相关规定	对应 CPTPP 中的 11.1 "定义"、11.2 "范围"和 11.5 "金融机构的市场准入"
2018 年 4 月	银保监会《加快落实银行业和保险业对外开放水平举措》	推动外资投资便利化、放宽外资设立机构条件、扩大外资机构业务范围、优化外资机构监管规则	对应 11.3 "国民待遇"、11.5 "金融机构的市场准入"
2018 年 4 月	证监会《外商投资证券公司管理办法》	允许外资控股合资证券公司，逐步放开合资证券公司业务范围，统一外资持有上市和非上市两类证券公司股权限制	对应 CPTPP 中的 11.1 "定义"、11.2 "范围"和 11.5 "金融机构的市场准入"

---

① 张方波：《CPTPP 金融服务条款文本与中国金融开放策略》，《亚太经济》2020 年第 5 期。

② 张方波：《CPTPP 金融服务条款文本与中国金融开放策略》，《亚太经济》2020 年第 5 期。

续表

时间	文件	主要内容	与 CPTPP 金融服务条款的对照
2018 年 8 月	《中国银保监会关于废止和修改部分规章的决定》	取消中资银行和金融资产管理公司外资持股比例限制，实施内外资一致的股权投资比例规则	对应 11.9 "高级管理和董事会"
2019 年 7 月	国家金稳委《关于进一步扩大金融业对外开放的有关举措》，即 "11 条"	提前取消基金、资产管理公司等各类金融机构外资股比限制，将原先 2021 年截止期提到 2020 年，允许外资进入国内信用评级市场，鼓励外资参与理财子公司、货币经纪公司，放宽保险公司的外资准入限制	前 9 条主要是金融业开放，对应 11.3 "国民待遇" 和 11.4 "最惠国待遇"，后 2 条主要是跨境金融服务市场的开放
2019 年 9 月	取消 QFII 和 RQFII 额度限制	境外投资者只需登记即可自主汇入资金，即可开展境内证券投资	同时着手修订《合格境外机构投资者境内证券投资外汇管理规定》，对应 11.5
2019 年 10 月	《国务院关于进一步做好利用外资工作的意见》	落实金融开放 "11 条"，全面取消在华外资银行、证券公司、基金管理公司、资产管理公司等金融机构业务范围限制	对应 11.5 "金融机构的市场准入"
2019 年 12 月	人民银行、银保监会《关于修改〈银行卡清算机构管理办法的决定〉（征求意见稿）》	旨在推动银行卡市场对外开放	对应第 14 章 "电子商务" 和附件 1
2020 年 1 月	《中国银保监会外资银行行政许可事项实施办法》	推进银行业对外开放具体细则依法依规落地	对应 11.3 "国民待遇"
2020 年 5 月	人民银行、外管局《境外机构投资者境内证券期货投资资金管理规定》	简化境外机构投资者境内证券期货投资资金管理要求，针对合格机构投资者跨境资金汇出入和兑换出台管理规定，简化外资进出程序	对应 1.15 "支付和清算系统"

数据来源：张方波：《CPTPP 金融服务条款文本与中国金融开放策略》，《亚太经济》2020 年第 5 期。

1. CPTPP 与 RCEP 金融服务条款差异

考虑到 CPTPP 并不是我们研究的主要内容，而且 CPTPP 金融服务贸易单独成章，条款众多，单独分析内容繁杂，所以我们只针对 RCEP 的金融服务条款内容进行了分析。但是从金融服务贸易整体来看，CPTPP 相比 RCEP基本在各个领域标准较高。在金融服务贸易领域，RCEP 中关于金融服务贸易的内容是作为第八章"服务贸易"的附件出现的，但是 CPTPP 则是单独成章，关于金融服务贸易的条款内容也比 RCEP 多很多。与 CPTPP 其他部分内容不同，其金融服务条款在我国推进的难度相对知识产权、国有企业等条款较小。考虑到我国目前的发展情况，我们应首先推进 RCEP，并不断对标更高标准的 CPTPP，推动我国金融开放以及争夺国际金融贸易市场话语权。

2. 政策建议

对标高标准金融服务贸易规定，倒逼国内金融开放改革。目前，我国已经正式核准 RCEP，但是在金融服务贸易领域，我国在涉及资本可兑换等领域仍未达到 RCEP 的要求。这也是我国进一步推动金融开放改革的方向。这说明 RCEP 在推动我国金融开放中发挥了重要的驱动力作用。除了 RCEP外，在推动金融开放的过程中，我们也应该向更高水平和标准的金融贸易协定靠拢，比如积极对标 CPTPP。CPTPP 几乎在各个领域都比 RCEP 的制定标准要高，我们必须争取加入 CPTPP，在已有金融开放举措与金融条款对标的基础上，变被动为主动，将金融开放中的难点和堵点改革转变为日后谈判的话语权，考虑到金融条款相对其他高标准协定有一定的松动，说明规则制定具有一定的灵活性，我国应结合这种灵活性，为日后"不符措施""审慎"条款规则的制定和修改以及暂时不应过快开放的金融领域做好理据准备，以期在文本规则高标准推进、金融改革开放与防范金融风险中求取"最大公约数"。① 除此之外，要在争取加入国际协定的同时，守住国家金融安全的

---

① 张方波：《CPTPP 金融服务条款文本与中国金融开放策略》，《亚太经济》2020 年第5 期。

底线，比如 RCEP 和 CPTPP 都规定了新金融服务的内容，这也是我们国家可以采取的内容，但是在数据本地化等涉及国家安全的内容方面，则应该保持开放底线。CPTPP 关于数字贸易的主要四个规则以及我国相对应的文件规定见表 3-14，可以看出，CPTPP 对于数据自由流动的规定与我国维护信息安全的相关规定有着比较严重的冲突，所以就数字贸易方面而言，加入 CPTPP 是一个不小的挑战。

表 3-14　CPTPP 关于数字贸易的规则与我国相关文件的对照

CPTPP 的规则	我国相关文件的规定
跨境数据自由流动原则	《网络安全法》：确立了网络信息技术产品和服务的国家安全审查制度，以及关键信息基础设施收集和产生的个人信息和重要数据以境内存储为原则、以安全评估为例外的数据本地化要求。《征信业管理条例》《关于银行业金融机构做好个人金融信息保护工作的通知》《人口健康信息管理办法》《网络预约出租汽车经营服务管理暂行办法》等法律规定也对不同行业的数据本地化作了要求
计算设施位置条款	《网络出版管理规定》《地图管理条例》《电子银行业务管理办法》等法律规定都要求相关服务器和存储设备设在中国境内
源代码条款	在实践中出于政府获取数据的考虑，我国倾向于暂时不接受源代码条款
数字产品的非歧视待遇	出于数字内容的监管考虑，以及云计算服务的市场准入等原因，我国目前很难接受数字产品非歧视待遇条款，即确保产品在数字化及电子传输的过程中受到同等对待

数据来源：李墨丝：《CPTPP+数字贸易规则、影响及对策》，《国际经贸探索》2020 年第 12 期。

通过国内的自贸区首先开始试点，再在更大的范围内进行推广。由于我国部分金融开放程度仍未达到 RCEP 和 CPTPP 的标准，考虑到国内金融市场的不完善性和监管的薄弱性，所以可以通过试点的方式逐步推进金融开放。2013 年 9 月 29 日，第一家自由贸易试验区———上海自贸区正式挂牌成立。作为新时期中国全面深化改革和扩大开放的重要政策措施，自由贸易试验区的主要任务是以制度创新为核心，积极探索政府职能转变、贸易和投资便利化、金融和服务业开放创新的有效途径，以形成可复制和可推广的经验。到 2019 年 8 月，中国已分 5 批成立了 18 家自由贸易试验区，覆盖 3 个直辖市和 15 个省份，形成了"1+3+7+1+6"的格局。① 可以在这些自贸区范围内率先推进金融开放政策，在防范金融风险的同时推动金融开放。

加强对不同的金融服务贸易条款的理解和学习，避免陷入"意大利面条碗"。随着中国金融市场的发展，签订一系列 FTA，金融服务贸易方面的条款越来越多样化和复杂化。在这种情况下，必须对企业进行不同的金融服务贸易条款学习的培训，使企业可以真正从已经签订的 FTA 中获利。

（九）供应链金融概述

1. 供应链金融的含义

供应链金融是对一个产业供应链中的单个企业或上下游多个企业提供全面金融服务，以促进供应链核心企业及上下游配套企业"产—供—销"链条的稳固和流转顺畅，并通过金融资本与实业经济协作，构筑银行、企业和商品供应链互利共存、持续发展、良性互动的产业生态。②

供应链融资实际上是贸易融资的拓展和深化。贸易融资是指商业银行向从事国际贸易的企业提供流动资金融资，帮助贸易双方实现交易的融资方式，它是一种中间业务与资产业务相结合的银行业务模式。对银行而言，在风险控制有保证的前提下，贸易融资是一种较为理想的资金运用方式，可以给银行带来两方面收入，即手续费和利差，有时还可产生汇兑收益和外汇交易费用。③

在供应链金融中，金融机构主要是供应链金融的资金提供者。但是供应链金融使得融资活动沿着供应链将上游企业、中游企业、下游企业、第三方物流企业、金融机构以及消费者联系起来，不仅仅局限于贸易双方形成的贸易关系。供应链金融的方式可以提高资金的利用效率，为供应链链条上的多方提供金融服务。

---

① 司春晓等：《自贸区的外资创造和外资转移效应：基于倾向得分匹配——双重差分法（PSM-DID）的研究》，《世界经济研究》2021 年第 5 期。

② 闫俊宏、许祥秦：《基于供应链金融的中小企业融资模式分析》，《上海金融》2007 年第 2 期。

③ 胡跃飞、黄少卿：《供应链金融：背景、创新与概念界定》，《金融研究》2009 年第 8 期。

2. 供应链金融的主要模式

供应链金融主要分为应收账款融资模式、保兑仓融资模式以及融通仓融资模式，三种模式均使得银行不再局限于对单一企业的信用情况进行评估，而是从通过评估供应链的情况来决定是否给企业提供短期周转资金支持，见表3-15。

第一种模式：应收账款融资模式。供应链金融应收账款融资模式指的是以未到期的应收账款作为担保向金融机构借款的行为。应收账款融资方式一般是为供应链上游的债权企业融资。一旦债权企业出现问题，无法偿还本息，那么下游债务企业则需要代替债权企业偿付本息。在这种情况下，商业银行提供贷款时，主要考察下游企业的风险和还款能力，并对整个供应链进行评估。

第二种模式：保兑仓融资模式。供应链金融保兑仓融资模式主要针对下游企业的借款行为。因为下游企业需要提前给上游企业支付预付账款来保证自身的持续经营能力，所以下游企业可以通过保兑仓融资的方式进行短期贷款来支付给上游企业的预付账款。保兑仓业务，是在供应商承诺回购的前提下，融资企业向银行申请以供应商在银行指定仓库的既定仓单为质押的贷款额度并由银行控制其提货权为条件的融资业务。① 保兑仓融资模式还需要上游企业承诺回购，第三方物流方对质押物品进行评估和监管以降低银行的信用风险。

第三种模式：融通仓融资模式。融通仓融资模式指的是融资企业向商业银行提出融资申请，以存货为质押，经第三方评估报告给银行，商业银行再发放信用贷款的融资模式。第三方物流企业的评估极大地降低了银行和融资企业之间的信息不对称性，不仅有利于中小企业融资，还扩展了银行的业务对象，降低了银行面对的信用风险。

---

① 闫俊宏、许祥秦：《基于供应链金融的中小企业融资模式分析》，《上海金融》2007 年第 2 期。

表 3-15 三种融资模式的差异

供应链金融模式	质押物	第三方参与	融资用途	融资企业在供应链中的位置	融资企业所处的生产期间
应收账款融资	债权	无	购买生产所需原材料或其他用途	上游、供应商、债权企业	发出货物、等待收款
保兑仓融资	欲购买的货物	仓储监管方	分批付货款、分批提货权	下游、制造商、分销商	欲购生产资料进行生产
融通仓融资	存货	第三方物流企业	购买生产所需原材料或其他用途	任何节点上的企业	任何期间有稳定的存货

数据来源：闫俊宏、许祥秦：《基于供应链金融的中小企业融资模式分析》，《上海金融》2007 年第 2 期。

3. 供应链金融的优势

供应链金融有利于中小企业融资水平。供应链金融使得银行对企业的评估不再局限于单个企业的信用情况和抵押品情况，而是转向评估整个供应链金融的运行状况，以一个企业为核心，为其上下游的中小企业提供资金支持，这样既有利于降低银行的信用风险，又有利于使更多的中小企业能够进入银行的业务范围。

供应链金融缓解了融资过程中的信息不对称问题。供应链金融将中小企业放在整个供应链中考虑，可以通过上下游企业，第三方物流企业等对中小企业经营情况进行更好的评估，这有利于缓解融资过程中的信息不对称、道德风险和逆向选择问题。这可以降低银行的信息收集成本，减少交易成本，使得银行更多地为中小企业提供融资。

4. 供应链金融的风险控制

由于国内供应链金融发展较晚，我国对于供应链金融风险控制的研究也晚于国外。但是目前对于我国供应链金融的发展及其风险控制，部分学者已经作出了一定的研究。比如沈文璐等（2018）对供应链金融风险的三大方面的知识进行了梳理和总结，对于供应链金融风险的理论基础进行了补充。[1] 龙云安

---

[1] 沈文璐等：《供应链金融风险管理研究述评与展望》，《科技和产业》2018 年第 10 期。

等（2019）认为供应链金融可能存在信息不对称和信息反馈不及时的问题，并且针对这些问题提出了相应的解决办法。比如可以通过区块链技术解决信息问题从而降低供应链金融融资风险的同时提高融资效率。[①]

由于供应链金融是针对核心企业及其上下游企业的供应链提供金融服务，所以与普通金融服务相比，供应链金融将普通金融的个体风险转化为供应链整体的风险。一方面，从个体风险到整体风险的转化意味着更多的个体共同承担风险，整体风险承担能力提高；另一方面，若供应链某一环出现问题，则整个供应链金融将会面对更大的风险。

供应链金融实际上是银行和第三方物流公司投入资金的风险，这种风险是它们对供应链进行融资的过程中出现了一些不可预料的因素而导致无法获得预期收益或者资产不能正常回收的可能性。[②] 从风险管理的角度而言，供应链金融同样面临着信用风险、市场风险和操作风险三大类风险。

在信用风险方面，由于供应链金融主要涉及的是银行为以核心企业为中心的、涵盖上下游企业的供应链提供信贷供给，所以如果核心企业的违约风险升高，信用估值向不利方向变动，或者整个供应链出现问题，则会对整体的供应链金融产生较大的负面影响。

在市场风险方面，如果在供应链金融中贷款方进行了存货质押融资，那么需要密切注意存货的市场价值变动。因为在这种情况下，存货相当于抵押品，如果存货的市场价值变动较大，并且存在价格下降的趋势，则会产生比较大的市场风险。此外，相较于一般抵押品而言，贸易存货可能具有特定用途，尤其是作为中间产品而言，此时存货的流动性非常差，所以贷款方进行存货质押融资的时候，银行必须对存货、此存货涉及的贸易、供应链的稳定情况进行详细的评估。除此之外，对于跨境贸易而言，可能还需要评估以汇率变动为核心的市场风险。

在操作风险方面，根据《巴塞尔协议》，操作风险可以分为由人员、系

---

① 张健等：《供应链金融对产融结合型企业融资约束的缓解作用——基于企业间关联交易视角》，《商业经济研究》2019 年第 18 期。

② 李飞：《供应链金融与供应链金融风险浅析》，《中国储运》2021 年第 6 期。

统、流程和外部事件所引发的四类风险。根据李飞（2021）① 一文，供应链金融的操作风险可以分为两类：第一类是对于商品的监管风险，也就是在仓储方面对于存货信息缺乏及时和有效的反馈所造成的风险。第二类操作风险是内部管理风险。也就是在供应链金融各个环节，由于工作人员操作不当带来的风险。由于操作风险具有普遍性，所以需要进行综合和全面的风险管理。包括加强储物仓、银行、企业的内部控制，通过保险进行风险转嫁等。

（十）义乌供应链金融发展的可能

1. 义乌供应链金融发展现状

义乌市外贸出口主要是轻工业产品、劳动密集型产品，整个外贸供应链由加工型企业、小商品市场商户、外贸公司和外商构成。不同于传统产业的供应链，义乌外贸行业的供应链呈现出其特有的模式：在整个外贸产业链中，处在上游的是众多加工型中小微企业和小商品城商户，扮演着供应商的角色。处在供应链中游的是众多中小外贸企业与服务机构，其规模大小不一、数量庞大且种类繁多，基于法律形式和运营模式，主要分为自营外贸公司、代理业务部和外商采购办事处三类。处在供应链下游的是全球各地的外商（采购商），它们是商品的最终客户。②

义乌小商品城内有众多中小微企业，外贸业务由于国际结算与汇率波动等多种原因，整个付款周期较长，绝大多数供应商受困于流动资金压力无法正常生产贸易；许多来义乌采购的外商的货物交易均采用赊销方式，给中小微企业带来沉重的垫资压力。③ 义乌小商品销售企业 7 万多家，涉及全国上中下游产业链相关企业数百万家。而义乌市外贸出口由众多中小企业构成，中小企业缺乏足够的抵押品，银行也对企业的资信状况没有足够的了解，所以中小企业很难从银行获得足够的资金支持。因此，义乌市从事外贸出口的中小企业面对比

---

① 李飞：《供应链金融与供应链金融风险浅析》，《中国储运》2021 年第 6 期。

② 胡涛：《银行主导模式下的外贸企业供应链金融创新研究——基于浙江省义乌市外贸业的调研》，《中国经贸导刊》2016 年第 11 期。

③ 张嫒卿等：《义乌国际贸易综合改革试点背景下的金融创新研究——基于全国首创"易透"供应链融资模式分析》，《中共宁波市委党校学报》2014 年第 5 期。

较严重的资金困境。

2. RCEP 对义乌供应链金融的影响

供应链金融的需求增加。随着 RCEP 的签订，中国与其他 RCEP 成员国的商品、服务贸易的往来会大大增加。与之对应的是义乌小商品城的贸易出口量和资金需求量也会迅速增加。在这种情况下，我国的金融机构要主动进行金融创新，设计符合义乌中小企业需求的供应链金融服务，更好地满足中小企业的融资需求，使金融能更好地服务实体经济。此外，随着 RCEP 各个成员国金融领域开放的推进，我国金融机构在为国内企业提供服务的同时应积极走出去，抢占国外市场。

供应链金融领域竞争加剧。RCEP 的签订将进一步推进我国的金融开放。供应链金融市场需求增加的同时，随着外国金融机构进入中国市场，供应链金融服务的供给也会增加。中国金融机构将面临与外国金融机构更加激烈的竞争。在这种情况下，中国金融机构必须提高自己的为供应链金融服务的能力和水平，为国内对外贸易提供优质的服务。

金融机构应提高风险管理能力。中国金融机构应该根据自身的发展状态提供相应的服务。提供供应链金融服务要求金融企业有更高的风险管理能力和水平，因为供应链金融相比单一企业借贷更复杂，涉及更多的主体，这就要求中国金融机构以相应的专业化的风控手段来管理风险。

四、应对之策：加强合作沟通，规则调整对接

中国一方面需要在对标 CPTPP 规则方面表现出切实的行动力，另一方面需要付出外交努力去争取 CPTPP 成员国的支持，增信释疑，让它们相信中国的执行力。

（一）试点与地缘政治层面：尽快提出申请加强合作

尽快提出加入 CPTPP 申请并启动谈判进程；推动现有自由贸易协定、双边投资条约升级谈判，实现规则标准与 CPTPP 对接；充分利用自由贸易区（港）先行先试改革为我国加入 CPTPP 做准备。缓和与 CPTPP 各成员国的关系特别是加强中国与日本的合作。

加强同 CPTPP 各成员国的合作，为加入 CPTPP 做好准备。缓和与 CPTPP

各成员国的关系，特别是加强中国与日本的合作。

（二）CPTPP 规则层面：重点突破

我国应对 CPTPP 数字贸易规则，应当注重国内法治和国际规则的良性互动，一方面加快构建国内法律体系，并强化法律的实施和执行；另一方面借鉴国际规则，加强国际协调与合作。同时，我国还要加强基础研究和储备，为国际国内的制度构建提供智力支持。

在金融条款方面：一是深化对 CPTPP 文本中金融服务条款的研究。二是采取结构化政策稳步推进金融开放进程，应该结合实际情况对 CPTPP 中的金融服务开放程度进行有条件的采取。对于已经在稳步推进的放宽准入、平等国民待遇等政策，应该随着金融开放程度的提高而加强。而在新金融服务、特定措施透明度管理、快速提供保险服务等方面，要有针对性地推进；在金融数据本地化方面，我国目前坚持有效保护金融数据，见表 3-16。2017 年 6 月生效的《网络安全法》规定"必须将个人信息和其他重要数据存储在中国大陆境内服务器上"。而 CPTPP11—B "特别承诺"中的 B 部分"信息转移"中提出了"禁止本地化"的要求，这与我国现行政策有较大的冲突，需要审慎考虑。三是依托境内已有的自贸体系对 CPTPP 中金融服务的相关条款进行试验。在防控风险的前提下，加强我国金融业对内对外开放，结合 CPTPP 和 WTO 给金融开放补课。

表 3-16　2011 年以来我国对于金融数据的相关规定

年份	文件	相关规定
2011 年	《中国人民银行关于银行业金融机构做好个人金融信息保护工作的通知》	在中国境内手机的个人金融信息的储存、处理和分析应当在中国境内进行
2013 年	《征信业管理条例》	境外征信机构在境内经营征信业务，应当经国务院征信业监督管理部门批准
2015 年	《中国人民银行金融消费者权益保护实施办法》	在中国境内收集的个人金融信息的存储、处理和分析应当在中国境内进行
2017 年	《网络安全法》	以数据境内存储为原则，安全评估为例外。

数据来源：根据公开信息资料整理。

在 CPTPP 投资争端解决机制方面：从自身实际出发，在条款设计方面认真考虑发展中国家的需求，比如对于国家主权的重视。我国目前既是吸引外资大国，也是对外投资大国，这样的双重身份也会推动一个更加均衡的投资者—国家争端解决（ISDS）机制产生。通过"一带一路"倡议的具体实施提升中国在国际投资法制和 ISDS 机制改革方面的话语权。

深入研究 CPTPP 中有可能对中国形成牵制的条款，建立动态评估和监控体系。

中国深化改革扩大开放，做好"一带一路"建设，探讨建立全球经济的"平行双层膜"治理结构。短期应该平衡贸易协定，中期应该平衡经贸关系，长期应该平衡经济体系和国际地位，积极应对新冷战。

中国需要提前应对，如加快 WTO 改革、重启 FTA 谈判、提高"一带一路"建设质量等，在 WTO 无效的情况下，CPTPP 的章节可以为国内改革提供样板，确保美国对中国遵守协定的认可。从长远来看，没有美国的国际秩序全世界都没有经历过，对中国的影响如何将不得而知。中国应在全球治理变革的大视野下应对，保持战略定力，推进"一带一路"建设，探讨加入 CPTPP，维护全球自由贸易体系，完善全球治理体系，积极推动人类命运共同体建设。

在知识产权保护方面：进一步完善知识产权法律体系，明确术语及界限，要重点把握数字经济发展趋势，结合数字经济知识产权迭代快、取证难的特点优化法律保护机制；推广数字信息技术在知识产权保护领域的应用，重点发展区块链技术保护，并通过信息平台提高司法和执法效率；加强知识产权人才培育，推动国际知识产权保护与沟通，促进标准对接。CPTPP 与中国现行知识产权差距见表 3-17。

表 3-17　CPTPP 与中国现行知识产权差距对比

条例	CPTPP	中国
商标权	声音、气味纳入可作为商标注册的范围	声音已纳入商标注册范围，气味是否纳入正在讨论
	驰名商标的保护不以注册为条件	驰名商标的数字复制形式纳入新《商标法》
	认可和保护地理标志	地理标志已经纳入法律保护

续表

条例	CPTPP	中国
专利权	扩大可专利客体范围	基本与 CPTPP 相同
	加强药品数据和生物制药数据保护	接近与 CPTPP 相同
著作权	扩大著作权人复制权权利内容	现行《著作权法》对"复制"定义过于狭窄
	著作权和邻接权保护期限	与 CPTPP 一致
	规定网络服务提供商侵权责任	对网络服务提供商的侵权责任认定与 CPTPP 不同
执法	维持边境措施的使用范围	与 CPTPP 水准持平甚至略高
	加大民事损害赔偿（实施惩罚式赔偿）	正在从填平式赔偿转向惩罚式赔偿
	降低刑事处罚门槛	美国对于"商业规模"解释不合理地扩张，但我国对知识产权执法保护力度须加强

数据来源：知识产权与 CPTPP 报告、全球化智库。

在国有企业方面：借助 CPTPP 高标准倒逼国有企业改革深化，对国有企业进行商业和公共行业分类监管，完善国有企业退出机制；要严格限制补贴，健全补贴机制；推动市场化改革，放宽行业限制，健全市场竞争机制，激发市场活力；配合"一带一路"建设积极走出去，做大做好发展中国家新兴市场，开拓新发展机遇。我国国有企业信息公开与 CPTPP 透明度要求对比见表 3-18。

表 3-18　我国国有企业信息公开与 CPTPP 透明度要求对比

政府公开信息	CPTPP 透明度要求
国资委所出资企业生产经营总体情况 国有资产相关统计信息 国有资产保值增值 经营业绩考核总体情况 企业负责职务变动及公开招聘 负责人薪资变动 企业经营业绩考核 以财政拨款形式提供的补贴具体数字	政府、国有企业持有的股份比例和投票权比例 任何特殊股份或特别投票权的描述 该实体最近 3 年的年收入和总资产 该实体根据缔约方法律所享有的免责和豁免 其他任何公开可获信息 提供非商业援助的形式和金额 提供非商业援助机关或国有企业的名称 获得援助的企业名称 提供非商业援助的政策或法律依据

数据来源：CPTPP 公开文本及政府公开信息。

在劳工标准方面：我国应坚持反对将劳工标准同贸易挂钩的立场，加强同其他国家在劳工标准上的沟通合作；要积极推动加入国际劳工组织，对接国际劳工标准；借鉴 CPTPP 劳工条款核心思想，完善我国劳工保障机制和法律体系建设。

（三）沟通层面：密切关注美日

利用好 APEC、RCEP 等平台，积极与区域内各国展开对话，构建谈判协调机制，提高谈判效率。

应对美国的影响，中国需要在作出加入 CPTPP 的决定后，同美国保持沟通。中国可以在沟通时讲明中国加入 CPTPP 会给美国带来好处。第一，中国加入 CPTPP 有利于中国遵守高标准国际经贸规则，从而减少美国对中国不遵守规则的抱怨。第二，中国加入 CPTPP 有利于中国执行中美双边贸易协定。此外，我国还需全面评估美国重返 CPTPP 的可能性。

应对日本方面，密切关注美日贸易谈判进程并做好预案。另外，中国需要和 CPTPP 成员国共同考虑如何协调对中国来说接受难度较大或不能接受的规则。

第四节　浙江省和义乌市关于对接 RCEP 和 CPTPP 条款的需求与机遇

一、加强对 RCEP 的了解和政策对接

增强相关从业人员对 RCEP 的熟悉程度。RCEP 有望在 2021 年年底或 2022 年年初生效，为紧抓自由贸易协定生效后所带来的机遇，相关部门需要采取措施增强相关从业人员对 RCEP 的了解，提高协定利用率，使得优惠措施惠及市场主体。自 2020 年 11 月 11 日，RCEP 签署以来，部分地区已经出台多个 RCEP 相关文件，见表 3-19，推进对接工作。因此，义乌可参照各地文件，成立跨部门工作小组，颁布全面或分项推进政策文件，通过公众号、培训会、宣传册等形式，以社区为组织单位解读推广 RCEP 和相关政策。

表 3-19　中国部分地区和部委出台的有关 RCEP 的文件

时间	部委/地区	文件
2020 年 11 月 2 日	广西	《服务〈区域全面经济伙伴关系协定〉（RCEP）行动计划》
2021 年 3 月 29 日	广州	《广州市把握 RCEP 机遇促进跨境电子商务创新发展的若干措施》
2021 年 4 月 7 日	山东	《落实〈区域全面经济伙伴关系协定〉先期行动计划》
2021 年 4 月 13 日	天津	《全面对接服务 RCEP 扎实推进高水平开放行动方案》
2021 年 4 月 25 日	青岛	《关于共同推进 RCEP 区域经贸合作青岛倡议》
2021 年 6 月 17 日	云南	《中国（云南）自由贸易试验区参与〈区域全面经济伙伴关系协定〉（RCEP）行动方案》
2021 年 6 月 22 日	福建	《福建省全面对接〈区域全面经济伙伴关系协定〉行动计划》
2021 年 7 月	厦门	《厦门市全面对接〈区域全面经济伙伴关系协定〉行动计划》
2021 年 12 月 31 日	浙江	《浙江省落实区域全面经济伙伴关系协定三年行动计划（2022—2024）》
2022 年 1 月 1 日	义乌	《义乌建设 RCEP 高水平开放合作示范区行动纲要》
2022 年 1 月 20 日	吉林	《吉林省全面对接〈区域全面经济伙伴关系协定〉（RCEP）行动计划》
2022 年 1 月 21 日	云南	《云南省加快对接 RCEP 行动计划》
2022 年 1 月 24 日	商务部、发展改革委、工业和信息化部、人民银行、海关总署、市场监管总局	《商务部等 6 部门关于高质量实施〈区域全面经济伙伴关系协定〉（RCEP）的指导意见》
2022 年 1 月 28 日	海关总署	海关总署公告 2022 年第 13 号（关于《区域全面经济伙伴关系协定》实施有关事宜的公告）

数据来源：根据公开资料整理。

二、分项条款先试先行具体措施

基于对 RCEP 的全面解构和 CPTPP 条款的初步对标，义乌可在进出口贸易、跨境电商、原产地认定程序、服务贸易、投资合作、人员流动六个领域先行探索，加快招引优质项目，推动国际合作，扎实推进自贸试验区发展。

在进出口贸易方面，加强进出口合作，重点运用进口便利化措施。一是加大政策宣传力度。建立 RCEP 国别商品减税对比清单，鼓励企业充分利用关税减让安排，扩大对相关国家出口。二是探索样品免税政策。探索实施商业样品免税入境政策（不论原产地），降低中小企业进口负担。三是增加抵达前处理措施。采取预裁定、抵达前处理、信息技术运用等举措促进通关便利化。四是加快特殊货品通关。对快运货物、易腐货物等争取实现货物抵达后 6 小时内放行，促进新型跨境物流发展。五是设立小商品专区。招选 RCEP 成员国小商品制造优秀企业在新型进口市场设立非标小商品专区、品牌消费品专区等展销窗口。六是设立派出机构。选取印度尼西亚、泰国、新加坡、日本、韩国等重点国家主要城市，设立派出机构，服务义乌与 RCEP 国家贸易投资合作。

在原产地认定方面，简化便利企业获取认定。一是宣传培训到位。确保企业便利获取 RCEP 原产地认定原则及其适用条件信息（区域内原产地累计制和区域内增值 40%），引导企业熟练运用 RCEP 原产地累积规则和经核准出口商制度，提升企业自主声明的运用能力。二是简化程序。简化申请 RCEP 原产地证明、申请优惠关税待遇以及核定货物"原产地位"的程序，积极推广原产地证书智能化审核及自助打印。三是增添证书类型。丰富原产地证书的类型，在传统原产地证书之外，允许经核准的出口商声明以及出口商的自主声明。

在服务贸易方面，加强双向服务贸易和规则对接。一是推动先进制造业与现代服务业深度融合。二是扩大数字服务贸易。运用 RCEP 增加的国际海底电缆系统、电杆、国际移动漫游、技术选择的灵活性等规则，打造数字标准、数字治理、数字要素等综合服务平台体系，引育一批数字服务出口典型企业和专业人才。三是负面清单制度探索。借鉴服务投资全负面清单，实现制度型开放。四是尝试负面清单管理。探索在国内对跨境服务贸易实施负面清单管理，完善事中事后监管体系。

在投资合作方面，信息共享，模式创新。一是共享平台搭建。建立中小企业信息共享平台，为中小企业提供相关政策及法律法规查询服务。二是贸工联动。探索义乌和 RCEP 国家间新型贸工联动发展路径，招引 RCEP 国家小商品制造企业在义乌设立设计、研发和销售中心，海外设立加工基地，推动小商品制造供应链国际化。三是产业合作。充分利用 RCEP，与义乌市场主要出口国、重要城市、重要国际枢纽港等，探索打造双边支持的"两国双园"产业合作平台。鼓励企业充分利用日韩、东盟、澳新与欧美等区域性双边多边贸易协定和原产地规则，依托境外站（境外园区）等平台，增强国际贸易新通道。

在跨境电商发展方面，增强全流程服务。一是平台搭建。在 RCEP 各国合作搭建"带你到中国"数字贸易平台，为海外中小企业进入中国市场提供一站式政务商务服务。二是海外仓的拓展。推动义乌优势企业在 RCEP 国家建设货物集散基地和海外仓，完善海外仓储物流及售后服务体系，鼓励金融机构为海外仓开发金融产品。三是推进物流合作。支持 RCEP 国家邮政与"环球义达"物流开展合作，共同建设便利可持续的国际邮包快件物流通道。四是收结汇制度创新。关注中小微企业跨境电商收结汇制度变化，探索创新跨境支付方式。五是强化专业人才的培训和引进。开设跨境电商专业、加强专业人才培训、引进专业人才。支持跨境电商企业引进产业高端人才和急需人才，对跨境电商企业高端、急需紧缺人才按现行规定给予补贴。

在人员自由流动方面，试点便利化政策。一是推进临时入境政策对接。对 RCEP 国家探索实施更加宽松的商务人员临时入境政策，对符合活动事由有延期需求的，给予签证居留便利。二是长期居留便利试点。对长期在义乌的 RCEP 国家外籍人员提供居留便利，争取试点免出境换发居留许可。三是简化审批流程。对 RCEP 国家外籍人员来华工作许可实施更加便利的审批流程，争取为优质采购商签发 5 年期内的居留许可。四是旅游签证便利化试点。争取试点对 RCEP 国家旅游免签或落地签。

第 四 章

RCEP 与 CPTPP 成员及印度的经济贸易投资营商环境

RCEP 成员国包括东盟 10 国，不仅有人均收入达到发达国家的新加坡、文莱、泰国等，也有发展速度快的越南、印度尼西亚、马来西亚和菲律宾，还有老挝、柬埔寨、缅甸等欠发达国家。除了有最大的发展中国家中国之外，还有发达国家日本、韩国、澳大利亚和新西兰。

RCEP 各国的资源禀赋不同，产业结构不同，宏观经济运行情况不一，与中国的贸易和投资各不相同，金融财税和营商环境不同，发展潜力和空间不一，本书对包括 RCEP 成员国以及 CPTPP 成员国共计 20 个国家，还有印度以及东盟地区进行了国别画像，分别从宏观经济、产业结构、贸易投资、营商环境、金融财税等方面进行分析，作者基本走过和调研大多数的 RCEP 及 CPTPP 成员国家，试图从国别上给读者一个 RCEP 和 CPTPP 的认知与介绍。

第一节 日本（RCEP、CPTPP）[①]

中日邦交正常化近 50 年来，中日经贸合作取得长足发展。早在中美科技合作之前，中日就已经建立和发展起来了科技合作。截至目前，中日两国间已经建立起贸易、投资、技术、财税金融、人员等方面全方位、深层次、多领域的合作。特别是在 RCEP 落地生效之后，中日两国更是首次同处于一个全球最

[①] 商务部：《对外投资合作国别（地区）指南——日本（2020 年）》，2020 年 5 月 17 日。

大的自由贸易协定之内，首次确立了自由贸易安排。RCEP 落地生效将加强中日两国地缘优势、互惠互补以及互利共赢的良好发展格局。作为世界第二、第三大经济体的中日两国将更进一步加强经贸合作，走向深入，不仅将增强包括中、日、韩在内的产业链、供应链，也将增强 RCEP 在全球的经贸投资合作当中的地位，进而改变世界经贸格局，也必将为世界经济的强劲复苏注入新动力。

中日两国经贸关系紧密，中国是日本的最大贸易伙伴，而日本还是中国的第二大贸易对象国。中日贸易额占日本对外贸易额的 21%，但只占中国对外贸易额的 7%。由此，相对中国来说，日本更加倾向于 RCEP 落地生效，与此同时，中国如果积极申请加入 CPTPP，从经济贸易角度来看，日本是乐见其成的。

中日双向投资也在稳步发展。日本是中国的最大投资来源国。截至 2020年 6 月底，日本累计在华投资设立企业 53184 家，实际到位 1176.1 亿美元，日本在中国累计利用外资国别中排名第一位。

伴随 RCEP 签署和落地生效以及中国经济和企业的不断发展壮大，中国对日本投资也在逐年增加，特别是民营企业对日投资增长更为显著。中国对日本投资的领域在不断拓宽、质量也在大幅提升，中国对日本在跨境电商、移动支付、共享经济等新经济模式正在增加投资。截至 2019 年年底，中国企业对日本直接投资累计达 37.6 亿美元。

一、宏观经济①

从经济总量来看，作为世界第三大经济体，日本也是全球重要且成熟的消费市场。近年来日本正在试图走出经济衰退的 30 年，尽管日本国内经济低迷，但是走出去的投资与海外经贸发展却是可圈可点。在安倍经济学的新老"三支箭"的推动下，日本经济正试图摆脱长期通缩的局面。雪上加霜的是，受

_____

① 商务部：《对外投资合作国别（地区）指南——日本（2020 年）》，2020 年 5 月17 日。

到新冠肺炎疫情冲击，2020 年日本 GDP 实现 529 万亿日元，同比下降 4.8%。2018 年和 2019 年日本经济分别同比增长 0.6% 和 0.3%，见图 4-1。① 尽管日本经济有复苏迹象，但是东京奥运会由于会期推迟且空场进行，奥运会投建场地资金回收无望，导致整个东京奥运会亏损达 2.4 万亿日元，后奥运时代的日本经济可能将陷入困境，日本有对外投资和贸易的强烈需求。

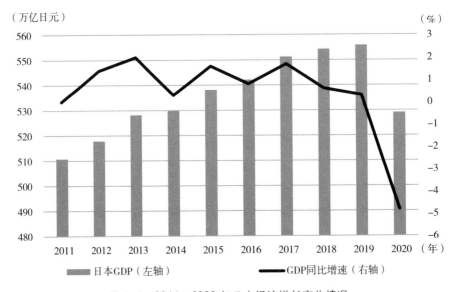

图 4-1　2011—2020 年日本经济增长变化情况

数据来源：日本内阁府、Wind。

从经济结构与物价水平来看，用支出法来计算，需求侧三驾马车消费、投资和出口分别占日本经济的 55.8%、27.1% 和 17.1%，见图 4-2。

近年来，尽管日本央行实施负利率政策，但是日本物价水平持续处于通缩状态。前日本首相安倍晋三的新老"三支箭"的目标之一是让日本物价水平回到 2% 的水平，受到日本老龄化问题严重及经济低迷等影响，日本物价水平持续维持低位。日本物价水平总体上保持相对平稳，从近 30 年来看，日本物价水平基本维持在 4% 以内水平；从近 20 年来看，除了少数年份，大多数时间

---

① 日本外务省，"Japanese Economy"，2021 年 3 月 12 日。

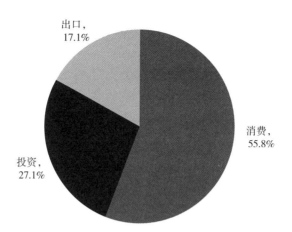

图 4-2　消费、投资和出口占日本经济的比重

数据来源：国际货币基金组织（IMF）。

日本物价水平较低，甚至处于通缩状态，见图 4-3。

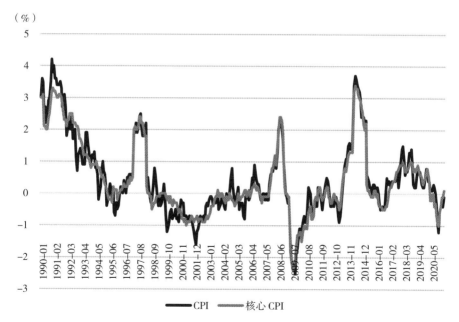

图 4-3　1990—2020 年一季度日本 CPI 与核心 CPI 走势情况

数据来源：日本统计局、Wind。

作为东亚国家，日本的国民储蓄率较高，从 1980 年至 2020 年一季度的统计数据来看，日本国民储蓄率的均值在 30% 的水平。日本是世界上数一数二的外汇储备和债权国，见图 4-4。日本对外投资的意愿强烈，在 RCEP 国家内部对外投资占比较高，对 RCEP 国家投资占比和规模均排在前列。

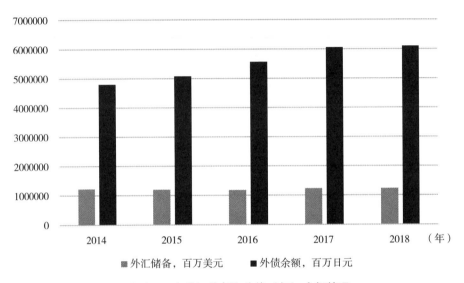

图 4-4　日本外汇储备和外债（权）余额情况

数据来源：日本银行。

二、产业结构①②

作为服务业为主导的发达经济体，日本的第一、第二、第三产业占比分别为 1.2%、26.6% 和 72.2%，见图 4-5。第二次世界大战后从废墟上建立起来的日本经济，通过连续制定和严格实施五年发展规划，以及在不同时期推动不同的重点产业实现梯度发展，日本迅速在全球制造业崭露头角，并在汽车、钢铁、半导体等行业占据世界重要甚至领先地位。

---

①　商务部：《对外投资合作国别（地区）指南——日本（2020 年）》，2020 年 5 月 17 日。

②　贸促会：《企业对外投资国别（地区）营商环境指南——日本（2019）》，2020 年。

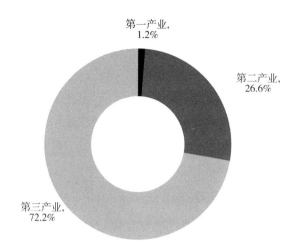

图 4-5　日本第一、二、三产业占比情况

数据来源：日本内阁府、Wind。

20 世纪中后期受到日美贸易战的影响，日本的纺织、钢铁、家电、汽车、半导体等产业不同程度受到了美国贸易战的限制。20 世纪 90 年代日本经济泡沫崩溃后，在日美贸易关系渐趋缓和之后，日本产业界迎来了前所未有的产业大分流。一方面，在汽车、精密仪器、钢铁、机械等传统产业领域，日本企业仍然维持较强的国际竞争力，市场份额维持高位。另一方面，在电子机械、手机、半导体等新兴产业领域，日本企业却面临着国际竞争力下降、市场萎缩的困境。作为世界第三大经济体，日本的汽车、钢铁、机床、造船、建筑机械以及机器人等产业，在世界上至今仍然占有举足轻重的地位，日本在高端制造业占有一席之地。

（一）汽车产业

日本汽车在全球汽车市场上具有独特地位。汽车业是日本的支柱产业，不仅在产值而且在研发费用及投资方面相当长时间位居日本制造业的榜首。作为日本制造业的金字招牌，2018 年汽车业产值在日本工业产值占比高达 40%。2020 年，在日本 53 家排在世界 500 强的企业当中，就有 6 家是汽车企业。汽车上下游产业为日本提供了超过 530 万个就业岗位，占日本劳动就业人口比例高达 10%。

中国是日本最大的汽车零部件出口目的地，而且发展潜力大。强调研发和政策规划推动日本汽车产业快速发展，2012 年日本汽车及零部件的研发费用占制造业的 20% 以上。受日美贸易战的影响，由于出口受限，日本选择到美国内地等地投资建厂生产汽车。与此同时，日本汽车产业的国际化程度高，汽车零部件出口占比高，亚洲以及北美通常是日本汽车零部件的主要出口目的地，占比约为 70%。而中国更是日本汽车零部件的最大出口目的地。日本出口的汽车零部件当中不仅包括汽车配件、活塞发动机，还包括内燃机电子部件和橡胶轮胎等，零部件产品的附加值普遍偏高，占比分别为 58%、17%、6% 和 5%，合计 86%。

RCEP 落地生效后，中日两国在汽车领域存在广泛的合作潜力。作为世界汽车生产大国，日本汽车产业对日本经济和就业都非常重要。受世界经济波动和贸易摩擦加剧等因素影响，全球主要汽车市场销售疲软。2020 年，全球汽车销量同比下降 13 个百分点。受到新冠肺炎疫情冲击，日本八大汽车企业 2020 年全球销量为 2348.6 万辆，较 2019 年减少 15.9%，为 20 年内最大跌幅。2020 年日本国内新车销量（包括微型车）为 459.9 万辆，比 2019 年减少 11.5%。是自 2011 年后最大降幅。受新冠肺炎疫情冲击，日本汽车厂一度关闭，汽车产量锐减。伴随中国作为世界汽车大国的崛起，RCEP 落地生效后，RCEP 内部汽车及零部件关税走低，甚至降为零，中日间汽车产业合作和汽车及零部件贸易将显著走高。

（二）钢铁产业

日本是世界上重要的钢铁生产国。日本钢铁业在世界钢铁业的地位举足轻重。日本钢铁年产量长期稳定在 1 亿吨左右，日本冶炼钢铁的技术在全球领先。日本高度重视研发投入推动日本钢铁业稳健发展，在 1990 年到 2011 年的全球特殊钢专利申请中，日本占到全球总申请量的 71%。

日本钢铁产业具有一定的技术比较优势。作为全球钢铁大国，日本所产钢铁多以高附加值的产品为主。但是代表日本钢铁产能的粗钢产量却连续 3 年下滑，2019 年日本粗钢产量同比下跌 4.8% 至 9929 万吨。2020 年日本粗钢产量进一步下跌 16.2% 至 8320 万吨。日本是传统的钢铁出口大国，2019 年日本出口钢铁 3379 万吨，下降 7.5%，截至 2020 年已是连续 7 年下滑。2020 年日本出口钢铁 3126 万吨，同比下降 4.8%，连续 4 年低于 4000 万吨。

（三）机床产业

作为技术密集型产业，日本机床产业在世界该领域地位举足轻重。日本掌握着国际领先的发明与技术，自 1982 年起日本机床产业产值连续多年位居世界的首位。日本以数控机床等高附加值产品为主，形成了高技术的生产厂商、用户和供应商等完整生产体系。在世界机床企业的前 20 名当中，日本企业就独占 7 家。

受到世界经济下滑和疫情影响，日本的设备投资需求大幅下滑，2019 年机床订单额比 2018 年锐减 32.3% 至 1.23 万亿日元，创 2009 年欧债危机以来最大降幅。而 2020 年继续同比减少 26.8% 至 9007 亿日元。伴随 RCEP 落地生效，在后疫情时代，日本要利用关税降低加强机床产业的合作与贸易投资。

（四）造船产业

作为岛国，日本高度重视造船业发展，日本是世界上最重要的造船强国之一。2020 年日本造船完工量为 2258 万载重吨，仅次于中、韩，位列世界第三，市场份额仍占 2020 年世界造船完工总量的 25.2%。受到全球造船市场低迷、日元汇率不稳定以及成本高昂的影响，日本造船业的全球竞争力大大降低，使其地位下降成为明显事实。日本造船业正积极寻求通过资本并购与重组，以及制造 LNG 等新能源船舶和开发智能船舶及水面自主航行等技术来走出一条新路，重塑日本造船业的核心竞争力。

（五）电子产业

日本拥有电子产业的多个世界 500 强企业，在电子零件、器件和电子电路制造上居世界领先水平。在电子元件领域和材料领域，日本的技术优势较明显。在精密设备市场的多个关键环节甚至处于接近垄断的地位。一方面，日本企业凭借不断积累的生产工艺，向上游材料技术延伸，形成技术优势；另一方面，依靠高精尖的下游支撑，日本企业积极布局汽车电子、机器人、航空航天等高端领域，借助旺盛的产业需求不断将生产高端化、精细化。在 2020 年苹果公司 200 家大供应商中，日本企业 33 家，占比 17%。

（六）机器人产业

日本的机器人产业起步早、发展快，始终位于世界前列。2018 年日本工业机器人订单额首次突破 1 万亿日元的大关。到 20 世纪 80 年代中期，有着世界"机器人王国"美誉的日本再上新高度，其机器人的产量和安装的台数在世界上均居首位。目前，日本品牌工业机器人在全球产业机器人市场中所占份额更是过半。受到需求拉动，日本多家大企业也都在积极研发机器人。据统计，2019 年全年订单额比 2018 年减少 14.4%至 6683 亿日元，7 年来首次陷入萎缩。其中由于全球汽车制造业陷入低迷，2019 年汽车焊装机器人总出货额同比大幅下降 35.6%至 598 亿日元。

（七）动漫产业

日本动漫产业历史悠久，其中世界上 60%的动漫作品出自日本，是日本的新兴支柱产业。据相关数据显示，日本动漫产业规模在 2002 年至 2017 年翻了一番，产值突破 190 亿美元。据日本国家观光局统计，2018 年共有 3000 万外国游客到日本旅游，其中有 14%的游客是因为喜欢日本动漫而专程来日本旅游。日本动漫已经成为该国文化的主要出口产品，对日本的软实力有很大的辅助作用。但日本动漫也同时面临低俗化问题以及来自新兴市场的挤压。中国动漫产业和美国主导的以大制作为特点的动漫产业正与日本动漫形成越来越强的竞争。

（八）养老产业

作为高度老龄化和少子化的国家，日本面临迫切的养老问题。日本养老产业发展迅速、市场成熟、行业标准也很明确。目前日本养老市场规模约为 8000 亿美元，预计到 2025 年将增加到 1.2 万亿美元。中国国家发展改革委于 2021 年正式发布通知向境外资本开放养老服务市场。日本产业省和日本贸易振兴机构早在 2018 年就积极支持日本企业在华拓展养老市场，构筑了养老服务业领域的中日合作模式。随着政策的放开，未来将有越来越多的日本资本来华投资养老产业。①

---

① 日本贸易振兴机构北京代表处：《日本企业开展养老服务业领域在华的现状》，2018 年。

（九）纺织产业

日本纺织业从明治维新开始就为日本的崛起立下了汗马功劳，第二次世界大战后迅速发展并支撑日本崛起。作为一个劳动密集型产业，日本已将加工生产等环节转移到亚洲发展中国家。日本的大型国际服装品牌则在本土担负着设计及研发新材料的工作。目前，日本纺织产业的重点正在向穿戴式智慧纺织品以及永续发展等概念迈进。①

三、经贸关系②

（一）日本贸易形势

从总量上来看，日本是世界上第四大贸易国。2020 年日本实现贸易顺差6747 亿日元，日本 2020 年出口为 68.4 万亿日元，同比下降 11.1%；日本进口额为 67.7 万亿日元，同比下降 13.8%。中国和美国分别是日本前两大贸易伙伴。

从产品来看，出口方面，机电产品、运输设备和化工产品是日本的主要出口商品；进口方面，矿产品、机电产品和化工产品则是前三大类进口商品。

日本外贸依存度一直维持在 30%，一是日本的国土空间狭小，资源禀赋不高；二是日本的原材料、资源、能源、食品等主要依赖进口，主要向世界出口高性能产品和中间材料；三是日本已经把本国的很多企业和工厂转移到了国外；四是日本对外资的限制较多，外资进入日本较为困难。第三产业在日本经济占比高，服务业可贸易程度又较低。因此日本对外依存度始终保持 30% 左右的水平，见图 4-6。

（二）日本贸易关系

从贸易关系来看，日本较早参与全球贸易协定及谈判。20 世纪 50 年代，日本就加入了 IMF、GATT（WTO 的前身）等国际组织，不仅如此，日本还是世界银行、OECD、亚洲开发银行和亚太经济合作组织的成员。

---

① 巫佳宜：《日本纺织产业发展情势与未来展望》，2019 年 11 月 1 日。
② 中国贸促会：《企业对外投资国别（地区）营商环境指南——日本（2019）》，2020 年。

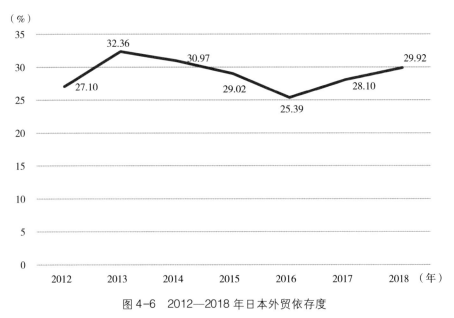

图 4-6　2012—2018 年日本外贸依存度

数据来源：日本财务省、Wind。

　　截至 2020 年年底，日本已签署或生效的自由贸易协定达 18 个。在谈判中的贸易协定还有包含哥伦比亚、土耳其、中日韩等主要自贸区的协定。

　　在 21 世纪，日本的自由贸易趋势发展迅猛。2018 年，日本带领十国在智利签署了《跨太平洋伙伴全面进展协定》（CPTPP）。同年 12 月 30 日，这一不含美国的 CPTPP 正式生效。2019 年日欧 EPA 正式生效。同年 4 月中、日、韩自贸区第十五轮谈判首席谈判代表会议在日本东京举行。

　　日本市场具有一定的辐射带动作用。《日本与欧盟经济伙伴关系协定》（EPA）于 2019 年正式生效，占世界 GDP 的近三成、涵盖 6.4 亿人口的巨大自由贸易区由此诞生。根据协定日欧双方将立即或分阶段取消大部分关税，日欧贸易间非关税壁垒也将逐步被取消。此外，日欧还相互加强服务贸易的开放与合作，在多领域实现互认，提升双边贸易的便利性和开放性。

　　（三）中日两国贸易关系

　　从中日经贸来看，作为世界上第二、第三大经济体，中国和日本分别是世界上第一大和第四大货物贸易大国。中日经贸往来密切，中日经贸合作互补性强，发展潜力大，经贸合作已发展成为中日两国关系的"推进器"。

中日双边贸易发展起步较早。1952 年中日正式签订了第一个民间贸易协定，1962 年签署《关于发展中日两国民间贸易的备忘录》，1978 年签订《中日长期贸易协议》。

中日互为重要的贸易伙伴。中国是日本的最大贸易伙伴国，是日本第一大出口市场和进口来源第一大国。据中国海关统计，2020 年中日双方贸易额为3175.3 亿美元，同比减少 0.8%。其中，中国对日本出口额 1426.6 亿美元，自2018 以来持续下降；日本进口额 1748.7 亿美元，同比减少 1.8%，中方逆差322.1 亿美元。按地区排名，日本是中国第四大贸易伙伴；按国别排名，日本是中国第二大贸易对象国。[①] 2014—2018 年中日贸易额及增长变化情况见图4-7。

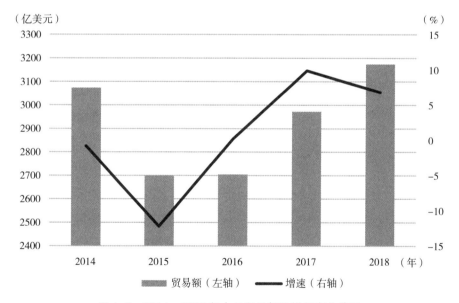

图 4-7　2014—2018 年中日贸易额及增长变化情况

数据来源：中国商务部。

---

① 外交部：《中国同日本的关系》，2021 年 3 月。

从双边贸易品类来看，日本对中国主要出口机电产品、化工产品和运输设备，这三大类产品出口额占日本对中国出口总额的 64.3%。

日本自中国进口的主要产品为机电产品、纺织品及原料和家具玩具，这三大类进口额占日本自中国进口总额的 60% 以上。就机电产品来看，日本既是进口大国也是出口大国，但在机电产品进出口品类和技术含量上存在巨大的差异。日本多出口技术含量高的精密机电产品，进口价格实惠的低端产品。

在日本市场上，中国的劳动密集型产品有较大优势，如纺织品及原料、鞋靴伞和箱包等轻工产品，其主要竞争对手来自亚洲国家（如越南、泰国）及意大利、美国等国家。

（四）中日两国双向投资情况

日本是中国重要的外国投资来源地之一。2019 年日本对华实际投资到位 37.2 亿美元，同比减少 2%，占中国吸引外资总额的 2.7%。截至 2020 年 6 月底，日本累计在华投资设立企业 53184 家，实际到位 1176.1 亿美元，在中国利用外资国别（地区）中排名第一。主要投资领域是制造业，中国已经成为日本企业的重要生产基地。根据日本贸易振兴机构统计，2018 年日本对中国直接投资流量为 128 亿美元，投资存量达 1300 亿美元以上，在中国利用外资国别（地区）中位居第一。近年来日本非制造业对华投资逐渐增多，金融保险及零售等领域成为日本企业投资的重要选择，对华直接投资近年来也逐步提升。①

作为日本最大的贸易伙伴，中国企业对日本"走出去"起步较晚，对日本投资规模相对较小，但近年来呈上升趋势。根据商务部等公布的《2018 年度中国对外直接投资统计公报》，2019 年中国对日本直接投资流量为 6.74 亿美元，投资存量为 40.98 亿美元。中国对日投资主要投向贸易、金融、零售、物流、餐饮、航空等领域。中国对日直接投资近年来的变化持续走高。

（五）RCEP 生效后中日轻工贸易

RCEP 落地生效之后，将首次开启中国与日本经贸往来和投资合作的新征

---

① 商务部：《对外投资合作国别（地区）指南——日本（2020 年）》，2020 年 5 月 17 日。

程。日本是我国第三大出口地、第一大轻工商品进口来源地。2019 年我国向日本出口轻工商品 411 亿美元，从日本进口轻工商品 173.7 亿美元。

RCEP 落地生效之后，将在中日两国间首次形成自由贸易协定，中日两国间的平均关税水平将逐年大幅降低，中国对日本商品平均关税由目前的 9.76% 将最终降至 0.04%，日本对中国商品的平均关税由目前的 7.47% 将最终降至趋近于零。根据两国减税期安排，在第 11 年、第 16 年两国零关税占比有跨越式提升，中国分别达到 73%、84.6%，日本分别达到 71.5%、83%。经过 20 年的关税削减期后，最终实现零关税，中国为 86%，日本为 85.6%。两国之间的零关税将从目前的单位数扩张到接近 90% 的双位数，见表 4-1。

表 4-1　RCEP 下中国和日本商品贸易零关税减免进程　单位:%

降税分类	中国		日本	
	税目占比	进口额占比	税目占比	进口额占比
立即零关税	25	35	57	65
11 年内零关税	47	23	18	7
16 年内零关税	11	21	12	18
21 年内零关税	3	9	1	3
部分降税	0.4	6	无	无
例外	13.6	15	12	7

数据来源：中国商务部、中国轻工业协会。

日本是我国第一大轻工商品进口来源国。日化用品、塑料制品、家用电器为我国自日本进口的主要轻工商品。涉及降税商品中，多数为 11 年内等阶降至零关税。为保护本土企业发展，化妆品未列入降税承诺清单。

日本是我国第三大轻工商品出口目的国。出口主要商品中，皮革制品、鞋靴制品基准税率较高且降税年限较长。体育用品大部分税目自协定生效后立即降至零关税。

在中国对日本关税减让表中，对相对薄弱的产业采取 10 年关税递减到零，或免除任何削减或取消关税的措施。这实际上是对我国轻工产业进行了一定程度的保护。其中 10 年关税递减到零的主要产品有：（1）钢琴。2019 年我国从日本进口钢琴 1.2 亿美元，占总进口金额的 45.43%。加入 RECP 后将从目前基准税率 17.5%，逐年递减到第 11 年的零关税。（2）手表。2019 年我国从日本进口手表及表芯 4 亿美元。加入 RECP 后将从目前基准税率 11%—16%，逐年递减到第 11 年的零关税。（3）眼镜。2019 年我国从日本进口眼镜及零部件 1 亿美元。加入 RECP 后将从目前基准税率 10%—18%，逐年递减到第 11 年的零关税。

其中免除任何削减或取消关税的产品有：（1）香水、化妆品与护肤品、护发品。当前税率 10%，免除任何削减或取消关税。（2）纸张。当前税率 7.5%，免除任何削减或取消关税。（3）毛皮衣服。当前税率 23%，免除任何削减或取消关税。（4）洗涤剂、合成洗涤粉、洗衣皂。免除任何削减或取消关税。（5）木质纤维板。免除任何削减或取消关税。这些保护性举措，为我国轻工企业抓抢机遇、提升产业竞争力留出了时间窗口。

（六）为吸引外资日本设置特殊经济区①

从类型来看，日本经济特区主要有两类：一类是以先行先试、制度创新为核心的经济特区，如结构改革特区、综合特区、国家战略特别区等；另一类是以贸易便利化为核心的海关特殊监管区域，主要包括指定保税区域、保税仓库、保税工厂、综保区等。日本针对每种经济特区都颁布了相关法律法规，对其定位、监管、特殊政策等予以规定。相关法规包括：《结构改革特区法》《结构改革特区基本方针》《综合特区法》《综合特区基本方针》《国家战略特区法》《国家战略特区基本方针》《冲绳回归特别措施法》《冲绳振兴特别措施法》《关税法》。

一是日本结构改革特区。2001 年以来以制度改革推动全国统一结构改革在日本受阻，转而采取设立结构改革特区，从地方入手逐个突破，最终实现全国性结构改革。结构改革特区由地方提交具体改革计划，经中央政府批准后实

---

① 商务部：《对外投资合作国别（地区）指南——日本（2020 年）》，2020 年 5 月 17 日。

施。通常在县级以下行政区划内就某一特定领域的具体操作进行改革尝试，一项改革措施即可被称作一个特区。截至 2020 年 4 月，日本全国认定 50 批特区，涉及全国 47 个都道府县累积实施 910 项具体改革尝试，现行有效共计434 项。

二是综合特区。2010 年日本政府推动设立综合特区，通过实施地区发展战略，综合利用民间知识、资金及国家政策，从制度改革、财税金融等领域多方面支持，应对国际竞争等挑战。综合特区分为国际战略综合特区和地域活性化综合特区两大类型。前者发展目标侧重于增强产业国际竞争力，后者侧重于提升地方活力。综合特区的政策由制度改革和财税金融支持政策两部分组成。

在制度改革举措方面，一是国际战略综合特区和地域活性化综合特区均可适用的制度改革举措，如在建筑领域放宽工业用地使用目的限制，放宽特殊目的用地的使用目的限制。在海关监管领域，简化飞机零部件等免税手续、放宽船舶在水岛港停靠的标准限制等。二是仅国际战略综合特区可适用的改革举措包括放宽工厂用地的绿化限制、放宽非定期航空运输经营限制、提高外国人来日工作入境审查手续便利性、允许国有财产无偿转让支持先进研发机构建设、实施高端人才积分制度。三是仅地域活性化综合特区可适用的改革举措等。

在财税金融支持方面，一是税收优惠，国际战略综合特区对符合条件法人给予收购价格、特别折旧费用的抵扣优惠。二是财政支持，有关中央省厅根据职责分工，在本部门预算范围内，对具体综合特区计划中的工作事项给予资金支持。2020 财经年度补贴总额为 1000 万日元。三是金融支持，在五年内给予0.7%贴息支持。截至目前，日本共分 4 批指定了 48 个综合特区。

三是国家战略特区。2012 年 12 月安倍晋三将"国家战略特别区域"（以下简称国家战略特区）作为日本成长战略的重要一环，试图以此打破现有制度范例，增加民间活力。国家战略特区的政策主要由制度改革和金融税收支持两大部分组成。

深化制度改革。主要涉及城市建设、创业、引进外国人才、观光、医疗、保育、农业、就业、教育、现代科技等 10 个领域。

城市建设方面，包括放宽建筑容积率标准，实施城市建设计划一站式审批，降低道路占用率标准，允许私人参与收费道路运营等。

引进外国人才方面，包括允许外国人从事家政服务、降低外国创业人员创业及签证要求、吸引动漫等领域"酷日本"战略相关人才、提供外国人就业咨询服务等。

医疗方面，包括允许外籍医生及护士在国际医疗机构执业、放宽外国医生开设诊疗所限制、允许增设病床、新设医学部、支持创新医药品的迅速高效开发等。

护理方面，放宽公立新型老人护理中心建设标准。

农业包括放宽企业购买农业用地限制、加快农业信用担保制度改革、扩大国有林地的租借面积及租借对象、放宽渔业生产协会的设立条件等。

现代科技包括大规模简化电信从业资格审查手续，设置无人驾驶、小型无人机等一站式实验中心。

加大金融税收支持。向政府指定金融机构贷款的风险企业及中小企业提供利息补贴。税收支持包括减免特别折旧费用扣除及投资税、研究开发税、固定资产税、法人所得税、土地长期转让税、从事制度改革相关项目的股份公司发行股份所得税、国家战略民间都市建设项目税等。截至 2020 年，日本分 3 批在全国设立 10 个国家战略特区，共进行 66 项特定区域改革、36 项全国改革。

指定保税区域。指定保税区域由财务省指定设立的隶属国家或地方政府的土地、建筑等基础设施，可对未完成进口手续、已批准出口或经日本中转的货物进行装卸、运输或临时存放（原则上 1 个月），相当于中国海关的一般监管场所。尽管不能进行复杂的加工制造，但可对还没有完成进口手续的货物、已获得出口许可的货物、中转经由日本的外国货物进行装卸、搬运和暂时仓储保管，也可对货物进行检查和清点、改装和分类。日本共有 89 处指定保税区域。

保税放置场。保税放置场是由海关批准的存放外国货物的仓库，原则限 2

年，可酌情延长，期间不征收关税。保税放置场为民营性质，是为促进通关手续的简化和转口贸易的便利化，相当于中国的保税仓库。日本有 4598 个保税放置场。

保税工厂。保税工厂是由海关批准设立可对外国货物保税加工、制造的工厂。原则上加工或制造期限为 2 年，可酌情延长，一般设在进出口环境便利的港口。加工制造产品主要包括水产罐头、点心、钢材、电线、船舶、汽车、精密机械、土木机械、机床、石油产品、纺织品、农药、化学品等。截至目前，日本共有 237 个保税工厂。

保税展示场。保税展示场由海关批准设立，用于大型国际展览会或官方举办的外国商品展会等展示外国货物的场馆。外国参展产品和货物不用缴纳关税，经过非常便捷的手续就可入境，供展会展出或使用。展示的物品在场内销售被视为进口，对于预计销售的货物经海关关长认可应提供相当于销售额的海关担保。进场的外国货物在展会结束后没有运回国的要征收关税，但特殊情况经海关关长认可可以延期。日本全国共有 3 个保税会展场，分别为函馆海关辖区、横滨海关辖区、神户海关辖区。

综合保税区。综合保税区由海关批准设立，具备海关监督仓库、保税工厂和保税会展场所有功能的综合保税区域，是现阶段日本保税区域的最高形态，目的在于促进进口和对内投资。综合保税区由政府主导，建立各种有利于进口的基础设施，最大化发挥各种保税功能综合效益。外国货物在综合保税区内最长放置 2 年，超过 3 个月应向海关申请批准。日本共有 4 个综合保税区。

四、金融、税收与商业环境

(一) 金融与营商环境

19 世纪日本现代金融市场始建，经过 20 世纪 70 年代利率市场化、80 年代外汇自由化以及 90 年代 "金融大爆炸" 改革后，日本已建立起相对完整的金融市场体系，在整个日本的金融体系中，民间金融机构是其金融业的主体，占比较大。并且金融交易产品涵盖了国际主要金融工具，在全球金融市场中具有重要地位。①

世界银行对日本营商文化的评价较高。世界银行发布的《2020 年营商环境报告》显示，日本营商环境在全球排名第 29 位。《2020 年外国直接投资信心指数》显示，日本跻身全球最具投资吸引力的国家，位列第四名。日本贸易振兴机构（JETRO）在 2018 年的评级结果显示，日本市场盈利能力强、拥有优秀的日本企业及科研机构等合作伙伴、社会稳定对外资企业最具吸引力。在世界经济论坛编制的《2019 年全球竞争力报告》中，日本在全球最具竞争力的 141 个国家和地区中排名第 6 位。

（二）税收税率②

日本在税收上将居民企业和非居民企业分开。对于居民企业，无论其所得来自国内或国外，全部所得属于征税对象，非居民企业仅对其在日本国内的所得承担纳税义务。

从税率角度来看，法人税的税率原则上为 23.2%，对于注册资本金小于等于 1 亿日元的法人的 800 万日元以下的所得部分适用 15% 的税率，这是为减轻中小企业的税收负担而设置的二级税率。法人税的税率以确保国家税收为目的，谋求与所得税等其他税种的平衡，日本政府会在考虑日本财政状况及经济形势的基础上确定法人税率。对于非居民企业，非居民和外国法人在日本国内有常设机构的，其经营所得、资产所得与居民一样采用综合计税方法，适用税率与居民企业相同。

五、义乌与日本经贸往来及发展

（一）义乌与日本的经贸往来

2017 年 11 月，中国义乌国际装备博览会举行，其中包含日本在内 11 个国家的企业参展。

2018 年 8 月，日本在内的多个国家参加义乌进口商品博览会，取得圆满

---

① 中国贸促会：《企业对外投资国别（地区）营商环境指南——日本》，2019 年。
② 国家税务总局：《中国居民赴日本投资税收指南》，2020 年。

成功。

2018 年 10 月，我国与日本正式签署《中华人民共和国海关和日本国海关关于中国海关企业信用管理制度和日本海关"经认证的经营者"制度互认的安排》，义乌对日本进出口企业更享便利。

2019 年 4 月，中国国际电子商务博览会暨数字贸易博览会成功举办，其中就有来自日本的参展商参展。

2019 年 8 月，中国邮政义乌—大阪国际货运航线标志着义乌机场首次开通飞往日本的国际货运航线，为进出口贸易打开新通道。

2019 年 11 月，第 12 届中国义乌国际森林产品博览会落下帷幕，其中就吸引了来自日本的商客到会采购。

（二）义乌与日本产业合作发展新机遇

把握义乌与日本汽车制造等机械工业的发展机遇，重点探索动漫产业的合作前景，积极开拓养老、机器人等新兴产业市场。

义乌一直以轻工商贸等产业为主，在机械工业方面的发展稍显薄弱，因此，加大与日本汽车相关产业合作，积极探索义乌参与汽车制造产业链的前景，在促进产业转型、提高产业层次方面具有重要意义。而且，义乌具备天然的客流量优势，进一步加强与日本动漫产业的合作，让动漫产业落地义乌，满足年轻、特定群体对动漫文化更加多元的需求。

我国国内老龄化趋势日渐明显，养老需求空间大，养老产业供不应求的现象频频出现。义乌早些年就出台了加快发展养老服务业的实施意见，2021 首届国际展望养老产业高峰论坛在义乌举行，义乌高度重视养老产业发展，借鉴日本养老产业发展经验并积极注入义乌特色，促进双方相关产业合作，加快义乌养老产业的培育和发展。

近几年，义乌大力发展智能产业，2019 年国内第一款"登陆"日本的物流机器人由义乌的公司研发生产，在提高物流工作效率方面起到了重要作用。而日本在机器人产业方面已经走在世界前沿，加强义乌与日本相关产业的交流，进一步提高义乌智能化产业水平，向世界证明义乌不仅可以输送物美价廉的小商品，也可以在高新技术智能化产业方面有独特的建树。

第二节　韩国（RCEP）

一、宏观经济

（一）经济总量

作为出现汉江奇迹的韩国，从第二次世界大战之后一穷二白的窘境迅速崛起，不仅成为新兴市场经济体，而且人均 GDP 已经跻身到发达国家行列。作为新兴经济体，韩国已经步入发达国家的行列，早在 2007 年韩国 GDP 就突破了 1 万亿美元，人均 GDP 突破 4 万美元，成为世界第 10 大经济体。2019 年韩国名义 GDP 达 1.7 万亿美元，位居世界第 11 位。2021 年，联合国贸易和发展会议（UNCTAD）正式通过韩国地位变更案，认定韩国为发达国家，自 UNCTAD 1964 年创立以来，国家国际地位变更尚属首次。

韩国从 1962 年起实施第一个经济开发的五年计划，推行以经济增长为主的经济政策，经过 20 年的努力，韩国创造了举世瞩目的"江汉奇迹"。到 1991 年第六个五年计划，韩国基本上步入发达国家门槛。在 1993 年金泳三执政后，韩国开始推行"新经济"政策，在 20 世纪经历了江汉奇迹之后，在变化与改革的基调下，创造新韩国，核心政策包括重构企业集团、财税金融制度改革、经济改革等。在工业化进程中，韩国形成了政府主导型金融体制，采取政府与央行调控方式，该体制对扩大社会投资、加速资本积累和推进经济增长起到积极作用，但这也导致慢性通胀、资金配置错位及官商一体的社会垄断等问题①。

为激发经济活力，2020 年韩国致力于提高潜在经济增长率，具体包括：一是提高投资活力、扩大内需，解决经济社会发展的难点和痛点；二是推动氢能源经济、数据、人工智能等三大平台经济发展；三是通过结构性改革夯实经济发展基础，全力实现包容性增长，提前应对老龄化、南北经济合作等。

---

① 金琪瑛：《韩国政府主导型金融体制及其变革》，《东北亚研究》1994 年第 2 期。

2020 年文在寅提出要将新冠肺炎疫情带来的危机转为机遇，全力重振民生经济，创新引领后疫情时期的经济发展。发挥韩国在 ICT、生物、医疗服务、线上教育、电子交易等领域的基础优势。韩国结合人工智能、大数据等第四次产业革命技术，引领数字经济发展。重点发展非存储器半导体、生物健康、未来型汽车三大新产业，培育创新风投企业和初创企业。引导韩国企业向本土回流，吸引海外高端产业的投资，逐步把韩国打造成为"高端产业的世界工厂"，以期改变世界产业版图。

韩国政府发布"2021 年下半年经济政策方向"，预测 2021 年韩国的 GDP 增速将达 4.2%，2022 年为 3%。另韩国政府预计韩国进出口都有望刷新历史纪录，贸易额将达 1.2 万亿美元。

韩国的物价水平总体稳定，最近十年基本保持在 2% 以内的合理区间中，见图 4-8。

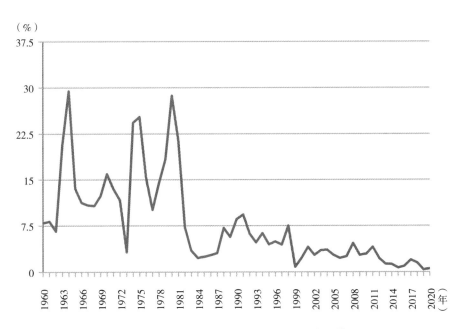

图 4-8　1960 年—2020 年韩国物价水平走势情况

数据来源：Wind。

（二）经济结构

从需求侧三驾马车来看，消费是拉动韩国经济增长的火车头，见图 4-9，2019 年韩国的投资、消费和出口额分别为 4721 亿美元、10249 亿美元和 5424 亿美元。

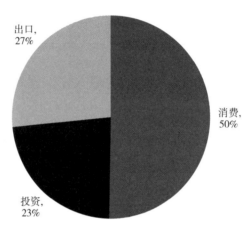

图 4-9　2019 年韩国三驾马车拉动经济增长情况

数据来源：韩国国家统计局。

二、产业结构

从供给侧产业结构来看，韩国的第一、第二、第三产业的比重分别为 2%、34.3%和 63.7%，见图 4-10。

韩国产业结构以重化工业为主，其中汽车业、半导体产业、石油化工业、造船业、信息产业等均在世界上具有举足轻重的地位，但由于农业资源禀赋不高，农林渔业成本过高，因此竞争力较差，是其重点保护的产业。

目前韩国政府将半导体、二次电池、疫苗三大领域的技术指定为国家战略技术，并提出为这些领域的设备投资提供 2 万亿韩元以上的融资支持，并立法提供税务、金融支持，争取创造 15 万个以上工作岗位。

从全球来看，韩国的制造业实力雄厚，2019 年韩国制造业实现产值 4565 亿美元，占全年 GDP 的 27.8%，代表产业有电子、汽车、造船、钢铁、石

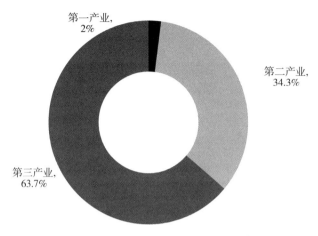

图 4-10　韩国第一、二、三产业分布情况

数据来源：韩国国家统计局。

化等。

（一）信息通信技术（ICT）产业

韩国 ICT 产业在短短 30 年间取得了世界瞩目的成就。其半导体、平板显示器等制造业居世界领先地位。2018 年，韩国 ICT 产值 2605 亿美元，增长 12.6%，占 GDP 的 16.1%。2019 年，由于全球 ICT 产品市场增长放缓以及基数效应等，出口同比下降 19.7% 至 1769 亿美元，但仍创下了历年出口额第三的成绩。

主要出口产品有半导体、显示器面板、手机、电池、电视机等。2019 年 ICT 产业进口 1084 亿美元，贸易顺差为 685 亿美元，较 2018 年同比下降 39.5%。其中，半导体出口 951.6 亿美元，同比减少 25.7%。

（二）汽车产业

据韩国统计，2019 年韩国汽车产量 395 万辆，同比减少 1.9%，全球排名第七位，全球市场份额约 4.2%。全球销售量 792 万辆，减少 3.8%。其中，国内销售 153 万辆，减少 0.8%，出口 639 万辆，减少 4.5%。出口额 430 亿美元，增长 5.3%，占韩国 2019 年出口比重的 7.9%，排名第二位。其中，电动汽车、氢能汽车出口分别增长 2 倍和 3 倍。汽车零配件出口额为 225.4 亿美元，占韩国 2019 年出口比重的 4.2%。

近年来，韩国电动汽车市场发展势头强劲，韩国政府将新型环保汽车产业作为重点扶持的三大产业之一。韩国大企业集团纷纷加快了无人驾驶汽车、电动汽车等新型汽车的开发，尤其是现代汽车正不断加大对氢能源汽车的研发投入、生产线建设、氢气站建设和对外销售。2020 年，韩国政府将重点培育以氢能源汽车为主的未来型汽车产业，积极提供财政扶持，加强配套设施建设，极力打造世界高水平的未来汽车产业生态环境。

（三）造船产业

韩国造船产业在全球居领先地位，特别是在 LNG 运输船、超大型原油运输船、环保型运输船等高技术、高附加值船舶领域占据着优势。随着全球液化天然气（LNG）运输船等大型船舶需求回暖和价格上涨，韩国造船业逐步复苏。2018 年韩国政府出台振兴海运造船业的五年计划，设立专门国有控股公司（韩国海洋振兴公社）助力海运造船业振兴。据韩国贸易协会统计，2019 年韩国造船完工量为 951 万修正总吨，同比增加 23.5%；出口 202 亿美元，同比减少 5.2%；新接船舶订单量为 943 万修正总吨，减少 25.3%；截至 2019 年年底在手订单量为 2260 万修正总吨。韩国于 2018 年时隔 6 年重回"世界造船订单量第一"，并于 2019 年再次蝉联。

（四）钢铁产业

据韩方统计，2019 年受内需和出口趋缓及进口增加的影响，韩国钢铁产量为 7360 万吨，同比减少 2.2%；粗钢产量为 7100 万吨，下降 1.4%；进口量为 1680 万吨，增加 9.2%，超过一半的份额系从中国进口。受国际贸易限制等因素影响，出口 3040 万吨，减少 0.2%。2020 年，受新冠肺炎疫情影响，韩国的粗钢产量为 6710 万吨，同比下降 6.0%。

（五）石化工业

据韩国产业通商资源部统计数据，石化工业是韩国重要的国家核心产业，为电子、汽车等多种重要产业提供基础原材料。该产业主要由韩国大型企业集团投资，具有一定的垄断性，2019 年乙烯产能 982 万吨，占全球的 5.6%。

韩国石化工业兼备资本密集型和技术集约型产业的特征，形成了上下游垂直生产体系，其主要出口产品为合成树脂、合成纤维、合成橡胶。韩国石油化学工业所需原油全靠进口，原油连续 19 年占韩国进口首位。2019 年进口原油107192 万桶，同比减少 4%，进口额 702 亿美元，占进口总额比重由 2018 年的15% 降至 13.9%。2019 年韩国石化产业出口量增至 1179.7 万吨，增长 3.4%。

（六）通用机械产业

韩国通用机械制造全球排名第八位，是韩国经济的重要支柱产业之一。据韩国机械研究院统计，2019 年韩国通用机械产业总产值 104 万亿韩元，减少3.1%，占韩国 GDP 的 5.4%；2019 年出口 603 亿美元，减少 4.3%。2019 年韩国半导体设备出口同比增加 7.6%，但受到中美贸易摩擦和日本出口管制及全球贸易保护主义影响，显示器设备出口减少 40%，基础产业机械出口减少4.7%。为缩小同发达国家技术的差距，培养产业源头技术，韩国重点发展流通、修理等机械服务业，力争提高产业附加值，努力帮助中小企业合作研发培养研发人才，极力提高核心零部件的本土生产率，推动核心技术研发水平的提高。

（七）机器人产业

据韩国机器人产业协会统计，韩国在汽车、机电电子行业中广泛使用机器人，机器人使用密度居全球首位。从产品类型来看，生产型机器人、个人服务型机器人、专业服务型机器人和机器人零部件在生产总值中分别占 60.4%、7.2%、5%、27.4%。2018 年共有 2508 家机器人企业，同比增加 14.5%。其中 2413 家是中小企业，占比 96.2%。预计到 2025 年，韩国机器人市场规模将从 2018 年的 5.8 万亿韩元增加到 20 万亿韩元，销售额超过 1000 亿韩元的机器人企业将达到 20 家。

目前，韩国机器人产业竞争力与美国等国家相比仍有差距。韩国将重点扩大研发并缩小与其他发达国家技术差距，加大在全国 835 个推广基地的机器人试用力度，重点发展专业服务型机器人等高附加值产品。

（八）轻纺服装

轻纺服装是韩国主要出口和就业产业之一。其产业结构属"大进大出"类型，具体来看，韩国轻纺服装业从海外进口 1/3 的原料，经加工制造后再将

2/3 成品出口，为出口导向型产业结构。2018 年劳动力雇用规模在整体制造业占比 6.8%，企业数量在全国制造业企业总数占比 10.5%。2018 年韩国是全球第十大纺织服装出口制造国，技术水平排名世界第四位。据韩国纤维产业联合会统计，2019 年韩国纺织服装出口 130 亿美元，减少 8%；进口 171 亿美元；贸易逆差 41 亿美元。当前，韩国纤维产业正在进行战略调整，将传统纤维产业与高新技术产业融合，开辟跨界新市场；推动中小企业抱团发展，培育国际化大型企业，促进流行服装产业繁荣积极举办国家品牌专业展会，加强市场营销，培养国际知名品牌，培养优秀设计人才。

（九）美妆产业

韩国的化妆品行业在国际市场中具有一定影响力。据统计，截至 2018 年 12 月，韩国化妆品制造企业达 2244 家，化妆品销售业者达 12494 家。早在 2017 年，韩国已经成为仅次于法国、美国、德国排名第四位的化妆品出口国。韩国化妆品行业的兴起与发展源自其捕捉市场流行趋势的敏锐度和在化妆品研发创新中的领先性。

三、经贸关系

（一）中韩贸易变化

2020 年受到疫情冲击，中韩贸易大幅回落至 2414.3 亿美元，其中韩国对中国进、出口分别为 1088.7 亿美元和 1326 亿美元，见图 4-11。这比两国 2018 年创造的峰值大幅回落超 10%。

从 1992 年正式建交以来，中韩双边贸易持续增长，2005 年突破 1000 亿美元，2010 年突破 2000 亿美元大关。据海关总署统计，2018 年中韩贸易 3134 亿美元，增长 11.9%。2020 年 1—6 月，中韩双边贸易 1315.6 亿美元，同比下降 5.8%。其中，我国对韩出口 521.7 亿美元，自韩进口 793.9 亿美元。中国是韩国第一大贸易伙伴国、进口来源国和出口对象国。韩国是中国第三大贸易伙伴国。

（二）中韩两国的主要贸易品类

中国对韩国出口排名前三位的商品，分别是机电、贱金属及其制品以及化

（亿美元）

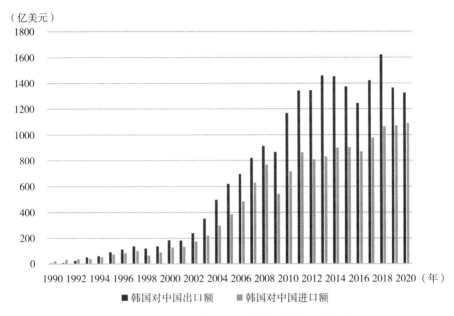

图 4-11　1990—2020 年中韩贸易发展变化情况

数据来源：韩国国际贸易协会、Wind。

工产品，2018 年出口额分别为 504 亿美元、121.7 亿美元和 114.6 亿美元，其中机电产品同比增长 10.3%，贱金属及其制品同比下降 6.1%，化工产品同比增长 26.4%，分别占中国向韩国出口额的 46.3%、11.2% 和 10.5%。

中国自韩国进口的主要商品是机电产品、化工产品和光学医疗设备，2018 年进口额分别为 880.4 亿美元、223.3 亿美元和 136.2 亿美元，分别同比增长 19.2%、14.1% 和下降 6.3%，合计占中国自韩国进口总额的 60.6%。其中，机电产品是韩国对华出口第一大类产品。

（三）中韩两国投资情况

中韩两国互为第二大外资来源国，据统计，2018 年中国对韩国直接投资流量为 10 亿美元，增长 56%，截至 2018 年年底，中国对韩国直接投资存量 67 亿美元。2018 年韩国对华投资项目 1882 个，增长 15.7%，中国实际使用韩资 47 亿美元，增长 27%。2018 年年底韩国累计对华实际投资 770 多亿美元。

(四) 中韩政府间合作机制推动中韩两国投资增长

中韩两国自建交以来，政府间合作日益紧密。两国政府间签署的协定 30 多项，既包括外交、贸易、投资等宏观领域，又包括劳务、海关合作、航空运输、渔业等具体领域。中韩双边经贸磋商机制包括中韩经贸联委会、中韩投资合作委员会、中韩产业园合作机制会议、中韩自贸协定联委会等 4 项部级以上机制会议。

中韩经贸联委会是中国商务部与韩国外交部之间的副部级磋商机制，建于 1992 年。2019 年 6 月，中韩经贸联委会第 23 次会议在韩国举行。

2001 年中韩投资合作委员会建立，这是中国商务部与韩国产业通商资源部之间的正部级磋商机制，下设司局级磋商机制（工作组）。2015 年，中韩产业园合作机制会议建立，是中国商务部与韩国产业通商资源部之间的副部级磋商机制。同年中韩自贸协定联委会建立，是中韩自贸协定框架下部级磋商机制，负责协商中韩自贸协定具体履行。

(五) 中韩自贸协定和投资协定加速贸易与投资合作

截至目前中韩双方已经签署了《中韩双边投资保护协定》和《避免双重征税协定》。1992 年中韩两国签署了《双边投资保护协定》。1994 年中韩签署了《避免双重征税的协定》。主要包括协定的适用范围、双重征税的解决办法、税收无差别待遇、协商程序，以及税收情报交换等内容。

2012 年中韩自由贸易协定谈判启动，2015 年正式签署生效并第一次降税，2016 年第二次降税。据协定，双方货物贸易自由化比例均超过税目 90%，贸易额 85%。协定涵盖货物贸易、服务贸易、投资和规则等 17 个领域，包含了电子商务、竞争政策、政府采购、环境等 21 世纪经贸议题。

RCEP 落地生效将加速推进中、日、韩自由贸易协定。2012 年中、日、韩三国经贸部长会晤启动中日韩 FTA 谈判。2013 年中、日、韩自由贸易协定首轮谈判在韩国举行。2018 年第八次中、日、韩三国领导人一致同意，在 RCEP 谈判成果的基础上，加快中、日、韩自由贸易协定谈判，力争达成全面、高质量、互惠且具有自身价值的自由贸易协定。截至 2021 年 7 月中旬，谈判仍未达成最终成果。而 2020 年 11 月 RCEP 正式签署，旨在通过削减关税及非关税壁垒，建立一个统一市场的自由贸易协定。

（六）中韩第三方市场合作推动两国及区域合作

中韩两国在第三方市场合作方面有共识文件和实践行动。中韩两国据《中韩投资合作基金的谅解备忘录》研究设立一只投资合作基金，用于支持两国地方产业园区建设和共同推进第三方市场开拓。双方将在信息通信、钢铁、航空、基建等共同开拓第三方市场。

作为制造业和工程承包大国，中韩在技术、装备配套和工程建设等方面各具优势。中国中端制造能力和丰富经验与韩国的高端技术和先进管理结合，有效推动第三方市场产业融合和经济发展。中韩在南美、非洲、东南亚和中东等地区开展广泛合作。

四、金融、税收与商业环境

（一）营商环境

韩国投资环境的吸引力分为软硬环境两方面。一方面，得益于政府出台的有利于外商投资的政策与措施，韩国整体经济发展态势趋好，市场消费潜力较大；另一方面，得益于韩国的天然优势，地理位置优越，交通运输便捷，通信设施世界一流。

世界经济论坛《2019 年全球竞争力报告》显示韩国在全球最具竞争力的 141 个国家和地区排第 13 位。在世界银行《2020 年营商环境报告》对全球 190 个国家和地区的营商便利度排名中韩国位列第 5 位。

针对韩国经济增速放缓，特别是叠加疫情冲击，为提高经济发展质量，文在寅政府制定了三大经济政策方向：一是以人为本，发展以工作岗位为中心的收入驱动型经济；二是发展创新驱动型经济，鼓励中小企业创新，应对第四次产业革命，减少阻碍新技术发展的各种规制限制；三是发展公平经济，营造公平竞争环境，防止大企业滥用垄断地位压榨中小企业。[1]

韩国投资环境总体良好，有较强吸引力。韩国政府积极鼓励利用外资，对

---

[1]　中国商务部：《国别研究报告——韩国（2020 版）》，2020 年。

新产业涉及前置审批的外资采取负面清单的形式管理，为融合型新产品的上市提供快捷服务，对创新、就业拉动大的外资企业给予现金返还等系列优惠，提供"一条龙"服务设立较为宽松的特殊经济区。韩国与中美等签署自由贸易协定，签署 FTA 的国家地区占世界市场的 77%。

（二）税率情况①

从税率角度来看，韩国对企业征收法人税，法人税采用比例税率，具体税率视公司性质、所得性质、金额大小有所不同，见表 4-2。

表 4-2　韩国法人税税率表

营业期间	税基≤2亿韩元	税基为 2 亿韩元—200 亿韩元	税基为 200 亿韩元—3000 亿韩元	税基>3000 亿韩元
2010 年 1 月 1 日至 2011 年 12 月 31 日期间的	10%	2000 万韩元+22%×超过 2000 万韩元的部分		
2012 年 1 月 1 日以后的	10%	20%	22%	22%
2018 年 1 月 1 日以后的	10%	20%	22%	25%
营业年度不足一年	税额 =（税基×12÷营业年度所含月数）×税率×（营业年度所含月数÷12）			

数据来源：国家税务总局：《中国居民赴韩国投资税收指南》，2021 年。

从税收抵免角度来看，韩国有两种税收抵免的情况，一为境外税收抵免：（1）本国法人在境外已缴或应缴的法人税税额可从境内应缴法人税中扣除，可扣除金额按境外来源所得占应纳税总额的比例计算。如果境外已缴或应缴税款超出了本年应缴法人税规定的可抵免限额，超出的部分准予在五年内结转扣除。（2）符合标准的子公司在境外缴纳的税款可以从母公司的股息收入中抵免。符合标准的子公司是指境内公司自其发布股息分配公告后连续六个月内持有其 10%以上股份的公司。

二为灾害损失的税收抵免：本国法人因遭受自然灾害导致其损失 20%及

---

① 国家税务总局：《中国居民赴韩国投资税收指南》，2020 年。

以上的总资产价值，并因此难以缴纳税款，可以在计算法人税时扣除相应税额，可扣除税额按受损资产价值占总资产价值的比例计算。但可抵免的部分仅限于因灾害引起损失的资产价值。

五、近年义乌与韩国经贸往来情况

（一）义乌与韩国的经贸往来

2017 年 6 月，韩国龟尾市副市长率企业代表团来义乌访问考察。

2018 年 10 月，首届动漫展暨金秋购物节落下帷幕，其中韩国进口商品销量可观。

2018 年 11 月，中国义乌进口商品博览会秋季展开幕，吸引来自韩国等 50 个国家的相关企业参展。

2021 年 4 月，"义乌—烟台/连云港—韩国"市场采购通道实单试点取得圆满成功。

（二）义乌与韩国的产业与经贸合作面临新机遇

义乌与韩国特色产业的合作未来主要聚焦在工业和高新科技产业两个方面，工业主打轻工业和重工业两个部分，高新科技产业主要包括机器人等智能化产业。在轻工业方面，义乌要继续发挥自身优势，重点加大与韩国纺织行业的合作。在美妆业方面，义乌除了要引进优质的韩国化妆品公司，更要鼓励已经入驻的化妆品企业研发创新开拓属于义乌自己的市场，目前义乌商户从事日韩美妆产品进展顺利。相对轻工业，义乌的重工业和高新技术产业较薄弱，不同于轻工业的合作模式，义乌要重点研发开拓相关产业的优势，不能过多地依附韩国等优势产业国，要学习借鉴韩国发展经验，创新义乌模式，在薄弱环节加大资金投入，增强相关产业的竞争力，在平衡好新旧产业优劣的前提下让更多元的产业落地义乌。

第三节　东　盟

1967 年，东盟 10 国就是东亚最早一体化的次区域组织，成立于泰国曼谷，现有 10 个成员国分别是：印度尼西亚、马来西亚、菲律宾、泰国、新加坡、文莱、柬埔寨、老挝、缅甸、越南。东盟总面积约为 449 万平方公里，人口总数超过 6.6 亿（截至 2020 年）。秘书处设在印度尼西亚首都雅加达。2015年东盟领导人宣布建成以政治安全共同体、经济共同体和社会文化共同体三大支柱为基础的东盟共同体。RCEP 的落地生效进一步推进东盟经济一体化。

一、宏观经济

近 30 年来，东盟经济既经历了高速增长期，也经历了金融危机的低谷，总体上东盟经济增长速度在世界居于前列。近年来东盟经济增速保持良好发展势头，GDP 增速高于世界平均水平，见图 4-12。整体来讲，2020 年东盟所有国家 GDP 总量约为 3.08 万亿美元，较往年大幅增长。事实上，东盟地区的国内生产总值几年来一直在飞速增长，人口也在快速增加，这反映了该地区经济的蓬勃发展和活力。但东盟内部的经济总量、经济发展水平、产业结构差异大，而且部分国家的产业格局单一。

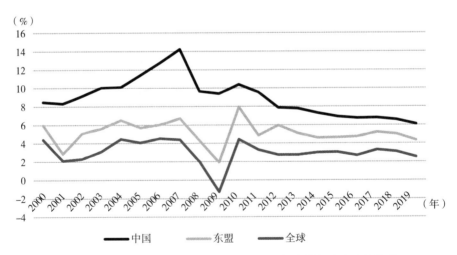

图 4-12　2000—2019 年中国、东盟及世界经济增长速度比较情况

数据来源：世界银行。

2019 年，越南、缅甸、柬埔寨、菲律宾的 GDP 增速居于前列，分别为

7%、6.9%、6.8%和5.9%，印度尼西亚的 GDP 现值最高，文莱的 GDP 现值最低，经济发展情况较缓慢。

　　东盟各国的经济发展、贫富差距大。截至 2019 年年底，缅甸、柬埔寨、老挝、越南、菲律宾、印度尼西亚等人均 GDP 不足 5000 美元，只有马来西亚、文莱和新加坡三国人均 GDP 超过 1 万美元，泰国居中，见图 4-13。东盟一半以上国家减贫脱贫仍面临很大压力。

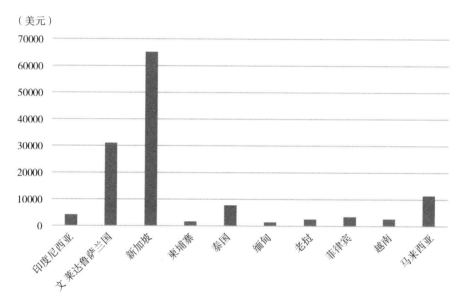

图 4-13　2019 年东盟各国人均 GDP

数据来源：世界银行。

　　据国家统计局 2021 年报告显示，2020 全年中国经济增长 2.3%，是全球唯一实现正增长的主要经济体，东盟 GDP 同比下降 3.3%，与其他经济体相比算是名列前茅。

二、产业结构

　　东盟国家工业化程度高，但产业结构单一、产业间差距大。经历了过去的高速发展时期，东盟国家从农业国向工业国发生转变，经济结构发生了巨大的变化，但国家间的产业结构差异大，部分国家的产业结构相对单一。新加坡作为发达国家，以电子、石油化工、金融、航运和商业服务为支柱产业；马来西亚作为新兴工业国家，以汽车、电子、机械制造等为其支柱产业；而越南、老挝、柬埔寨、缅甸等国工业基础薄弱，农业依旧是其支柱产业。

更值得一提的是，在未来数十年里，东盟国家在制造业具有相当强的潜力和发展空间。东盟已经是一个主要的制造中心，但仍有三个发展机会能进一步刺激该部门的大幅增长：东盟经济共同体的实施（AEC）一体化计划，旨在增加区域内和全球贸易；随着中国劳动力成本①的上升，吸引跨国公司的数量增加；应用大数据和移动互联网等颠覆性的技术，以追赶领先的跨国竞争对手。

承接来自中国的制造业转移对东盟国家来讲是巨大的机遇。随着中国从出口驱动型经济模式转变为消费驱动型经济模式，其工资成本正在上涨。虽然中国具有许多优势，包括更发达的供应基地、先进的基础设施、强大的制造和工程能力，以及庞大的国内市场，但东盟国家的低劳动力成本仍可能为东南亚经济体创造开放机会成为下一个"世界工厂"。最近的一项调查显示，东盟的19%企业本身计划将投资或业务从中国转移到自己的地区；受访者还认为印度尼西亚是最有吸引力的新国家业务扩张，其次是越南、泰国和缅甸。柬埔寨、印度尼西亚、老挝、缅甸和越南等国家的低成本劳动力也可以成为竞争优势。

三、中国—东盟经贸关系

自30年前建立对话关系以来，中国与东盟的贸易额增长了85倍。2020年东盟上升为中国第一大贸易伙伴。2016年以来中国东盟贸易额连续保持高速增长。2020年受新冠肺炎疫情影响，国际贸易遭受严重冲击，但中国与东盟贸易逆势增长，东盟成长为中国最大的贸易伙伴。随着中国—东盟自贸区升级和 RCEP 签署，贸易投资更加自由化、便利化，中国与东盟迎来了经贸及金融合作的黄金时期。投资方面，东盟已成为中国主要对外投资目的地和外商直接

---

① Mckinsey&Company，"Understanding ASEAN：The Manufacturing Opportunity"．

投资来源地之一，制造业、农业、基础设施、高科技、数字经济、绿色经济等领域合作蓬勃发展。

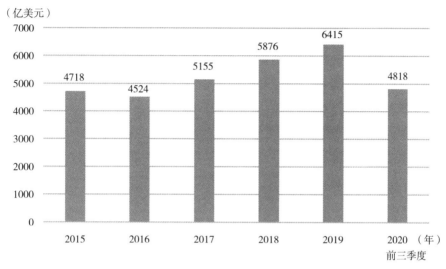

（亿美元）

图 4-14　2015—2020 年前三季度中国与东盟贸易总额

数据来源：国家统计局、中国商务部。

（一）贸易总量迅速增长，贸易多元前景广阔

2019 年，中国与东盟之间的贸易额为 6415 亿美元，同比增长 9.1%，保持良好增长态势，其中越南、马来西亚、泰国、新加坡和印度尼西亚同中国的贸易额居于前列，柬埔寨、缅甸和马来西亚同中国的贸易额年增长率位于东盟国家前三位，但是文莱同中国的贸易额呈下降态势，见图 4-15 和图 4-16。

（二）RCEP 与中国—东盟自贸区升级促进中国东盟经贸合作

东盟各国经济的不断发展，开放程度不断扩大，与中国的互联互通程度也显著增强。特别是中国—东盟自贸区的推进与建立，加之东盟财税政策环境宽松，中国东盟 FTA 及 RCEP 落地生效之后，中国、东盟之间绝大部分商品实现零关税，投资门槛降至新低，为双方贸易种类的多元化打开了新窗口。RCEP 生效将进一步降低中国与东盟之间的关税，在中国积极加入 CPTPP 之后，还将进一步降低与越南、新加坡等东盟国家之间的投资门槛，促进中国、东盟的

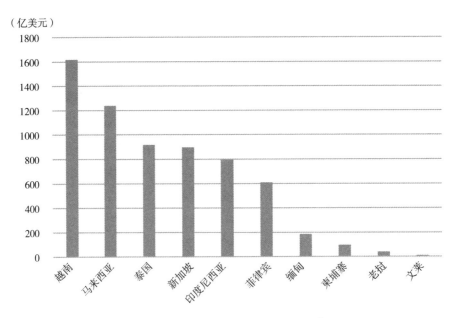

图 4-15　2019 年中国与东盟国家贸易额

数据来源：东盟统计局、中国商务部、中国海关总署、安永分析。

区域经济一体化深入发展。RCEP 同时使东盟经济体处于独特的地位，通过提供增值消费品和中间产品服务，受益于中国不断发展的经济。新加坡将主要受益于向中国供应化工和石油产品的增长。越南将更加关注电子和机械。低收入的 RCEP 经济体也将受益于纺织和服装行业从中国向低成本基础的重大转移。

但要注意的是，应正确看待双方的贸易竞争，加强双方企业间的合作协调，避免贸易战的发生；双方也可以在差异化的产品上多下功夫，利用彼此优势，促进双方贸易的合作；还可以增进双方互利互信，加大金融市场相关合作，创新金融产品，助力贸易加速发展。

（三）净投资增速快，投资规模相对较小

中国对东盟投资主要包括以下几个方面：首先是基础设施建设，中国积极参与东盟的基础设施建设或升级，消化吸收中国的过剩产能，其中包括铁路、港口、油气管道、光缆等项目。其次是劳动密集型产业转移，包括服装、纺织等。再次是产业园区、经济特区的建设。西哈努克港经济特区作为中柬产融结

（%）

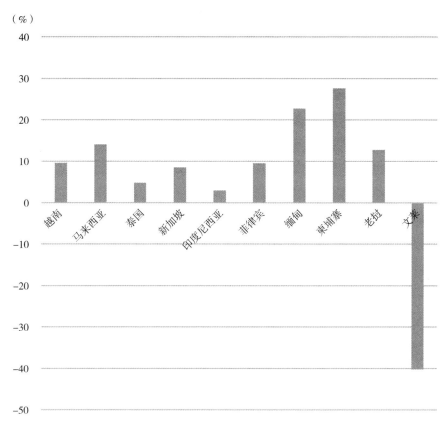

图 4-16　2019 年中国与东盟国家贸易额年增长率

数据来源：东盟统计局、中国商务部、中国海关总署。

合的重要合作项目，不仅促进了贸易层面的互联互通，更深化了中柬金融层面
的合作。中国与印度尼西亚经贸合作区发挥了中国、印度尼西亚两大市场的优
势。最后是高新科技产业，中国、东盟聚焦 5G、物联网、工业互联网、人工
智能等新型基础设施建设，为共同打造区域创新中心而努力。

近些年，中国对东盟的净投资呈现快速增长的态势，直接投资流量稳步上
升，见图 4-17。疫情期间，2020 年全球外国直接投资（FDI）大幅减少了
35%，东南亚经济体的 FDI 下降了 25%，但统计数据显示，中国对东盟的投资
逆势而行，同比大幅增长 52.1% 至 143.6 亿美元。但中国对东盟国家投资规模

整体来讲依旧较小。可能的原因在于，虽然东盟大部分为发展中国家，资本较为稀缺，而且基础设施建设需求充足，资金有限，但中国投资同时面临着国际国内因素的制约，比如经济危机、产业转移等，担负着来自需求方资金实力和融资能力的高标准要求，中国对外工程承包的信用、保险、金融信贷体系有待进一步完善。

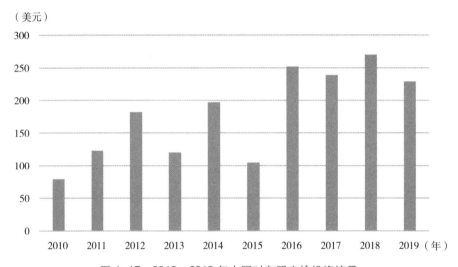

图 4-17　2010—2019 年中国对东盟直接投资流量

数据来源：东盟统计局、中国商务部、中国海关总署。

四、金融投资

（一）东盟金融发展不均，合作程度强弱不一

东盟各国的历史、发展和开放直接决定了其与中国金融合作的方式。在金融制度上，泰国和印度尼西亚各具本国特色，越南、老挝、柬埔寨、缅甸与中国内地具有相似性，但新加坡、马来西亚、文莱和菲律宾同中国香港的金融体系更为相似。在金融合作上，新加坡、印度尼西亚和泰国开放程度较高的国家更加侧重宏观层面的金融货币合作，而开放程度较低的国家更注重贸易主导的金融合作。在金融结构差异上，东盟国家明显蕴含着不同的金融合作空间。

（二）顶层金融合作较快，底层进展相对迟缓

伴随金融全球化，贸易往来密切的趋势，中国同东盟整体的经济贸易发展水平和金融地位越来越重要，加之疫情带来的不确定性因素的增加，近年来，中国与东盟在国家和政府层面的金融合作意愿越发强烈。但同国家顶层金融合作发展较快相比，中国、东盟在非政府和商业性的金融合作方面稍显薄弱，主要体现在合作规模小、互设机构少，以银行合作为主，分支机构总体设立少，资金业务规模有限。此外，合作项目不多。赴外机构主要是本国业务的地域延伸，适当兼顾外币业务。合作程度也不深。以传统业务扩张为主，在经营方式、经营效率、管理效率等方面有待加强。

五、东盟国家发展中的"义乌模式"

"义乌模式"在缅甸、老挝、柬埔寨等欠发达的东盟国家具有一定的发展优势。老挝万象的三江国际商贸城就是按照中国义乌模式复刻来的，物美价廉的商品广泛地惠及来自老挝等世界各地的民众。柬埔寨金边市场在设计、工程、运营、管理等方面也集成了义乌等中国专业批发市场的发展经验。"义乌模式"不仅在欠发达的东盟国家中凸显了优势，而且也因发达的东盟国家开辟了新的领域，发达的东盟国家借助高新技术产业的发展优势助力"义乌模式"再次升级，为义乌企业的高水平、高质量发展注入活力。

第四节　印度尼西亚（RCEP）

一、宏观经济

作为二十国集团（G20）的成员和东盟第一经济体及世界第四人口大国，20 世纪以来印度尼西亚经济快速发展，印度尼西亚的 GDP 从 2001 年的 1745 亿美元增长到 2020 年的 10888 亿美元，年均增长 10.6%。印度尼西亚人均 GDP 从 2001 年的 834 美元增加到 2020 年的 4038 美元，年均增长 9.1%。贫困

人口占人口的百分比减少了一半以上。2020 年，新冠肺炎疫情所导致的健康危机使印度尼西亚经济在 1998 年金融危机以来首次陷入衰退，GDP 同比增长-5.32%，印度尼西亚的实际 GDP 增长为-1.5%，见图 4-18。

在 2021 年前五个月，疫情的影响依然较大，根据印度尼西亚中央统计局的数据显示，印度尼西亚 2021 年一季度 GDP 同比下降 0.74%，连续四个季度同比萎缩。

从长期来看，相对灵活的疫情防控措施以及稳健的预算、货币和宏观政策，使印度尼西亚当局能够在保持经济活力的同时，通过限制外部风险，从而增强国家对疫情的抵御能力。印度尼西亚央行预计，印度尼西亚 2021 年经济增速将达到 4.1%—5.1%。

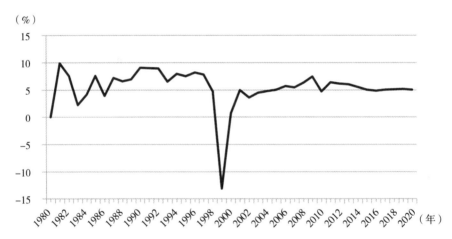

图 4-18　1980—2020 年印度尼西亚的实际 GDP 增长率变化情况

数据来源：国际货币基金组织。

从通货膨胀来看，印度尼西亚经济发展相对滞后，物价水平较高，近年来平均通货膨胀率都超过 4%。近年来印度尼西亚通货膨胀率趋势性下降，2020 年降至 2.1%，见图 4-19。

从消费市场来看，印度尼西亚人口基数大、增速快，国内消费需求规模较大，近年来个人消费支出占 GDP 的比例在 60% 左右，对 GDP 贡献率超过一半，是支撑经济增长的基石。但 2020 年一季度，印度尼西亚居民消费同比增

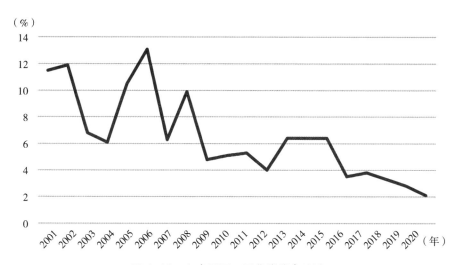

图 4-19　印度尼西亚通货膨胀率统计

数据来源：国际货币基金组织（IMF）：《世界经济展望》数据库，2020 年 10 月。

长 2.8%，远低于 2019 年同期的 5%。2021 年居民消费持续走低，数据显示 2021 前五个月居民消费下滑 2.23%。

从债务水平来看，政府总债务占印度尼西亚 GDP 的比例从 2001 年的 73.7% 降到 2020 年的 38.5%，见图 4-20。2020 年印度尼西亚政府债务与 GDP 比值相较于 2019 年的 30.5% 有所上升，上升幅度并不大，但要防范债务带来的风险。面对新冠肺炎疫情危机，整体来看印度尼西亚公共债务会增加，但会保持在合理水平。

从国际外汇总储备来看，印度尼西亚的国际外汇储备 2019 年增至 1292 亿美元，1971 年经历了约 1.5 亿美元的低点。

从失业率和劳动市场来看，2005 年之后印度尼西亚劳动市场发展状况良好，失业率一直处于下降态势。但由于印度尼西亚在东盟国家中新冠肺炎疫情较为严重，导致 2020 年失业率呈现增长态势，印度尼西亚失业率 2020 年达到 8%，预计将导致 1300 万人失业，见图 4-21。

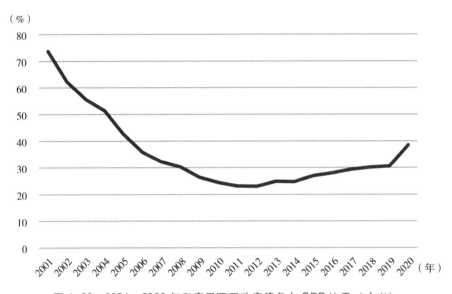

图 4-20　2001—2020 年印度尼西亚政府债务占 GDP 比重（广义）

数据来源：国际货币基金组织（IMF）：《世界经济展望》数据库，2020 年 10 月。

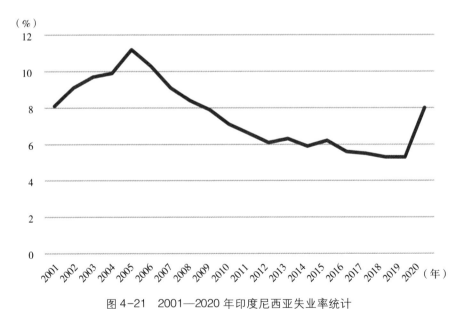

图 4-21　2001—2020 年印度尼西亚失业率统计

数据来源：国际货币基金组织（IMF）：《世界经济展望》数据库，2020 年 10 月。

从贸易角度来看，印度尼西亚 2019 年的贸易额占 GDP 的比例为 37%，显示了该国有较大的贸易潜力。该比率与欧盟、印度或中国的占比相当，但是远低于其他东盟国家（菲律宾为 69%，马来西亚为 123%，越南为 210%，新加坡为 319%）。

二、产业结构

（一）第一产业

印度尼西亚是传统的农业国家，地跨赤道，属典型的热带雨林气候，常年高温多雨。印度尼西亚全国耕地 8000 万公顷，从事农业人口 4200 万人。农业是印度尼西亚的国民生计，历届政府高度重视农业发展与基建。

从种植业来看，印度尼西亚主要种植水稻、玉米、大豆、花生及绿豆等。印度尼西亚的经济作物种类繁多，发展态势良好，棕榈油和橡胶对印度尼西亚的经济发展有重要作用。印度尼西亚是世界上种植面积仅次于巴西的第二热带作物生产国，除了棕榈树和橡胶树，还盛产咖啡、茶叶、甘蔗、丁香等，种类和产量都名列前茅。但由于热带地区土壤质量问题，印度尼西亚仍存在广泛的非可持续性的农业活动，仍然缺乏可持续性的实践以及现代化的农业生产模式。

从林业来看，印度尼西亚森林覆盖率为 54.3%，达 1 亿公顷，是世界第三大热带森林国家，林业对印度尼西亚经济很重要，全国 3000 万人靠林业维持生计；胶合板、纸浆、纸张出口在印度尼西亚的出口产品中占很大份额，其中藤条出口占世界 80%—90% 的份额。印度尼西亚的木材产品认证体系为其出口提供了便利，印度尼西亚从 2016 年开始实施针对木材出口的认证管理措施，木材和油棕榈是印度尼西亚在欧洲市场上的两种主要贸易产品。目前，印度尼西亚已获得 FLEGT 证书，持有该证书意味着印度尼西亚的木材产品品质高、生产合规、不涉及非法采伐。印度尼西亚与美国和欧洲国家的合作与经济外交密切相关。在欧洲设定了高标准的木材进口标准时，获得认证是成功地向欧洲市场出口木材的关键。

从渔业来看，印度尼西亚是世界最大的群岛国家，海洋资源丰富，渔业发展迅速。作为东南亚最大的渔业产品生产国，其捕捞业和水产养殖业分别占渔业的 70% 和 30%，渔业养殖成为印度尼西亚重点扶持和发展的方向。

（二）第二产业

印度尼西亚总体发展还处于工业化前期阶段，不具备完备的工业体系，工业基础设施薄弱，工业基础差，其具有优势和竞争力的行业主要有油气行业、煤炭行业、矿产行业、纺织行业、食品行业，而电力、电子和钢铁行业的发展前景向好。

从油气行业看，印度尼西亚曾是东南亚地区唯一一个石油输出国组织（OPEC）成员，同时也是东南亚第二大石油储量国。但由于印度尼西亚对老油田的过度开采及勘探技术的落后导致近年来印度尼西亚油气产量呈现下降趋势。2004 年之后，印度尼西亚成为石油进口，被迫进口石油以满足国内需求，迫使印度尼西亚退出 OPEC。目前印度尼西亚可开采石油难度较大，如何探索剩余石油储量以及如何持续高效开采是印度尼西亚石油目前的主要问题。

从煤炭行业来看，印度尼西亚是一个煤炭资源十分丰富的国家，其煤炭品种齐全，并且品质优良，其中多为露天煤。印度尼西亚也在大力发展煤炭行业的同时，更加注重煤炭资源的开发和促进清洁能源的使用。

从其他采矿业来看，印度尼西亚矿产资源在亚洲国家中位居前列，其中主要矿产资源包括铝土、镍、铜、金、银、铁矿石等。为提高矿产附加值，延长其产业链，印度尼西亚发展下游冶金业，扩大了就业机会。

从电力业看，电力资源方面，印度尼西亚各类资源丰富，是全球主要的能源出口国。印度尼西亚地热、水电、太阳能及生物燃料潜力巨大，印度尼西亚的 285 个地热泉源拥有 2900 万千瓦的发电潜能，占全球已探明地热能源的 40%。生物质方面，印度尼西亚每年生产拥有 4950 万千瓦的生物质发电潜力。

太阳能方面，印度尼西亚地处东南亚热带地区，非常接近赤道，太阳能辐射资源丰富，光伏发电潜力巨大。

尽管印度尼西亚可再生能源丰富，但整体开发程度仅有 5%。一方面，虽然印度尼西亚政府有着很好的发展可再生能源的雄心，但项目进展缓慢，缺乏长期的政策激励机制和执行能力；另一方面，印度尼西亚丰富的地热资源大多分布在深山丛林等尚未开发地带，并且远离负荷中心，资源探索和应用成本高。最后，风电、光伏等发电成本较化石能源缺乏竞争力，政府财政补贴压力大，投资吸引力不够。

电力供需方面，印度尼西亚电力依然长期处于需求巨大、供应不足的状态，加大电力项目建设、保障电力供应能力，已成为印度尼西亚经济发展需要解决的关键问题之一。

根据世界银行的调查数据，2016 年，印度尼西亚总体通电率为 91.16%，但各地区通电情况差异巨大，呈现西部岛屿通电率高、东部岛屿通电率低的分布，虽然印度尼西亚计划 2019 年全国通电率达到 97.4%，2025 年达到 99.7%，但是与其他收入水平相当的国家相比，印度尼西亚的电气化率依然较低，区域电力发展差异悬殊，使得煤电面临潜在的过剩风险。

从食品行业看，印度尼西亚拥有丰富的农业和渔业资源，并为食品行业提供了材料支持，这些优势为印度尼西亚食品行业发展带来了很好的发展机遇。

从纺织和制鞋行业看，印度尼西亚的纺织业是其最早发展的工业之一，一直受到印度尼西亚政府的高度重视，近年来纺织品和服饰也一直是印度尼西亚的主要出口商品，但是受到经济周期的影响，印度尼西亚政府采取了相关措施振兴其纺织行业的发展。

在 2018 年中美贸易摩擦之后，印度尼西亚鞋业获得了贸易转移的机会，增加了对美国鞋类出口的市场份额。中美贸易摩擦对美国从中国进口鞋类产品造成了负面影响，部分企业从中国撤出，美国鞋业买家在寻找其他供应商资源，如东南亚国家。2019 年印度尼西亚对美国鞋类出口增长 4%，达 13 亿美元，达到近 12 年来出口美国的最高点。

但从长远来看，相比其他东盟国家，印度尼西亚并没有进一步承担全球产业转移的潜力，尽管有着充分的劳动力数量和价格优势，但是印度尼西亚由于过度依赖外部投资以及目前印度尼西亚基建水平较低，使得印度尼西对企业的吸引力较小。统计数据显示，在 2018 年 4 月至 2019 年 8 月将生产转移迁出中国大陆的 56 家公司中，有 26 家迁到越南，有 11 家迁到中国台湾，只有 2 家迁至印度尼西亚。

(三) 第三产业

服务业在印度尼西亚经济中占比较大。从金融领域来看，印度尼西亚金融业对整个国家经济发展起着非常重要的作用。印度尼西亚的银行业作为金融业的支柱产业已经初具规模，印度尼西亚的证券市场也在稳步向前发展，保险业也处在蓬勃发展时期。

从旅游业来看，印度尼西亚旅游资源非常丰富，拥有许多风景秀丽的热带自然景观、丰富多彩的民族文化和历史遗迹，旅游业有举足轻重的作用，日益成为印度尼西亚创汇重要行业。

从通信产业来看，印度尼西亚有着较大发展潜力，印度尼西亚的移动部门经历了巨大的增长，据印度尼西亚中央统计局数据显示，2016 年印度尼西亚手机用户数量占总人口的 58.3%，目前有 1.76 亿印度尼西亚人订阅了移动服务。移动服务在将数百万人连接到互联网方面发挥了重要作用，特别是在最落后的地区。在未来五年内，预计移动用户数量将达到 1.99 亿，其中 1.77 亿使用他们的移动服务接入互联网。

但是，频谱不足限制了运营商扩大网络覆盖的能力，阻碍了未来的普及。目前 4G 尚未完全覆盖印度尼西亚农村。但在 2021 年 7 月，印度尼西亚最大的两家电信公司推出了首个商用 5G 服务，标志着印度尼西亚进入了由中国、韩国和美国引领的全球趋势。印度尼西亚电信公司宣布其在五个城市的选定地区提供 5G 服务。

三、经贸关系

(一) 印度尼西亚与各国经贸往来现状

整体来看，印度尼西亚进出口贸易规模逐步扩大。印度尼西亚货物和服务出口从 2000 年的 706 亿美元增到 2019 年的 2000.7 亿美元，年均增长 6.5%。印度尼西亚货物和服务进口从 2000 年的 560 亿美元增加到 2019 年的 2042.8 亿美元，年均增长 8.4%。

从吸引外资来看，2021 年一季度，新加坡、中国和韩国为前三大投资来源地，投资额和同比情况分别为 26 亿美元（同比下降 4.5%）、10.4 亿美元

（下降 19.1%）、8.5 亿美元（下降 34.7%）。外资投资的前五大行业为：金属制品业（占 22.4%）、食品业（占 12.7%）、交通仓储通信业（占 11.0%）、电气水供应（占 7.8%）、汽车制造（占 7.8%），见图 4-22。

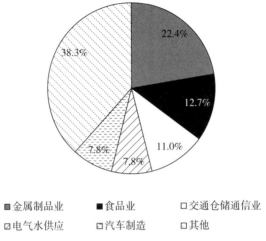

图 4-22　印度尼西亚 2021 年一季度外资投资前五大行业
数据来源：中国商务部。

　　据中国商务部统计，2021 年，印度尼西亚吸引国内外投资目标为 900 万亿印度尼西亚盾（约 616 亿美元），其中国内投资 430 万亿印度尼西亚盾（约 295 亿美元），外国投资 470 万亿印度尼西亚盾（约 321 亿美元）。尽管近年来印度尼西亚的 FDI 净流入量大幅波动，但在 1970 年至 2019 年期间趋于增加，在 2019 年达到 249.93 亿美元。印度尼西亚的外国直接投资净额从 2000 年的 45.5 亿美元逐渐下降到 2019 年的 -20.5 亿美元。从细分行业的角度来看，2015 年至 2021 年 3 月间，棕榈种植园为印度尼西亚农业领域吸引最多外国直接投资（FDI）的细分行业，期间农业吸引的 FDI 达 95 亿美元，约占印度尼西亚 FDI 总额的 5.2%。印度尼西亚粮食作物、种植园和牲畜等农业领域吸引的外国投资主要来自新加坡（53.7%）和马来西亚（15.8%），棕榈种植园投资主要来自新加坡和马来西亚。印度尼西亚农业的外国直接投资项目主要在加里曼丹和苏门答腊。

（二）中国、印度尼西亚经贸往来

中国与印度尼西亚自 1990 年正式恢复外交关系以来，经贸关系迅速发展，双边贸易额、投资额不断提升。

多年来，中国是印度尼西亚的第一大贸易伙伴、进口来源和出口市场。2020 年，东盟首次成为中国第一大贸易伙伴，充分显示了双方贸易合作的潜力与韧性；2020 年双边贸易达 784 亿美元，略微下降 1.7%，但中国从印度尼西亚进口 374 亿美元，创造历史最高水平，同比逆势大增 9.5%。目前，中国已成为印度尼西亚棕榈油、煤炭、钢铁、燕窝等产品最大的买家之一，印度尼西亚的咖啡、热带水果已进入中国的千家万户。

投资是中国、印度尼西亚经贸合作最大亮点。近年来，中国、印度尼西亚投资合作持续快速发展，规模迅速扩大、领域不断拓展、地域分布广泛。印度尼西亚已成为中国对外直接投资的最主要目的地之一。印度尼西亚投资协调委员会（BKPM）数据显示，2013 年中国对印度尼西亚直接投资 2.97 亿美元，在印度尼西亚外资来源中位列第 12 位；2019 年中国首次成为印度尼西亚第二大外资来源国；2020 年中国对印度尼西亚直接投资逆势上扬至 48.4 亿美元，印度尼西亚第二大外资来源国地位进一步稳固。中国对印度尼西亚的投资涵盖矿冶、电力和基础设施、制造业、数字经济、农渔业等广泛领域，在不锈钢、工业氧化铝、变压器等许多领域填补了印度尼西亚的有关技术空白。贸易合作不断取得新突破。

截至 2019 年年末，中国对印度尼西亚直接投资存量 151.3 亿美元。整体来看，中国企业不断把握印度尼西亚投资新机遇，涉猎的领域也日益广泛，大型投资项目不断涌现，其中中国对印度尼西亚投资主要领域包括矿冶、农业、电力、地产、家电与电子和数字经济等。

除了双边贸易投资不断攀升，中国、印度尼西亚的基础设施合作也是双方互动的一大亮点。伴随印度尼西亚经济的发展，人民生活水平不断提高，而基础设施的建设就显得愈发重要，中国基础设施建设在全球领先，双方在基础设施方面的合作格外密切。

四、金融与商业文化

(一) 金融投资

印度尼西亚的证券业发展至今已经有百年历史，目前印度尼西亚国内唯一的证券交易所是位于首都雅加达的印度尼西亚证券交易所，近年来印度尼西亚的证券交易所业务的开展，有效地扩大了印度尼西亚的资本市场。截至 2017 年，印度尼西亚股市有 572 家上市公司。2017 年年底，印度尼西亚股市总市值约 5148 亿美元。印度尼西亚的保险行业正处在蓬勃发展期，投资者们过去将目光主要放在印度尼西亚的人寿保险业务领域，而随着印度尼西亚保险业市场潜力的进一步挖掘，非人寿保险业市场获得了越来越多的关注，随着印度尼西亚人口数量的增加，保险市场的潜力日渐凸显。可以明确的是，印度尼西亚的保险业一直对外资开放，潜力巨大。

印度尼西亚资本市场也处在稳步增长的过程当中，但是仍然高度依赖市场情绪，资本市场未来的走势依旧取决于全球偏好，而且受到整个宏观经济层面的影响非常大。未来随着"一带一路"建设的继续推进，印度尼西亚在基础设施建设方面有非常大的潜在开放空间，这也意味着印度尼西亚资本市场的中长期发展前景依旧广阔。印度尼西亚证券市场发展整体保持良好趋势。2000—2019 年，印度尼西亚的国内上市公司以年均递增的速度从 286 个增至 668 个。

(二) 营商环境

世界银行发布的《2020 年营商环境报告》显示，印度尼西亚营商环境在全球排名第 73 位。外资企业对印度尼西亚营商环境的总体评价尚可。企业赴印度尼西亚投资之前，大都认为印度尼西亚具备较大的投资和营商潜力：自然资源丰富、劳动力成本低、市场潜力大、经济增长平稳、政府长期致力于改善投资环境等。但实际上仍然存在以下问题：政策不够透明、延续性差、地区政策差异大；基础设施落后且征地困难；外籍员工办理工作签证程序繁杂、限制多；政府对不同行业当地员工雇佣数量、职位比重有较多要求等问题。

(三) 税制税率

从税率来看，印度尼西亚适用于居民企业和常设机构的税率分别在 2020

年和 2021 年调降至 22%，2022 年起将进一步降低至 20%。中、小、微型企业还可以享受减免 50% 所得税的税收优惠。为减轻中小企业税务负担，满足条件的企业及中小企业，可按照总收入的 0.5% 缴纳企业所得税。

从税收优惠来看，在印度尼西亚投资的税收优惠政策包括：同时满足在印度尼西亚作为法人实体注册的企业可享受免税期优惠、新的资本投资计划至少为 1000 亿印度尼西亚盾等相关条件的，根据投资额的大小确定税率减免额度（50% 或 100%）及优惠期（5—20 年）。在免税期结束后，企业仍可以在未来两年内享受 25% 或 50% 的企业所得税减免。年度总收入低于 500 亿印度尼西亚盾的居民企业可以享受 50% 的所得税税收减免，适用减免的年度总应税收入最高不超过 48 亿印度尼西亚盾。合同中明确列出的，通过国外贷款与财务拨款承包政府项目的承包商、顾问和供应商，其所得税可以由政府承担。

五、近年义乌与印度尼西亚经贸往来情况

（一）义乌、印度尼西亚经贸往来

2019 年 11 月，第 12 届中国义乌国际森林产品博览会盛大举行。展会期间来自印度尼西亚等 10 多个国家的 20 家优质境外专业采购商，与近百家参展商现场采购对接，达成多项合作意向。

义乌购目前已经与来自印度尼西亚在内的 10 多个国家和地区的合作伙伴签订数字化战略合作协议，实现与合作伙伴的共赢。

（二）义乌与印度尼西亚产业合作发展新机遇

印度尼西亚的矿产资源丰富，可以为义乌诸如饰品等制造企业提供优质原材料，通过在义乌设计加工出口到更发达的国家，畅通国外大循环。印度尼西亚是农业大国，而且义乌在"十四五"规划期间致力建设农产品交易中心，既满足义乌常住入口需求也广泛辐射周边其他区域，这将为印度尼西亚的特色农产品入驻义乌提供更加广阔的平台。

印度尼西亚汽车市场是仅次于中国大陆和印度的第三大消费市场，并且印度尼西亚政府已将汽车装配及制造列为重点发展产业，而且在售后服务市场中中国大陆的汽车零配件厂商在印度尼西亚的市场份额逐步增加，但据调研走

访，入驻义乌小商品城的汽车零部件厂商的产品主要销往更加发达的欧美国家，但今后也要积极立足 RCEP 深度挖掘印度尼西亚汽车市场机遇，开拓优质汽车市场。

纺织业尤其是纺织成衣业对印度尼西亚经济发展是不可或缺的一部分，纺织成衣是印度尼西亚第一大外销出口加工产业，因其成衣机械采购主要来自其他国家，中国大陆又拥有机械价格优势，义乌作为纺织行业产业链发展较为全面的区域，一方面在成衣机械方面可为印度尼西亚提供更多供给，另一方面在成衣生产成品方面也可满足印度尼西亚更多需求。

第五节　泰国（RCEP）

1975 年中泰两国建交，2012 年中泰两国建立全面战略合作伙伴关系。中泰两国经济合作交往密切，对接发展战略。为增强国家竞争力，泰国政府2016 年提出"泰国 4.0"战略和"东部经济走廊"发展规划，推进建设南部经济走廊和打造十大边境经济特区，为外商投资营造良好的投资合作大环境。还积极响应"一带一路"倡议，主动将国家发展战略与澜湄合作、"南向通道"等区域合作对接，与中国友好合作。泰国的发展规划及战略与中国推动的"一带一路"倡议具有高度的契合性，中资企业在泰国发展面临新的历史机遇。

一、宏观经济

受到新冠肺炎疫情的冲击，2020 年泰国经济同比下滑 6.1%，是仅次于东南亚金融危机以来的最低水平。近 5 年来受全球金融危机影响，泰国经济出现波动，见图 4-23。

受到国际大宗商品价格上涨影响，泰国一直以来较低的通胀水平，甚至是通缩状态的物价被推高，2021 年 4 月泰国 CPI 创下了 3.4% 的高位，PPI 更是创出了 4.98% 的高位，见图 4-24。而多年来泰国物价水平总体平稳。

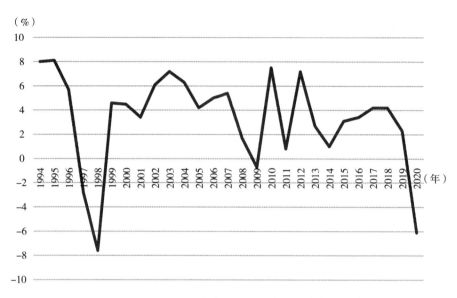

图 4-23　1994—2020 年泰国国民经济增长速度变化情况

数据来源：泰国央行、Wind。

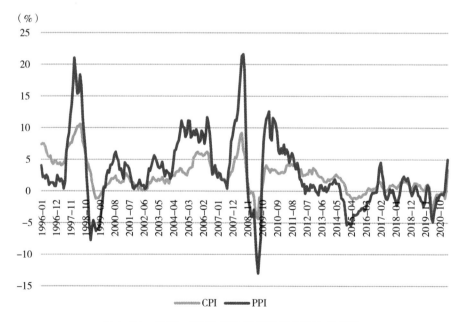

图 4-24　1996—2020 年泰国 CPI 和 PPI 走势情况

数据来源：泰国央行。

泰国主要出口的商品是机电产品、运输设备和塑料橡胶，分别占泰国出口总额的 31%、13% 和 12%；主要进口商品是机电产品、矿产品和贱金属及制品。据世界银行，泰国外贸依存度较高但呈下降趋势，从 2010 年的 110.3% 降到 2018 年的 99.4%。

二、产业结构

从三次产业结构来看，泰国的第一产业占 GDP 的 8.2%，第二产业占 GDP 的 36.2%，第三产业占 GDP 的 55.6%，见图 4-25。

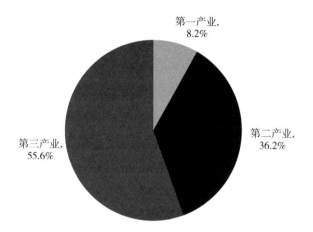

图 4-25　泰国的产业结构

数据来源：泰国国家经济和社会发展委员会（NESDB）。

泰国特色产业包括农业、汽车业、制造业和旅游业等。

一是农业。农业是泰国的支柱产业。泰国全国耕地约 1500 万公顷，占国土面积的 31%，农业产值占 GDP 的 10%。农产品是泰国重要出口商品之一。泰国是世界第一大橡胶生产国和出口国、第一大木薯和大米出口国。橡胶年产 450 万吨，占全球总产量的 1/3。橡胶绝大部分出口，年出口量占全球橡胶出口总量的 40%—45%。木薯产量居世界第三位，60% 用于出口。

二是泰国制造业占 GDP 的 27.5%。主要制造业门类有汽车装配、电子、塑料、纺织、食品加工、玩具、建材、石油化工等。

三是泰国汽车业面临机遇。2019 年，泰国汽车产量 201 万辆，下降7.1%；国内销售量 100 多万辆，下降 3.3%；出口销量 105 万辆，下降 7.6%。泰国汽车出口量大于内销量，自 2012 年开始，泰国最大出口商品为汽车，主要的五大出口目的地分别是澳大利亚、菲律宾、沙特阿拉伯、印度尼西亚和马来西亚。2018 年泰国成为世界第 12 大机动车生产国和第 5 大轻型商用车生产国，是东盟最大的机动车生产地。

四是泰国旅游资源丰富，有 500 多个景点。旅游业是泰国服务业的支柱产业。2019 年到访的外国游客达 3900 万人次，同比增长 4%；旅游业收入 623 亿美元，同比增长 3.1%。受新冠肺炎疫情影响，泰旅游业严重受挫。

三、中泰贸易与投资

（一）中泰双边贸易

中国连续 8 年成为泰国第一大贸易伙伴。2019 年中国在泰国投资额超过 9亿美元，历史上首次超过日本，成为泰国最大境外投资来源地。中国为泰国第二大出口市场和第一大进口来源地。

2021 年以来中泰两国的贸易快速反弹。中泰经贸关系有独特的底蕴和自然纽带，中泰间的友好合作关系也被誉为"中泰一家亲"。近年来，中泰两国经贸往来日益密切，两国贸易额持续保持增势，见图 4-26。

据中国海关统计，2019 年中泰货物贸易 917.5 亿美元，同比增长 4.8%，其中，中国向泰国出口 456 亿美元，上升 6.3%，中国从泰国进口 461.6 亿美元，上升 3.4%，贸易逆差 5.6 亿美元。

2019 年中国对泰国出口商品：一是电气、音响、电视设备等；二是锅炉等整机及零部件；三是钢材及钢铁制品；四是塑料及制品；五是光学、医学或外科仪器等；六是车辆或零部件；七是化工制品；八是有机化学品；九是家具及家居用品。

2019 年中国从泰国进口商品：一是电气设备、音响设备、电视设备等；二是锅炉等整机及零部件；三是橡胶及制品；四是塑料及制品；五是光学、医学或外科仪器等；六是木材、木制品及木炭；七是有机化学品；八是矿物燃

（亿美元）

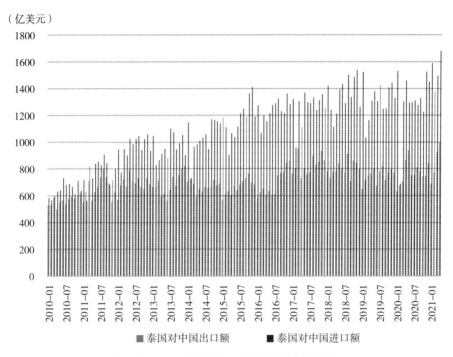

图 4-26　中泰两国进出口贸易发展变化情况

数据来源：泰国海关。

料、石油、矿物蜡等；九是食用水果和坚果，柑橘类水果或瓜类；十是车辆或零部件。

（二）中泰双向投资

近年来，中国对泰国投资呈上升趋势。据统计，中国企业对泰国直接投资流量由 2009 年的 4977 万美元增至 2019 年的 13.7 亿美元，其中 2016 年和 2017年两年均超 10 亿美元。截至 2019 年年末，中国对泰国直接投资存量 71.9 亿美元。截至 2019 年年末，泰国企业累计对华直接投资 43.8 亿美元。

除既有的泰国投资促进委员会（BOI）投资优惠政策外，泰国近年来相继推出的经济"4.0 战略"、东部经济走廊（EEC）政策，大力发展基础设施建设及高科技产业，并加大优惠措施力度，与中国的"一带一路"倡议高度契合，吸引了大量中国企业参与。

2018 年泰国位列中国对"一带一路"沿线国家和地区投资流量第九位。中国对泰国投资分布广泛，涉及制造业等。据泰国统计，中国内地企业赴泰直接投资并申请 BOI 投资优惠政策的投资金额仅次于美国和日本，位列第三名；如将中国香港地区企业投资包含在内，中国对泰投资金额则超过日本位列第二名。受各种因素影响近十年来泰国对华直接投资呈波动趋势。2009 年泰国对华实际投资 4866 万美元，2017 年达 1.1 亿美元，2018 年降至 4574 万美元。截至 2018 年年底，泰国在华投资企业共计 4508 家，实际投资累计 42.7 亿美元。

泰国对华投资主要集中在制造业、房地产业、租赁和商务服务业、交通运输、仓储和邮政业、批发和零售业等领域。

（三）中泰贸易经贸协定

中泰两国政府于 1978 年签订贸易协定，1985 年签订《关于成立中泰经济联合合作委员会协定》和《关于促进保护投资的协定》，1986 年签订避免双重征税的协定。2003 年签订中泰政府关于成立贸易、投资和经济合作联合委员会的协定。2003 年在中国—东盟自由贸易区框架下实施蔬菜、水果零关税安排。2004 年泰国承认中国完全市场经济地位。2009 年中泰签署《扩大和深化双边经贸合作的协议》；2011 年签署《双边货币互换协议》；2012 年签署《经贸合作五年发展规划》；2014 年两国央行签署《关于在泰国建立人民币清算安排的合作谅解备忘录》并续签《双边货币互换协议》。2018 年第六次中泰经贸联委会上签署《关于泰国输华冷冻禽肉及其副产品的检验检疫和兽医卫生要求协定书》。2018 年中泰召开第六次经贸联委会。

四、金融、税收与营商环境

（一）金融投资

泰国金融和资本市场开放度和国际化程度较高。同时也较为稳定，过去十几年里，泰国金融市场受到外围金融危机的影响较小。2018 年，泰国商业银行贷款总额达到 4404 亿美元，占 GDP 的比重高达 87%。证券市场及债券市场规模在东南亚排名领先。

（二）营商环境

据世界银行的《2020 年营商环境报告》，泰国营商环境在全球排名第 21 位，在东盟国家中排名第 3 位。泰国营商环境的三个主要优势：一是财税环境友好，7%的增值税率、20%的企业所得税率以及月工资 5%且每月封顶 750 泰铢的企业社保负担比例等投资政策，为企业经营提供了相对较低的赋税环境；泰国提供企业所得税、进口税减免等投资优惠政策。二是泰国与中国同属大陆法系，法律制度及体系在东南亚国家中相对健全和成熟，政治风险相对较低。三是泰国政策及区位优势显著。泰国社会总体较为稳定，政策透明度较高，经济发展水平位于东盟国家前列，商品在东盟国家享受零关税待遇，对周边国家具有较强辐射能力，经商环境开放包容。

（三）税率情况①

泰国法定企业所得税的税率为 20%。其中，银行将泰国非居民企业的外币资金贷给泰国非居民企业而取得的贷款利息收入，适用的企业所得税税率为 10%。基金和联合会、协会等社会团体的企业所得税税率为净收入的 2%—10%。国际运输公司和航空业的企业所得税税率则为净收入的 3%。外国航空或运输企业在泰国境内经营，其取得的收入全额按 3%税率计算缴纳企业所得税。

免征企业所得税情形如下：未在泰国境内从事经营活动的外国企业取得泰国政府债券的利息收入。在特定法令下由外国政府全资持有的金融机构取得的外国贷款利息收入。泰国居民企业或在泰国境内从事经营活动的外国企业取得的非公司制的合伙组织分配的盈余所得。在泰国证券交易所上市的公司取得泰国居民企业发放的股利，或非上市公司在未有直接或间接交叉持股的情况下取得持有表决权 25%以上的公司发放的股利。据投资促进局及加强竞争力相关法规规定，与泰国投资促进委员会相关税收优惠经核准，在特定期间符合规定的企业可享受：减免企业所得税优惠（最长优惠期 15 年）在未适用任何税收优惠的情况下减免 50%的企业所得税，最长优惠期限为 10 年。用于投资的支

---

① 国家税务总局：《中国居民赴泰国投资税收指南》，2020 年。

出可额外扣除最高 70% 的费用，最长优惠期限为 10 年。

五、近年义乌与泰国经贸往来情况

（一）义乌与泰国经贸往来

2018 年 10 月，义乌市与泰国清迈市就进一步在经济、旅游、文化等多领域合作进行交流并签署了两市友好交流关系备忘录。

2019 年 5 月，进口博览会"一带一路"海外新品中国首发会中就有泰国在内的 14 个国家的企业产品参与亮相。

2019 年 10 月，浙江国际贸易（泰国）展览会成功举办。

2020 年 7 月，泰国驻沪总领事率团来义乌访问，并对义乌的经贸优势和人文底蕴表示肯定。

（二）义乌与泰国产业合作发展新机遇

农业是泰国的支柱产业。同印度尼西亚一样，积极利用义乌在"十四五"规划期间建设农产品交易中心的契机，畅通泰国特色农产品入驻义乌市场，既要满足国内多元化需求，也要起到联通世界其他国家、延长产业链的功效。

泰国的制造业占 GDP 的比重较大，包括汽车装配、电子、纺织、食品加工等主要制造业与义乌合作发展具有潜在背景。依托义乌优越的市场辐射力和国际化特性，打造高效、优质、特色制造业一站式采购平台，帮助国内企业开拓泰国重要制造业市场。

泰国的旅游资源极为丰富，也是中国游客选择境外旅游的目的地之一。义乌小商品城可以设置具有国别特色的旅游文化产品展览专区，就泰国地域特色景点所需的旅游备用品、户外休闲用品、度假消费品等进行展销，为国内游客提供外出便利，也更好地畅通国内与泰国旅游相关企业的合作。

第六节　菲律宾（RCEP）

一、宏观经济

自 2008 年美国金融危机以来，菲律宾经济处于较高水平的增长，但受到新冠肺炎疫情冲击，菲律宾经济出现了严重衰退，2020 年二季度甚至创下 40 年以来最低增速，出现近 17% 的同比降幅。2021 年一季度，菲律宾经济反弹至 -4.2%，尚未恢复到疫情前的水平。近十年来，菲律宾的经济增长速度维持在 5% 以上，位于中高速增长国家行列。

1997 年亚洲金融危机后，菲律宾通过改革金融体系、降低利率、完善税制、扩大内需和出口等使得经济长期保持增长态势。1999—2019 年，菲律宾经济实现 84 个季度增长。2020 年受新冠肺炎疫情影响，菲律宾经济出现较大幅度下滑，见图 4-27。

图 4-27　1982—2021 年一季度菲律宾经济增长情况

数据来源：菲律宾央行。

菲律宾的物价水平总体可控，但是受到美元天量印钞，大宗商品价格以及原材料持续攀升影响，见图 4-28，菲律宾的物价水平在 2021 年 4 月也攀升至 4.5% 的高位。

图 4-28　2007—2021 年 1 月菲律宾 CPI 情况

数据来源：菲律宾央行。

二、产业结构

菲律宾的农业和服务业具有比较优势和特色。

一是农业。2019 年农林渔猎业产值为 1.55 万亿比索，占 GDP 的 7.0%。主要出口椰子油、香蕉、鱼和虾、糖及糖制品、椰丝、菠萝、未加工烟草、天然橡胶、椰子粉粕和海藻等。

二是工业。2019 年工业产值为 5.6 万亿比索，同比增长 5.2%。其中，矿业、制造业、建筑业和电气水资源供给产业产值分别为 0.14 万亿比索、3.4 万亿比索、1.5 万亿比索和 0.6 万亿比索，占 GDP 的 0.6%、15.3%、6.7% 和 2.6%。菲律宾制造业主要是食品加工、化工产品、无线电通信设备等，占制造业产出的 65% 以上。

三是服务业。菲律宾第三产业发达，服务贸易成为菲律宾经济的重要支柱。2019 年菲律宾第三产业产值 2298.5 亿美元，增长 10.8%，占 GDP 的

61%。同年，服务贸易占菲律宾 GDP 总量的 18.3%。菲律宾是全球主要劳务输出国之一。2019 年菲律宾海外劳工汇款达 335 亿美元，增长 3.9%。

三、基础设施

菲律宾的基础设施普遍落后，尤其是交通道路、能源供应、港口运输三大设施落后，严重制约了经济运行的效率。世界经济论坛 2016 年公布的《全球竞争力报告》显示，在与印度尼西亚、马来西亚、新加坡、泰国和越南五国的横向比较中，菲律宾基础设施远远落后，道路、铁路、港口、机场、电力、移动电话评分均排名最后。事实上，菲律宾政府也已经认识到基础设施建设中存在的问题，从阿基诺总统执政时期开始，就希望加大对基础设施的投资。政府大力推广 PPP 项目，但由于需更换的陈旧基础设施数量过大，建设资金捉襟见肘。阿基诺总统时期计划每年将 GDP 的 5% 用于基础设施建设，但所差甚远。资金不足的后果是不少项目或进展缓慢、延期，或无人投标。

四、经贸关系

（一）菲律宾贸易形势

菲律宾是出口导向型经济，外贸依存度较高。据世界银行数据，2009—2019 年，菲律宾对外贸易依存度在 60% 左右。菲律宾经济发展不均衡，经济结构偏重于服务业，全国 GDP 的一半以上由服务业创造，根据 UNCTAD 数据，菲律宾服务贸易 2019 年出口额为 410 亿美元，高于世界平均水平。而农业发展滞后，2015 年菲律宾农业对 GDP 的贡献率仅为 9%，粮食尚无法实现自给自足，农业原材料出口比重低于地区和世界平均水平制约了菲律宾经济的均衡发展。菲律宾制成品出口比重较大，但制造业基础整体较差，许多基本生产生活资料仍依赖于进口，2019 年，菲律宾商品出口总额 710 亿，商品进口总额为 1200 亿，外贸逆差 490 亿美元，见图 4-29。

菲律宾主要出口产品及目的地分散。2019 年菲律宾主要出口商品是电子产品，出口 400 亿美元，占菲律宾出口总额的 56.4%。其次是其他制成品、运输设备，分别占菲律宾出口额的 5.7%、3.8%。主要出口国为美国、日本、中国、新加坡和韩国。

菲律宾主要进口商品分别是电子产品、矿物燃料、运输设备、工业设备及钢铁，共约占菲律宾进口总额的一半以上，其中电子产品进口额约占菲律宾进口额的 25.6%。主要进口国为中国、日本、韩国、美国和泰国。

（百万美元）

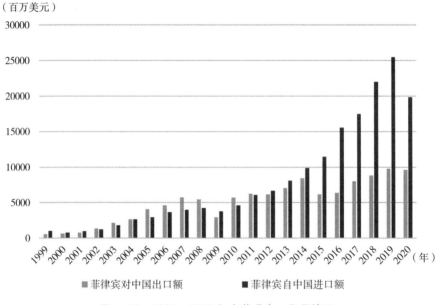

图 4-29　1999—2020 年中菲进出口贸易情况

数据来源：菲律宾央行。

（二）中菲贸易情况

长期以来中国一直是菲律宾的最大贸易伙伴。据中国海关统计数据，2019年，中菲双边贸易额为 609.5 亿美元，同比增长 9.5%，见图 4-30。

出口方面，2019 年中国对菲律宾出口总额为 407.6 亿美元，同比增长16.3%。主要出口商品是电气设备类，出口额为 77.6 亿美元，占比 19%，其次是核反应堆等机械器具及零件、矿物燃料，出口分别为 38.6 亿和 34.9 亿美元，占比 9.5% 和 8.6%。

进口方面，2019 年中国自菲律宾进口总额为 202 亿美元，同比下降 2%。主要的进口商品为电气设备类，达 105.1 亿美元，占比 52%，其次是核反应堆等机械器具及零件、矿砂矿渣，进口额分别为 43 亿美元和 18 亿美元，占比 21.3%和 8.9%。

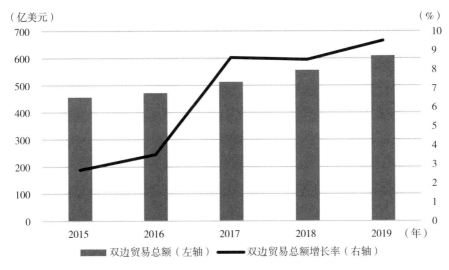

图 4-30　中菲双边贸易的发展变化情况

数据来源：中国商务部、贸促会。

（三）中菲双向投资情况

截至 2019 年年末，中国对菲律宾直接投资存量为 6.6 亿美元，是中国对东盟 10 国中除文莱以外投资最少的国家，与中国的经济地位远不相称，造成这一现象的主要原因是受地缘政治影响。

2016 年，杜特尔特执政，中菲关系得到很大程度改善，中国对菲律宾投资大幅度增长，根据菲律宾贸工部数据，2017 年，中国对菲律宾投资 5.8 亿元人民币，2018 年对菲律宾投资达到 487 亿元人民币，增长了 8364%。2020年，中国对菲律宾非金融类直接投资 1.4 亿美元，同比增长 132.1%，菲律宾对华投资 0.236 亿美元，同比增长 70.9%。

菲律宾的大建特建计划与"一带一路"倡议加强对接合作。中国企业对菲律宾投资的领域主要集中在农业、采矿业、制造业、建筑业、电力热力燃气及水生产和供应业、信息技术产业等。随着中国"一带一路"倡议的提出，近年来，中国重点关注沿线国家和地区基础设施建设，菲律宾作为"一带一路"倡议特别是"21 世纪海上丝绸之路"重点国家，在"一带一路"框架下，与中国开展基础设施以及经贸合作是中菲两国前所未有的大好机遇。

中国拥有丰富的道路桥梁建造以及解决大城市交通拥堵方面经验，有助于援助马尼拉交通治理，改善运输效率，降低经济损失。2020 年 12 月签署的中国援菲达沃河桥梁项目是继援菲比诺多—因特拉穆罗斯大桥和埃斯特热拉—潘塔里恩大桥之后，中国政府援助菲律宾的第三座桥梁项目，是达沃市高标准公路网络的重要组成部分。

中菲通信行业合作日益密切。中国通信行业有着丰富的网络及业务运营经验、雄厚的技术实力，而菲律宾质低价高、技术落后的通信服务饱受诟病，因此中菲在通信技术方面的合作是必要且紧迫的。中国电信及其本地合作伙伴组成的联合体成为菲律宾第三家电信运营商。此外，由于菲律宾地处热带地区，对于电力的需求量很大，但国内产煤量有限，因此大部分电力需要从外国进口，电力常常供不应求，导致电价高昂，严重影响居民生活质量及社会经济发展。中国长年致力于水电开发技术的提高，双方在资源、能源领域的合作前景十分广阔。

五、金融与商业文化

（一）金融投资

菲律宾银行业近些年表现欠佳，在东盟国家中，菲律宾银行的存款率最低。但中菲资本市场合作态势向好。2017 年 12 月，深圳证券交易所在菲律宾马尼拉成功举办了中菲资本市场研讨暨特色项目招待会，中方鼓励菲律宾相关发行主体加大对熊猫债等跨境商品的配置额度，拓宽融资途径，激发两国资本市场的潜能，共同推动两国资本市场共赢发展，从而为实体经济提供更加优质的服务。

（二）税收税率①

菲律宾的主要税种包括所得税、增值税、消费税、印花税、关税及比例

---

① 中国国家税务总局：《中国居民赴菲律宾投资税收指南》，2021 年。

税。其中，间接税在税收体系中的比例较重。

从税率来看，对于国内企业，菲律宾规定了一般性税率、特定主体适用的税率（如私人教育机构、医院）、针对不同类型消极所得适用的税率，以及最低的企业所得税税率。除了私人教育机构、医院，政府持有或控制的企业、机构或部门外，菲律宾的国内企业在某一纳税年度就其来源于境内和境外的应纳税所得额，应按照 35% 的税率缴纳企业所得税。根据 No. 9337 号修正案，自 2009 年 1 月 1 日起这一税率调整为 30%。依据菲律宾参议院第 1906 号法案，对于国内企业在每一纳税年度内从境内外取得的所有收入，均适用 25% 的税率。当企业的销售成本与其从境外和境外取得的总销售额或收入之比不超 55% 时，该企业可选择适用以总收入乘以 15% 计算其应纳税额。企业一旦作出这一选择，在其满足上述条件的连续三个纳税年度内不得撤回该选择。在菲律宾境内从事贸易或经营活动的外国公司，就其在上一纳税年度来源于菲律宾境内的所得，按照应纳税所得额的 35% 计算应纳税额。自 2009 年 1 月 1 日起，该税率调整为 30%。近年菲律宾的税制在改革，向着减税的方向进行。

为建立税收优惠制度以促进投资，2018 年 8 月菲律宾参议院通过了第 1906 法案，即《企业所得税激励改革法案》，法案于 2019 年 1 月开始实施。该法案将企业所得税税率从 30% 降到 25%，废除 123 项投资有关税收优惠的特殊规定，并将其整合为单一税收优惠综合激励机制。

依据菲律宾参议院第 1906 号法案，对于外国企业在每一纳税年度内从菲律宾境内取得的所有收入，均适用 25% 的税率。

菲律宾于 2015 年 12 月 9 日通过了《税收激励措施管理与透明法案》，该法案的目的在于强化授予与管理税收激励措施过程中的透明度和可问责性，同时监督与跟踪由促进投资的机构授予的税收激励措施。但是并未改变现行法律中已经规定的税收优惠措施，有关税收优惠措施仍然主要规定于前述法规中。依据该法案，已注册并享受税收优惠的商业机构应当向投资促进局（Investment Promotion Agencies，IPA）履行相应的报告义务。在提交税收申报单并支付税款的法定截止日期后 30 天内，商业机构向各自对应的 IPA 提交一份完整的年度报告，申报其享受的与所得税、增值税和关税有关的税收减免、扣除以及不征税的具体情况。IPA 则应在提交相关税收申报单的法定截止日结束后 60 天内，将前述年度报告提交给国家税务机关（Bureau of Internal Revenue，BIR）。

（三）营商环境

世界经济论坛《2019 年全球竞争力报告》统计菲律宾在 141 个国家和地区中排第 64 位。世界银行《2020 年营商环境报告》菲律宾营商环境便利度在 190 个经济体中排名第 95 位，分值为 62.8。

菲律宾最大的优势是拥有数量众多、成本低廉的优质劳动力，也因此吸引了大量西方公司将业务转移到菲律宾。据联合国最新统计，菲律宾居民识字率达到 97.8%，位居东南亚国家首位，在亚洲地区名列前茅。

菲律宾的竞争劣势主要有三个方面：一是社会治安不稳定，并且法制改革进展缓慢；二是经济发展急需的各项改革常在国会争论不休；三是基础设施建设有待完善，特别是电力短缺、价格高昂，成为潜在的外国投资者的主要问题。

（四）菲律宾的投资吸引力及风险防控①

近年来，菲律宾政局稳定，世界三大投资评级机构将菲律宾主权信用等级提升为投资等级。外资对菲律宾经济和市场前景较为看好，投资环境的积极因素：一是经济快速发展，财政稳健，通胀率保持在较低水平。二是人力资源优势明显。三是内需旺盛。四是美国、欧盟和日本等国对菲律宾出口产品分别给予相应优惠关税待遇。

在菲律宾投资有复杂因素：一是菲对外资限制严格。在外资股权占比、投资产业类型和土地交易方面都有较严格限制。二是政府行政效率不高。三是企业运营成本较高。菲律宾税种多，税率高，税负较重，税务审计周期长。四是菲律宾基础设施建设整体比较落后，物流成本高，耗时长。

六、义乌与菲律宾经贸往来及发展

（一）义乌与菲律宾的经贸往来

2018 年 12 月，菲律宾总统中华事务特使办公室义乌办事处正式挂牌成

---

① 中国驻菲律宾大使馆经商参赞江建军：《商务部国别报告——菲律宾》。

立。这既是义乌市设立的首个外国政府部委办事处，也是菲律宾总统中华事务特使办公室在中国县级市层面设立的首个办事处。

2021 年 3 月，义乌—菲律宾马尼拉国际货运航线正式开通运行。

（二）义乌与菲律宾产业合作发展新机遇

义乌与菲律宾农产品合作发展前景可观。2017 年 8 月，义乌积极争取并于获批建设进境水果指定监管场地，一改以往从宁波、上海等地间接进口水果的弊端。2021 年 4 月，菲律宾马尼拉国际机场的货运航班搭载 800 千克菠萝顺利抵达义乌机场，这也成为义乌进境水果指定监管场地获批后首次以海外直采、产地直达模式引进的进口水果。菲律宾的特色水果可以继续借助义乌进境水果指定监管场地的优势加强与义乌当地企业的互动，加强两地相关方面的经贸合作。

除此之外，菲律宾的旅游业与商务外包服务也较为发达，义乌企业可以将非主核心的业务资源外包给菲律宾，这也能在一定程度上降低人力成本、实现效率最大化。而针对具有菲律宾特色的旅游产业，义乌可借助博览会设置国别旅游特色专区，陈列具有菲律宾特色的旅游和文化产品，更有效地打通供需堵点，助力需求端与供给端的协调匹配。

第七节 越南（RCEP、CPTPP）

一、宏观经济

近年来，越南在东盟 10 国当中，不仅是与中国贸易额最多的国家，也是增长速度最快的国家。中越双边贸易和投资在持续增长。越南近年来经济增速也是名列前茅。越南政治经济体制改革迸发出新的活力。2020 年，尽管受到新冠肺炎疫情冲击，但是越南 GDP 仍然实现了 2712 亿美元，同比增长 2.9%，是少数实现经济正增长的经济体。

越南的经济增长保持在世界经济体的前列。特别是在越共"六大"推行革新开放和自计划经济向市场经济转型方针政策之后，越南经济取得较好增长态势。从 2000 年至 2007 年越南加入 WTO 前，GDP 基本上能保持在 7% 以上的高增速。在 2008 年受全球金融危机影响，越南经济增速回落至 5%—7% 的水平。2019 年，越国内生产总值达 2620 亿美元，人均 GDP 为 2786 美元。2019—2020 年越南的 GDP 增长 7%，连续两年增长速度超过 7%，见图 4-31。

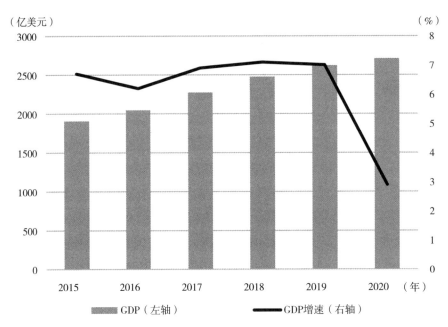

图 4-31　2015—2020 年越南 GDP 规模及增速变化情况

数据来源：越南统计局。

二、产业结构

2019 年越南农林水产业增长 2%，工业建筑业增长 8.9%，服务业增长 7.3%，对 GDP 增长的贡献分别为 4.6%、50.4% 和 45%，三者占 GDP 的比重分别为 14%、34.5% 和 41.6%，见图 4-32。

越南经济增长的主要驱动力是加工制造业（增长 11.3%）和市场服务业（运输和仓储增长 9.1%）；批发零售业增长 8.8%；金融、银行和保险业增长 8.6%。

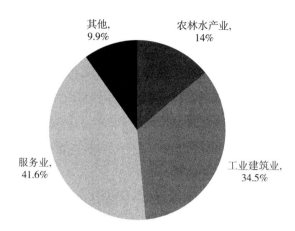

图 4-32 越南产业结构情况

数据来源：越南统计局。

越南的特色产业体现在以下几个方面：

一是农林渔业。2019 年越南在种植面积减少 10 万公顷的情况下，生产水稻 4345 万吨，同比减产近 60 万吨。越南集中造林 27 万公顷，开采木材 1610 万立方米。水产总量 820 万吨，增长 5.6%。

2019 年越南工业生产指数同比增长 9.5%，低于 2018 年 12.4% 的增幅。加工制造业增长 8.9%，电力生产与配送行业增长 9%，采矿业下降 1.3%。主要工业产品有金属、焦炭、精炼石油、印刷品、橡胶和塑料制品、纸和纸制品、家具、煤炭、纺织品等。

在汽车工业领域，截至 2019 年年底，全国汽车相关生产企业有 358 家，其中汽车装配企业 50 家，底盘、车身、行李箱生产企业 45 家，汽车零配件生产企业 214 家以及其他相关企业。越南目前的汽车消费量每年不足 30 万辆。越南汽车企业以进口部件进行组装为主，国产化率较低，仅 5%—10%。

在电子工业领域，2019 年越南电子产品、计算机和光学产品行业生产增长 6.6%，低于 2018 年 11.9% 的增长。2019 年越南电子、电脑及零件出口额约 149 亿美元。

在油气工业领域，越南原油储量约 44 亿桶，居世界第 28 位；天然气储量

1 万亿立方米。越南原油开采规模排名世界第 36 位，石油出口在东南亚排名第 4 位。2019 年越南开采原油 1308 万吨，开采天然气 102 亿立方米。2019 年出口原油 410 万吨，同比增长 3.6%，出口 20.3 亿美元，下降 7.8%。泰国、中国、日本、澳大利亚是越南石油的主要买家。

2019 年越南全年零售和服务业营业额为 2101 亿美元，同比增长 11.8%。其中，零售业收入 1595 亿美元，增长 12.7%。

越南注重产业发展规划，不断推出包括海洋、旅游、电力等行业发展规划。2016 年越共十二大提出要夯实基础，把越南早日建成现代化工业国家。

越南注重数字经济发展，提出数字社会发展规划，并尝试新技术和新模式，彻底革新政府的运营方式，发展公民的工作和生活方式，创造数字环境。为此计划建设和发展越南宽带基础设施，升级 4G 移动网络，推出 5G 移动网络及在全国普及智能手机。

三、经贸关系

（一）中越双边贸易

中越经贸快速发展，见图 4-33。截至 2020 年，中国连续 16 年成为越南第一大贸易伙伴，越南也成为中国第七大贸易伙伴和东盟第一大贸易伙伴。2019 年，中越双边贸易总额 1620 亿美元，同比增长 9.6%，越南连续第 4 年成为中国在东盟国家中的最大贸易伙伴，也是我国十大贸易伙伴之一。同年，中国企业对越南投资协议额 40.6 亿美元，增长 65%，是当年越南第五大外资来源地。截至 2019 年年底，中国企业在越南有效投资项目 2807 个，累计合同额 162.7 亿美元，在 135 个对越南投资的国家和地区中居第 7 位。

区位优势显著的越南外贸依存度极高，见图 4-34，是典型的外向型经济，被誉为新崛起的"世界工厂"，即引入大量制造业，但产业配套不足，需大量进口零配件，"组装"成品后再出口，故进出口额大，但贸易顺差较小且利润不高。

（亿美元）

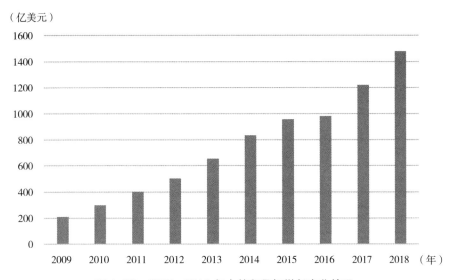

图 4-33 2009—2018 年中越贸易额增长变化情况

数据来源：中国商务部。

（%）

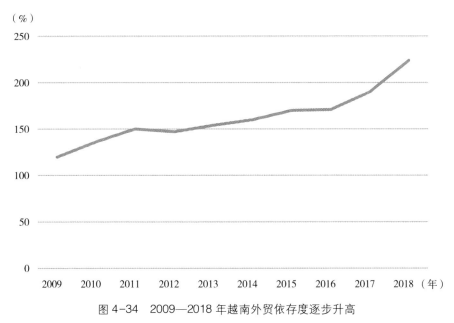

图 4-34 2009—2018 年越南外贸依存度逐步升高

数据来源：越南统计局。

越南的主要贸易伙伴包括中国、美国、欧盟、东盟、日本、韩国。越南主要出口的商品有：电子产品、纺织服装、机械装备、木材及家具制品、水产品、运输工具及零配件、照相机及视听设备等。主要进口商品有：电子产品、机械装备、纺织皮革鞋类及辅助材料、通信产品、钢铁产品及其他金属材料、塑料制品及原材料、化学制品及原材料等。

2018 年越南出口至中国最多的商品是电话及其零配件，出口额 93.8 亿美元，增长 31%；其次是电脑、电子产品及其零配件。此外还有照相机、摄像机及其零配件、果蔬、各类纤维及纱线、纺织品、鞋类、木材及木制品等。

（二）中越双边投资

随着中越两国分别加入世界贸易组织、中国—东盟自由贸易区的建立和升级，以及中越双边关系的持续推进，两国投资合作不断加强，中国对越南的直接投资存量逐年增加。

据越南计划投资部统计，2018 年中国对越协议投资额为 24.6 亿美元，是越南第五大外资来源地。2019 年中国跃升为越南第四大外资来源地。

据中国对外直接投资统计公报，2016—2018 年，中国对越直接投资流量分别为 12.8 亿美元、7.6 亿美元、11.5 亿美元，对越直接投资存量分别为 49.8 亿美元、49.7 亿美元、56.1 亿美元。

（三）中越经贸合作机制完善推动中越经贸发展

中越政府间建立多个合作机制与平台推动中越经贸发展。中越建交以来，两国政府合作日益紧密，通过建立一系列的政府间双边合作委员会或工作组，搭建了两国政府之间多元、立体的合作交流机制和平台。主要包括中国—越南双边合作指导委员会、中越经贸合作委员会、中越贸易合作工作组、中越金融与货币合作工作组、中越电子商务工作组、中越陆上基础设施合作工作组和中越协助中国企业在越南实施项目联合工作组。

（四）中越经贸合作的问题

从贸易来看，一是中越边境贸易双方边贸政策不统一，口岸及边民互市点管理欠规范，基础设施较落后等问题；二是越南采取贸易保护措施频率多；三是两国海关部门双边贸易额统计存在差异。

从投资合作来看，一是在越南中资企业行政成本相对较高；二是纺织品、钢铁、水泥等部分产业趋于饱和，部分地区土地、劳动力等要素成本迅速上涨；三是我国对越南投资项目平均规模较小，高新技术产业项目较少；四是我国企业对当地法律法规了解不够，融入当地的意识有待增强，一些大型工业合作项目纠纷难以及时得到解决。

四、金融、税收与营商环境

（一）越南金融投资及营商环境

越南金融环境支持贸易逐步发展。越南 1990 年就开始改革金融管理体制，进行银行业重组，将商业银行与越南国家银行（央行）分开。目前，越南已逐步发展形成了由中央银行、国有商业银行、外资银行、保险公司、证券交易所等组成的相对完善的金融体系。

越南的对外投资吸引力在逐年提升。按中国商务部的国别报告看，越南具备投资吸引力，其吸收外资的主要优势有六点：一是政局稳定，经济发展较快；二是劳动力成本相对较低；三是地理位置优越，港口众多，运输便利；四是越南投资法带来的保障与优势；五是对外开放程度较高，目前越南已签署或正在推进 17 项自由贸易协定，投资者可利用东盟经济共同体、中国东盟自贸区等自由贸易平台接近国际市场；六是基础设施需求大。

越南吸收外资的不利因素：一是宏观经济欠稳定，出口依赖性高，易受国际经济环境的影响并且公债、坏账高企，政府迄今未提出有效解决方案；二是劳动力素质不高，越南虽然劳动力充裕，但受过良好教育和职业技能培训的劳动力仅占 20% 左右，劳动效率较低；三是配套工业较落后，生产所需机械设备和原材料大部分依赖进口；四是外汇管制较为严格，投资者在使用美元时受到较大限制，须面临越南盾汇率不稳定的风险。

越南营商环境逐步提升。世界银行发布的《2020 年营商环境报告》显示，越南营商环境在全球排名第 70 位，东盟 10 国内排第 5 名。据 2019 年世界经济论坛发布的《2019 全球竞争力报告》，越南全球竞争力指数为 61.5，在全球

141 个经济体中排名第 67 位。

（二）税收情况①

越南现行主要税种包括增值税、企业所得税、特别消费税、高收入人群个人所得税、非农业用地使用税、土地使用权转让税、房屋土地税、资源税、印花税等。

从税率来看，自 2016 年 1 月 1 日起，越南的企业所得税的基本税率为 20%。越南境内从事油气勘测、勘探、开采活动的，企业所得税税率为 32%—50%。勘测、勘探、开采其他稀有资源（铂金、黄金、银、锡、钨、锑、宝石和稀土）企业所得税税率为 50%。对珍贵矿山和稀有自然资源，若 70% 及以上位于社会经济条件特别困难地区适用税率 40%。

从税收优惠看，越南减免税实行自核自免，年终清算。在越南享受税收减免的企业不需向税务部门报告申请，企业只要对照税收法律，若符合税法规定减免税的，自行核算自行减免，年终税务部门在进行一年一度的税收清查时，对企业的减免税情况一同审核认定，如果发现企业不符合减免税规定，在要求企业补税的同时加收滞纳金，并处不缴或少缴税款一倍以上五倍以下的罚款。

税收减免有四年内免征九年内减半征收（"四免九减半"）、四年内免征五年内减半征收（"四免五减半"）、两年内免征四年内减半征收（"两免四减半"）的优惠政策。

五、义乌与越南经贸往来情况及发展

（一）义乌与越南的经贸往来

2017 年 8 月，第六届浙江出口商品（越南）交易会在越南首都河内国际会展中心举行。其中交易会共设展位 150 个，展品包括五金机械、纺织服装、日用消费品三大类，为越南消费者了解中国商品提供平台。

2018 年 10 月，第 24 届国际小商品博览会在义乌举办。其中越南咖啡、沉

---

① 国家税务总局：《中国居民赴越南投资税收指南》，2020 年。

香等商品在义乌国际商贸城展出中引发强烈关注。

2019 年 5 月，义乌进口商品博览会开幕，包括越南在内的 40 个 "一带一路" 沿线国家和地区的企业参展。

2020 年 10 月，"义新欧"（义乌—河内）中欧班列启动，这既是浙江首次开通至东南亚国家的铁路国际物流通道，也标志着 "义新欧" 中欧班列的第 13 条国际铁路运输线路正式开通。

（二）义乌与越南产业合作发展新机遇

越南既属 RCEP，也属 CPTPP 成员国，在自由贸易协定签署的背景下，其农业发展亟须快速革新，以更高标准融入国际市场当中。诸如咖啡是越南主要的出口商品之一，但要改善自身竞争力，就需创造附加值，义乌作为联通国际贸易市场的重要纽带，在促进咖啡产业链升级方面能够为越南提供更加匹配的优质企业。而且越南具有天然的木材资源优势，可以为义乌家具企业的发展提供优质的原材料，以义乌为载体，将家具出口到更多的国家。

越南的轻工业尤其是纺织工业逐步兴起，从越南出口到欧美的纺织品大多属于零关税，随着欧美国家对中国贸易壁垒的增加，中国相关企业转而投资有潜力的越南市场是大势所趋。义乌纺织行业发展速度快，鼓励入驻义乌的纺织类企业加大与越南的合作，积极开辟越南市场。

第八节　新加坡（RCEP、CPTPP）

一、宏观经济走势

作为全球重要的商业城市和转口贸易中心，新加坡是重要的国际金融和航运中心。2019 年，新加坡 GDP 为 3721 亿美元，人均 GDP 为 65166 美元。2019 年，新加坡出口占 GDP 的 27.9%，消费占 36.0%，投资占 23.1%。受疫情影响，2020 年，新加坡实际 GDP 下降 5.4%，见图 4-35。[①] 随着新加

---

① 商务部：《对外投资合作国别指南——新加坡（2020 年版）》，2020 年。

坡政府努力管控疫情，经济得以强劲复苏，2021 年二季度新加坡 GDP 同比增长 14.3%。[①]

尽管全球经济逆风当前，但新加坡仍然是全球最强韧稳定的经济体之一。新加坡也致力以政治稳定为支柱，依靠廉洁和政策透明的制度取得企业的信任。稳健的货币和财政政策，加上健全的司法体系，是新加坡低风险经济的支柱。在全球缺乏应对新冠肺炎疫情长远计划的背景下，新加坡正探索出一条适合亚洲国家的逐渐对外开放路径。在后疫情时代，新加坡将是最早一批实现安全对外开放的国家。

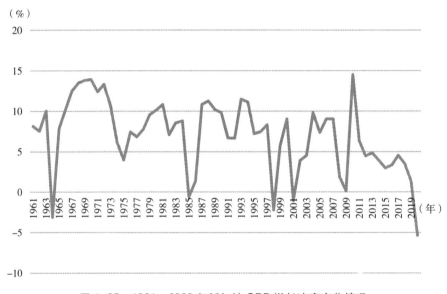

图 4-35　1961—2020 年新加坡 GDP 增长速度变化情况

数据来源：新加坡统计局、Wind。

二、产业结构[②]

新加坡属外资驱动型经济，以电子、石油化工、金融、航运、服务业为

---

①　新加坡贸易与工业部，"Singapore's GDP Grew by 14.3 Per Cent in the Second Quarter of 2021"，2021 年 7 月 14 日，见 https：//www.singstat.gov.sg/-/media/files/news/advgdp2q2021.pdf。

②　商务部：《对外投资合作国别指南——新加坡（2020 年版）》，2020 年。

主，高度依赖美、中、日、欧和周边市场。贸易是新加坡的传统优势业务，近年来，新加坡外贸额约为其 GDP 的四倍。2019 年，新加坡制造业增加值占整体经济的 19.8%，是世界上重要的制造业生产和出口基地，电子电器业、化学工业、海事工业和生物医药业是制造业的四大支柱行业。作为一个重要的贸易枢纽，新加坡国内生产总值有近 2/3 依赖于外部需求。新加坡不仅与各国国际关系友好，而且签订了多项区域以及双边自由贸易协定。除商品及服务税以外，更有 99% 进口货物在新加坡的商品协调制度下免征关税。

（一）新加坡第一产业集中

新加坡受国土面积和地理位置所限，在农业、林业和畜牧业方面长期处在较薄弱的状态，第一产业相对其他产业占新加坡国民经济比重很小。现新加坡经济发展局推出的自然资源战略涵盖水产养殖、农业等。研发活动是支撑该产业增长的主要核心。淡马锡生命科学研究院是推动新加坡第一产业研发活动的重要机构。针对全球农业特别是水产养殖业的日益增长的巨大需求，该研究院加强对分子生物学和遗传学的基础、前沿及战略性研究。根据新加坡食品局（SFA）的数据，新加坡土地资源紧缺，目前只有大约两平方公里（200 公顷）的土地用于粮食种植，这些地方大多位于新加坡林厝港和双溪登加（Sungei Tengah），占总面积不到 1%。到 2019 年，该国共有 220 个本地食物农场，其生产量分别达到当年蔬菜、蛋类和鱼类消费总量的 14%、26% 和 10%，同年，新加坡农产品进口总额达到 101 亿美元。新加坡目前的粮食需求有 90% 依靠进口，对进口食品的严重依赖意味着该国在确保稳定的食品供应方面面临着独特的挑战。

（二）新加坡第二产业特色明显

电子工业是新加坡传统产业之一。2019 年，该产业产值 1352 亿新元，占制造业总产值的 42%。涵盖半导体、计算机设备、数据存储设备、电信及消费电子产品等多领域。新加坡有着亚太地区最多元化的半导体产业。一些世界上最大的纯晶圆代工厂都在这里设立了生产基地，另外还有许多其他顶级的外包半导体装配和测试公司。不光是半导体，从存储记忆产品到微机电系统（MEMS），新加坡都是这些产品在全球供应链中的重要一环。同时新加坡重视产业人才的培育，新加坡每年培养超过 13000 名工程师与技术人员，确保电子产业人才稳定增长。

炼油和石化工业是新加坡的重要行业。东亚国家往往对中东石油有需求，而且运输多途经马六甲海峡。新加坡位于马六甲海峡的出入口，同时具有优良的深水港口可供大型油轮停靠。因此，其炼油产业和石油产品贸易发达，已经发展成为世界第三大炼油中心和石油贸易枢纽之一，同时也成为亚洲石油产品定价中心。日原油加工能力超过 130 万桶，主要产品包括成品油、石化产品及特殊化学品，企业主要聚集在裕廊岛石化工业园区。2019 年精炼石油行业产值 383 亿新元，占制造业总产值的 12%。精密工程业也是新加坡的重要产业。2019 年，该产业产值 383 亿新元，占制造业总产值的 11.4%。产品包括半导体引线焊接机和球焊机、自动卧式插件机、半导体与工业设备等。超过 100 家全球化学品公司已在新加坡设立核心业务。

海事工程业占比相对上述产业较少。2019 年，该产业产值 111 亿新元，占制造业总值的 3.3%。新加坡得天独厚的地理位置为其相关事业创造有利条件。新加坡有超过 1000 家海事与岸外工程公司。雇有超过 2 万名本地员工。但 2018—2020 年原油价格低迷，令该行业面对严峻挑战。

随着世界经济转向低碳化和可持续发展，全球液化天然气和岸外风力发电市场将成为发展的新动力，这对海事与岸外工程企业来说是全新的增长领域。新加坡政府将为企业与这些新增长领域的国内外相关企业牵线搭桥，帮助它们寻求资源和合作伙伴，开拓新市场。

航空工业是新加坡优势产业之一。以新加坡樟宜机场为中心，在新加坡提供的航空产品种类繁多，数量庞大。2019 年，新加坡有航空业员工近 19900 名，其中 90% 是高级技术员工；超过 100 家航空公司在新加坡设立服务站，新加坡已获得 1/4 的亚洲维护、修理及翻修市场。

（三）新加坡服务业发达

新加坡服务业占比超过 70%，其中，贸易、商务服务、交通与通信、金融服务是新加坡服务业的四大重点行业。2019 年，其商业服务业产值为 714.8 亿新元，占 GDP 的 14%。工程服务业约占新加坡 GDP 的 1.2%，约 3.5 万人任职于此行业。

　　从细分行业来看，新加坡 2019 年批发零售业产值为 831.8 亿新元，占 GDP 总额的 16.4%。传统的新加坡零售业面临着成本上升、销售额下降和电子商务的三大挑战。2014—2017 年，新加坡城市重建局（URA）报告零售租金持续下降，零售空置率上升。商店关闭越来越频繁。在未来新加坡将制定新的创新举措，以加快零售业转型的步伐。汇集各种利益相关者，如批发商和电子商务市场，使更多的零售商不仅能够从实体店销售产品，还可以在线竞争，高效地实现交付，加快零售行业转型步伐。

　　金融保险业发展迅速。新加坡目前是全球第三大金融中心、第三大外汇交易市场和第六大财富管理中心，是亚洲美元中心市场，也是全球第三大离岸人民币中心。2019 年，该产业占 GDP 总额的 13.1%。新加坡金融业的繁荣还体现在设立金融机构的数量和多样性上。截至 2019 年年底，包括 131 家银行、397 家银行代表处、187 家保险公司及全球各主要基金公司、经纪公司等近 1600 多家金融机构在新加坡设立了分支机构。

　　物流运输仓储业也较为发达。世界 25 大跨国物流公司中，已有 20 家在新加坡开展业务，而多数公司在此设立了区域性总部或全球总部。5000 多家企业在这里创造了约 17 万个就业岗位，2019 年运输仓储业产值为 321 亿新元，占 GDP 总额的 6.3%。新加坡运输业尤其是远洋运输行业保持区域优先地位，拥有优越的港口物流业务；运输仓储行业与数字经济相结合前景较好。新加坡仍是全球头号加油港，在 2018 年货柜吞吐量超过 3600 万标箱。生物医药业是新加坡近年重点培育的战略性新兴产业。2019 年，该产业产值 362.7 亿新元，占制造业总产值的 10.8%，就业人数 2.4 万人。新加坡生物制药业的产值在过去 20 年增加了两倍，新加坡政府持续努力为本地生物医药业吸引前沿投资，同时培育和发展本地企业，生物医药业是新加坡制造业实现 2030 年愿景的关键领域。

　　三、经贸关系①

　　（一）与各国贸易往来现状

　　2019 年新加坡货物贸易额为 10222.62 亿新元，下降 3.2%，其中出口

---

　　①　商务部：《对外投资合作国别指南——新加坡（2020 年版）》，2020 年。

5325 亿新元，下降 4.2%；进口 4897 亿新元，下降 2.1%，贸易顺差 428 亿新元。受新冠肺炎疫情影响，2020 年新加坡贸易总额为 9691 亿新元，同比下降 5.2%。新加坡货物贸易伙伴主要集中在邻近的东南亚地区国家及中国、日本、韩国和美国；2019 年主要出口市场为：中国内地、中国香港、马来西亚、美国等地。主要进口来源地为：中国、美国、马来西亚等。中国为新加坡第一大货物贸易伙伴、第一大出口市场和第一大进口来源。2019 年新加坡非石油类主要出口商品中，机械及运输装备占比 58.2%，化工产品占比 16.9%，杂项制品占比 11%。主要进口商品中，机械及运输装备占比 61.2%，化工产品占比 10.5%，杂项制品占比 10.5% 等。

2019 年新加坡服务贸易额 5509 亿新元，增长 1.3%，其中出口 2794 亿新元，增长 2.2%；进口 2715.4 亿新元，增长 0.4%，贸易顺差 78.6 亿新元。2020 年，新加坡服务贸易额为 4971 亿新元，同比下降 14.3%。中国为新加坡第三大服务贸易国、第三大服务出口国和第三大服务进口来源国。

（二）中新经贸往来情况

中国与新加坡于 2008 年签署了《中国—新加坡自由贸易区协定》，新加坡是首个同中国签署全面自由贸易协定的东盟国家。根据协定，新加坡已于 2009 年起取消全部自中国进口商品关税；中国也于 2010 年起对 97.1% 的自新加坡进口的产品实现零关税。两国还在服务贸易、投资、人员往来、海关程序、卫生及植物检疫等方面进一步加强合作。2010 年，双方召开了第一次工作会议，对《中国—新加坡自由贸易区协定》执行情况进行了回顾，并探讨进一步通过自由贸易协定促进双边货物流通、服务、投资等方面的合作。2011 年 7 月，双方签署了两份补充协议，加强危机管理方面的合作，为双方企业办理关税优惠手续提供更多便利，同时在美容和城市交通服务等服务行业中提早为新加坡提供优于东盟其他国家的待遇。2019 年 10 月，《中新自贸协定升级议定书》正式生效，除对原协定的原产地规则、海关程序与贸易便利化、贸易救济、服务贸易、投资、经济合作等 6 个领域进行升级外，还新增了电子商务、竞争政策和环境 3 个领域。

由于疫情的因素，2020 年中新双边贸易额为 890.9 亿美元。而 2019 年中新双边贸易额为 899.4 亿美元。其中，中国对新加坡出口 547.2 亿美元，增长 11.3%；自新加坡进口 352.2 亿美元，增长 4.5%；中方顺差 195 亿美元。以单个国家/地区计，在东盟内新加坡为我国第三大贸易伙伴。我国继续为新加坡第一大贸易伙伴、第一大出口市场和第一大进口来源国。2019 年，新加坡对中国出口的主要产品为机电产品、贵金属及制品、化工产品和塑料橡胶。新加坡自中国进口的主要商品为机电产品、矿产品和运输设备。

（三）中新双向投资活跃

2020 年，新加坡已连续第 8 年成为中国最大新增外资来源国，2019 年，新对华新增全行业投资 75.9 亿美元，同比增长 45.7%；2020 年，新对华新增全行业投资额仍然持增长势头，为 76.8 亿美元，同比增长 1.2%。① 截至 2019 年年末，我国累计吸收新加坡投资 1028.3 亿美元②。

据中国商务部统计，2019 年中国对新加坡直接投资流量 48.3 亿美元；截至 2019 年年末，中国对新加坡直接投资存量 526.4 亿美元。中国对新加坡投资涉及所有主要行业，从累计投资金额来看，主要集中于金融保险业和贸易业。其中，中国投资占新加坡吸收外资比重相对较大的行业包括建筑业、贸易业和房地产业。截至 2019 年年底，新加坡是中国对外直接投资存量第二大国，也是当年中国第二大对外投资目的国，在新加坡中资企业数量已超过 7500 家。中国对新加坡投资以并购为主，绿地投资较少。

四、金融与商业文化③

（一）银行保险体系

新加坡不设中央银行，金融管理局行使央行职能。截至目前，新加坡共有商业银行 210 家，其中本地银行 4 家，外资银行 206 家。2013 年 2 月，中国人民银行授权中国工商银行新加坡分行为人民币清算银行。

---

① 外交部：《中国同新加坡的关系》，2021 年 3 月，见 https：//www.fmprc.gov.cn/web/gjhdq_ 676201/gj_ 676203/yz_ 676205/1206_ 677076/sbgx_ 677080/。
② 商务部：《对外投资合作国别（地区）指南——新加坡》，2020 年。
③ 商务部：《对外投资合作国别指南——新加坡（2020 年版）》，2020 年。

新加坡保险市场高度发达，是全球第三大保险市场。市场主体众多，拥有比较健全的行业协会组织体系。新加坡共有 79 家保险公司。同时，外资保险公司将新加坡作为区域中心辐射整个东南亚市场。

（二）资本市场发展

新加坡是东盟 10 国中最发达的国家，是国际金融、亚洲财富管理中心，是全球大宗物资交易中心、是全亚洲最大的外汇交易中心，也是领先的海事和物流中心。新加坡虽然地域受限，没有丰富的原材料和天然资源，但凭借发达的资本市场和十分优惠的关税政策拉近了与各个经济体的关系。

（三）营商环境

世界银行通过对 190 个经济体推动或限制企业生命周期的 11 个领域的监管规则的考察，发布《2020 年营商环境报告》。新加坡连续 4 年仅次于新西兰，居第二名，在开办企业、办理施工许可证、纳税和执行合同 4 个领域表现亮眼。

世界经济论坛《2019 全球竞争力报告》数据显示，新加坡名列第一位。报告指出，作为世界上最开放的经济体之一，新加坡在基础设施、卫生水平、公共领域表现和劳动市场等多个领域排名前列，但在新闻自由、对可持续发展的承诺、雇佣外籍劳工容易程度等方面排名欠佳；新加坡若想成为全球创新中心，就得进一步推广创业精神和提升员工技能。

《2019 年全球创新指数报告》指出，在创新投入方面新加坡高居榜首，知识型就业、合资战略交易等指标名列前茅，但在人力资本与研究、资讯通信科技、生态环境可持续性、女性就业、贷款等领域有待提升。

在《2019 年度世界竞争力报告》中，新加坡凭借其先进的技术基础设施、熟练的技术劳动力储备、对移民友好的法治环境和行之有效的创办企业方法拔得头筹，中国香港和美国分列第二、第三名。福布斯在《2019 年最适合经商的国家及地区》中，新加坡位列第 8 名。此外，新加坡向来以政治清明、制度健全和法规完善著称，在衡量投资风险的社会治安等外围环境要素层面，表现颇为领先。

五、义乌与新加坡经贸往来及发展

（一）义乌与新加坡的经贸往来

2018 年 11 月，东南亚领航电商平台与义乌市签署战略合作协议。

2019 年 4 月，中国国际电子商务博览会暨数字贸易博览会开幕，包括新加坡在内的 10 个国家的企业参展。

（二）义乌与新加坡产业合作发展新机遇

义乌要重点把握新加坡第二产业的发展趋势，继续探索仓储物流等优势服务业的合作契机。新加坡的电子工业发达，计算机设备、电信及消费电子产品等多领域能够更好地满足义乌相关企业的需求，义乌也能够通过与新加坡相关业务的往来，创新自身业务模式，增加产业附加值。

义乌打造现代化仓储物流将成为未来的战略方向之一，仓储物流也成为承载贸易的重要元素之一，新加坡作为仓储物流业较为发达的地区能够为义乌提供足够的实战经验，包括一些高端智能的仓储物流设备的引进能够为入驻义乌的企业提供不少便利。

第九节　马来西亚（RCEP、CPTPP）

一、宏观经济

从 GDP 来看，由于 2020 年新冠肺炎疫情暴发，经济活动受到限制，马来西亚的 GDP 增速从 2019 年的 4.4% 降至 2020 年的 -5.6%，为 1998 年以来的最低水平。人均国民总收入从 2019 年的 45311 林吉特下降至 42503 林吉特。2021 年一季度，马来西亚 GDP 略下降 0.5%，从上一季度 3.4% 的下降中逐渐恢复，见图 4-36。

从消费价格指数来看，2020 年马来西亚的通货膨胀为负数，但食品和饮料的 CPI 仍然为正数。2020 年马来西亚城市的通货膨胀率高于农村的通货膨胀率，这也就意味着城市地区的商品价格变化快于农村地区，导致城市人群的

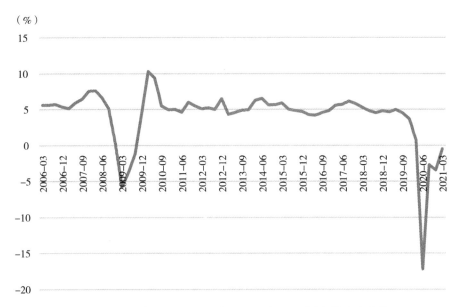

（%）

图 4-36　2006 年 3 月—2021 年 3 月马来西亚 GDP 增速变化情况

数据来源：马来西亚央行、Wind。

购买力（17.1%）低于农村。自 2014 年以来，马来西亚地区之间的通货膨胀差距扩大，并在 2020 年继续上升。

从对外贸易来看，2021 年一季度的对外进出口额显著增长，整体来看马来西亚的进出口出现双升，对外经贸得到有效恢复。

从就业人数和劳动市场发展来看，在经济活动方面，服务业占就业岗位的 51.8%，占填补工作岗位的 52.6%，同时，制造业占就业岗位的 26.8%，占填补工作岗位的 26.1%。在 2021 年第一季度，创造的就业机会主要由制造业提供，占 42.4%，其次是服务业。在技术劳动力方面，2021 年一季度，技术类职位比 2020 年一季度减少 1.4 万至 206.7 万个职位，2021 年一季度共创造了 5.3 万个技术类就业机会。

二、产业结构

2020 年，马来西亚三次产业比重为 8.3∶36.3∶55.4，其中制造业占比最多，为 22.6%，批零贸易修理业占比为 17.2%，政府服务业占比为 9.1%，金融业占比为 7%，采矿业和信息通信业占比不相上下，分别为 6.8% 和 6.5%，其余的建筑业、住宿餐饮业、运输仓储业、房地产业等都没有超过 5%。

（一）第一产业

农业是马来西亚的传统经济部门。2019 年，农业部门对国内生产总值的贡献为 7.1%（1015 亿林吉特），其中油棕种植是农业部门增加值的主要贡献者，占 37.7%，其次是其他农业（25.9%）、畜牧业（15.3%）、渔业（12%）、林业和伐木业（6.3%）及橡胶业（3%）。2019 年农业部门的出口额为 1155 亿林吉特，而 2018 年为 1145 亿林吉特，增长了 0.9%。该部门的贸易平衡从 2018 年的 211 亿林吉特增长 4.1% 至 2019 年的 220 亿林吉特。

在种植业方面，马来西亚的橡胶、棕油和可可为典型的经济作物，水稻为重要的粮食作物。橡胶业是马来西亚重要的种植产业之一，是国民经济的重要组成部分，主要包括天然橡胶种植和橡胶制品生产。马来西亚是仅次于泰国、印度尼西亚的全球第三大天然橡胶生产国和出口国，全球第一大橡胶手套、橡胶导管及乳胶线出口国、第五大橡胶消费国。2019 年，马来西亚的橡胶产量比 2018 年增加 36.5 万吨（6.1%）。除橡胶业，马来西亚的棕油业是农业的特色。2019 年棕油比 2018 年增加了 646 万吨（0.7%）。可可同样是马来西亚重要的经济作物，是仅次于棕油和橡胶的出口农产品。尽管马来西亚的气候条件优越，但稻米产量一直不尽如人意，无法满足国内巨大的市场需求，但目前，马来西亚已引入中国的杂交水稻技术，增加了稻米产量。

在林业方面，森林资源极为丰富，马来西亚是世界热带硬木的主要生产和出口国，木材采伐业是其国民经济的重要部门，但随着政府管制，马来西亚的原木产量有所下降。

在渔业方面，马来西亚政府非常支持渔业的发展。马来西亚海岸线长达 4800 公里，渔业资源丰富，沿海鱼类 1000 多种。2019 年海洋鱼类总着陆重量为 145.54 万吨，比 2018 年的 145.29 万吨增加了 0.2%。海水和淡水水产养殖产量分别增加了 1.70 万吨（5.9%）和 3.3 千吨（3.3%）。

（二）第二产业

工业是马来西亚经济最主要的领域之一，产值占 GDP 的 1/3，其中制造业最为重要。马来西亚矿产资源丰富，矿业发展也很迅速。除此之外，马来西亚电力工业和建筑业也是重要的工业支柱。

在制造业领域，2019 年，马来西亚制造业产值为 3163.6 亿林吉特，同比增长 3.8%，占 GDP 的 22.3%。制造业是马来西亚国民经济发展的主要动力之一，主要产业部门包括电子、石油、机械、钢铁、化工及汽车制造等行业。2021 年 3 月，马来西亚的制造业销售额达到 1269 亿林吉特，增长了 15.3%，其中运输设备及其他制造产品（34.2%）、电气和电子产品（17%）以及食品、饮料和烟草产品（14.9%）的增长带动了 2021 年 3 月销售额的增长。

在矿业领域，马来西亚矿产资源丰富，其中锡矿是最重要的矿产资源，石油和天然气蕴藏量较丰富，此外，还有金、铁、钨、煤、铝土、锰等矿产。马来西亚的锡矿储量居世界第二位，产量和出口居世界前列；石油和天然气在马来西亚矿产资源中占有重要地位，马来西亚的石油主要分布在近海地区，天然气主要分布在东马近海地区。

在电力工业领域，马来西亚的电力工业是随着矿业的开采而发展起来的，在独立前已有一定规模。马来西亚的发电能源主要有石油、天然气、水力和煤炭四种，政府能源利用政策是逐步减少燃油，促进利用天然气、水力和煤炭。

在建筑业领域，建筑业是马来西亚又一重要产业，占 GDP 的 4% 左右。20 世纪 70 年代以来，由于民众对房屋的需求增大，以及大规模公共设施建设增加，建筑业的增长率一直比较可观。2019 年，马来西亚建筑业产值 662.5 亿林吉特，同比增长 0.1%，占 GDP 的 4.7%。

（三）第三产业

马来西亚的第三产业发展迅速。2019 年，马来西亚服务业产值为 8192 亿林吉特，增长 6.1%，占 GDP 的 57.7%。服务业是马来西亚经济中最大的产业部门，吸收就业人数占马来西亚雇用员工总数的 60.3%。其中旅游业是服务业最重要的部门之一。

在交通运输领域，马来西亚有良好的公路网，航空业也比较发达。马来西亚的交通运输设施在第二次世界大战前颇具规模，独立以来，马来西亚政府对交通运输行业给予更高的关注度，投入大量资金来建造交通运输基础设施，因而马来西亚的交通运输业发展态势良好。

在旅游业领域，马来西亚的旅游资源丰富，这就为其旅游业带来了巨大的发展机遇。1957 年马来西亚独立后，政府为了发展旅游业，成立了旅游发展局，各州也成立了旅游协会和旅行社，到 20 世纪 80 年代后期，政府开始重视旅游业发展，采取了很多积极的措施来推动该领域的发展。

在金融领域，马来西亚有两套并不相悖的金融体系，一套是传统的金融体系，另一套是独特的伊斯兰金融体系，2021 年一季度，商业服务和金融部门指数比 2020 年四季度增长 2.2%，达到 127.5，这一增长主要来自金融和保险部门（4.4%）。

三、经贸关系

（一）与各国经贸往来现状

对外贸易在马来西亚经济中占有重要的地位。历史上的马六甲王国就凭借着优越的地理位置，对周边国家积极开展对外贸易，成为重要的经济贸易枢纽，尤其是在马来西亚独立之后，对外贸易的重要性日趋上升。据马来西亚统计局数据显示，2020 年 12 月马来西亚的贸易伙伴中贸易额占首位的组织是东盟，占前三位的国家分别是中国、新加坡和美国。

从贸易结构来看，马来西亚的进出口产品结构发生深刻改变。从橡胶、锡矿两种初级产品的出口扩大为原油、木材、棕油、橡胶和锡矿 5 种，工业制品出口显著增加。近年机电产品、矿产品和贱金属及制品是马来西亚进口的前三大类商品，机电产品、矿产品和塑料、橡胶是主要出口商品。

从直接投资来看，截至 2021 年一季度末，马来西亚的外商直接投资（FDI）从 2020 年四季度的 6988 亿林吉特增至 7134 亿林吉特，制造业是最大的贡献者，所占比例为 39.3%，其次是金融活动（24.3%）与批发和零售贸易（6.2%），其中亚洲地区的外商直接投资额最大，最显著的是新加坡（21.8%）、中国香港（12.2%）和日本（10.9%）。同时，对外直接投资

（DIA）主要是金融活动（43.6%），其次是采矿业和采石业（13.6%）与农业（9.2%），其中新加坡（21.1%）和印度尼西亚（9.2%）仍然是 DIA 的主要目的地。

（二）与各国（地区）经贸协定签署情况

从多边和区域贸易协定的角度来看，马来西亚于 1957 年加入《关税和贸易总协定》，是世界贸易组织（WTO）的创始成员国。马来西亚是东南亚国家联盟的创始成员国。马来西亚是 RCEP 和 CPTPP 的成员国，是义乌前十大贸易国中唯一的东盟国家。

从双边贸易协定的角度来看，截至 2019 年 5 月，马来西亚已经与日本、巴基斯坦、新西兰、印度、智利、澳大利亚、土耳其签署了双边自由贸易协定，在贸易合作方面取得了一些显著成果。

（三）中马经贸往来情况

中马两国于 1974 年正式建交。2004 年两国领导人就发展中马战略性合作达成共识。2013 年两国建立全面战略伙伴关系。中国与马来西亚签有贸易、经济、技术、科技合作和投资保护等协定。此外，两国还签订并批准生效了避免双重征税协定。

中国与马来西亚双边贸易保持良好发展态势。2020 年中马双边贸易额 1311.6 亿美元，同比增长 5.7%；其中中方出口 564.3 亿美元，进口 747.3 亿美元。中国连续 12 年成为马来西亚最大贸易伙伴。中国自马来西亚进口主要商品有集成电路、计算机及其零部件、棕油和塑料制品等；中国向马来西亚出口主要商品有计算机及其零部件、集成电路、服装和纺织品等。

四、金融与商业环境

（一）金融投资

马来西亚是东盟较为发达的经济体，自马来西亚独立以来，政府就高度重视招商引资，为健全金融体系，马来西亚政府不仅规划发展境外金融中心来引进国外资金，促进金融产业的国际化，同时还注重对各类金融机构进行监督和管理。

从传统金融体系的角度来看，马来西亚的银行体系主要包括中央银行、商业银行和外资银行三类，各类银行各司其职。马来西亚证券市场主要由吉隆坡股票交易所和马来西亚证券委员会组成，致力于服务和促进马来西亚证券及期货市场发展。马来西亚的保险市场还有极大的发展空间。

从伊斯兰金融体系的角度来看，马来西亚的伊斯兰金融体系包括伊斯兰银行、伊斯兰保险、伊斯兰外汇、伊斯兰资本市场。整体来看，马来西亚的伊斯兰金融具有以下几个特点：一是具有得天独厚的人文环境特点；二是政府重视，目标明确，政策优惠；三是设施完善，服务齐全，品种丰富；四是对外开放，兼收并蓄，谋求合作。马来西亚开展伊斯兰金融业务较早。

与此同时，马来西亚伊斯兰金融基础设施较为齐备，技术手段比较先进，在伊斯兰金融业的经营和监管方面积累了大量的经验。为提升伊斯兰金融业服务质量，进一步提高该领域的国际化程度，马来西亚逐步向国内外合格的银行、保险和再保险公司颁发新的伊斯兰金融业务营业执照。

马来西亚属于出口导向型经济，注重与其他国家进行金融合作。其中，中国与马来西亚金融合作成效显著。2000 年，中国银行和马来亚银行分别在吉隆坡和上海互设分行。2009 年 2 月，中国人民银行与马来西亚国家银行签署了双边货币互换协议。2012 年、2015 年、2018 年三次续签。2012 年 4 月，中国人民银行与马来西亚国家银行签署了关于马来西亚国家银行在华设立代表处的协议。2013 年 10 月，马来西亚国家银行在北京设立代表处。2014 年 11 月，两国央行就在吉隆坡建立人民币清算安排签署合作谅解备忘录。

（二）营商环境

马来西亚是一个不断发展的国家，拥有动态的商业环境、技术创新型公司和完善的基础设施。其高度发展的经济由强大的商业环境支撑，因此，关注马来西亚的商业环境是实现经济高速增长的必要条件之一。

世界银行发布的《2020 年营商环境报告》显示，马来西亚营商环境便利度在全球 190 个经济体中排名第 12 位，比 2019 年排名（第 15 位）上升 3 位。世界银行《2020 年马来西亚营商环境报告》指出马来西亚各参与考察的城市所制定的有关规定质量较好，但执行规定的效率有待提高，各机构之间缺乏积极的合作是影响效率的最主要因素。

世界经济论坛发布的《2019 年全球竞争力报告》显示，在全球 141 个经济体中马来西亚排第 27 位。世界知识产权组织发布的《2019 年全球创新指数》显示在全球 129 个经济体中马来西亚排第 35 位。

（三）税收税率①

从税率来看，法人取得的经营所得，股息、利息等投资所得，资产租赁费、使用费、佣金等资产所得及其他具有所得性质的利得或收益都是所得税的征税范围要缴纳所得税。马来西亚公司所得税税率为 24%。当中小型居民公司一个课税年度业务收入总额不超过 5000 万林吉特时，对其取得的 60 万林吉特以内的收入适用 17% 的所得税税率，超过部分的所得适用 24% 的所得税税率。非居民企业公司所得税的缴纳实行预提税制度，预提税税率为 10%—15%。非居民企业来源于马来西亚的利息缴纳预提税。

从税收抵扣来看，公司所得税以每一纳税年度的收入总额减除为取得收入发生的费用、损失和允许扣除的支出后的余额作为应纳税所得额，按照适用税率计算征收。其中，所得方面大致分为 4 种：经营所得；股息、利息所得；租赁费、特许权使用费、佣金所得；其他利得和收益所得。扣除方面，具体税务上的扣除项目主要包括：一是折旧，税务机关依法认可的折旧资产有：工业用建筑、机械及设备。二是亏损处理，经营亏损可在当期从其他经营所得以及投资或资产所得中扣除。三是向外国子公司支付的特许权使用费、管理服务费和利息费用经申请可扣除。

五、近年义乌与马来西亚经贸往来情况

（一）义乌与马来西亚主要经贸往来

2017 年 3 月，"义乌购"正式对外亮相，旨在打通义乌小商品市场与大马市场的 B2B 电商平台。这标志着义乌小商品市场的 180 多万件商品从此具备了进入马来西亚消费者手中的线上渠道，同时也为来自马来西亚的丰富商品进

---

① 国家税务总局：《中国居民赴马来西亚投资税收指南》，2020 年。

入义乌小商品市场奠定了坚实基础。

2018 年 11 月，义乌市人民政府和马来西亚对外贸易发展局主办的"义乌—马来西亚产品对接会"圆满落幕，对接会成果丰硕，反响热烈。同月，马来西亚在浙江义乌设立了"马来西亚买家服务中心"，马来西亚的公司已成为全球最大的批发市场的一部分，服务中心的设立为马来西亚供应商与中国当地商界和义乌国际买家提供了更多的联系。

2021 年 1 月，"马来西亚义乌丝路学院"在马来西亚马六甲正式揭牌。"马来西亚义乌丝路学院"的成立是丝绸之路沿线城市在人文和教育领域开展合作的重要探索和机遇。

（二）义乌与马来西亚产业合作发展新机遇

义乌与马来西亚的工业和服务业合作发展具有广阔前景。马来西亚的矿产资源丰富，义乌有不少依托矿产资源发展起来的企业，但据调研走访了解，义乌矿产资源的来源多是非洲、东南亚等地区，其中就有马来西亚，出口地多为美国、欧洲、日本等相对发达国家，义乌恰好能够凭借自身优势，对自马来西亚进口的矿产资源进行加工，实现产品赋能，畅通国际循环。

而旅游业作为马来西亚的重要服务产业，在义乌同样拥有与泰国、菲律宾等旅游国一样的合作发展潜力。

第十节　缅甸（RCEP）

一、宏观经济

受新冠肺炎疫情冲击，2020 年缅甸 GDP 为 709 亿美元，同比下降 6.82%。缅甸 GDP 从 2001 年的 71.7 亿美元增长到 2020 年的 709 亿美元，年均增长 13.6%，见图 4-37。与此同时，缅甸人均 GDP 从 2001 年的 156 美元增长到 2020 年的 1333 美元，年均增长 12.8%。

缅甸通货膨胀严重但整体趋于回落，尽管近年来缅甸的通货膨胀率大幅波动，但在 2001 年至 2020 年期间趋于下降，到 2020 年达到 6.1%，见图 4-38。

（十亿缅甸元）

图 4-37　1961—2018 年缅甸 GDP 变化情况

数据来源：Wind。

从政府债务情况来看，2020 年，缅甸政府总债务占缅甸 GDP 的比重从 2001 年的 251.3% 逐渐下降到 2020 年的 42.4%。

从劳动市场发展来看，2020 年缅甸的失业率为 1.8%，高于 2019 年的 0.5%。失业率的增加很大程度是受疫情因素的影响。新冠肺炎疫情蔓延导致欧美地区大规模取消订单，致使缅甸劳动密集型产业失业率攀升。

二、产业结构

（一）农业占主体

缅甸还是典型的农业国。在农业方面，农业是缅甸国民经济基础，也是缅甸政府优先发展的重要产业之一。目前，**缅甸乡村人口约占总人口的 70%**，其中大多以种植业和畜牧业维生。在种植业领域，缅甸的主要农作物包括水稻、小麦、玉米、豆类等常规作物，和橡胶、甘蔗、棉花、棕榈等工业作物。本次全球性的疫情危机并没有给缅甸农业领域带来太大的冲击，因为农产品非

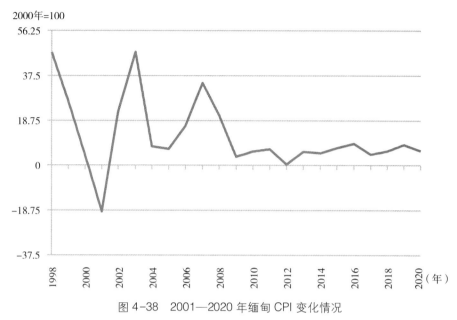

图 4-38　2001—2020 年缅甸 CPI 变化情况

数据来源：Wind。

快速出口产品，要经过层层检验检疫，影响将会滞后一些时间。但在疫情过后，国际上的粮食需求会变大，反而将使得农业领域的增速变快。2020 年农业领域出口达 30 亿美元。出口额增加的原因是缅甸的农产品开拓了新的市场，以及国际上购买储备粮食的情况增加所致。

在林业方面，缅甸森林覆盖率为 52%，林业资源丰富，其中缅甸柚木品质优良，世界闻名，是该国重要的创收来源。受疫情影响，缅甸农资进口和农产品出口受阻，农产品出口不畅，农民回款困难，缺乏资金投入下一季种植。

在畜牧业领域，畜牧业是缅甸经济发展的重点和推动领域之一，具有潜在市场和投资空间。目前，在缅甸经营畜牧业的华人公司就有多达 600 多家。为促进畜牧业发展，缅甸政府拟通过招商途径投资 1 亿美元在曼德勒、实皆和掸邦打造畜牧生产区，并在仰光兴建畜牧研究与发展中心。

在渔业领域，渔业已经被缅甸投资委员会赋予优先地位，渔业主要分为三类：一是内陆渔业（开放和被淹没的水域）；二是海洋渔业（沿海和近海）；

三是水产养殖（甲壳类、海藻等）。近年来，缅甸更加注重有关法令的执行和具体渔业发展措施的实施，着力通过加强渔业监管力度，整顿外国渔船非法捕鱼行径；重视淡水养殖，提高水产品产量；培育本国人员实际捕捞技术，为渔业发展提供技术支撑等措施，以发展本国渔业。但 2020 年受疫情影响，渔业因需求的大量锐减而发展停滞。

（二）第二产业处于初级阶段

在第二产业里，由于缅甸孟加拉湾沿岸石油和天然气资源丰富，因此缅甸石油和天然气开采产业发展较好，但大多是由外资控制。截至 2018 年财经年度末，外国企业在缅甸石油和天然气领域投资留存项目 88 个，投资额 185.5 亿美元，占外商在缅甸投资的 29.2%。除此之外，缅甸的小型机械制造、纺织、印染、碾米、木材加工、制糖、造纸、化肥和制药等均有不同程度的发展。

制造业是缅甸经济可持续增长的主要动力，除石油、天然气以外，制造业是缅甸吸引外资第三大行业，因为缅甸是一个极具竞争力的制造基地，劳动力成本低而且地理位置优越，所以为了加快从简单的劳动密集型产品向高附加值产品转变，在制造业方面缅甸蕴藏着非常大的发展潜力。近年来，随着欧盟及美国相继对缅甸解除经济制裁，缅甸劳动力资源丰富且成本较低的优势不断凸显，加之欧美给予缅甸的普惠制待遇，以纺织制农业为代表的劳动密集型加工制造业在缅甸蓬勃发展，2018 年财经年度，缅甸纺织品出口额达 22.25 亿美元，占缅甸同期出口总额的 25.2%，出口额位居首位。但受 2020 年新冠肺炎疫情的影响，全球经济疲软、订单取消等也严重地打击了缅甸的制造业发展，缅甸市场研究发展公司对 2000 家当地公司的调查表明大部分企业业务受损。

在采矿业方面，缅甸矿产资源丰富，已探明的主要矿藏有铜、铅、锌、银、金、铁、镍、红蓝宝石、玉石等。其中翡翠及红蓝宝石在世界上占重要地位，世界上 95% 以上的翡翠产自缅甸，其中高档翡翠几乎达到百分之百。

由于政治、经济、民族等多方面的因素，缅甸矿业发展缓慢。进入 20 世纪 90 年代以后，政府实施了一系列改革措施，矿业出现转机。

在电力方面，目前，缅甸全国水能资源经济可开发量 48500MW，已开发装机量 3254MW，不足 7%；天然气年开采量约 178 亿立方米，占已探明储量的 0.7%；石油年产量约 450 万桶，占已探明储量的 0.14%；已探明煤炭储量约 5.4 亿吨，年产量约 69.3 万吨，占 0.14%；全国仅有一座 40MW 光伏电站，尚未有风电和地热项目。

从电源结构来看，水电比重较大，缅甸拥有丰富的水资源，因此水电是缅甸重要的发电来源。根据《2019 年缅甸年鉴》，水力发电占全国发电量的 57.7%，由大型和小型水电站组成。除此之外，还有其他能源供电（如太阳能、风能及天然气），这些都在缅甸国家电力供应中发挥着重要作用。据缅甸电力能源部统计，2019 年 12 月缅甸满足了全国 50%家庭供电的需求。

缅甸的油气资源分布在中部和西部，而电力负荷中心在中部，存在资源密集区和负荷中心明显不匹配的问题。且缅甸目前尚未形成统一的全国电网，电网覆盖面有限，缺少远距离送电条件。

（三）第三产业处于起步阶段

缅甸的服务业占比日益增加，包括电信业、教育与健康业、旅游业等都是缅甸具有发展前景的行业。

在交通运输业领域，缅甸的交通设施较为落后，包括国际机场、深海港口、内河航道、战略铁路、高速公路等基础设施的建设项目还有待进一步推进。

在电信业领域，缅甸的电信业领域需要大量投资，包括邮政服务、电信服务、制作和分发卫星通信项目等，特别是电信塔和光纤等基础设施相关方面。而疫情使得缅甸电信行业陷入困境：一是大量原材料无法从国外进口；二是关键技术人员因禁航、隔离等原因无法及时到岗，导致在建工程进度放缓。

在旅游业领域，自 2011 年政治和经济开放以来，缅甸的旅游和酒店业发展迅速。但是根据缅甸旅游协会的消息，2020 年受新冠肺炎疫情的影响，缅甸旅游和酒店业失业人数达 50 多万。

在教育与健康业领域，缅甸的经济需要转型，所以对高技能、受过良好教育、年轻的劳动力具有极大的需求量，加之新冠肺炎疫情的影响，缅甸的教育和健康领域也有着极大的发展空间。受到各种因素的影响，缅甸教育长期呈现疲弱的状况。近年来缅甸教育呈现稳步上升态势，现在缅甸全国基础教育学校有 47760 所，全国 6 万多个村庄中大部分都有了学校。中国在支持缅甸的教育事业发展。2019—2020 学年完成小学五年级教育的学生人数约有 98 万，完成中学九年级教育的学生人数约有 68 万，2020 年大学入学考试获得录取者有 29 万人，均与上一学年相比显著提高，这期间新增设的职业技术学校有 12 所，所以现在全国的职业技术学校已有 70 所。

在金融业领域，缅甸已建立以中央银行为中心，以国营专业银行为主体，多种金融组织并存的金融体系。2016 年 3 月 25 日，缅甸首家证券交易所仰光证券交易所开盘交易，截至 2018 年 12 月共有 6 家上市公司的股票可供交易。

三、经贸关系

从缅甸进出口贸易的角度来看，缅甸商务部数据显示，2019—2020 年财经年度，尽管暴发了疫情，但缅甸进出口贸易都有所增加，进出口贸易额近 367 亿美元。缅甸 2019—2020 年财经年度边境贸易总额共完成 105.8 亿美元，增加近 3 亿美元。缅甸与周边邻国共开通 18 个边贸口岸。由于中缅、缅泰边贸口岸出台一系列疫情防控措施，致使通关效率降低，边境贸易受阻。

缅甸主要出口的产品有农产品、动物产品、水产品、林产品、矿产品、工业加工产品等，主要进口产品是投资项目所需物资、加工业所需原材料以及日用品等。2019—2020 年财经年度，来料加工业（CMP）的原材料进口 21.7 亿美元，下降近 2 亿美元。据缅甸国家出口战略，2020—2021 年财经年度优先发展的领域有基础食品加工、纺织服装、工业和电器、水产品、林产品、电子产品、综合服务及交通运输、质量管理、商业信息服务、开发创新等领域。

（一）与各国的经贸往来现状

从贸易伙伴国来看，亚洲国家和地区是缅甸主要的贸易伙伴国，缅甸主要的经贸合作伙伴国是中国和泰国。缅甸外贸总额的 90% 都来自与邻国的贸易。美国不是缅甸主要的贸易伙伴国，目前排在缅甸的第 84 位。2020 年，缅甸和美国之间的货物贸易总额为 14 亿美元，其中美国对缅甸出口货物总额 3.4 亿美元，缅甸对美出口货物总额为 10 亿美元，美国对缅甸的贸易逆差近 7 亿美元。

从进出口货物种类来看，据缅甸统计局最新数据显示，2020 年二季度，缅甸出口商品份额最大的是制造品，其次是农产品，矿产品和海产品占比份额较大，动物制品、林产品相对较少。同期，缅甸进口中间品最多，其次是资本品和消费品。

若按贸易方式对缅甸商品的进出口分类，最主要的是海运，2017—2019 年无论是进口还是出口均为缅甸货物贸易量最大的贸易方式，2019 年缅甸海上运输进口货物总额约为 140 亿美元，出口货物总额约为 88 亿美元。除了海运，缅甸的陆运也比较发达，是仅次于海运的第二大贸易方式，2019 年，缅甸陆上运输进口货物约为 31 亿美元，出口货物总额约为 33 亿美元。缅甸还有空运和管道运输两种货物运输方式，但相对于海运和空运较为薄弱。

从外商投资来看，截至 2020 年 4 月底，共有 51 个国家和地区在缅甸 12 个领域投资 1999 个项目，总投资 851.7 亿美元。前五位累计直接投资来源地分别为新加坡（230 亿美元）、中国内地（213 亿美元）、泰国（114 亿美元）、中国香港（97 亿美元）和英国（49 亿美元）。

另据 UNCTAD 公布的《2020 年世界投资报告》，2019 年缅甸吸收外国直接投资 27.7 亿美元，截至 2019 年年底，吸收外国直接投资 341.3 亿美元。2019 年，缅甸许可外商投资中数量最多的是制造行业类的企业，总投资金额达 2134 亿缅甸元；其次是酒店差旅行业类的企业，总投资金额达 1732 亿缅甸元。运输类、工业类的企业数量较少。

（二）与各国（地区）签署的经贸协定

目前，缅甸尚未单独与其他国家签署自由贸易协定。除了主要的贸易伙伴中国之外，缅甸的对外贸易主要是与地区贸易伙伴进行的。

四、金融与商业文化

（一）金融概况

缅甸的银行体系是以中央银行为中心，其他金融组织机构并存，目前银行业还处于一个逐渐开放的过程中。缅甸的银行体系包括中央银行和商业银行，具体是指一家中央银行，4 家国有银行，23 家民营商业银行，43 家外国银行代表处，9 家外国银行分行。其中，缅甸投资与商业银行是 4 家国有银行之一。缅甸政府多次强调坚持私营银行发展三步走的策略，外资银行在缅甸开展银行业务并建立分行的可能性大大提高。

缅甸的外汇市场主要由外贸银行、外汇管理部负责，外汇管理委员会负责分配外汇。长期以来，缅甸的外汇业务都由国有银行垄断，私营银行不允许从事外汇业务。

缅甸证券市场发展相对滞后，直到 2016 年，缅甸首家证券交易所——仰光证券交易所（YSX）才正式开盘。YSX 交易年报显示，2019 年，YSX 共交易 240 万股股票，价值 133.9 亿缅甸元，较 2018 年显著增长。2020 年 3 月 20 日起，缅甸证券交易委员会（SECM）已允许外国人投资当地股票市场，全部以缅甸元结算。

缅甸的保险市场历史悠久，目前正处于逐步开放的状态。1993 年，缅甸设立了产售兼营的缅甸国家保险公司进行垄断经营，直到 2013 年缅甸保险业才引入民营资本。截至 2018 年，缅甸保险公司在全国有 99 个分支机构。2019 年 4 月，缅甸批准了 5 家外国保险公司在缅甸设立公司，2019 年 11 月 28 日正式向 11 家外资或合资保险公司颁发了经营牌照，包括 5 家外资保险公司和 6 家由本地保险公司与外国公司合作成立的合资保险公司。

就缅甸的营商环境而言，2018 年 1 月，缅甸成立了促进营商环境委员会，以推动缅甸营商环境改善，提升国际排名。世界银行发布的《2020 年营商环境报告》显示，缅甸营商环境在全球 190 个国家和地区中排名第 165 位。

从排名可以看出，缅甸的营商环境有待改善。缅甸的局势在近期也变得更加动荡，在 2015 年之前，缅甸人民经历了 50 多年的军政府统治，军方对于缅甸政权有着较深的控制。虽然 2015 年由昂山素季领导下的"民盟"赢得了大选，但在 2021 年年初，军方再次夺权，发动政变将昂山素季等多位领导人逮捕，并宣布成立军政府掌权，称 2020 年年末的选举存在舞弊行为。此外，缅甸的民族问题尖锐，少数民族地方武装冲突频繁。虽然缅族占缅甸近 2/3 的人口，但缅甸境内还存在着众多其他少数民族，受民族主义思想的影响，长期在缅甸社会受到不公平的待遇。因此许多缅甸少数民族在地方建立武装力量，常年与中央政府进行对抗，内战不断。而缅甸军方在 2021 年年初的政变将进一步加剧与地方少数民族武装冲突的局面。此外，由于边境武装割据，治安混乱，毒品交易随之泛滥。据联合国《2021 年世界禁毒报告》显示，2020 年在缅甸境内的非法种植罂粟面积或达 29500 公顷。

（二）税收税率①

从税率看，根据联邦税法自 2015 年 4 月 1 日起，居民及非居民企业需就净利润按 25% 的税率缴纳企业所得税。对于在仰光证券交易所上市的企业，其企业所得税减按 20% 缴纳。对于连续三年收入未超过 1000 万缅甸元的中小型企业免征企业所得税。此外，对于不动产租赁收入，按 10% 的税率纳税。

从税收优惠来看，投资激励税收优惠政策对于按照《外国投资法》注册成立并获得了投资委员会许可的公司，可享受以下税收优惠政策。这些优惠政策由投资委员会决定。除个别战略性投资外，投资委员会对享受下列税收优惠政策的公司没有资本支出的投资门槛要求。根据投资地区不同提供不同的所得税免税优惠制造企业或服务企业自生产经营之日起连续三年内可免征企业所得税。企业取得的利润在一年内再投资的，该部分再投资利润可免征企业所得税。机器、设备及厂房等资产可享受加速折旧。对于产品出口所得盈利，企业所得税减免可高达 50%；可将为外籍员工代扣代缴的个人所得税从企业应税收入中扣除。可将缅甸境内发生的研发费用从企业应税收入中扣除。若企业亏损可从亏损发生之年后连续三年内结转弥补亏损。

根据《经济特区法》制定经济特区税收优惠政策，激励包括自由贸易区外资企业在前七年可享受企业所得税税收减免，经济开发区外资企业在前五年可享受企业所得税税收减免。

从税收减免来看，根据所得税法的规定，下列收入免征企业所得税：（1）根据保险政策收到的保险收入；（2）除资本利得和从企业取得的收入之外的偶然和一次性所得；（3）从合资企业、合伙企业等合作组织机构分配取得的

---

① 国家税务总局：《中国居民赴缅甸投资税收指南》，2020 年。

股息红利；（4）企业实际发生的与取得收入有关的、合理的支出，包括成本、费用、税金、损失和其他支出，准予在计算应纳税所得额时扣除：与收入相关的成本费用；（5）折旧、利息、为获取专业服务而支付的成本费用；（6）捐赠支出（向宗教、慈善机构或基金组织捐赠发生的支出，在不超过营业收入总额 25% 以内部分准予在计算应纳税所得额时扣除）等。

五、中缅合作

中缅贸易关系历史悠久，双边经贸互补性强，市场前景广阔，目前双方贸易进展迅速。2020 年中缅贸易额达 189 亿美元，增长 1%。其中，中国对缅甸出口 125.5 亿美元，自缅甸进口 63.4 亿美元，分别增长 1.9% 和下降 0.7%。中国也是缅甸最主要的投资来源国，2020 年，中国企业对缅甸全行业直接投资 2.6 亿美元，增长 7.8%。2020 年，中国企业在缅甸新签工程承包合同 54 亿美元，下降 14.2%。

2016 年至今，中国已经成为缅甸最大的贸易合作伙伴。缅甸主要出口大米、各类豌豆、芝麻、玉米、果蔬、干茶叶、水产品、橡胶、宝石和动物等产品到中国。缅甸从中国进口的产品主要为机械材料、塑料原料、化学机械加工原料、消费品和电子工具。缅甸主要通过边境贸易向中国出口农产品。缅甸与中国的边境贸易通过木姐、拉扎、甘拜地、清水河和景栋这些边境口岸进行。缅甸商务部正通过外交谈判，提高大米、碎米、农产品、水果和水产品对中国的出口。

为促进中缅之间的经贸往来，中缅两国还开展了边境经济合作区的建设。早在 1992 年，中缅就先后共同建设了畹町边境经济合作区、瑞丽边境经济合作区。在 2013 年，开始建设临沧边境经济合作区。在中缅边境经济合作中，主要涉及仓储物流、农副产品加工、边境旅游、进出口加工等产业。在"一带一路"倡议提出之后，中缅边境经济合作区的建设得到进一步深入，发展机遇不断涌现。在基础设施建设方面，2019 年，瑞丽市启动了 6 个重大基建项目的建设。同年，临沧边境经济合作区引入了亚洲开发银行的资金，推动了多项基建项目的实施，总投资估值达 26 亿元人民币。除此之外，中方也在不断扩大对缅甸的开放程度，深化与缅甸的交流。例如，在缅甸多个城市设立驻缅商务代表处。

除了中缅边境经济合作区的建设外，两国还致力于推动"一带一路"框架下的中缅经济走廊的规划和实施。2017 年，中方提出建设"人"字形中缅经济走廊，始于中国云南经中缅边境至缅甸第二大城市曼德勒，再分别向东延伸至仰光，向西延伸至皎漂。2020 年，习近平主席访问缅甸，与缅甸政府进行深入会谈，进一步推动了中缅经济走廊建设进入实质性发展阶段。

中缅油气管道的建成也是中缅合作的一项重要见证。管道于 2013 年完工，天然气管道全长 793 公里，原油管道全长 771 公里。截止到 2020 年已向中国输送超过 265 亿立方米的天然气和 3000 万吨的原油。中缅油气管道的使用将有利于中国油气进口渠道的多样化，为中国的能源安全和经济发展保驾护航。

缅甸动荡的政局及新冠肺炎疫情给中缅合作增加不确定性。贸易方面，部分边境贸易口岸暂时关闭，造成边境贸易人员来往受阻。银行业务目前也没有完全恢复正常，中方企业在缅甸的贸易可能无法进行正常资金支付、兑汇或结算。2021 年 3 月缅甸仰光的纵火打砸事件，涉及企业多数为中资企业或中缅合资企业，其中以服装加工厂、服装辅料厂和配套设备厂为主。未来中缅政府是否还会继续推动中缅边境经济合作区以及中缅经济走廊的建设还需进一步观察缅甸局势的发展。

六、义乌与缅甸经贸往来及发展

（一）义乌与缅甸的经贸往来

2018 年，中国科学院沈阳自动化研究所义乌中心研发的机器人项目在缅甸国家铁路公司装机调试成功，是义乌科研平台高端装备走出国门的第一步。2019 年 12 月，浙江省商务厅组织参加浙江国际贸易（缅甸）展览会。

（二）义乌与缅甸产业合作发展新机遇

缅甸的特色产业主要集中在农业、矿产资源、纺织业、小机械制造、旅游业等相对传统的行业，针对矿产资源产业可以参考马来西亚矿石转口义乌加工出售其他发达国家的模式，旅游业则可以参考义乌博览会设置泰国等国别旅游特色专区，打通义乌—缅甸的旅游产业发展障碍，为消费者提供更加优质的服务。

不同于其他国家的是，除了特色产业为义乌—缅甸经贸合作创造机遇，对于个别产业包括电信业、教育业、健康业等，缅甸也表示了强烈的投资需求，加之中缅之间的经贸合作具有极强的互补性，RCEP 签署后，义乌涉猎相关业务的企业可以尝试并参与该国的发展建设，也可能会开辟新市场并带来不同的发展契机。

第十一节　老挝（RCEP）

中国与老挝两国是山水相连、理想信念相通、社会制度相同、发展道路相近的社会主义友好邻邦。中老是志同道合的好邻居、好朋友、好同志、好伙伴。在分化的世界格局下，中老正在打造具有战略意义的人类命运共同体，为推进老挝的"一带一路"与"陆锁国变陆联国"的对接合作不断努力。

老挝是一个典型的内陆国家，经济发展受限于传统基础设施和数字等新基础设施的发展。旨在加强互联互通建设，近年来，中老在"一带一路"建设方面取得了包括中老铁路、中老一号卫星、产业园区等一系列成果，不仅推进了老挝的基础设施建设与互联互通，而且实现了中老发展战略对接合作。不仅如此，"一带一路"建设对促进中老经贸合作有巨大发展潜力。

RCEP 的落地生效将促进中老经济贸易投资合作，加强"一带一路"务实合作，发挥各自的比较优势，加强双方在国际贸易、产业园区建设、农业、电力能源、旅游服务业等领域的务实合作，发掘中老两国贸易增长的巨大潜力，推动老挝的信息化、城镇化、工业化进程，推进老挝融入全球产业链并向中高端提升，促进老挝经济增长和产业发展。

一、宏观经济

尽管老挝经济基础比较薄弱，但是经济增长速度处于较高水平，经济活力逐步增强。受到新冠肺炎疫情的冲击，老挝 2020 年经济增长 0.2%，没有出现大幅下降实属不易，见图 4-39。2021 年年底，中老铁路建成通车，将极大地推动老挝经济发展。

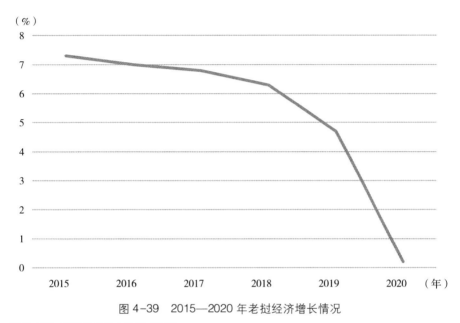

图 4-39　2015—2020 年老挝经济增长情况

数据来源：国际货币基金组织（IMF）。

老挝是中南半岛北部唯一的内陆国家，并且矿产资源丰富，属中国三江成矿带延伸部分，多种矿藏储量可观；水电资源充沛、土地资源丰厚，日照时间长，雨水充足，为农业发展奠定了良好基础。

近年来，老挝政局稳定，经济发展形势较好。2019 年，老挝经济增长率达到 5.5%。由于政府预算困难等原因，老挝全年经济增长率下降，但由于在基础设施方面引进外资，加强了建设例如水电项目、中老铁路，为发展打下了基础，未来老挝经济增长值得期待。

自 1986 年老挝以"新思维"为指导方针实施开放路线后，经济形势发生较大变化。从 20 世纪 90 年代开始，除 1997 年亚洲金融危机使老挝经济增速放缓外，其余年份 GDP 均保持稳定增长。

世界银行数据显示，老挝人民生活水平有所恢复，人均 GDP 已经从 2015

年的 6168 美元增加至 2019 年的 7930 美元，但城乡贫富差距依旧在扩大，农村与城市发展不平衡，脱贫攻坚压力巨大。

二、产业结构

老挝的产业以农业为主，工业基础相对薄弱，服务业也欠发达。农业、工业分别占 GDP 的 15.7%、31.5%。根据老挝统计局数据显示，2018 年，服务业占老挝 GDP 的比重达 41.6%，所占比重位居榜首，其中金融保险业产值增速最为喜人，为 14.7%；工业占 GDP 的比重为 31.5%，其中建筑业产值增速为 24.4%，增速最高；农业占 GDP 的比重为 15.7%，其中渔业产值增速最高，为 6.4%。老挝特色产业主要是农业、电力、采矿和旅游业。

（一）第一产业

老挝的农产品有甘薯、蔬菜、玉米、咖啡、甘蔗、烟草、棉花、茶叶、花生、大米、水牛、猪、牛等。据老挝官方统计，2018 年老挝农产品产量增长 2.8%，农业占国家经济结构比重为 15.7%，全国大米产量为 420 万吨，咖啡产量为 13.8 万吨，玉米为 120 多万吨，甘蔗为 200 多万吨，烟草为 7 万吨，木薯为 240 万吨。2019 年农业增长未及预期的原因是气候变化导致的自然灾害（水灾、干旱等）频发。

（二）第二产业

一是电力行业。据老挝官方统计，老挝自然资源丰富，太阳能、生物能源、煤炭、风能和水电能也具备极强生产力。截至 2019 年 12 月底，老挝有投产运营电站 61 座，发电总装机 944.4 万千瓦；在建电站 16 座，发电总装机 321.4 万千瓦；共有 8 座水电站投产发电，发电总装机 200.6 万千瓦。

二是铁路。中老铁路的建成通车有望为中老经贸合作注入新引擎，将成为贯穿老挝的主要经济大命脉，并辐射到东南半岛。作为"一带一路"建设、中老友谊标志性工程的中老铁路，计划总投资为 374 亿元人民币，计划于 2021 年 12 月竣工通车。中老铁路的建成有助于实现两国在贸易、投资、物流运输等领域更高程度的便利化，造福百姓，推动减贫脱贫，使老挝与中国西南地区经济深度融合，为建设现代农业、旅游、能源、物流、加工制造多产业结构协同发展格局创造良好条件。并且成为提升老挝与其他域内国家交通联通水平，助力老挝实现"陆锁国变陆联国"战略目标的重要前提。

三是采矿业。截至目前，老挝能源矿产开发第八个五年规划（2016—2020年）执行良好，能源矿产业整体发展顺利。在矿产领域，老挝政府共批准 193 家公司从事地质勘探和矿产开发。但 2012 年，老挝政府暂停审批新的矿业、橡胶及桉树种植等特许经营项目。目前，老挝探明有 570 个矿区，占 162104 平方公里，为整个国家国土面积的 68.46%。

（三）第三产业

旅游业是老挝经济发展的重要产业之一。据统计，近年来老挝与超过 500 家国外旅游公司签署合作协议，并开放 15 个国际旅游口岸，同时采取加大旅游基础设施投入、减少签证费、放宽边境旅游手续等措施，旅游业持续发展。

三、经贸关系

世界银行数据显示老挝的外贸依存度比较高。据世界银行统计，2018 年，老挝进出口贸易额达 114.5 亿美元，同比增长 8.7%，其中，出口额 53 亿美元，同比增长 8.7%；进口额 61.6 亿美元，同比增长 8.8%。

老挝出口大量依赖初级产品和资源型产品，主要出口商品是铜、黄金、木薯、衣服、香蕉、咖啡、白糖等；主要进口商品是燃油（汽油、柴油）、汽车设备、各类零配件、机器设备、钢材、电器等。

根据老挝统计局数据显示，2018 年老挝前五大出口目的地分别为泰国（45.6%）、中国（27.9%）、越南（16%）、欧盟（3.3%）和印度（2.3%）；前五大进口来源地分别为泰国（49%）、中国（30%）、越南（6.6%）、欧盟（3.2%）和日本（2.7%）。泰国是老挝第一大贸易伙伴。

根据世界银行数据显示，老挝外贸依存度总体呈现先升后降的趋势。2014年，外贸依存度达到峰值（99%）后开始大幅下降，2018 年降为 63.4%，为近年来最低值，见图 4-40。

中老铁路开通将增强老挝的经贸实力和辐射能力。老挝地处中国—中南半岛经济走廊的核心位置，中老经济走廊的建设将推动老挝与周边国家的互联互

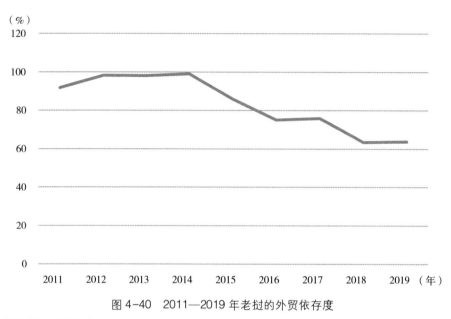

图 4-40 2011—2019 年老挝的外贸依存度

数据来源：世界银行。

通。中老公路建设历史悠久，加强包括公路、铁路、航空在内的基础设施互联互通是促进中老经贸合作的优先领域，通过实现陆海空网互联互通是老挝实现经济腾飞的关键，也是实现老挝由陆锁国变陆联国的关键。

通过中老铁路打造中国—中南半岛经济走廊的骨干网络。老挝地形多为山地，铁路修建桥隧比非常高，修建难度大。在中老铁路修建之前，老挝国家铁路总长度只有 3.5 公里。这样的铁路交通状况严重阻碍了老挝经济的腾飞。因此，正在建设中的中老铁路对于老挝极为重要。其贯通老挝交通线路，为泛亚铁路网的重要组成部分，在促进工商业发展的同时，大幅提升了沿线的土地价值、人力资本价值，直接增进了老挝人民的福祉，具有标杆意义。通过中老铁路公路建设，将助力发展成为东南亚区域交通网络的中心。

首先，老挝可以利用中老铁路与中欧班列的对接连接欧亚大市场。将中老铁路接入中国通往欧洲的中欧班列的铁路网，可以直接把老挝产品通过中欧班列运抵欧洲市场。

其次，中老铁路能够将老挝的产品直接连接到中国庞大的消费市场。中国每年进口商品达 2 万亿美元，随着人民对美好生活向往的提升，中国将进口包括老挝在内的更多外国优质商品。中老铁路可与中国建设中的八纵八横的巨大铁路网来对接，帮助老挝企业直接与中国庞大的市场需求相对接。

除了中老铁路项目以外，中国和老挝还共同推动了万象赛色塔综合开发区。该开发区为中老两国政府共同确定的国家级合作项目、中国国家级境外经贸合作区，并且是中国"一带一路"建设中的优先推进项目。开发区目标为打造"一城四区"，一城为万象产业生态新城，四区为国际产能合作的承载区、中老合作开发的示范区、万象新城的核心区，以及和谐人居环境的宜居区。目前已经入驻的企业有老挝通信技术有限公司、老挝联合制药集团有限公司等。①

四、金融与商业文化

（一）营商环境

老挝的金融业并不发达，多国的金融机构在老挝设立分行，我国也有中国工商银行、中国进出口银行等在老挝设立分行，并支持老挝经济发展。

世界银行《2020 年营商环境报告》显示，按照投资难易程度排名来看，2019 年，老挝在 190 个纳入统计的经济体中排名第 154 位。其中，首都万象市人口排位相对更加靠前。

（二）税收税率②

从税率来看，工资、劳务费、加班费、超时务工费、职务工资、职位工资、年度补贴、公司董事会或经理的会务费，以及其他货币或实物形式的个人收益，统一按照 0—24% 的累进税率计征所得税。

从税收优惠来看，以下收入可免于缴纳所得税：不超过 100 万老挝基普的月薪收入。由老挝政府与相关方所签订的合同，并根据外交部的规定，在老挝境内的股票市场上出售个人或法人所持有的股权所得。给不超过 18 岁的未成

---

① 万象赛色塔综合开发区官网。
② 国家税务总局：《中国居民赴老挝投资税收指南》，2019 年。

年人、产妇、残疾人等的补助资金、一次性补贴、政府贫困补助等。上市公司的股东或持股人所取得的分红。经有关部门批准，无论是否在证券交易所登记过的证券公司，为筹集资金而发行债券所获得的收入。有相关组织证明的残疾人劳务费。价值在 500 万老挝基普以下的彩票奖金。企业经营者所获得的资产租赁收入。政府和企业缴纳的社会保险。从事取得相关部门许可的公益活动的所得。存款利息、政府债券收益。个人或组织的人身财产保险。政府奖励给在跟踪、搜寻、保卫、抵抗和阻止各种违法行为中做出突出贡献的奖金或补贴。向在国家解放斗争事业中有重要贡献的人员、烈士等给予的补贴。因科研发明创新成果获得的奖金。据预算支出使用法的规定，使用政府预算或者援助项目资金从事重要工作的员工、政府公务员的餐费、路费、备用金以及住宿费。按照财务制度申报纳税的生产经营单位已计入企业收益的土地、建筑物的使用权转让所得，以及来自直系亲属（如父母、夫妻、子女）的遗产继承所得。

五、义乌与老挝经贸往来及发展

（一）义乌与老挝的经贸往来

2017 年 8 月，老挝工贸部部长一行来义乌市考察中小企业发展情况，并对义乌的发展前景表示肯定。

2019 年 12 月，老挝义乌商会暨老挝义乌经贸文化交流促进会成立大会成功举办。

（二）义乌与老挝产业合作发展新机遇

老挝相对东盟其他国家发展较为落后，还处在工业化的初级阶段。中老双方经贸互补性强，双方在农业、制造业、物流业、旅游业方面具有较大合作潜力。义乌作为国际贸易重要枢纽，能够加强市内已有企业开拓老挝相关业务。

在农业方面，可以向老挝出口粮食作物机械、共同开拓有机农产品市场，积极发展木材加工产业，在义乌的农产品交易平台中陈列更多的老挝农产品等，既帮助老挝更多人民摆脱贫困，也拓宽义乌相关企业发展领域。

在制造业领域，积极鼓励义乌相关企业开拓医疗器械、汽车、农业机械等领域，主动联合老挝当地经销商，为老挝提供更加优质便捷的服务。

在物流业方面，老挝的基础设施不够完善，物流运输成本高，而义乌作为畅通国际贸易的关键节点，物流业发展体系和规模已相对成熟，在这样的背景下，义乌的物流企业也可积极开拓老挝市场，通过便捷的物流助力老挝更多元的产业入驻义乌。

在旅游业方面，老挝旅游资源丰富，而且不少项目是针对中国游客推出的特色旅游产品，而针对老挝已有的旅游业优势，义乌可设置国别旅游特色展区，为游客提供有针对性、更丰富的旅行产品。

第十二节　柬埔寨（RCEP）

一、宏观经济

2016 年，柬埔寨脱离低收入国家，并成为中等偏下收入国家。在此之后，柬埔寨经济发展进入快速通道，见图 4-41，宏观经济形势相对平稳，产业结构也在逐步调整和优化。据国际货币基金组织预测，2026 年，柬埔寨有望成为东盟增长最快的经济体，增长率达到 6.8%。

尽管柬埔寨控制疫情较为迅速，但由于疫情造成的国际投资减少，货物和人员流动困难，以及欧美需求不足对柬埔寨经济造成了严重的影响，世界银行在 2020 年 5 月发布的报告中指出，柬埔寨经济面临 30 年来的最大威胁，经济增长预测调整为-2.9%—1%，这将是 1994 年以来的最低增速。从柬埔寨 GDP 的角度来看，据柬埔寨政府初步统计，2020 年全年柬埔寨 GDP 为 262.1 亿美元，同比下降 3.7%，人均 GDP 为 1683 美元。其中，旅游业受到新冠肺炎疫情的冲击最大，同比下降 9.7%；建筑业总体下降 3%；以制衣制鞋为支柱的工业和手工业领域下降 27%；但农业增长 1%。

从柬埔寨消费价格指数的角度来看，2020 年通货膨胀率为 2.9%，见图 4-42。国际货币基金组织指出，2021 年柬埔寨经济有些复苏，预计柬埔寨居民消费价格指数增长 3.1%。

从柬埔寨货币汇率的角度来看，瑞尔兑美元汇率平均在 4045∶1 的水平，

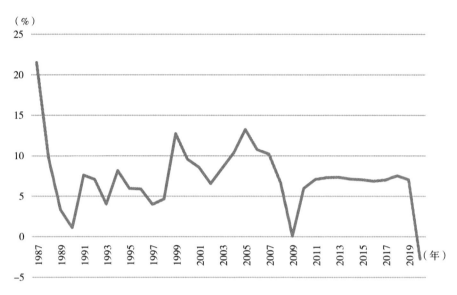

图 4-41　柬埔寨 GDP 增速变化情况

数据来源：世界货币基金组织（IMF）。

同比升值 0.7%。年末外汇储备 213.3 亿美元，同比增长 13.7%，可满足 11.2 个月的进口需要。

从柬埔寨财政收支的角度来看，2020 年全年国家财政预算收支结余约 1.4 亿美元。其中，预算执行收入约 57.2 亿美元，同比下降 10.8%。预算执行支出约 55.8 亿美元，同比增长 19.1%。新冠肺炎疫情造成柬埔寨的债务累积，财政赤字将在未来 2022 年内增至历史最高水平，公共债务将于 2022 年升至 GDP 的 35%。

从柬埔寨失业率和劳动市场发展情况来看，疫情暴发期间，2020 年东盟 10 个成员国的失业率同比 2019 年暴增，制造业和旅游业的下滑是造成失业率上升的主要原因，根据柬埔寨劳工部的数据，截止到 2020 年上半年，柬埔寨有超过 250 家工厂停工，影响劳工人数超过 13 万，同时在旅游业方面，2020 年全年有超过 3000 家旅游业相关企业停业，以柬埔寨主要旅游城市暹粒为例，暹粒近 400 家酒店和旅馆，约 4/5 停业，近 20% 的酒店或旅馆宣布永久停业，造成大量旅游业人口失业。

（％）

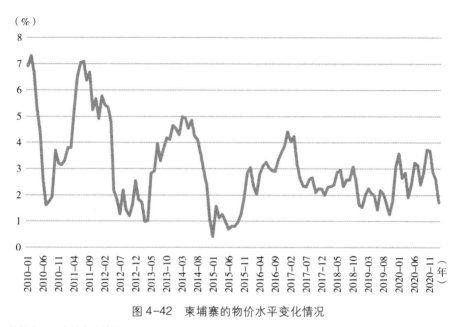

图 4-42　柬埔寨的物价水平变化情况

数据来源：柬埔寨统计局。

但据世界银行 2020 年失业率的报告显示，柬埔寨的失业率仅为 0.3%，是东盟成员国中失业率最低的国家。这主要是因为农业与金融业的发展为柬埔寨提供了相对更多的就业机会，一定程度上弥补了旅游业和制造业所带来的失业状况。

二、产业结构

（一）第一产业

在农业方面，2020 年柬埔寨保持增长。国家和政府极为重视农业的发展，这与柬埔寨农业资源丰富、自然条件优越、劳动力充足、市场潜力较大的先天优势不可分割。因此农业发展是柬埔寨整个国民经济的重要基础。

柬埔寨 78% 的人口生活在农村地区，42% 的劳动人口以农业、伐木和捕鱼为生，占 2018 年 GDP 的 30%。

根据世界水稻大会的统计，柬埔寨大米已连续 5 年被列为世界最佳大米的前 3 名。2018 年，柬埔寨向国际市场出口了超过 62 万吨大米，同比增长 17%。

　　中国是柬埔寨大米的主要出口国，采购量达 20 万吨，比 2016 年增长 31%，其次是法国和波兰，柬埔寨每年出口大米占其总产量的 64%。柬埔寨政府正在鼓励加强对中国和越南的农产品出口，以弥补在贸易优惠关税待遇（EBA）后欧洲需求的潜在下降。

　　加强粮食安全、改善粮食产量和促进农业发展更环保是目前柬埔寨政府的核心要务。除了水稻，柬埔寨的农业还扩展到园艺、橡胶、木薯、水果和棕榈树的种植等，同时柬埔寨政府确定了其他农产品的生产类别，包括腰果、芒果、玉米、叶菜类，以及鸡和猪的养殖，柬埔寨政府认为这些农产品将会给未来经济发展带来机遇。

　　柬埔寨农业部门结构失衡导致农业生产非常分散，绝大多数的农产品是由遍布全国的小农场所生产。尽管灌溉系统有所进步，但农业仍然极易受到气候变化的影响。在种植业领域，柬埔寨气候湿暖，土地肥沃，适合大多数农作物的生长，特别为稻谷种植提供了适宜的条件。2020 年，柬埔寨全年稻谷种植面积 340.4 万公顷，同比增加 7.5 万公顷。稻谷产量 1093.6 万吨，同比增长 0.8%。每公顷稻谷均产量为 3.3 吨，同比增产 10 千克。全年大米出口 69.08 万吨，同比增长 11.4%，出口目的地共 60 个国家或地区。柬埔寨的经济作物主要有三类，分别是工业原料类经济作物、油料和香料类经济作物以及水果类经济作物。2020 年，全柬橡胶种植面积 40.4 万公顷，同比下降 0.4%；橡胶产量 34.9 万吨，同比增长 21.4%；可割胶面积 29.3 万公顷，同比增长 16.8%。

　　在林业领域，柬埔寨的森林资源非常丰富，林业发展潜力大。柬埔寨盛产贵重的柚木、铁力木、紫檀、黑檀，并有多种竹类，重要的经济林木和林产品主要包括龙脑香料、柚木等。但近些年，林竹砍伐严重，国家和政府也逐步重视相关问题。

　　在渔业领域，柬埔寨是世界著名的鱼米之乡，柬埔寨湖泊河流众多，水源充足，政府也致力于推行渔业改革，加强对渔区的管理，使该资源能普及更多的群众。柬埔寨 2020 年全年渔业产量 93.6 万吨，同比增长 3.1%。

（二）第二产业

相对于农业而言，纺织和制鞋业是柬埔寨经济支柱产业，这两个部门的出口产品，占 2017 年柬埔寨商品出口的 78%，比 2016 年增长 12%。相比之下欧盟和美国的这一数字仅为 40% 和 25%。

在工业和手工制造业方面，柬埔寨工业基础相对较薄弱，规模小、技术落后，依旧严重依赖于纺织和制衣业。2020 年，柬埔寨工业和手工业领域总体下降 27%，关闭工厂 95 家，受影响工人超过 5 万人，出口工业产品和服务国内市场的工业产品同比分别下降 33% 和 9%。制衣和制鞋生产总值 45.2 亿美元，同比下降 51.5%。面对来自周边国家在成本方面日益激烈的竞争，以简单纺织品生产为主要业务的柬埔寨主要依靠大量外部投资来维持发展，特别是柬埔寨该行业的工厂主要由外国公司经营，2016 年其所有者 90% 是中国企业。同时柬埔寨具有其他国家不可比拟的竞争优势，柬埔寨拥有低廉的劳动力成本、进入欧美市场的优惠准入政策以及欧盟的税收优惠，柬埔寨的大多数纺织工厂都从这些优势中受益。柬埔寨纺织部门产品的生产质量得到了国际认可。这些因素使得柬埔寨比越南、缅甸和孟加拉国等其他生产国具有强大的成本和竞争优势。

柬埔寨纺织品的原材料主要依靠进口。因此，纺织业出口收入的 44% 用于购买原材料。

在建筑业领域，柬埔寨的建材工业产品主要局限于水泥、砖瓦和平板玻璃，产量不高，而且钢材等产品完全依靠进口和援助，虽然规模小、技术不发达，但由于许多基础设施都由国外公司来承担，建筑业的发展还是拥有较为乐观的前景。2020 年柬埔寨建筑业降幅明显，全年批准建筑面积 1696.58 万平方米，较 2019 年减少 629.9 万平方米，同比下降 27.1%。

在电力领域，柬埔寨政府高度重视在该领域的发展，电力行业是柬埔寨经济有限发展领域。柬埔寨实施多边电力能源合作，并在科技转移、技术服务和人力资源建设等方面积极与其他国家开展相关合作。

在采矿领域，柬埔寨在海上石油开采方面技术落后，并且缺乏先进的开采设备，这就使得柬埔寨的石油离不开从外界进口，柬埔寨政府也在吸引外资参与和引进先进技术方面作出了相关努力。

（三）第三产业

柬埔寨旅游业发展相对其他板块更加迅速，交通和通信业、金融业等上升到比较高端的行业，但相对落后，具有很大的发展空间。目前，柬埔寨正在持续加强其他领域的发展，例如教育、农业、旅游、基础设施、交通等。

在交通和通信领域，柬埔寨的交通运输和通信状况随着时代的变迁得到了有效改善，为国家经济发展和造福民生提供了一定的保障。其中公路运输是柬埔寨最重要的交通方式，铁路建设起步早、发展慢、运力低，并且在航空事业方面发展较为落后。柬埔寨的水运以内河航运为主，海洋运输居次要地位。柬埔寨有比较完整的邮政系统，但在移动通信、网络通信等方面依旧有巨大的发展空间。

在旅游业领域，柬埔寨是一个旅游资源丰富的国家，但因疫情影响，来柬游客大幅减少，柬埔寨在该领域损失严重。2020 年，柬埔寨共接待外国游客130.6 万人次，同比下降 80.2%。中国继续保持第一大游客来源国的地位，来柬外国游客 33 万人次，同比下降 86%，占来柬外国游客的 25.2%。

在金融业领域，柬埔寨的金融体系以银行为主导，金融系统不太发达，银行之间还没有统一的支付结算系统，银行覆盖率相对较低，但其相对其他国家对金融业的管制比较宽松，利润丰厚。近些年，柬埔寨金融业发展势头迅猛，收购与注资入股成为外国投资者进入柬埔寨银行业的捷径。

三、经贸关系

（一）与各国经贸往来现状

柬埔寨产业结构近年来虽无特别明显变化和改进，但面临 2020 年的新冠肺炎疫情，整体外贸发展态势依旧良好。柬埔寨海关总署统计数据显示，2020年全年柬埔寨对外贸易总额 368.2 亿美元，同比增长 5.0%。其中，进口 191.9亿美元，同比下降 3.8%，主要商品是汽车、农机、燃油、建材、纺织原材料、食品、饮料、农药和化肥等；出口 176.3 亿美元，同比增长 16.6%，主要商品是纺织和鞋制品、木材制品、大米、橡胶、渔产品、黄金制品和自行车等。

从月度的角度来看柬埔寨进出口总值主要是由出口带动。根据柬埔寨商业部统计，柬埔寨主要出口市场为美国、英国、德国、日本、加拿大等；主要进口来源地为中国、泰国、越南等。相对其他国家而言，柬埔寨的贸易伙伴比较固定。

（二）中柬经贸往来情况

自 1991 年《巴黎协定》签订之后，中柬两国经贸合作关系得到迅速恢复和发展。1996 年 7 月，中柬两国政府签署了《中柬贸易协定》和《中柬关于促进和保护投资协定》。2002 年 11 月 4 日，中国与柬埔寨、老挝和缅甸在金边签署了中国政府向柬埔寨、老挝和缅甸三国政府提供特别优惠关税待遇的换文。根据《中国—东盟自由贸易区协定》，中柬双方于 2009 年 10 月 1 日起正式启动降税程序。中国于 2010 年 1 月 1 日率先对柬埔寨绝大部分产品实现零关税，柬埔寨 2011 年实行降税，并于 2013 年、2015 年进一步实施降税安排。

值得一提的是，在中国境内注册，设立在柬埔寨的境外经贸合作区主要有西哈努克港经济特区、齐鲁经济特区和桔井省经济特区三个，三个产业园区均具备各自的投资优势。

中柬两国自 1958 年 7 月建交以来，双边经贸关系持续发展，尤其是 1993 年柬埔寨王国政府成立后，两国经贸合作关系得到全面恢复和发展。2020 年，中柬贸易额 95.6 亿美元，同比增长 1.4%，2021 年 1—4 月，中柬贸易额 38.4 亿美元，同比增长 38.5%。2020 年，中柬贸易差额达 65.6 亿美元，2021 年 1—4 月，中柬贸易差额为 25.3 亿美元。

2020 年，中国自柬埔寨进口 15 亿美元，同比增长 3.7%，2021 年 1—4 月，中国对柬埔寨出口累计 6.57 亿美元，同比增长 49.7%；2020 年，中国对柬埔寨出口 80.6 亿美元，增长 0.9%，2021 年 1—4 月，中国对柬埔寨出口 31.8 亿美元，增长 36.4%，见图 4-43。

2020 年，中国企业对柬全行业直接投资 9.1 亿美元，同比增长 31.6%；柬对华投资 3761 万美元，同比下降 34.7%；中国企业在柬新签工程承包合同额 66.2 亿美元，同比增长 18.8%；完成营业额 34.9 亿美元，同比增长 25.7%。

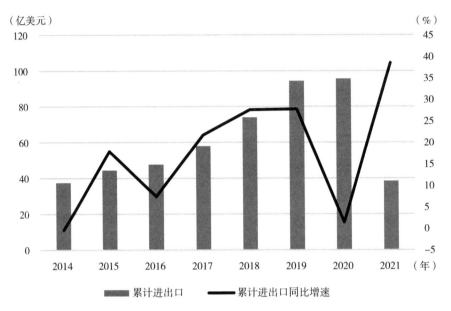

（亿美元）

（%）

图 4-43　2014—2021 年中柬进出口金额

数据来源：进出口服务网。

四、金融与商业文化

（一）金融投资

柬埔寨银行体系由国家银行和商业银行组成。据柬埔寨央行公布的半年度报告显示，2020 年上半年柬埔寨银行贷款需求增长 20.7%，增至 267 亿美元，在银行发放的贷款中，零售和批发贸易行业占比 26.1%，房地产、建筑和抵押贷款占比 28.8%，个人贷款占比 8.8%，农业、林业和渔业占比 7.5%，其他行业占比 28.8%。

柬埔寨保险已经有约 20 年的历史，2013 年，柬埔寨成立了第一家人寿保险公司。柬埔寨人寿保险行业目前仍有巨大的投资潜力和发展空间。与邻国相比，柬埔寨人寿保险行业起步晚，发展规模十分有限。柬埔寨保险协会的报告显示，2020 年前 6 个月，柬埔寨保险业总收入达 1 亿 3350 万美元，较 2019 年同期的 1 亿 1910 万美元增长 12.1%。

柬埔寨证券业发展较为缓慢。2011 年 7 月 11 日，柬埔寨历史上第一家证券交易所在金边市成立。2012 年 4 月，柬埔寨证券交易所正式开业。直到 2019 年，柬埔寨证券交易所有 8 家上市公司。柬埔寨证券交易所鼓励所有公司上市，与银行业合作是柬埔寨证券交易所政策的一部分。

（二）商业文化

根据世界银行发布的《2020 年营商环境报告》，柬埔寨在 190 个经济体中排名第 144 位，得分 53.8 分，在东盟 10 国中排在老挝（154 位）和缅甸（165 位）前面。

柬埔寨吸收外资的优势主要体现在实行对外开放的自由市场经济政策，经济活动高度自由化；加之多国给予普惠制待遇（GSP）；劳动力资源丰富，成本较低，人口红利明显的特征推动，2016—2018 年，柬埔寨吸收外商直接投资年均增速在 10% 以上。根据柬埔寨国家银行发布的报告，2019 年，柬埔寨吸收外商直接投资 36 亿美元，同比增长 12%。2016 年，柬埔寨政府批准了关于政府与社会资本合作（PPP）的政策文件，阐述了通过 PPP 进行投资管理的愿景、目标和政策措施，未来可探索新的融资模式，与其他国家以及国际多边机构开展多边和双边合作，支持企业以 PPP 的模式参与项目投资。

（三）税收税率①

从税率看，柬埔寨企业所得税通常按照 20% 的税率征收。但也涉及以下特殊情况：石油天然气开采，天然资源勘探等，包括木材、矿藏、黄金和宝石开采所产生的利润按照 30% 的税率征收。私营个体企业和普通合伙人按累计税率计缴所得税。保险公司所得税应依照下列规定缴纳所得税：所收取的财产保险和财产再保险收入，按 5% 的税率计缴所得税；所收取的人寿保险、再保险或其他非财产保险的保险业务收入，按 20% 的税率计缴所得税。

从税收优惠看，经柬埔寨发展理事会批准的合格投资项目可取得的投资优惠包括：可选择适用特殊折旧率或享受最高 6 年期的所得税免税。减免期内，可减免每月按照营业收入预缴税率为 1% 的所得税。利润用于再投资，免征所

---

① 国家税务总局：《中国居民赴柬埔寨投资税收指南》，2020 年。

得税。分配红利不征税。

针对中小企业的税收优惠政策，对于中小企业，如满足以下条件，可享受税收优惠政策：中小企业必须已进行税务登记，或根据现行有效的法律及法规，完成税务登记更新。中小企业类型应属于所指定的优先行业。中小企业应通过柬埔寨税务局网站提交申请书或人工填写柬埔寨税务局提供的相关申请材料。中小企业应保存正确的会计账务处理记录，并按时申报和缴纳月度及年度所得税。

五、义乌在柬埔寨经贸往来及发展

（一）义乌与柬埔寨的经贸往来

2015 年 8 月，柬埔寨暹粒省省长率团来义乌访问，并建议以义乌市场为平台，将暹粒省特色产品进驻义乌市场进口馆，推广暹粒省以及柬埔寨的商品和旅游。

2019 年 7 月，义乌机场开通至柬埔寨西哈努克市定期航班。义乌机场首条国际商务航线的顺利开通，使浙中地区前往柬埔寨经商、旅游的旅客通行将更加便利，同样预示着会有更多的柬埔寨居民赴浙江经商和旅游。

（二）义乌与柬埔寨产业合作发展新机遇

柬埔寨的农业、服装鞋加工业、建筑业、旅游业等是其传统支柱产业。在农业方面，义乌可以发挥农产品交易市场的作用促进市内企业与柬埔寨相关业务的对接。在服装鞋加工业方面，义乌也具有一定发展优势，强强联手，促进相关产业升级，稳固产业链，实现多元化发展。在旅游业方面，义乌同样可以利用柬埔寨独有的国别特色陈列相关的旅游产品，不仅能够拓展柬埔寨旅游市场，也能为国内消费者提供更加丰富的服务需求。

六、RCEP 对柬埔寨的机遇

（一）对柬埔寨第一产业的机遇

1. 货物贸易的机遇

RCEP 实施后，将对柬埔寨第一产业的发展产生积极影响。

从货物贸易的角度来看，相比于其他 RCEP 成员国，由于柬埔寨经济基础较为薄弱，柬埔寨对其他 RCEP 国家产品的关税减免的程度相对滞后，柬埔寨在水产品及其次加工产品、农副产品、橡胶等产品类别上均保持 RCEP 实施第一年 17%—35% 的关税，而仅在粮食类别上进行了较大的关税减免，而其他国家则对柬埔寨产品的关税减免幅度较大，以中国为例，中国对柬埔寨 67.9% 的产品立即施行零关税，而柬埔寨对中国产品实施零关税的比例仅为 29.9%。

在 RCEP 框架下柬埔寨的出口产品将拥有更大的竞争优势和市场优势，同时相对滞后的关税减免幅度也一定程度上保护了柬埔寨本国产业的发展。

同时，柬埔寨的产品结构与 RCEP 部分国家需求高度契合，有利于柬埔寨农产品增加销售渠道，扩大贸易范围。中柬在农产品贸易领域具有较强的互补性，从进口结构来看，木制品、渔业产品和谷物是中国进口柬埔寨的主要产品；从出口结构来看，编织物和棉花是我国对柬埔寨的主要出口产品，由于我国在木制品、粮食领域均长期存在供需缺口，且相对于其他国家产品而言柬埔寨产品具有价格优势和质量优势，中国应充分利用柬埔寨的资源优势，依托RCEP 提供的关税便利将巩固中柬之间在这一领域的贸易往来。2021 年 4 月，柬埔寨芒果正式进入中国，预计柬埔寨的龙眼、火龙果、胡椒、燕窝、椰子等更多农产品也会出口中国。

2. 服务贸易的机遇

从服务贸易和投资的角度来看，由于柬埔寨的经济发展对外部投资的依赖性较强，RCEP 所带来的投资扩大效应将有效发展柬埔寨第一产业。

RCEP 在服务贸易领域针对金融服务、专业服务、电信服务所作出的规定，有效减少了准入性歧视和相关壁垒，有效促进了柬埔寨跨境支付、自然人移动和商业存在的发展，吸引更多的外资公司在柬埔寨开展业务。

柬埔寨与其他 RCEP 国家一样，对非服务贸易领域投资方均采用负面清单方式，对制造业、农业、林业、渔业、采矿业 5 个非服务业领域投资作出较高水平的开放承诺，大大提高了市场准入的确定性，有利于促进区域上下游产业融合，为柬埔寨招商引资带来更大机遇。更多的外资进入有效解决了柬埔寨农产品包装、物流、销售等环节的缺陷，增加竞争力，推动农产品国际化。

以芒果为例，芒果在中国市场的消费量巨大，也是柬埔寨的主要水果品种之一。柬埔寨芒果一年两熟，从 10 月一直供应到次年 5 月，质量较高，能有效弥补国内供应缺口，但由于柬埔寨对于农业投资的限制，使得中国企业难以在柬埔寨落地，难以依靠外国投资来弥补柬埔寨芒果自身包装销售的缺陷，因此柬埔寨芒果一直没能在中国市场进行销售。在 RCEP 投资领域开放的推动下，许多中资企业落地柬埔寨，如郎禾果业就与柬埔寨芒果企业开展了长期业务合作，当地芒果生产企业负责协调农业协会对接农户，郎禾果业负责技术、加工和市场，使得柬埔寨芒果终于在 2021 年 4 月正式获得了中国海关的进口许可。

（二）对柬埔寨第二产业的机遇

1. 货物贸易的机遇

从货物贸易角度来看，RCEP 可以有效扩大柬埔寨工业产品的销售，减少对欧美市场的依赖，减少价格和产量波动。

RECP 的关税减免措施，让柬埔寨的工业出口产品在 RCEP 区域内的销售拥有更大的盈利空间和竞争力，柬埔寨的主要工业制品以鞋类和衣物为主，是全球各大服装品牌主要的加工生产基地，但目前柬埔寨绝大多数承担欧美品牌的生产要求，由于最终回销欧美，柬埔寨产品对欧美需求的依赖性较大，因此在疫情期间，欧美市场的需求不足也引发了柬埔寨制造业的大幅衰退，增加了柬埔寨制造业的脆弱性和不稳定，通过 RCEP，柬埔寨可以进一步利用自身的价格优势，依托中国、日本、澳大利亚、韩国的庞大消费市场，逐步促进自身业务来源和销售渠道的多元化和丰富化，扩展制造业的盈利和发展空间，增强自身制造业应对国际风险的能力。

原产地规则可帮助柬埔寨进一步降低成本，中国是柬埔寨最大的进口来源国，占总进口额的 46%，柬埔寨的制造业，特别是制衣业对中国原材料的依赖性较大，根据 RCEP 原产地规则，柬埔寨所进口的中国原材料的价值部分可以计入最终原产地认证中的价值增值部分，这充分降低了柬埔寨产品获得 RCEP 原产地产品认证的难度和门槛，为柬埔寨制造业产品获得关税减免提供了便利。

2. 服务贸易的机遇

从服务贸易和投资的角度来看，RCEP 也将给柬埔寨的制造业带来帮助，柬埔寨的第二产业主要存在基础设施建设弱，技术水平含量低的问题，基础设施的完善不仅可以营造出有利的投资环境，同时也是制造业的重要支撑，特别是对于像柬埔寨这样需要依靠商品贸易推动整体经济增长的国家，基础设施的作用毋庸置疑，但由于柬埔寨的基础设施能力不足，导致其生产过程中会出现许多不必要的附加成本，也导致其物流效率低下，最终使得其运输和物流成本居高不下，进而削弱了其在该区域的竞争力。具体来说，铁路系统的建设是柬埔寨基础设施建设的优先环节，由于柬埔寨国内对铁路运输需求较高，且长期以来柬埔寨的铁路系统由于资金的缺乏导致无法对其进行维修和升级，目前铁路系统存在效率低下等问题，急需在现代化和标准化方面得到进一步的资金和技术支持。

RCEP 在投资领域的便利化措施，将给柬埔寨的基础设施建设带来更大的动力。中国一直是柬埔寨最大的投资国，数据显示 2017 年和 2018 年，在柬埔寨分别获得的 27 亿美元和 31 亿美元的投资总额中，中国的投资占到了 23% 和 26%，中国已经帮助柬埔寨援建了 3287 公里的道路，此外还有 8 座大型桥梁，其总长度也达到 7.95 公里。

在 RCEP 中，投资的领域将进一步扩展，自然人流动更加便利，将会吸引更多的投资者进入柬埔寨，涉的领域也将更丰富，如轻工业制造、农业工业和加工业等众多领域都将开放投资，各国的中型制造商也可以在柬埔寨投资建厂，然后将其生产的产品供应给大型公司，丰富柬埔寨的产业链结构。在这些外国企业和投资进入的过程中，将从多领域多角度促进柬埔寨基础设施建设上的发展。

同时，RCEP 可以帮助柬埔寨实现产业结构转型升级，柬埔寨将会承接更多区域内国家的产业转移，能够更充分地利用本国价格和成本优势，但是值得一提的是，柬埔寨的劳动力正在从劳动密集型向高技能型转移，因此能力建设和技术援助将是未来柬埔寨发展的重点，柬埔寨政府刚刚选定将金边、西哈努克、巴韦特、波依特、佩林和西姆雷普 6 个省（市）作为国家工业基地，给予投资的便利条件和政策扶持。可以预见，未来来自 RCEP 国家的投资将更多地导向技术培训和科技投资。柬埔寨还可以依靠 RCEP 其他国家在跨境电商和产业数字化领域的优势，促进技术领域的充分交流，提高自身产品技术水平、国际化水平。

（三）对柬埔寨第三产业的机遇

1. 对旅游业的机遇

RCEP 可以有效促进区域内境外消费的增加，旅游业是柬埔寨服务贸易的核心产业，不仅是柬埔寨经济的重要支撑，也有较强的内部效应，对稳定就业促进社会稳定有重要意义，在疫情暴发前，柬埔寨的游客数量不断增加。

RCEP 在自然人流动方面进行了较为详细的规定，在疫情过后，RCEP 区域内的游客进入柬埔寨旅游将更为便利，这将有效增加柬埔寨游客人数，特别是可以扩展来自澳大利亚、新西兰等太平洋国家的游客，为柬埔寨旅游业发展提供持续动力。

旅游业的持续升温，将吸引相关服务品牌的投资，比如交通、酒店、餐馆、超市等，这有助于柬埔寨深化和扩大其服务范围，提高基础设施水平和旅游质量，能够进一步促进当地就业，同时促进服务业全产业链的完善与发展。

2. 对金融领域的机遇

RCEP 所带来的跨境支付便利也将促进柬埔寨金融服务的发展，RCEP 纳入了新金融服务条款、自律组织条款、信息转移和信息处理条款，着力提升金融监管透明度，为各方金融服务提供者创造更加公平、开放、稳定的竞争环境，通过 RCEP 柬埔寨本国的金融机构将更便利地开展境外业务，吸收境外投资，促进本国金融领域国际化进程，同时柬埔寨的企业与其他成员国的金融机构将形成良性的业务往来，国外金融机构将能更好地掌握柬埔寨投资热点，柬埔寨企业也将拥有更好的发展空间。

以中国为例，中国对柬埔寨的服装和制鞋业具有较大需求，在中柬长期贸易顺差的情况下，中国可以适当扩大对柬进口规模，同时中国金融机构可继续对本国进口商提供流动资金贷款，对相关柬埔寨对华出口企业提供固定资产类和流动资金类贷款，同时为进出口商提供相关贸易金融服务，并鼓励使用人民币进行双边结算，推动人民币国际化。

3. 对电信领域的机遇

在电信领域，RCEP 制定了无歧视使用各自电信有关基础设施并提供电信服务的规则，纳入多个促进公平竞争、更好维护消费者利益的条款，取得突破，助力区域内信息通信产业在开放和公平的环境中，实现协调发展，目前，柬埔寨电信市场对外高度开放，柬埔寨有 5 家移动服务供应商及 42 家固定网络供应商。进入柬埔寨的国外电信公司都具有国际背景和国际运营经验，这些公司大多是中国周边国家和地区的电信公司，RCEP 的实施将会更好地维护电信市场的市场秩序。

第十三节　文莱（RCEP/CPTPP）

一、宏观经济

从文莱的 GDP 来看，据文莱经济规划与统计局公布的数据，2020 年文莱 GDP 总值为 165.8 亿文莱元，GDP 增长率为 1.2%，其中，前三季度经济保持正增长，增长率分别为 2.6%、3.5%、0.4%，四季度增长率为 -1.4%。油气产业产值为 78.5 亿文莱元，同比下降 4.9%，GDP 占比为 47.4%，同比下降 8.3%；非油气产业产值为 87.3 亿文莱元，同比增长 9%；服务业 GDP 占比为 40.8%。文莱 1975—2019 年 GDP 增速发展变化，见图 4-44。

文莱物价总体稳定，见图 4-45。2020 年，文莱居民消费价格指数（CPI）同比增长 1.9%。其中影响 CPI 同比上涨的主要原因是蔬菜价格指数同比增长 13.5% 以及杂项物品与服务业价格指数同比增长 11.4%。

从债务情况来看，文莱无外债。迄今文莱政府已累计发行伊斯兰债券 137.2 亿文莱元。截至 2020 年 5 月 7 日，债券余额约为 3.5 亿文莱元。

从财政收支情况来看，长期以来，文莱基本保持财政盈余。但从 2015/2016 年财经年度开始，受原油价格波动影响，文莱财政收入大幅缩减，连续六年出现财政预算赤字。根据 2020 年 3 月通过的财政预算，2020/2021 年财经

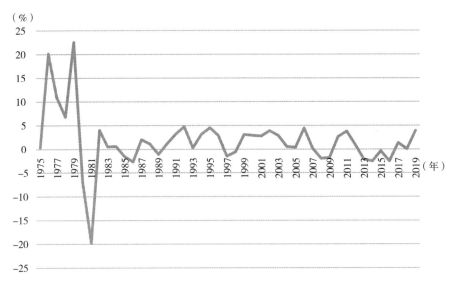

图 4-44　1975—2019 年文莱 GDP 增速发展变化情况

数据来源：世界银行。

年度文莱财政预算收入 40.5 亿文莱元，预算支出 58.6 亿文莱元，赤字依存度接近 30.9%。文莱第 17 届立法会议通过 2021/2022 年财经年度预算，财政支出预算为 58.6 亿文莱元，与上一财经年度相同。其中，财政收入预算 26.1 亿文莱元，预算赤字 32.5 亿文莱元，赤字依存度为 55.5%。本财经年度来自油气产业的财政收入预算为 15.2 亿文莱元，非油气产业的财政收入预算为 10.9 亿文莱元。

从劳动力市场发展情况来看，2019 年文莱的劳动年龄人口（15 岁及以上）为 37 万人，劳动力参与率为 64.3%，就业总数为 22.17 万，失业率为 6.8%，低于 2018 年的 8.7%。其中，男性失业率为 5.9%，女性失业率为 8.2%。失业人口中，15—24 岁人群占 39.8%，25—64 岁人群占 60%。文莱 2019 年月均工资为 1626 文莱元，高于 2018 年的 1593 文莱元；每周平均工作时长为 46.8 小时。前三大就业领域是公共管理、批发与零售和酒店餐饮。

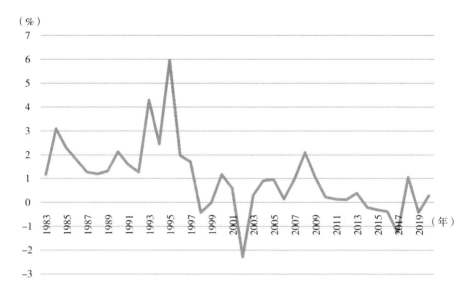

图 4-45　1983—2019 年文莱物价水平（CPI）变化情况

数据来源：国际货币基金组织（IMF）。

二、产业结构

农业方面，文莱相对落后，但在种植业、林业、畜牧业和渔业尚有发展潜力。文莱肉类、大米和新鲜牛奶的自给率还非常低，90% 左右的食品仍需进口。在种植业领域，文莱人民的主食是大米，近些年文莱政府鼓励农民种植水稻，其中的措施包括使用高产杂交稻米种植技术来提高稻米单产，除了水稻，政府还鼓励农民种植其他农作物，比如玉米、花生、大豆、胡椒等。除了粮食，文莱的蔬菜从 20 世纪 80 年代后期开始产量大幅上升，主要得益于先进的生产技术和培育能力。文莱水果生产园地大部分规模较小，水果只能满足国内市场部分需求。

在林业领域，文莱森林资源丰富，森林覆盖率居世界前列，但林业在文莱经济中不占重要地位。森林在文莱的主要作用是保护土壤、野生动植物、水源及整个生态环境。文莱非常重视保护森林资源、发展林业。

在畜牧业领域，文莱的牧场占其国土面积的 0.5%，文莱政府非常重视对畜牧产业的支持，大力扶持国内以养鸡为主的家禽饲养业，鸡肉自给率达到 96%，鸡蛋已经实现完全自给，但牛肉及制品还是主要从澳大利亚、印度等地进口。

在渔业领域，文莱的渔业发展具有良好的条件，文莱渔业潜在产值包括近海与远洋捕捞、水产养殖和鱼类加工，但迄今文莱渔业资源并没有得到充分开发。为促进渔产加工业的发展，文莱政府鼓励外资与文莱本地公司开展渔业合作，并且政府积极推行保护海洋渔业资源政策，并大力发展水产养殖业。

文莱原是东南亚经济不太富裕的国家，之前很长的时间内以渔猎和农耕为主，20 世纪六七十年代后，石油和天然气开采成为文莱的经济支柱产业。

工业方面，文莱工业政策是鼓励发展进口替代和出口导向型工业。文莱工业基础薄弱，经济结构单一，多年来主要以石油和天然气开采与生产为主。石油和天然气的发现不仅改写了文莱的历史，也使得文莱一跃成为富裕之国。

服务业方面，服务业是文莱推行经济多元化的重点领域之一，服务领域的各行业也得到文莱不同程度的重视和发展。

在金融业领域，文莱金融业是其经济多元化的主要贡献者之一。除了传统的金融，文莱还支持发展伊斯兰金融服务业在市场上的基金规模。

在旅游业领域，旅游业是文莱近年来大力发展的产业，政府将其作为促进经济多元化的重要内容，并积极采取多项措施对外进行宣传，吸引海外游客赴文莱旅游。文莱旅游业主打自然环境、民俗文化和宗教传承的同时，还注重强调保护本土文化特色和生活方式，健康发展旅游产业。

在交通运输领域，文莱的交通运输主要依靠的是海运、空运和陆运。文莱出口的石油、液化气，包括进口的绝大部分货物都是通过海运。自 1953 年起，文莱就开展商业性航空业务，到 20 世纪 70 年代文莱航空事业得到新发展，后民航业务大大增加，文莱的航空业务发展逐步加快。除了海运与空运，文莱的公路四通八达，道路状况良好，这也为陆运的发展奠定了坚实的基础。

在邮电通信业领域，文莱邮局提供全方位的邮政服务，在全国一些重要的地点，设有多功能邮政柜台，并提供相关的服务，包括出售邮票、收寄挂号邮件和大宗货物包裹等。相较于其他发展中国家，文莱的电信业也比较发达，文莱有两个地面卫星通信站。

在医疗卫生领域，文莱政府加大对人民生活环境和医疗方面的服务，向公民提供免费医疗，包括到国外免费就医，对永久居民和政府部门里的外籍雇员及其家属也仅收取象征性费用。

在教育业领域，政府实行免费教育，并资助留学费用，英文和华文私立学校资金自筹。据文莱经济发展局的数据，2019 年，文莱共有学校 251 所，其中公立学校 175 所，私立学校 76 所。文莱公民受教育程度较高，十岁以上女性识字率为 96.1%，男性识字率为 98.2%。

特别要提到的是文莱的清真产业。作为推动经济多元化战略的重要举措之一，文莱政府近年来积极打造"文莱清真"品牌，并将其作为首个国家清真品牌推向世界。

三、经贸关系

（一）与各国贸易往来现状

2021 年 2 月，文莱的对外贸易总额为 18 亿文莱元，包括出口额 9.5 亿文莱元，进口 8.5 亿文莱元。贸易平衡从 2020 年 2 月的 7.3 亿文莱元下降 86% 至 1 亿文莱元。与 2021 年 1 月相比，由于出口和进口分别增长 46.1% 和 20.5%，贸易总额环比增长了 32.8%。文莱的对外贸易逐步向好发展。

从贸易伙伴国的角度来看，2021 年 2 月，日本占文莱的出口份额最高（29.1%），其次是新加坡（23.9%）、中国（15.0%）和印度（10.7%）。同月，进口份额最高的是希腊，占 18.9%，其次是马来西亚（11.8%）、俄罗斯（11.7%）和尼日利亚（11%）。

从货物贸易的大类来看，文莱国际货物贸易的主要运输方式是海运，其次是空运、陆运等运输方式。2021 年 2 月，文莱出口和进口的海运货物总值为 17.245 亿文莱元。海上运输的相对份额占文莱出口货物的 98.9%，进口货物的 92.7%。空运货物约占货物出口的 0.9%，占货物进口的 5.0%，而陆路跨境贸易则占出口货物的 0.1% 和进口货物的 2.2%。这也就意味着海上货物贸易成为文莱货物贸易额的主要支柱。

从货物贸易进出口产品种类占比的角度来看，就进口而言，2021 年 2 月，文莱半成品进口额为 4.9 亿文莱元，占进口总额的 57.9%，其次是资本品（3.2 亿文莱元，占进口总额的 37.8%）、消费品（3650 万文莱元，占进口总额的 4.3%）。具体来看，文莱进口商品位列前三的分别是矿物燃料（67.2%）、机械及运输设备（12.1%）和食品（7.3%），见图 4-46。就出口而言，2021 年 2 月，矿物燃料在出口总额中所占份额最高，达 81.0%（7.7 亿文莱元），其次是化学品（1.5 亿文莱元）和机械及运输设备（1210 亿文莱元），见图 4-47。

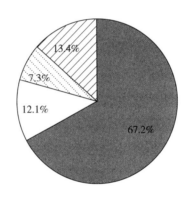

图 4-46 文莱进口商品占比情况

数据来源：世界银行、文莱统计局。

2020 年，文莱的外国直接投资流入量为 8.0 亿文莱元，比 2019 年的 5.1 亿文莱元增长了 55.9%。外国直接投资流入量的增加主要是由于股本和债务工具的增加。截至 2020 年年底，外国直接投资存量的价值为 101.3 亿文莱元，比 2019 年的 96.2 亿文莱元增加了 5.3%。与 2019 年相比，股权和债务工具分别增加了 2.6% 和 17%。

（二）与中国的贸易往来

1984 年文莱独立后，中文双边关系开启了新的历程。文莱是东盟第 6 个

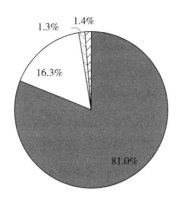

图 4-47　文莱出口商品占比情况

数据来源：世界银行、文莱统计局。

成员国，也是最后与中国建交的东盟国家，中文外交关系的建立，标志着中国与东盟国家关系的全面发展。两国经贸合作起步比较晚，加上文莱市场有限，双边贸易额相对较小。

中文两国的投资合作不断扩展。2001 年 11 月，中文两国签署了《相互鼓励和相互保护投资协定》，为两国相互投资提供了保障。2002 年，文莱在中国的投资额实现了突破，一年中，文莱对华投资项目达到 67 个，是两国建交 10 年来总计投资项目数的 5 倍。2004 年 9 月，中文两国签署了《促进贸易、投资和经济合作的谅解备忘录》，极大地推动了两国经济合作的进程。2007 年中国与东盟各国签署了关于航空服务业开放的《中国—东盟全面经济合作框架协议服务贸易协定》，协议规定中国与包括文莱在内的东盟 6 国取消在航空运输、飞机维修、订票系统等航空服务领域的"市场准入限制"及"国民待遇限制"。2018 年 11 月，国家主席习近平成功访问文莱，两国元首决定将两国关系提升为战略合作伙伴关系，中文两国关系步入历史最好时期。2019 年 4 月，文莱苏丹出席在北京举行的第二届"一带一路"国际合作高峰论坛，两国元首就加强各领域合作达成重要共识。

中文两国劳务合作逐步开展。目前，越来越多的中国企业关注文莱市场，到文莱访问的经贸团组日益增多，在文莱注册公司并正常开展业务的中资企业也越来越多。

四、金融与商业文化

近年来，文莱的政治局势稳定，金融环境不断改善，外汇管制宽松，为外国投资营造了良好的环境。目前，文莱已经加入国际货币基金组织、世界银行、亚洲开发银行、伊斯兰发展银行等国际金融机构。文莱重视金融监管，2000 年 7 月，文莱的国际金融中心成立；2011 年元旦，文莱正式设立了金融管理局，负责执行国家货币政策，监督金融体制运作。这都为文莱金融的健康发展提供了有效保障。

文莱伊斯兰银行的业务份额占据超过文莱国内市场的 50% 以上。文莱伊斯兰银行作为文莱最大的银行机构，被评为东南亚第二大银行，亚太地区十大最强银行之一。文莱政府很少干扰银行事务，通常只是按照规定管理银行。文莱暂无证券市场，有望在未来几年组建证券交易所。但文莱的伊斯兰保险业务发展态势良好，为进一步扩大服务领域，完善伊斯兰金融体系，文莱政府又将经营伊斯兰保险业的两家企业正式合并为文莱伊斯兰保险公司。

中国和文莱金融投资方面的互动面临很大的机遇，但需要注意的是，中资企业需要将人民币兑换为文莱元或相应外汇以用于在文莱开展投资或国际贸易结算，文莱伊斯兰银行通过中银香港进行人民币清算。

据世界银行发布《2020 年营商环境报告》显示，文莱在 190 个经济体中排名第 66 位，较 2018 年的第 55 位下降 11 位。

五、义乌与文莱经贸往来及发展

（一）义乌与文莱的经贸往来

近年来，义乌与文莱单方面经贸互动相对较少，这也表明未来在 RCEP 框架下，义乌与文莱经贸往来将具有巨大的发展空间。

（二）义乌与文莱产业合作发展新机遇

文莱的林业资源丰富，加强与文莱林业领域的互动，能够为义乌家具制造类企业提供原材料，多元化相关企业的原材料来源能够在一定程度上抵御不确定性因素带来的市场风险。文莱政府重视旅游业发展，旅游业也成为文莱服务业的重点领域，义乌同样可以在国别旅游特色博览会中分设文莱专区，陈列更多具有文莱特色的旅游纪念品和旅游必需品，为更多喜欢前往文莱旅游的商客提供便利，也能为义乌商品走向世界注入新活力。

清真产业是文莱的特色产业之一，而义乌的客流来自世界各地，需求呈多元化趋势，引入文莱特色的清真品牌，能够让境内外更多的客商对文莱的清真产业有所了解，也能够为义乌创造更多的价值来源。

第十四节　澳大利亚（RCEP/CPTPP）

一、宏观经济①

20 世纪 80 年代以来，澳大利亚通过一系列有效的经济结构调整和改革，经济持续快速增长，实现了发达经济体最长连续增长纪录。由于新冠肺炎疫情的暴发，2020 年二季度的 GDP 增速快速下降，随着全年相关限制的放松，2020 年四季度澳大利亚 GDP 增长了 3.1%。

由于出口价格上涨，特别是铁矿石出口价格上涨，2020 年四季度贸易条件上升了 4.7%。贸易条件强劲推动了名义 GDP，使其增长了 4.2%，这是 1983 年三季度以来最强劲的增长。

澳大利亚 2020 年四季度国内最终需求为 GDP 增长贡献了 3.2 个百分点。家庭最终消费支出贡献了 2.3 个百分点，这是因为家庭和企业的限制解除。私人投资对经济增长的贡献进一步达到 0.7 个百分点。

澳大利亚 2012—2019 年整体的商品和服务消费支出水平平稳，2020 年二季度商品和消费支出水平因新冠肺炎疫情大幅跳水，但在后两个季度得到大幅反弹。

---

① 商务部：《对外投资合作国别（地区）指南——澳大利亚（2020 年版）》，2021 年。

二、产业结构[①]

澳大利亚地处南太平洋和印度洋之间，国土面积较为辽阔，拥有富饶的能源、海洋和矿产资源。同时，澳大利亚拥有优秀的农业发展条件，动植物物种丰富，且服务业发达。澳大利亚是一个后起的工业化国家，其传统产业是农牧业和采矿业，财政和国际贸易平衡很大程度上取决于矿业等资源产业。20 世纪 70 年代以来，澳大利亚进行了产业结构改革，产业结构由多元化向专业化转变，制造业和服务业得到迅速发展，占 GDP 的比重逐渐增加，尤其是服务业，已成为国民经济主导产业。

澳大利亚第一产业具有天然优势，农牧业产品的生产和出口在澳大利亚国民经济中占有重要位置。其中很长时间内，澳大利亚的主要经济部门是养羊业，澳大利亚所生产和出口的羊毛数量位居世界第一位。澳大利亚畜牧业的发展不仅得益于有利的自然条件，还与其科学研究、农业机械化等方面息息相关。除羊肉、牛肉等重要畜牧产业外，小麦是澳大利亚重要的粮食作物，多用于生产面包、面条和意大利面。澳大利亚小麦生产量相当于全世界的 3%（每年约 2500 万吨），同时作为小麦出口国，澳大利亚占据世界每年 1 亿吨小麦贸易量的 10%—15%。澳大利亚是世界小麦的主要出口国，这与澳大利亚重视小麦种植与加工的科研工作紧密相关。除小麦外，甘蔗、大麦、燕麦、高粱、玉米等都是澳大利亚的主要农作物。其中大麦作为用于澳大利亚麦芽酿酒和饲料的农作物，在农作物中极为重要。澳大利亚同时拥有着丰富的渔业资源，是世界上第三大捕鱼区，有 3000 多种海水和淡水鱼以及 3000 多种甲壳及软体类水产品，其中已进行商业捕捞的约 600 种。

澳大利亚第二产业以矿业和制造业为主。2019 年澳大利亚矿业增加值为 1998 亿澳元，占 GDP 的 10.7%。制造业增加值 1115.8 亿澳元，占 GDP 的 6%。

澳大利亚的采矿业比较优势明显，是世界上矿产和能源的主要生产国和输

---

① 商务部：《对外投资合作国别（地区）指南——澳大利亚（2020 年版）》，2021 年。

出国之一。澳大利亚蕴藏着十分丰富的矿产资源，其矿业发展较早。2018/
2019 年财经年度，澳大利亚主要产业工业增加值排名首位的就是矿业，高达
1606 亿澳元。澳大利亚矿藏种类丰富，主要矿产包括：铁矿石，2019 年产量
世界第一，达 5.8 亿吨，占世界总产量的 37%；铝，2019 年铝土矿产量世界
第一，占全球产量的 27%，氧化铝生产量仅次于中国居全球第二位，占全球
产量的 15%；天然气，2019 年产量为 7750 万吨，是全球最大的液化天然气出
口国；煤，是澳大利亚储备和产量最多的矿产品之一。但澳大利亚采矿业面临
两个重要问题：一个是外国资本在采矿业投资中所占比例较高，在一定程度上
控制了澳大利亚的采矿业；另一个是矿产产品出口严重依赖国际市场。[①]

此外，制造业也是澳大利亚的主要产业之一。2019 年制造业增加值
1115.8 亿澳元，占 GDP 的 6.0%。澳大利亚的食品工业、化学和塑料制品工
业、钢铁、电器、汽车、电子工业、信息工业、航天工业、造船工业均具有一
定的本国优势。但澳大利亚制造业也存在很多潜在问题：一是制造业分布不均
衡，许多企业集中在各州首府和少数中心城市；二是制造业当中的小企业居
多；三是制造业中初级产品的简单加工行业的占比依旧很大；四是制造业长期
处在澳大利亚政府高度保护的状态之下；五是澳大利亚人口数量较少，产品规
模生产困难，国内市场容量有限，许多产业因成本过高而难以进入国际市场。
澳大利亚目前拥有振兴制造业的意图，澳大利亚政府表示，在接下来的五年
内，澳大利亚将更加支持以行业为中心的科技体系，以帮助提高制造业的生产
力、规模和竞争力。在未来十年内，澳大利亚制造业将拥有能提供部门高增
长，且具备强大生产力和竞争力的公司。

在第三产业方面，澳大利亚的交通运输业、通信业、旅游业、电子商务、
零售业、建筑业、信息技术服务业、教育业、财政金融等方面发展迅速。在交
通运输业领域，澳大利亚发展较早并且较为完善。澳大利亚公路全长约 87.8
万公里，铁路近 3.3 万公里，虽然比不上公路的运输能力，但其贯穿澳洲南北
的大动脉对于澳大利亚经济的发展，对于澳全国的货运和客运也同样重要。同

---

① 商务部：《对外投资合作国别（地区）指南——澳大利亚（2020 年版）》，2021 年。

时，近些年，澳政府也提出了基础设施扩建和翻新的计划，其中就包括铁路的投资。但苦于资金的短缺，项目进展较慢。此前维多利亚州参与中国的"一带一路"倡议也正是如此。此外，澳大利亚作为一个长期对外贸易发达的国家，其海运事业也非常繁荣。

在通信业领域，澳大利亚的通信行业历史悠久，随着传真、电子邮件、光纤电缆、电视等新的通信工具的迅速发展，澳大利亚也建立起了发达的现代化通信网。

在旅游业领域，澳大利亚凭借得天独厚的地理环境和独特的自然景观，使旅游业成为澳大利亚的"黄金产业"。澳大利亚极为重视开发生态旅游，以此促进旅游业的发展，并且与中国和其他亚洲国家开展了旅游合作。据澳方统计，在 2018 年 12 月至 2019 年 11 月的一年中，约 146 万中国游客赴澳旅游，为澳大利亚旅游业增加了 120 亿澳元收入。

在电子商务领域，澳大利亚是大洋洲最大的电子商务市场，并保持快速发展的态势。eMarketer 数据显示，2019 年，澳大利亚电子商务交易额同比增长 10%，网络消费占比 84%，电子商务对 GDP 的贡献率达到 3.2%。

在零售业领域，澳大利亚的零售网点分布广泛、合理，既有大、中城市中各种类型的百货商店，又有周围卫星城镇的众多购物中心，形成了一个相对发达的商业网络。2018/2019 年财经年度，澳大利亚主要产业工业增加值排名第五位的就是零售业（782 亿澳元）。

在建筑业领域，据统计，2018/2019 年财经年度，澳大利亚主要产业工业增加值中排名第三位的就是建筑业，为 1368 亿澳元，是澳大利亚的支柱行业之一。

在信息技术服务领域，澳大利亚在相关领域发展较快，包括数据处理、信息储存与获取、计算机维修等服务。2018/2019 年财经年度，澳大利亚主要产业工业增加值排名第二位的就是专业技术和科技领域，高达 1308 亿澳元。

在教育业领域，澳大利亚重视教育培训，据澳大利亚媒体报道，2019 学年，在澳大利亚学习、工作和生活的国际留学生总数为 81.2 万人，同比上升 9%。

在财政金融业领域，澳大利亚具有完备的中央金融体系，是亚太地区最大、最发达的金融服务市场之一。2019 年，澳金融业增加值为 1727.4 亿澳元，金融服务业约占各行业总增加值的 9.3%。

三、经贸关系①

（一）与各国经贸往来现状

澳大利亚实施市场多元化战略，致力于单一窗口管理国际贸易，积极促进出口，支持多边贸易体系，并积极开展双边和区域自由贸易协定谈判。2019年，澳大利亚前五大贸易伙伴依次为中国、日本、美国、韩国、新加坡。其中，前五大出口国依次为中国、日本、韩国、印度、美国；前五大进口来源地依次为中国、美国、日本、泰国、德国。中国已经超越美国成为澳大利亚进口和出口第一大贸易合作伙伴。

从进出口国别（地区）来看，2019 年澳大利亚的出口总额中，中国、日本、韩国和英国分别占 38.2%、14.6%、6.4% 和 3.9%（见图 4-48），金额分别为 1039 亿美元、397.7 亿美元、174.8 亿美元和 104.9 亿美元；2019 年澳大利亚进口总额中，中国、美国、日本、泰国分别占 25.8%、11.7%、7.0% 和 4.8%（见图 4-49），对中国、英国两国出口分别增长 18.3% 和 188.1%，对日本、韩国两国出口分别下降 3.8% 和 1.2%。

澳大利亚前五大顺差来源地依次是中国、日本、韩国、印度和英国，顺差额分别为 488.3 亿美元、248.2 亿美元、91.1 亿美元、66.6 亿美元和 54.8 亿美元；逆差主要来自美国、德国和泰国，分别为 147.3 亿美元、80.9 亿美元和 72.3 亿美元。

从进出口商品类别来看，澳大利亚是世界上重要的初级产品出口国，制成品、高科技产品和服务出口增长也较为迅速。澳大利亚货物贸易的主要出口产品为矿产品、农产品等，包括铁矿石、煤炭、天然气、小麦、牛肉、羊毛和棉

---

①　商务部：《对外投资合作国别（地区）指南——澳大利亚（2020 年版）》，2021 年。

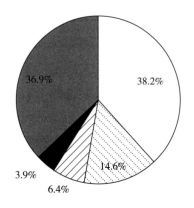

□中国 □日本 □韩国 ■英国 ■其他合计

图 4-48　2019 年澳大利亚出口国及出口额占比

数据来源：商务部：《对外投资合作国别（地区）指南——澳大利亚（2020 年版）》，2021 年。

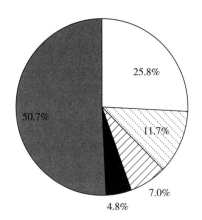

□中国 □美国 □日本 ■泰国 ■其他合计

图 4-49　2019 年澳大利亚进口国及进口额占比

数据来源：商务部：《对外投资合作国别（地区）指南——澳大利亚（2020 年版）》，2021 年。

花等；主要进口商品包括机电产品、运输设备、化工产品等。服务贸易的主要出口产品包括旅游服务（含教育、商务相关服务）、运输服务、金融服务、其他商业服务（如专业管理咨询，法律、会计、保险及公共关系服务）等，主要进口产品包括旅游服务、运输服务、金融服务、其他商业服务（如专业管理咨询，法律、会计及公共关系服务）等。

在澳大利亚的货物贸易中，矿产品、贵金属及制品和动物产品是主要出口商品，2019 年，这些商品出口额分别占澳大利亚出口总额的 62.4%、6.6% 和 5.8%，见图 4-50。另一主要出口产品植物产品出口下降 15.9%，在出口中的份额已降至第六位。此外，化工产品和贱金属制品出口也出现下降。机电产品、矿产品和运输设备是澳大利亚进口的前三大类商品，2019 年进口额分别占澳大利亚进口总额的 25.8%、12.7% 和 12.5%（见图 4-51），2019 年合计进口 1137.1 亿美元。澳大利亚主要大类进口产品全线下降，其中矿产品进口下降 11.6%，贱金属及制品进口下降 11.7%，运输设备进口下降 7.9%，推动总体进口降幅达到 6%。

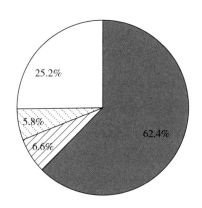

■矿产品 ▨贵金属及制品 □动物产品 □其他商品

图 4-50 2019 年澳大利亚出口商品额占比

数据来源：商务部：《对外投资合作国别（地区）指南——澳大利亚（2020 年版）》，2021 年；Trade Map。

澳大利亚统计局的数据显示，2020 年全年商品出口额总计约 3631 亿美元，其中原油出口额占澳大利亚出口总额的 41.8%，位居商品出口份额第一名，其次为矿物燃料、食物和活物，占比分别为 24.7% 和 9.8%，与 2019 年的商品出口结构略显不同（见表 4-3）。2020 年全年商品进口额总计约 2936 亿美元，其中机械和运输设备、杂项制成品和主要按物料分类的制成品占澳大利

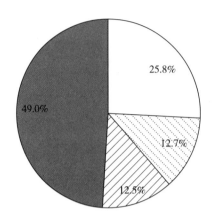

□机电产品 □矿产品 ☑运输设备 ■其他

图 4-51　2019 年澳大利亚进口商品额占比

数据来源：商务部：《对外投资合作国别（地区）指南——澳大利亚（2020 年版）》，2021 年；Trade Map。

亚进口商品总额最高，占比依次为 40.8%、15.7% 和 11.7%，机械和运输设备一度超越 2019 年排位，成为 2020 年度澳大利亚进口额最多的商品（见表 4-4）。

表 4-3　2020 年澳大利亚商品出口（按国际贸易商品分类）

（单位：千美元）

时间	2020 年全年	2021 年 1 月	2021 年 2 月	2021 年 3 月
商品出口额总计	363142640.2	31718299.8	31647263.1	36245793.1
食物和活物	35626596.8	2976542.2	3337957.2	3687189.3
饮料和烟草	3284426.6	128735.8	169560.2	185339.7
原油，不可食用，燃料除外	151665964.7	15130505.5	14323674.3	17662262.1
矿物燃料，润滑剂和相关材料	89562706.2	6739076.3	6717646.2	7436391.4
动植物油，脂肪和蜡	760832.9	45880.1	61982.4	101244.9

续表

时间	2020 年全年	2021 年 1 月	2021 年 2 月	2021 年 3 月
其他化学品和相关产品	11093560.2	766782.8	677104.8	770187.5
主要按物料分类的制成品	14702314.7	1116480.2	1293543.8	1439681.6
机械和运输设备	14677322.7	931717.5	1043198.6	1300695.2
杂项制成品	7374437.5	464151.7	549263.1	745747.1
未在 SITC 其他类别中分类的商品和交易	34394477.9	3418427.6	3473332.5	2917054.3

数据来源：澳大利亚统计局。

表 4-4　2020 年澳大利亚商品进口（按国际贸易商品分类）

（单位：千美元）

时间	2020 年全年	2021 年 1 月	2021 年 2 月	2021 年 3 月
商品出口额总计	293593134	23478851	24106235	27749453
食物和活物	17607668	1326922	1332064	1467882
饮料和烟草	3475149	270017	274044	276235
原油，不可食用，燃料除外	3257952	217706	208823	283168
矿物燃料，润滑剂和相关材料	23095579	2192287	2153188	2656577
动植物油，脂肪和蜡	766979	50366	64376	66865
其他化学品和相关产品	33289081	2558564	2592026	3086877
主要按物料分类的制成品	34399279	2687642	2714915	3065697
机械和运输设备	119744995	9697796	10221699	11507958
杂项制成品	46040786	3881609	3855430	4129586

续表

时间	2020 年全年	2021 年 1 月	2021 年 2 月	2021 年 3 月
未在 SITC 其他类别中分类的商品和交易	11915664	595942	689671	1208608

数据来源：澳大利亚统计局。

澳大利亚服务贸易拥有自身的比较优势，其中服务贸易支柱产业一直都是传统的运输服务和旅游服务。澳大利亚拥有丰富的自然资源，是资源输出大国，加上其特殊的地理位置，运输服务行业是促进其贸易往来的重中之重，并且澳大利亚的自然风光与低人口密度也为其旅游业发展创造了优质条件，成为各国旅行服务的首选之地。新冠肺炎疫情对澳大利亚服务贸易带来巨大冲击，2020 年上半年澳大利亚服务贸易出口 413 亿澳元（约合 297 亿美元），同比下降 25.3%，进口 342 亿澳元（约合 246 亿美元），同比下降 54.8%。受影响最大的是旅游业、航空运输业和教育产业。这些产业在澳大利亚各经济部门中首先出现下滑，所受的影响最深。

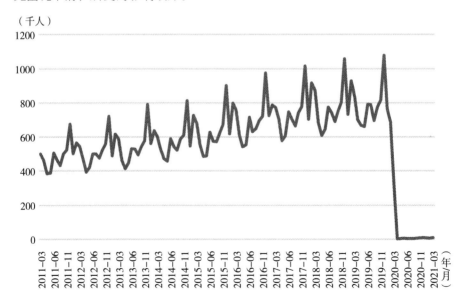

图 4-52　短期到达澳大利亚游客数量统计

数据来源：澳大利亚统计局。

　　澳大利亚的外商直接投资与对外直接投资也非常活跃。澳大利亚欢迎外商到澳大利亚投资，很多澳大利亚公司也在其他国家进行大量投资。澳大利亚长期保持净资本进口国的地位，吸引外国储蓄存款，以期在外向型矿业和能源项目中不断投入巨大的资金。澳大利亚是全球外商投资的主要目的地之一，并长期保持净资本进口国地位。截至 2019 年年底，澳大利亚的外国投资存量为 3.8 万亿澳元，较 2018 年增长 7.8%。如果按外国投资存量计算，截至 2019 年年末，澳大利亚前十大投资来源地为美国 9837 亿澳元，英国6861 亿澳元，比利时 3481 亿澳元，日本 2411 亿澳元，中国香港 1407 亿澳元，新加坡 999 亿澳元，荷兰 867 亿澳元，卢森堡 855 亿澳元，中国 782 亿澳元，新西兰 644 亿澳元；澳大利亚吸收 FDI 的前五大行业为矿业（3601亿澳元，占 35.3%；存量，下同）、制造业（1314 亿澳元，占 12.9%）、金融保险业（1132 亿澳元，占 11.1%）、房地产业（1109 亿澳元，占 10.9%）和批发零售业（603 亿澳元，占 5.9%）。反观澳大利亚对外投资规模，2019年，澳洲对外直接投资达到 3 万亿澳元，美国就接收了 8370 亿澳元，排名第一位。

（二）与各国（地区）经贸协定签署情况

　　澳大利亚坚持主张实行全球贸易自由化政策，政府实行多边贸易体制、区域性贸易和双边自由贸易协定并举的方式。澳大利亚 1983 年以来已与多个国家和地区签署了自由贸易协定，这对于澳大利亚发展进出口贸易行业有着至关重要的作用（见表 4-5）。澳大利亚已建立起关税最低的开放型经济，将通过自由贸易协定、贸易和经济协议等安排，通过亚太经济合作组织、太平洋岛国论坛等地区组织，将进一步加强与其他国家的经济关系。2013 年至 2020 年上半年，澳大利亚政府已将自由贸易协定涵盖的贸易份额从占本国贸易的 26% 提高到约 70%，并与日本、韩国、中国香港、秘鲁和印度尼西亚缔结了新的双边协议。在多边贸易方面，不仅缔结了《全面与进步跨太平洋伙伴关系协定》（CPTPP），扩大与墨西哥和加拿大等市场开展贸易的机会，而且在《区域全面经济伙伴关系协定》（RCEP）中努力寻求新的经贸合作机遇。

表 4-5 澳大利亚与各国多边及双边贸易协定统计

经贸协定	时间	事件
多边及区域贸易协定	1989 年	澳大利亚参与亚太经合组织（APEC）首届部长级会议
	1995 年	澳大利亚加入世界贸易组织（WTO）
	2012 年	美国、欧盟和澳大利亚主导的"服务业挚友"集团发起并进行着《服务贸易协定》
	2016 年	包括美国、日本和澳大利亚在内的 12 个成员国的代表签订 TPP 协议（美国总统特朗普于 2017 年 1 月宣布退出 TPP）
	2017 年	澳大利亚与智利、哥伦比亚、墨西哥和秘鲁四国启动太平洋联盟自由贸易协定谈判
	2018 年	除美国之外的 11 个原 TPP 成员（含澳大利亚）签订《全面与进步跨太平洋伙伴关系协定》（CPTPP）
	2020 年	东盟与中、日、韩、澳、新 15 国参加的《区域全面经济伙伴关系协定》（RCEP）签署
双边贸易协定	1983 年	澳大利亚与新西兰《进一步密切经济关系贸易协定》（CER）正式生效
	2003 年	澳大利亚与新加坡自由贸易协定生效
	2005 年	澳大利亚与泰国自由贸易协定生效
	2005 年	澳美正式签署双边自由贸易协定（FTA）正式生效
	2007 年	澳大利亚与海湾合作委员会自由贸易协定启动
	2009 年	澳大利亚与智利自由贸易协定于 2009 年 3 月正式生效
	2010 年	澳大利亚与东盟自由贸易协定生效
	2011 年	澳大利亚与印度双边全面经济合作协定启动谈判
	2013 年	澳大利亚与马来西亚自由贸易协定生效
	2013 年	澳大利亚和韩国达成自由贸易协定
	2014 年	澳大利亚与日本签署自由贸易协定
	2015 年	澳大利亚与中国签署自由贸易协定
	2018 年	澳大利亚与欧盟自由贸易协定启动
	2019 年	澳大利亚与印度尼西亚签署全面合作协议
	2020 年	澳大利亚与秘鲁自由贸易协定正式生效
	2020 年	澳大利亚与中国香港自由贸易协定正式生效

数据来源：根据公开资料整理。

（三）中澳经贸往来情况

中澳建交 40 多年来在经贸领域发生了历史性的变革。双方通过经贸往来取得了重要成果，中国具有庞大的市场、丰富的劳动资源，而澳大利亚拥有极为富足的自然资源，是中国经济发展原料需求的主要供应国，双方充分利用各自优势，提高了双边贸易的互利性和可持续性。

货物贸易方面，2019 年，中国继续保持为澳大利亚第一大贸易伙伴、第一大出口目的地和第一大进口来源地。据澳大利亚统计局统计，2019 年中澳双边贸易额为 1589.7 亿美元，增长 10.9%。从澳大利亚对中国出口的主要商品结构情况来看，以金属矿砂为主的矿产品、动物产品和纺织品及原料是澳大利亚对中国出口的前三大商品，占比分别为 68.7%、4.0% 和 2.4%，这也说明矿产品对中国出口的表现基本决定了澳大利亚对中国出口的整体表现。根据中国海关总署的统计数据，2020 年中澳商品进出口总额为 1683.2 亿美元。其中，中国出口总额为 534.8 亿美元，进口总额为 1148.4 亿美元。

2019 年澳大利亚自中国进口 550.7 亿美元，占澳大利亚进口总额的 25.8%，提高了 1.4 个百分点。而就澳大利亚自中国进口的主要商品结构情况来看，澳大利亚自中国进口的主要商品为机电产品、纺织品和家具玩具杂项制品，2019 年合计进口 337 亿美元，占澳大利亚自中国进口总额的 61.2%。据澳大利亚统计局的数据显示，2019/2020 年财经年度，中国仍是澳大利亚最大的进出口贸易伙伴。其中，铁矿石的出口占到澳大利亚对华出口总额的 56%。

从服务贸易方面来看，中澳在服务贸易领域合作不断取得突破。据澳方统计，2018/2019 年财经年度中澳双边服务进出口总额近 220 亿澳元，同比增长 8%。中国为澳大利亚第二大服务贸易伙伴、第一大服务出口市场。2019 年，中国赴澳大利亚访客数量达 143 万人次，在澳大利亚消费总额达到 124 亿澳元，是澳大利亚最大游客来源国。2018 年澳大利亚教育出口总值达 358 亿澳元，同比增长 16.3%。其中，中国占比 33.2%，是澳大利亚第一大教育出口市场，同比增长 16.9%。印度占比 13%，是第二大市场，同比增长 33.3%。2020 年由于疫情引起的旅游限制，阻碍了中国游客和学生的流动，澳大利亚对华服务贸易也遭受到严重打击。

中澳两国相互投资的规模逐步扩大，互为外国直接投资的重要来源地。在中国对澳大利亚投资方面，澳大利亚统计局的数据显示，截至 2019 年年底，澳大利亚吸收外资存量为 7142.49 亿美元，来自中国内地的投资存量占外国投资存量的 2.0%，比 2018 年年末增长 100 亿澳元；其中直接投资存量 460 亿澳元，比 2018 年年末增长 10%，在美国、英国、日本、荷兰之后位列第五名。值得关注的是，中资在金融和科技领域涉猎较少，更偏向于经贸、商品类的投资。在澳大利亚对中国投资方面，截至 2019 年年底，澳大利亚对华（不含中国香港、澳门及台湾地区）直接投资额 155.1 亿澳元，间接投资额 282.7 亿澳元。从交易额来看，2019 年澳大利亚对华（不含中国香港、澳门及台湾地区）投资净流量为 16.6 亿澳元，其中直接投资净流量为 2.85 亿澳元，间接投资净流量为 67.6 亿澳元。

四、金融、税收及营商环境

（一）金融投资

澳大利亚拥有成熟的金融市场，是投资管理、基础设施融资和结构产品等领域的全球领导者。澳大利亚的金融体系完备，其中这一体系包括中央银行、商业银行、专业银行、金融公司、保险公司、信托公司、证券交易所及短期资金市场等，并由大型企业主导、高度集中，且小型机构并存。

从金融投资板块的视角来看澳大利亚金融行业，澳大利亚的资产融资和租赁、对冲基金、基金管理（养老金）、基础设施和不动产金融、保险、投资银行、清算和结算、私人银行、风险投资（私募股权）、零售银行发展最为迅速。从国别金融发展优势的角度来看澳大利亚金融行业，透明的金融监管、先进的金融技术和专业的金融人才都极大地推动了澳大利亚金融行业发展。

（二）营商环境

澳大利亚被公认为世界上最有吸引力的经商地之一，其繁荣的经济、受过最良好的教育和最具文化多样性的劳动力群体和易于驾驭的商业环境为海外投资者和公司提供了许多机遇。

（三）税收税率①

加拿大针对居民企业和非居民企业有不同的征收政策。从税率角度来看，澳大利亚企业所得税税率统一为 30%。2019/2020 年财经年度及之前年度，年营业收入累计不超过 2500 万澳元的小型企业减按 27.5% 缴纳企业所得税；2020/2021 年财经年度，年营业收入累计不超过 5000 万澳元的小型企业减按 26% 缴纳企业所得税；2021/2022 年财经年度及以后年度，年营业收入累计不超过 5000 万澳元的小型企业减按 25% 缴纳企业所得税。

对于澳大利亚非居民企业，一般而言，企业出售澳大利亚应税财产取得资本利得须按照 30% 的税率纳税，除非：（1）出售持股比例不超过 10% 的澳大利亚公司股权；（2）出售的澳大利亚公司股权直接或间接拥有的澳大利亚物业（如土地、房地产）比例不超过 50%。满足以上两个条件之一的非居民企业可豁免对资本利得部分的缴税义务。适用于居民企业的一般所得税税率同样适用于非居民企业。

从税收优惠角度来看，澳大利亚对研发有特别优惠政策。通常来说，只有在澳大利亚进行的研发活动所对应的研发费用才能享受该研发费用税收优惠。但在少数情况下，如该研发活动无法在澳大利亚开展，海外进行的研发活动也能享受该税收优惠。从 2021 年 7 月 1 日起，为刺激疫情下经济的发展，澳大利亚研发优惠政策将发生重大变化，如研发支出上限从每年 1 亿澳元增至 1.5 亿澳元。对于年营业收入低于 2000 万澳元的公司，可退税的研发税收抵免为申请人公司税率加 18.5% 的部分；对于年总营业收入为 2000 万澳元或以上的大型公司，不可退税的研发税收抵免将为申请人公司的税率加 8.5% 或 16.5%（视公司研发支出与研发强度的关系）。同时，澳大利亚也对初创型公司的投资者和矿产勘探有特殊税收优惠政策。

从不征税和免税角度来看，当符合下列情况时，取得的收入不计入应纳税所得额：企业符合特定的条件，构成免税纳税人；企业取得的收入符合特定的税收优惠条件，属于免税收入；企业取得的收入本身是不征税收入，如企业属

---

① 国家税务总局：《中国居民赴澳大利亚投资税收指南》，2021 年。

于境外的非投资组合股利。此外，与新冠肺炎疫情相关的政府提供的刺激经济的支出大部分都是不征税收入。在计算税务亏损时，免税收入需考虑在内，而不征税收入则不予考虑。

五、近年义乌与澳大利亚经贸往来

2015 年中澳自由贸易协定正式签署，义乌与澳大利亚各地的经贸往来越发频繁，澳大利亚的采购商、华人华侨陆续来义乌开办企业和设立办事处，大量新项目和经济合作也在酝酿之中。

2016 年 11 月 8 日，澳大利亚义乌国际总商会在悉尼举行成立大会。澳大利亚各界与义乌有商务来往和准备商务来往的人士都来加入澳大利亚义乌国际总商会，商会给予会员在与义乌商务活动中最好的服务。

2017 年 5 月，自"2017 中国义乌进口商品博览会"亮相以来，"义乌购"国家馆就保持了快速增长的势头，各大商品遍及亚洲、欧洲、非洲、大洋洲的十几个国家和地区，其中澳大利亚早早就同"义乌购"达成合作意向。

2019 年 5 月 26 日，中国义乌进口商品博览会落幕，共 85 个国家和地区参与展览，其中就包括来自澳大利亚的参展商，澳大利亚的牛肉、红酒、奶粉运往义乌，分销全球。

2019 年 11 月，第 12 届中国义乌国际森林产品博览会（简称"义乌森博会"）盛大举行，义乌森博会设 10 个特色展区，吸引了 64 个国家和地区的境外客商到会采购，其中就包含来自澳大利亚的商客。

2021 年 5 月，义乌一宁波舟山港穿山港区海铁联运班列开通发运的首趟班列启程，这也是中远海运在义乌启运的首趟全程提单光伏专列，标志着义乌—宁波舟山港"第六港区"建设加速推进。义乌铁路口岸与宁波舟山港穿山港区实现了"无缝衔接"，班列运输的光伏产品直达宁波舟山港穿山港区后，将出口至印度、澳大利亚等国家，将继续强化义乌贸易网络西延辐射能力，为义乌—澳大利亚的经贸往来创造机遇。

2020 年，境外部分国家生产企业停工，供货出现断档。义乌市进口商品十大来源国中，部分国家企业停工，生产和运输成本激增，商品竞争力下降，澳大利亚进口也存在下行趋势。由于澳大利亚因受疫情和舆论影响，义乌同澳大利亚的经贸合作也受到不同程度的影响。

第十五节　新西兰（RCEP/CPTPP）

一、宏观经济

受新冠肺炎疫情冲击，新西兰 2020 年 GDP 遭遇了有史以来最大的年度跌幅，下降了 2.9%，数据显示，由于作为新西兰经济支柱之一的旅游业受疫情影响等原因，2020 年四季度新西兰 GDP 环比下降 1%，在统计涉及的 16 个行业中有 7 个行业下降，其中跌幅最大的两个行业是建筑业和零售、住宿及膳食服务业。1961—2019 年新西兰 GDP 增长率，见图 4-52。

图 4-53　1961—2019 年新西兰 GDP 增长率

数据来源： 新西兰统计局。

新西兰物价总体稳定（见图 4-54），从消费价格指数来看，与 2020 年 12 月相比，2021 年 3 月这一季度的 CPI 上涨了 0.8%（经季节性调整后为 0.8）。

从新西兰常住人口数量的变动趋势来看，新西兰的常住人口数稳步增长

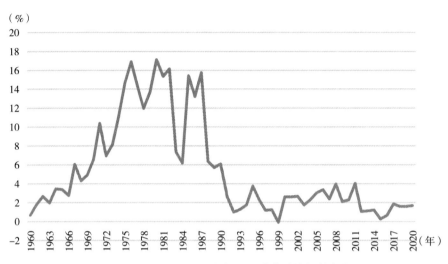

图 4-54　1960—2020 年新西兰消费价格指数变化

数据来源：新西兰统计局。

（见图 4-55），截至 2020 年 12 月 31 日的常住人口约为 511 万，较 2019 年同比增长 1.4%。新西兰的人口构成非常复杂，是一个多民族国家，随着各国移民的迁入，新西兰人口数量不断增加，而这些移民也在国家社会经济发展中发挥了十分重要的作用。

从新西兰失业人数和劳动市场发展的情况来看，据最新数据统计，新西兰失业率从 2020 年四季度的 4.9% 降至 2021 年 3 月的 4.7%，而 2019 年三季度的数据为 5.2%。而从历年来整个劳动力市场发展情况来看，很显然女性的失业率基本高于同季度男性的失业率，见图 4-56。

二、产业结构①

新西兰是一个农业和工业都比较发达的农业—工业国家，农牧业在新西兰国民经济中占有特别重要的地位。第二次世界大战以前，新西兰制造业不发达，农牧业经济片面发展，约 90% 的农产品和畜牧产品出口英国，对英国市

---

① 中国贸促会：《企业对外投资国别（地区）营商环境指南——新西兰（2020）》，2021 年。

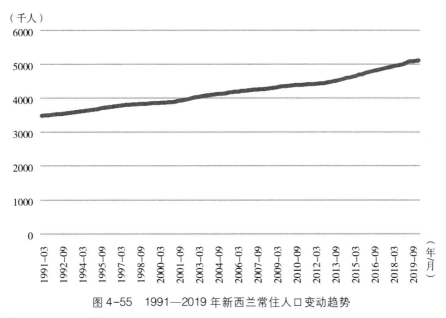

（千人）

图 4-55　1991—2019 年新西兰常住人口变动趋势

数据来源：新西兰统计局。

场的依赖性特别大。第二次世界大战之后，新西兰大力发展工业、采矿业、机械制造业和食品加工业等，并取得了较大的进步。英国加入欧洲共同体以后，新西兰过分依靠英国市场的状况有了根本性改善，产品的进口来源地和出口地都呈现出多样化的局面。

（一）第一产业

新西兰最大的自然资源是土地，在农牧业方面，全国53%的土地为牧场和耕地，大部分用作牧场，天然林和人造林占国家总面积的37%。在畜牧业领域，新西兰是畜牧业发达的国家，是世界上有名的羊毛生产大国。新西兰是世界上最大的羊肉和羔羊肉出口国，养牛在新西兰畜牧业中占有相当重要的地位，1990—2019 年，新西兰奶牛数量从 340 万头增加到 630 万头，增长了82%。20 世纪 70 年代以来，新西兰还大量饲养鹿，鹿有很高的经济价值，鹿肉大量出口到欧洲和美国市场，鹿茸是重要的药用材料，也是一种很有价值的出口商品。又因新西兰远离其他大陆，生产的蜂蜜在国际市场上很受欢迎。目前，新西兰共有牧场 54239 个，占地面积 900 多万公顷，从事畜牧业的人数约

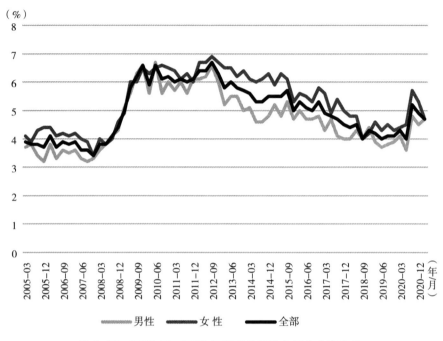

图 4-56 2005 年—2020 年新西兰劳动市场失业率变化

数据来源：新西兰统计局。

13 万人，占全国人口的 3.9%。

在种植业领域，新西兰主要粮食作物为大麦、小麦和玉米。新西兰的园艺业也相当发达，主要生产猕猴桃、苹果、葡萄、鳄梨及各种坚果等果品，新西兰是世界上最大的猕猴桃生产国，猕猴桃种类繁多，不同品种猕猴桃种植比例见图 4-57。

在林业领域，新西兰森林覆盖率达 28%，森林总面积为 810 万公顷，是世界上森林资源比较丰富的国家。因新西兰和其他大陆长期隔离，这里生长着许多独特的植物。为保护这些特有的动植物，新西兰建立了多处国家公园和森林公园。新西兰最主要的树种是辐射松，用途也非常广。

在渔业领域，新西兰是岛国，海洋资源相当丰富，在沿海 200 海里的专属经济区内有鱼类 1000 多种，商业价值高的鱼类大约有 100 种，温带鱼类和冷水鱼类一应俱全，丰富的渔业资源造就了发达的捕鱼业。新西兰海域也有大量

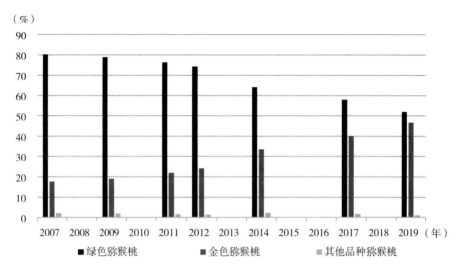

图 4-57　2007—2019 年新西兰不同品种猕猴桃种植比例对比

数据来源：新西兰统计局。

的浅滩作为水产养殖使用，养殖业比较发达。

（二）第二产业

在制造业、采矿业等第二产业方面，新西兰也具有一定的发展特色。在制造业领域，新西兰的制造业是在第二次世界大战后逐年发展起来的，制造业以农产品加工业为主，主要生产奶制品、毛毯、食品、皮革、烟草、纸张和木材制品。近些年，新西兰的炼钢、炼油、农用飞机制造等也有了一定的发展，但是冶金业不太发达。食品加工也是新西兰制造业重要的部门之一，食品出口是新西兰重要的外汇来源之一。除了传统产业之外，新西兰还有电子产品制造业、工程类制造业等。新西兰政府对制造业中的中小企业给予大力扶持，包括帮助这些企业加强质量管理、适当地为表现优质的中小企业提供奖励，以及促进与制造业有关的科学技术发展。面对国际环境的变化，新西兰制造业面临的挑战将进一步加剧。

在采矿业领域，新西兰矿产资源不算非常丰富，主要有煤和金矿，另外还有铁矿、银、锰等，新西兰的产油量不高，所需要的石油多是要从沙特阿拉伯和阿拉伯联合酋长国进口。新西兰政府鼓励勘探和开采矿物资源，对勘探、寻找特别矿物的公司给予一定的优惠政策。

在能源领域，新西兰的水力资源非常丰富，水力发电提供了全国大部分的电力，除此之外还有地热、煤炭、天然气、生物、木材、风能、石油和废热等发电方式。新西兰有丰富的地热资源，并且作为一个多风的国度，风力是重要的可再生能源，具有很大的利用潜力。

在航天产业方面，新西兰航天产业发展不过数十年，但已成为其国民经济的重要一环，产业总体规模已达 10 亿美元，创造了大量就业岗位。新西兰政府致力于将新西兰打造成全球重要的火箭发射地区。2020 年，新西兰火箭发射次数达 7 次，排名世界第四位，仅次于中、美、俄等航天大国；截至 2021 年 5 月，新西兰已经完成了 2 次发射，仍高居全球第四位。①

（三）第三产业

在服务业等第三产业方面，新西兰各类行业发展不一。在交通和通信领域，新西兰地理位置的相对独立导致它对海上运输的依赖性很大，并且本国的居民点也非常分散，这就需要建立完善一套交通运输系统为贸易提供便利。新西兰尽管是一个多山的国家，交通运输建设系统成本非常高，但它却在这个领域取得了不小的成就，铁路、公路、海运和航空运输都非常发达。

在金融领域，新西兰的中央银行是新西兰储备银行。澳新银行目前是新西兰第一大银行，其前身是 1835 年成立的澳亚银行和之后被收购的新西兰国民银行，所以也是新西兰历史最悠久的大商业银行。而新西兰银行是新西兰外汇交易市场上最大的新西兰元交易者。

在旅游业领域，新西兰的旅游业是其国民经济中的一个重要部分，新西兰政府鼓励旅游业的发展，对发展旅游市场的各种服务实行税收转让。旅游业是新西兰获取外汇的重要途径之一。发达的旅游业也与新西兰各种基础设施的完善不可分割。近几年，赴新西兰旅游人数大幅增加，客房入住率提高和房价上涨成为新西兰酒店等旅游相关行业获取经济效益的重要来源，旅游业相关基础设施需求渐趋多元化。但 2020 年受新冠肺炎疫情影响，新西兰边境关闭，重

---

① 孔超：《新西兰航天产业发展现状分析》，《中国航天》2021 年第 7 期。

创旅游业，损失惨重。根据国际航空运输协会（IATA）预测，新西兰将失去约 13 万个与航空运输和旅游业相关的工作岗位。

三、经贸关系①

（一）与各国经贸往来现状

新西兰是一个实行自由市场经济的国家，国内市场处于完全开放的状态。新西兰政府认为，开放的、自由竞争的市场是保证资源合理配置的必要条件。除了对内比较开放以外，新西兰也是一个对海外市场非常依赖的国家，它的畜牧产品、林产品、水产品等大量出口，工业制成品也大量出口。过去新西兰出口商品的种类非常少，进出口贸易的主要伙伴国是英国，进出口渠道单一，这就导致新西兰在国际市场中的地位非常脆弱。在 1973 年英国加入欧洲共同体以后，新西兰极力扩大与其他国家的贸易关系，开辟新的贸易渠道。

从货物贸易的角度来看，截至 2020 年年底，新西兰货物贸易出口总额达 600 亿新西兰元，同比增长 0.04%。其中，进口 570 亿新西兰元，下降 11%，年度贸易差额为盈余 29 亿新西兰元，见图 4-58。整体来看，2020 年以来新西兰的货物贸易进口量呈下降趋势，货物贸易出口相对平稳。

2020 年新西兰出口前三大类商品为乳制品（158 亿新西兰元，增长 0.4%）、肉类（81 亿新西兰元，增长 0.8%）、木材（45 亿新西兰元，下降 10%）。进口前三大类商品为机械设备（82 亿新西兰元，下降 12.1%）、车辆及配件（64 亿新西兰元，下降 24.9%）、电子机械设备（53 亿新西兰元，下降 1.6%）。

2020 年中国保持为新西兰最大贸易伙伴，从进口角度来看，新西兰前四大进口国家分别为中国（166.3 亿新西兰元）、澳大利亚（81.5 亿新西兰元）、美国（66.2 亿新西兰元）和日本（35.6 亿新西兰元）；从出口角度来看，新西兰前四大出口国家分别为中国（128.4 亿新西兰元）、澳大利亚（69 亿新西兰元）、美国（54.8 亿新西兰元）和日本（32.3 亿新西兰元）。

---

① 商务部：《对外投资合作国别（地区）指南——新西兰（2020 年版）》，2021 年。

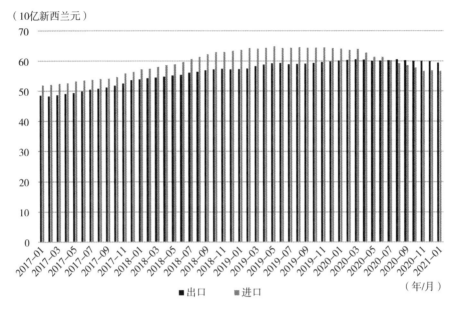

（10亿新西兰元）

■ 出口　■ 进口　　　　　　　　　　　　（年/月）

图 4-58　2017—2021 年新西兰货物贸易价值变动情况

数据来源：新西兰统计局。

从新西兰服务贸易的角度来看，截至 2020 年 6 月，新西兰对中国出口 26.7 亿新西兰元，居第四位，前三位是澳大利亚（49 亿新西兰元）、美国（40 亿新西兰元）、欧盟（34 亿新西兰元）。从中国进口 6.7 亿新西兰元，居第六位，前面依次是澳大利亚（57 亿新西兰元）、欧盟（38 亿新西兰元）、美国（31 亿新西兰元）、新加坡（26 亿新西兰元）、瑞士（9 亿新西兰元）。截至 2021 年 3 月，新西兰 2020 年财经年度虽然对华出口总额相比 2019 年财经年度因受到疫情冲击有所下降，接近 190 亿新西兰元，但仍然占其出口总额的 26%，比例超过 1/4，并且拥有 51 亿新西兰元的对华贸易顺差。①

从新西兰外商直接投资的角度来看，新西兰是传统资金输入国，对外国投资实行国民待遇，根据联合国贸易和发展会议（UNCTAD）《2020 年世界投资报告》，2019 年新西兰吸收外资流量 54.27 亿美元，截至 2019 年年末，新西兰

---

① 新华社：《新西兰对华出口额占其出口总额比例超四分之一》，2021 年 6 月 2 日，见 http：//www. xinhuanet. com/2021-06/02/c＿ 1127523204. htm。

吸收外资存量 813.4 亿美元。就国别来看，澳大利亚是新西兰第一大投资来源国，英国和美国分别是新西兰第二和第三大投资来源国。

（二）中新经贸往来情况①

新西兰作为第一个与中国结束入世双边谈判、承认中国完全市场经济地位且与中国签署自由贸易协定的西方发达国家，与中国经贸往来密切且发展迅速。目前，中国已经赶超澳大利亚成为新西兰全球最大的贸易伙伴、最大的出口市场和最大的进口来源国，而新西兰也成为中国全球五大食品供应国之一。新西兰同中国双边贸易往来频繁，根据公开事件进行部分整理。2008 年，《中国—新西兰自由贸易协定》正式签署并生效，《中国—新西兰自由贸易协定》是我国和发达国家签署的第一个自由贸易协定，实现了中新两国自由贸易关系的提质增效。2018 年 6 月 28 日，新西兰海关与中国香港海关在布鲁塞尔签署互认协议（MRA）。2021 年 1 月 26 日，《中华人民共和国政府与新西兰政府关于升级〈中华人民共和国政府与新西兰政府自由贸易协定〉的议定书》以视频的方式正式签署。双方继续推动在法律服务、工程服务、航空服务、旅游开发、人力咨询、市场营销咨询、公共关系咨询、海运、金融以及建筑等领域的承诺，进一步扩大对这些领域的开放。这一协定更加为两国在维护以及推进多边主义和自由贸易方面进一步合作，向国际社会发出了积极信号。

从双方贸易额的角度来看，中国自 1972 年与新西兰建交以来，双边经贸关系稳步发展。到 2020 年中国持续多年成为新西兰最大贸易伙伴，新西兰向中国出口 166.3 亿新西兰元，下降 0.6%，从中国进口 128.4 亿新西兰元。从特色产业的角度来看，据商务部统计数据显示，疫情影响下，全球对安全、自然的优质红肉需求旺盛，这是新西兰的竞争优势。2020 年，新西兰红肉十大出口市场并未发生变化，在疫情的影响下中国依然以 33 亿新西兰元占据首位，占比 36%。新西兰羊肉出口增长了 3%，达到 40 万吨，中国是第一大出口市场，英、美紧随其后。

---

① 商务部：《商务部国际司负责人解读中国—新西兰自由贸易协定升级议定书》，2021 年 1 月 26 日，见 http://www.mofcom.gov.cn/article/ae/sjjd/202101/20210103033935.shtml。

中新两国双向投资贸易互动密切。据商务部统计数据显示，2020 年新西兰在华投资项目 109 个，实际利用新西兰资金额 3000 万美元；新西兰累计在华投资项目 2270 个，实际利用新西兰资金额 15.4 亿美元。2019 年，中国对新西兰直接投资存量为 1140 万美元，截至 2019 年年末，中国对新西兰直接投资存量为 24.6 亿美元。中国对新西兰的投资领域广泛，覆盖乳业、林业、金融、物流、电信、基础设施、制造业等行业。新西兰如果能保持外交独立，在 RCEP 落地生效后，中国与新西兰在贸易自由化的持续推动下，两国双边贸易关系还将进一步加深。

四、金融与商业文化①

（一）金融投资

从银行业来看，新西兰金融市场以银行业为主导，银行业资产在整个金融体系中所占比重高达 94%；与银行业相比，证券业和保险业的发展规模有限，占比较小。截至 2020 年一季度，新西兰共有 27 家银行，银行业总资产为 6310 亿新西兰元。新西兰银行业高度集中，四大澳资银行贷款总额占新西兰全国银行贷款总额的比重高达 85%。

从证券业来看，新西兰证券市场规则比较透明，股市波动主要受经济形势影响，没有涨跌幅限制。新西兰证券交易市场主要包括股票市场和债券市场。其中，股票市场为新西兰证券交易所主板市场，提供上市公司和基金股权交易服务；债券市场提供公司债券、政府债券和固定收入证券等投资债券交易服务；新西兰中小板市场针对的是发展迅速的中小企业，相对于主板市场来说，在该市场挂牌的要求比较宽松。新西兰证券交易所作为新西兰唯一的证券交易所，负责对主板、债券市场上市主体的审核和监督，以及运营新西兰证券交易所衍生品市场。新西兰外汇管理宽松。20 世纪 80 年代新西兰经济改革前实行严格外汇管制，以加强对经济的直接控制和干预。1984 年起，新西兰政府开

---

① 中国贸促会：《企业对外投资国别（地区）营商环境指南——新西兰（2020）》，2021 年。

启了经济自由化进程，取消外汇管理不必要的限制，经常项目和资本项目外汇管理同时实现自由化。外资公司经常项目的汇入汇出、贷款债务等均不受限。外汇汇率实行浮动汇率制，完全由自由市场供求决定，央行除通过调整利率等方式间接影响外汇汇率外，其他基本不干预。[①]

从保险业来看，新西兰的保险行业在产品设计、客户服务、赔付流程、公司治理等方面是比较先进的，保险公司无论大小都有自己的"反欺诈团队"。截至 2020 年，新西兰约有 90 家持牌运营的保险公司，总资产约为 310 亿新西兰元，占 GDP 总额的 12%。

从金融监管来看，新西兰金融市场监管局（FMA）成立于 2011 年，主要负责监督金融服务和证券市场有关法规的执行。此外，新西兰金融市场监管局还与新西兰储备银行共同监督新西兰指定结算系统。

（二）税收税率[②]

从税率角度来看，新西兰的企业所得税税率是 28%。

从税收优惠角度来看，新西兰《研发费用税收抵免法案》已于 2019 年 5 月正式通过，该法案引进了研究开发费用税收抵免的方案，以激励企业进行研究与开发。研发费用税收抵免规定：（1）适用于 2019/2020 年财经年度；（2）研发费用税收抵免率为 15%，抵减应交所得税额；（3）研发费用最低支出为 50000 新西兰元，上限为 1.2 亿新西兰元；（4）允许总体符合条件的研发费用的 10% 发生在海外；（5）对于亏损实体的现金退税是有限制的；（6）符合条件的内部软件支出上限为 2500 万新西兰元。

企业申请研发费用税收抵免的前提：

（1）符合条件的大部分企业，无论其法律形式，都有资格在 2019/2020 年财经年度开始时（2019 年 4 月 1 日）过渡到新制度，条件是：①在新西兰有固定的机构；②企业及其子公司在同一财经年度没有获得创新成长科研津贴。

（2）符合条件的"核心研发活动"是指：①运用系统性的方法；②实质

---

① 中国信保：《新西兰经济与商业环境风险分析报告》，载《国家风险分析报告》，2020 年。

② 国家税务总局：《中国居民赴新西兰投资税收指南》，2020 年。

性创造新知识、新创或改进过程、服务或商品；③确实为了解决科学或技术不确定性的。

（3）符合条件的研发支出在进行研发活动中而发生以下支出：①工资薪金；②资产的折旧；③消耗的原材料或其他材料；④其他可分摊的费用。

（4）合规性要求第 1 年的申报要求略有不同。补充的研发支出申报表应当在企业所得税申报期后 30 天内提交给新西兰税务局。在截止日期之后，允许修改或者增加税收抵免申请的期限是两年。从第 2 年（2021 年）开始，企业应当获得研发活动的预先核准（年度批准）。研发费用超过 200 万新西兰元的企业无须预先核准，但需要获得相关的研发认证机构的认证，以证明企业的研发活动和支出符合研发税收抵免政策的要求。

（三）营商文化

世界银行发布的《2020 年营商环境报告》显示，新西兰依旧是全球 190 个经济体中营商环境最佳的国家。特别要提到，新西兰连续多年在世界银行发布的《营商环境报告》中排名第一位。世界经济论坛发布的《2019 年全球竞争力报告》显示，新西兰在 141 个经济体中综合得分 77 分，居第 19 位。

《2020 年外商直接投资信心指数》显示，2019 年新西兰的外商直接投资信心指数排名第 13 位，已落后于 2017 年第 10 位排名。与此同时，报告指出，新西兰出于国家安全原因考虑，未来或增加对外商投资的限制，然而宽松的营商环境仍是新西兰吸引外商投资的重要优势之一。在 2020 年，新西兰政府对新冠肺炎疫情采取了迅速且及时的措施，所以未来新西兰的外商直接投资信心指数仍将保持高位。

另外，在新西兰商业研发支出方面，据新西兰研发调查结果显示，商业部门的研发支出达到 27 亿新西兰元，比 2019 年增长 13%，其中商业部门是研发总支出的最大贡献者，到 2020 年占 60%。值得关注的是，2020 年计算机服务行业在研发上的支出占商业部门研发总支出的 1/3 以上。在过去的 10 年中，计算机服务行业的研发支出翻了两番，而同期商业部门的研发总支出几乎翻了三倍。与 2010 年相比，计算机服务行业从事研究与开发的全职当量人数增加了两倍，2020 年达到 6300 人。对于整个商业部门，到 2020 年，从事研究与开发的全职当量人数为 17000 人，是 10 年前的两倍多。这一结果显示，计算机服务行业在新西兰越来越受到重视并得到了飞跃发展。

五、义乌与新西兰经贸往来及发展

（一）义乌与新西兰的经贸往来

2017 年 9 月 27 日，义乌市侨联组织开展义乌籍海外侨商创业发展交流活动，为新西兰义乌人联络站相关负责人授牌。

2018 年 4 月 11 日，中国国际电子商务博览会暨首届数字贸易博览会在国际博览中心隆重开幕，展会吸引了来自新西兰在内的 11 个国家和地区以及国内 19 个省（区、市）的 1102 家企业参展。

2018 年 8 月，新西兰等国在义乌市场筹备设立商品馆。

2019 年，为期两个月的 2018 中国义乌进口商品博览会秋季展完美收官，其中新西兰馆优质品牌参加中国展会，成功吸引了来自全国各地的采购商。

2019 年 4 月，第 14 届中国义乌文化产品交易博览会和第 11 届中国国际旅游商品博览会吸引包括新西兰在内的 10 多个"一带一路"沿线国家和地区参展。

2019 年 5 月，义乌进口商品博览会首设进口糖酒展区，新西兰参加了展会。

（二）义乌与新西兰产业合作发展新机遇

新西兰农产品质量上乘，畜牧业制品闻名世界，已经与义乌企业开展了很多相关合作，未来需继续保持相关产业合作优势，探索产业发展新模式。新西兰制造业具有一定发展前景，尤其是农产品加工产业较为发达，义乌相关企业可以引进新西兰农产品加工技术，学习新西兰经验，创新自身加工模式，让更多的加工环节落地义乌，在生产销售部分掌握更多的主动权，并直接由义乌销往世界各地。

中国—新西兰自由贸易协定升级后，中国对自新西兰进口部分木材纸制品实施零关税，主要包括木纤维板、餐巾纸等，加大义乌相关企业、相关领域的进口，节约国内木材资源，促进国内相关产业转型升级。除此之外，义乌企业也要积极进军新西兰的服务产业，包括交通运输、金融和旅游相关领域，开拓相关业务，多元化企业发展。

第十六节　加拿大（CPTPP）

一、宏观经济

从加拿大 GDP 和最终国内需求来看，2020 年四季度的实际 GDP 增长了 2.3%。2020 年，加拿大实际 GDP 下降了 5.4%，是自 1961 年首次记录季度数据以来的最大年度下降，见图 4-59。由于最终国内需求在四季度增长了 0.9%，2020 年总共下降了 4.5%。

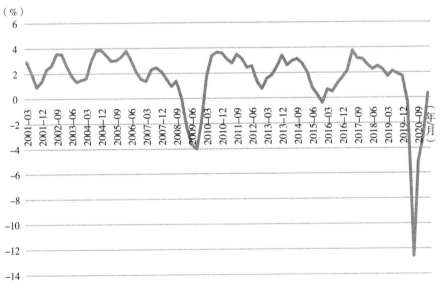

图 4-59　2001 年—2020 年加拿大 GDP 增长速度变化情况

数据来源：加拿大统计局、Wind。

从加拿大消费价格指数（CPI）来看，长期以来虽然加拿大 CPI 增速不同，但总体看 2020 年前 CPI 呈上升趋势，但由于 2020 年疫情因素影响 CPI 急剧下降，后由于加拿大许多地区放松了对疫情的限制，在消费者信心增强和就业条件改善的背景下，消费价格的增长逐步增加，甚至超过了疫情前的水平，见图4-60。

图4-60　2008年1月—2018年加拿大 CPI 变化情况

数据来源：加拿大统计局。

从加拿大政府收入和支出来看，总体而言，2020 年加拿大政府支助方案支出继续助长政府借款。政府收入在整个 2020 年远远超出支出，四季度政府净借贷总额为 4438 亿美元，较二季度峰值显著增加。到 2020 年，政府收入保持相当平稳，值得注意的是二季度，当时收入和产品税收的下降都减少了政府的财政收入。到四季度，这些组成部分已经恢复了失地，但政府年度收入却仍比 2019 年下降了 3.9%。

从加拿大进出口情况与贸易条件来看，2020 年受新冠肺炎疫情影响，加拿大进出口量呈下降态势。总体而言，与 2019 年相比，2020 年出口量下降了9.8%，进口量下降了 11.3%。加拿大统计局官方数据显示，到 2020 年，贸易条件下降了 3.4%，这主要是由于出口原油和原油沥青的价格下降了 38.6%，且原材料出口占总出口较大比例。对中国而言，中加贸易差额在过去 20 余年整体呈现扩大趋势。

从加拿大家庭支出来看，受新冠肺炎疫情影响，加拿大的家庭支出锐减，为 2008 年金融危机以来首次下降。与 2019 年相比，2020 年的支出下降了6.1%，其中耐用品支出下降了 3.7%，半耐用品支出下降了 7.8%，非耐用品（食品、药品等）支出增长了 3.1%，服务支出下降了 10.3%。

加入 CPTPP 为加拿大的宏观经济带了机遇与期望，CPTPP 给加拿大带来更多的市场准入和亚太国家更大的区域经济一体化的净优势。到 2040 年，预计 CPTPP 将使加拿大的 GDP 增加 42 亿加元，将使加拿大对其他 CPTPP 国家的出口总额增加 27 亿加元或增长 4.2%，且这些增长是由商品和服务出口和投资推动的。出口的增长主要来源于加拿大企业对加拿大尚未签订自由贸易协定的市场的新优惠准入，这些市场包括日本、越南、马来西亚和澳大利亚。加拿大经济的广泛领域都能获得贸易增长，具体领域包括猪肉和牛肉等农产品、木制品、机械和设备以及运输设备等领域。特别来讲，CPTPP 对汽车行业影响不大，加拿大汽车及配件产量和出口仅会有小幅增长。

二、产业结构①

加拿大经济统计中关于产业结构分类大致有两种方式：一种是分为三类产业。第一产业在加拿大称为初级产业，包括广义的农业和采矿业；第二产业是制造业和建筑业等；第三产业是广义的服务业，包括贸易、运输、仓储、教育、公用事业、政府服务、金融、电信等部门。另一种则是分为物质生产部门，即上述的第一、二产业，以及服务部门即第三产业。加拿大的产业结构有非常典型的几个特征：一是具有资源型的特征。林业、矿业和能源产业在加拿大的国民经济中占比较大。二是具有技术密集的特征。加拿大的农业、工业都有高科技的渗透，生产率位居世界前列。三是具有市场高度国际化的特征。加拿大作为世界上吸引外资最多的国家之一，国内大部分的产品都是为国际市场而生产。四是具有工业布局高度集中的特征。

（一）第一产业

从加拿大的初级产业来看，主要包括加拿大的农牧业、林业、渔猎业、矿业和能源业等行业，这些产品都直接来自大自然。在农业领域，加拿大是世界上最大的粮食生产国和出口国之一，其中小麦、粗粮、油料作物、特殊杂粮等均为加拿大的重要农业作物。2019 年，农业为加拿大 GDP 贡献了 340 亿加元（2012 年连锁价格，以下各行业对 GDP 贡献均采用该计算方法），占 GDP 的

---

① 商务部：《对外投资合作国别（地区）指南——加拿大（2020 年版）》，2021 年。

1.7%。值得一提的是，加拿大还是粮食出口国，2019 年粮食进出口完成贸易顺差 163 亿加元。CPTPP 的签署，会让加拿大保持已建立的 FTA 合作伙伴的首选供应商的同时，获得新的市场机遇。关税的下降或者减免会扩大加拿大对日本、越南和马来西亚农牧业的出口。主要受惠产品包括猪肉、牛肉、小麦、大麦、加工过的饮料和食品、奶制品、家禽以及鸡蛋。

在林业领域，加拿大的森林覆盖面积约 440 万平方公里，约占全国总面积的 44%，可伐林面积 360 万平方公里，在加拿大经济史中，林业产值曾占国民经济的首位。其中最具加拿大特色的树种是枫树，加拿大出口的枫糖浆绝大部分销往美国，少量运往欧洲和日本。除此之外，加拿大林业主要包括木材工业和造纸工业两大部门。2019 年，林业为加拿大 GDP 贡献了 36 亿加元。签署 CPTPP 之后，林业和木制品的关税将被取消，这将为加拿大带来日本、马来西亚和越南等主要市场的机遇。

在渔猎业领域，加拿大的动物种群数目相当可观，其中毛皮动物饲养业已经相当发达，并且渔业产品加工率和出口率高。2019 年，渔业为加拿大 GDP 贡献了 11 亿加元。签署 CPTPP 之后，加拿大鱼类和海鲜产品将被免除 100% 的关税。随着 CPTPP 生效，这些产品中的绝大多数能立即免税，剩余的关税也将在 15 年的时间内逐步取消。

在矿业和能源业领域，作为世界上主要的矿产品生产国和出口国之一，加拿大的矿产资源种类繁多，能源资源富足，2019 年油气矿石出口的贸易顺差达到 1121 亿加元。加拿大是世界第三大矿业国，生产的金属和非金属矿物超过 60 种。根据加拿大自然资源部的资料，加拿大是全球钾盐生产的领导者，镉、钴、钻石、宝石、金、石墨、铟、镍、铌、铂族金属、盐、钛精矿和铀的产量均位列全球前五名。2019 年，加拿大采矿业（不含油气）总产值 338 亿加元，约占 GDP 的 1.7%。

（二）第二产业

从加拿大的第二产业来看，主要包括制造业与建筑业两部分。在制造业领域，加拿大统计局认定包括汽车、飞机、机械、电子、橡胶、化工、纺织和服装、烟草、食品与饮料等 21 个行业。其中造纸业、汽车制造业、石油化工业均为加拿大的特色制造业部门。2019 年，汽车制造业为加拿大 GDP 贡献了 164 亿加元。加拿大汽车制造业包括超过 1000 家企业，直接创造就业岗位近 13 万个；化学制造业为加拿大 GDP 贡献了 220 亿加元；加拿大航空制造业为加拿大 GDP 贡献了 82 亿加元。

在建筑业领域，加拿大的建筑业主要分为四个类别：一是住宅建筑，二是工业设施建筑，三是商业建筑，四是市政工程建筑，建筑业在加拿大经济中占有重要的地位。但受新冠肺炎疫情影响，2019 年建筑行业 GDP 增速为-0.2%。

签署 CPTPP 之后，工业品和消费品的所有关税将被取消。加拿大出口到 CPTPP 国家的大部分工业品会立即免税，其余的工业品的关税也会逐步减少。并且，CPTPP 中关于技术性贸易壁垒（TBT）、投资、知识产权、卫生和植物检疫措施等方面的规定，保护了通过关税减免扩大的商品市场。它将为 CPTPP 成员创造一个可预测的贸易环境，让制造商和出口商在潜在市场中占据一席之地。尤其在汽车及汽车零部件领域，加拿大同日本签订了一系列关税减免和最惠国协议，对双方产业链结构调整和经济发展都有积极的影响。

（三）第三产业

随着加拿大经济的不断发展，服务业就业的人数占比逐渐增加。在交通运输业领域，由于加拿大地广人稀，交通运输业在国民经济中的地位非常重要。加拿大政府历来重视对交通运输基础设施的建设，因此加拿大的交通运输业发达，现代化水平较高。交通运输为加拿大 GDP 贡献了 855 亿加元，占 4.3%，就业人数约为 78 万人。其中，汽车运输服务约占全行业生产总值的 26.1%，空运占 11.8%，铁路运输占 9.9%，水运占 2.1%，其余是机场、车站、码头管理等支持性服务。

在金融业领域，加拿大联邦政府和省政府的金融法规决定了金融业各行业的职能范围，传统上的金融业有四大支柱，分别为银行、信托公司、保险公司和投资公司，但实际上，金融业各部分相互渗透，共同充当金融交易媒体。其中保险在加拿大人的日常生活中占有重要地位。2019 年，金融保险业为 GDP 贡献了 1312 亿加元，占 6.7%，从业人员近 75 万人。金融行业在体量巨大的情况下，还在蓬勃发展，2019 年加拿大金融和保险领域完成了 3% 的增长。

在旅游业领域，加拿大拥有丰富的自然资源，其世界自然遗产、高质量人力资源、文化资源、空运系统均排名靠前，是一个拥有发展潜力的旅游市场。

在零售业领域，加拿大由于受到新冠肺炎疫情的影响，消费者倾向减少外出并储存商品，杂货店已经不堪重负，在某些情况下，在线购物的增长更为强劲，2020 年零售电商销售额增长了 18.2%，有专家预测五年内加拿大在线购物会保持高速增长。

三、经贸关系

（一）与各国经贸往来现状

由于地理和历史传统原因，加拿大最大的贸易伙伴和出口市场长期为美国。从货物贸易的角度来看，2020 年加拿大对美国货物贸易出口为 3762 亿加元，从美国的进口货物贸易额为 3490 亿加元。从服务贸易的角度来看，2019 年加拿大对美国的出口服务贸易额为 747 亿加元，出口以商业服务为主导，2019 年加拿大从美国的进口额为 871 亿加元，进口商品也以商业服务为主导。

从外商直接投资头寸的角度来看，2020 年，加拿大在美国的直接投资总额为 6691 亿加元，美国在加拿大的直接投资总额为 4568 亿加元。

CPTPP 对美加贸易有轻微负面影响。因为美国退出了 CPTPP 的签订，加拿大对美国的出口预计不会发生重大变化。然而，由于美国在加拿大市场的《北美自由贸易协议》优惠受到侵蚀，加拿大从美国的进口量将会下降。由于汽车产品进口下降，加拿大从美国的进口总额预计将减少 33 亿美元。

英国也是加拿大的重要贸易伙伴之一。从货物贸易的角度来看，2020 年加拿大对英国的出口额为 214 亿加元，从英国的进口额为 93 亿加元。从服务贸易的角度来看，2019 年加拿大对英国的出口额为 73 亿加元，出口以商业服务为主导。2019 年加拿大从英国的进口额为 79 亿加元，进口以商业服务为主导。

从外商直接投资头寸的角度来看，2020 年，加拿大在英国的直接投资总额为 1168 亿加元，英国在加拿大的直接投资总额为 696 亿加元。

除此之外，日本与德国作为加拿大重要的贸易往来国家，在同加拿大经贸互动中也发挥着重要作用。在签订 CPTPP 之后，加拿大与日本之间的经贸联系会越来越紧密，预测加拿大对日本的出口总额将增加 18 亿美元或增长 8.6%，高于 TPP 签订带来的 13 亿美元。

（二）与各国（地区）经贸协定签署情况

加拿大政府奉行自由贸易政策，贸易和投资体制透明度与市场开放度均较高。同时加拿大广泛且不断增长的贸易网络使加拿大公司可以优先进入世界各地的不同市场。加拿大贸易政策目标为：一是确保加拿大的外交贸易政策如实反映加拿大价值观和国家利益；二是加强以原则为基础的贸易安排，拓展双边、区域和全球领域的自由、公正市场准入；三是创造经济机会，加强国家和公民安全。

多边及区域经贸协定方面，加拿大是联合国（UN）、国际货币基金组织（IMF）、世界银行（WBG）、世界贸易组织（WTO）、七国集团（G7）、二十国集团（G20）和亚太经济合作组织（APEC）成员。1994 年 1 月，加拿大、美国和墨西哥共同签署的《北美自由贸易协议》（NAFTA）生效。2018 年 11 月底，美、加、墨三国领导人共同签署《美墨加协定》（USMCA），即 NAFTA 的升级版，于 2020 年 7 月 1 日生效。2009 年 7 月，加拿大与欧洲自由贸易联盟（EFTA）签署的自由贸易协定生效；2017 年 9 月，与欧盟签署的全面经济贸易协定（CETA）生效。2018 年 12 月，加拿大与日本、墨西哥等 11 国联合签署的《全面与进步跨太平洋伙伴关系协定》（CPTPP）生效。此外，加拿大与加勒比共同体（CARICOM）、南美三国（萨尔多瓦、危地马拉、尼加拉瓜）、南方共同市场（MERCOSUR）、太平洋联盟（智利、哥伦比亚、墨西哥、秘鲁）等正在开展自由贸易协定谈判。加拿大与东盟的自由贸易协定处于探索性研究阶段。

双边经贸协定方面，加拿大已与美国、以色列、智利、哥斯达黎加、秘鲁、哥伦比亚、约旦、巴拿马、洪都拉斯、韩国、乌克兰 11 个国家先后签署自由贸易协定；与多米尼加、印度、日本、摩洛哥、新加坡的自由贸易协定正在谈判过程中；与中国、土耳其、菲律宾、泰国则开展了自由贸易协定探索性研究。

（三）中加经贸往来情况

中加两国自 1970 年 10 月建交并于 1973 年签订政府间贸易协定以来，双边经贸合作保持良好发展势头。两国间商品、服务、人员及资本的流动日益频繁，经济联系不断加强。中国是加拿大第二大贸易伙伴、进口来源地及出口市场。2020 年中加两国建交 50 周年。2021 年，加拿大对华政策是否会受到美国大选结果的影响发生变化，中加关系如何破冰，是值得关注的问题。中国对于加拿大来讲至关重要，从中国进口的消费品大大提高了加拿大人的福利。进口自中国的中间产品和资本货物，尤其是电气设备，是加拿大生产的重要投入。在货物贸易领域，2020 年加拿大对中国的出口额为 262 亿加元，比 2019 年增长 7.2%，占加拿大出口总额的 5.0%；2020 年加拿大从中国的进口额为 495 亿加元，比 2019 年增长 5.6%，占加拿大进口总额的 8.8%。加拿大与中国的货物贸易逆差在 2020 年增加了 8.82 亿加元，约 233 亿加元（见表 4-6）。

表 4-6　加拿大与中国的货物贸易

（单位：百万加元）

类别 ＼ 年份	2016	2017	2018	2019	2020
出口	22346	24992	29076	24489	26249
进口	37661	42732	46358	46863	49503
货物贸易差额	−15314	−17741	−17282	−22373	−23255

数据来源：加拿大统计局。

在服务贸易领域，受新冠肺炎疫情影响，2020 年加拿大与中国服务贸易的互动减弱。2020 年加拿大对中国的出口额约为 54 亿加元，比 2019 年减少 27 亿加元；2020 年加拿大从中国的进口额约为 24 亿加元，比 2019 年减少 9 亿加元（见表 4-7）。2020 年加拿大向中国出口服务贸易额达 40 亿美元，从中国进口服务贸易额约为 18 亿美元。相对于货物贸易，两国的服务贸易往来数额长期以来都比较低，伴随疫情的恢复，双方应在服务贸易方面加大合作。

表 4-7　加拿大与中国的服务贸易

（单位：百万加元）

年份 类别	2016	2017	2018	2019	2020
出口	6317	6907	7682	8096	5350
进口	2628	2669	3077	3344	2383
服务贸易余额	3687	4238	4604	4753	2968

数据来源：加拿大统计局。

在投资合作领域，2020 年加拿大对华直接投资额约为 130 亿加元，比 2019 年增长 14.6%。对华直接投资占对外直接投资总额的 0.9%。中国在加拿大的直接投资额约为 243 亿加元，比 2019 年增长 0.4%（见表 4-8）。中国的直接投资占加拿大直接投资总额的 2.3%。2020 年，加拿大在中国的证券投资总额为 567 亿加元，比 2019 年增长 33.9%。在中国的证券投资占其海外证券投资总额的 2.0%，在中国的证券投资主要是股票和投资基金份额（96.8%）。虽然两国间跨国企业的投资和活动迅速增加，然而，与加拿大同其他国家的投资关系相比，总体水平仍然较低。

表 4-8　加拿大与中国的直接投资规模

（单位：百万加元）

年份 类别	2016	2017	2018	2019	2020
加拿大在华直接投资	10218	13089	13586	11302	12951
中国在加拿大直接投资	15220	15927	21489	24197	24287
净直接投资	−5002	−2838	−7903	−12895	−11336

数据来源：加拿大统计局。

四、金融、税收与营商环境

（一）金融概况

加拿大银行制度属于英国式，拥有高度集中的庞大分行系统。目前主要银行的分行遍布全国各地，为民众提供各式各样的金融服务。加拿大拥有良好的银行制度及管理良好的金融市场，联邦政府亦提供一系列融资选择及税务奖励措施，以鼓励外国直接投资。2020 年 3 月 17 日，加拿大主要商业银行优惠利率为 2.45%。整体来看，加拿大利率水平略低于中国，但银行针对不同行业、不同企业、不同融资产品、项目条件和担保条件，根据风险和收益会有不同的定价。

加拿大在各国金融投资规模可观，与美国、英国、日本、中国、德国等多个国家都有金融投资业务的往来，尤其是与美国的金融投资领域合作密切。

（二）营商环境

世界银行发布的《2020 年营商环境报告》显示，加拿大在全球最具竞争力的 190 个国家和地区中居第 23 位。世界经济论坛发布的《2019 年度全球竞争力报告》显示，加拿大全球竞争力指数居全球第 14 位。根据美国《福布斯》杂志发布的"2019 年最适合经商的国家和地区排行榜"，在 161 个国家和地区中，加拿大跻身前十，居全球第六位。根据"2019 年外商直接投资信心指数"排行榜，加拿大的外商直接投资信心指数居全球第三位。

（三）税收税率①

加拿大针对居民企业和非居民企业有着不同的税收制度。加拿大居民企业应就来源于全球的所得缴纳联邦企业所得税和省属企业所得税。受控外国公司取得的某些特定收入应按照权责发生制原则缴纳企业所得税。对某些特定非居民企业信托和海外投资基金的投资收益也应在加拿大纳税。

从税率角度来看，企业须缴纳联邦税和省税。联邦所得税的基本税率为 38%，企业在加拿大各省（或属地）取得的所得减除《企业所得税法》第 149 款第（1）项（t）规定的免税项目后，可享受 10% 联邦税收抵免，即适用 28% 的优惠税率，但对于来源于加拿大境外的所得，不适用 10% 抵免政策。第 149 款第（1）项（t）规定的免税项目，指除保险业外未从事其他行业的保险企业，且其从用于渔业或农业经营的财产，或渔民和农民的住宅取得的保费收入占保费收入总额的比例不低于 20% 的，其应纳税所得免征企业所得税。企

---

① 国家税务总局：《中国居民赴加拿大投资税收指南》，2020 年。

业符合条件的，可继续享受 13% 的一般税收减免，即适用 15% 的税率。但该减免不适用于享受优先税收待遇的收入，例如，适用小型微利企业税收扣除的所得和加拿大制造和加工所得；适用生产用于销售的电能和蒸汽所得税收扣除的所得；适用信用合作社额外扣除的所得（尽管信用合作社不是通常意义的私营企业，但可以享受小型微利企业税收扣除。信用合作社还可就其不适用小型微利企业税收扣除的应税所得中按照一定比例进行扣除）；适用可退税规定的投资所得。该减免同样不适用于从个人服务业务取得的收入，和在一个会计年度曾是投资企业、抵押贷款投资、共有基金的企业。

加拿大控股私营企业（Canadian-controlled Private Corporation），指未被上市企业或非居民企业或两者共同以任何形式直接或间接控股的加拿大私营企业，2019 年 1 月 1 日起小型微利企业税收抵扣为 19%，抵扣后适用的净税率为 9%，2018 年 1 月 1 日至 2019 年 1 月 1 日，小型微利企业税收抵扣为 18%，净税率为 10%，2018 年 1 月 1 日前小型微利企业税收抵扣为 17.5%，净税率为 10.5%。对跨越日历年度的纳税年度，抵扣率按照跨越日历年度前后的天数计算。

对非居民企业来讲，加拿大非居民企业应就在加拿大境内从事商业活动取得的所得，申报缴纳加拿大所得税，不论该所得是否通过常设机构取得。加拿大向非居民企业取得的来源于加拿大的某些类型的收入征收预提所得税。非居民企业在加拿大境内通过分支机构从事应税经营活动的，须缴纳联邦所得税和地方所得税。一些外国公司的分支机构适用税率会因为两国签署税收协定而降低（如加拿大和美国的税收协定规定，美国在加拿大分支机构对来源于加拿大境内的所得适用 5% 税率，且开始经营后首次获得的 50 万加元收入免征预提所得税）。

五、义乌与加拿大经贸往来及发展

（一）义乌与加拿大的经贸往来

2018 年 4 月，中国国际电子商务博览会暨首届数字贸易博览会吸引了包括加拿大在内的 11 个国家以及国内 19 个省（市）的 1102 家企业参展。

2018 年 5 月，义乌进口肉类查验场正式启用后首批肉类入境，这也是浙江省首批通过陆路口岸直接通关的进口肉类，标志着义乌打造指定口岸"全牌照"目标迈出了重要一步。

2018 年 9 月，来自加拿大的 7 个货柜近 200 吨冻带骨猪肉抵达义乌铁路口岸肉类指定查验场，这是肉类指定口岸迎来单次批量最大的进口货物。

2018 年 11 月，加拿大等 50 个国家的 420 家企业远道而来，携本国特色商品相聚于 2018 中国义乌进口商品博览会秋季展。

2019 年 11 月，第 12 届中国义乌国际森林产品博览会举行，"一带一路"主题展区共设展位 391 个，展览面积近 4000 平方米，吸引了包括加拿大在内的"一带一路"沿线 30 个国家参展。

2019 年 11 月，中国义乌进口商品博览会秋季展吸引了加拿大等 57 个国家和地区的 407 家企业参展，展会取得了巨大成功。

2020 年 8 月，"义乌购"与非中合作项目促进会签署了合作协议，据悉，义乌已经与加拿大在内的 10 多个国家和地区签订了数字化战略合作协议，力争实现与合作伙伴的共赢。加拿大与"义乌购"海外服务站也已正式签约落地。

2020 年 11 月，第二届国际友城交流展在义乌博览中心开幕，举行了加拿大进口产品对接会。来自加拿大的驻华代表处携 15 家企业带着加拿大特色产品，与义乌 30 家企业进行合作洽谈，促进了义乌同加拿大的合作交流。

（二）义乌与加拿大产业合作发展新机遇

从加拿大产业角度来看，其自中国进口的主要商品为机电产品、家具玩具产品和纺织品及原料。而义乌能够依托中国最大机械与机电采购市场需求量的浙江省区位优势及小商品市场辐射力与凝聚度为中国—加拿大机电领域创造更多机遇，加之纺织品与家具玩具作为义乌本地的优势产业，更能满足加拿大的多元化需求。

从加拿大特色产业来看，加拿大的林业、矿业等资源型产业占国民经济比重较大且发展迅速，能够为义乌相关企业提供原材料的支撑，诸如家具、造纸、工艺品等品类的企业通过在义乌本地设置生产加工线对原材料进行加工并将成品销往世界各地。此外，加拿大的制造业发展迅猛，对义乌经济或起到赋能作用，义乌相关企业通过引进技术升级产业，增加原有产业的吸引力，畅通义乌本地商品销往世界。加拿大的旅游资源丰富，有针对性地满足前往加拿大游客的需求也是值得开拓的市场，涉及旅游产品方面的义乌企业，可以积极开拓发展加拿大市场。

第十七节　墨西哥（CPTPP）

一、宏观经济

墨西哥是拉丁美洲第二大经济体，同时也是世界上最开放的经济体之一。现在全球化正经历重大变革，区域化的发展趋势明显，墨西哥作为拉丁美洲的重要市场，连接南北美洲，拥有优越的地理位置和较大的市场潜力，为拉丁美洲最热门的投资目的地之一。根据墨西哥财政部的数据，2019 年，墨西哥的外国直接投资额为 329 亿美元，主要投资行业为制造业、金融服务业以及零售业，占比分别为 47%、15%、10%。墨西哥的主要产业为石油工业、农业、汽车工业等。随着其生产能力加强，墨西哥正逐步从石油等原材料的资源出口国转变成多样化发展的工业国家，并且已经成了为全球价值链提供整合制成品的重要供应商之一。墨西哥实施稳定、可持续的货币与财政政策，使得比索成为流通性最强的新兴国家货币之一。

根据世界银行的数据，近些年墨西哥外贸依存度较高，并且呈现出增长的趋势，由 2010 年的 57.53% 增长到了 2018 年的 75.76%，这意味着墨西哥融入世界经济的程度和对外开放的水平进一步上升，见图 4-61。不过，随着墨西哥对国际市场依赖程度的进一步提高，其受世界经济冲击的风险也随之变大。

二、产业结构

2019 年，在墨西哥的经济结构中，农业占比为 3.47%，工业占比为近30%，服务业占比为 60.5%。

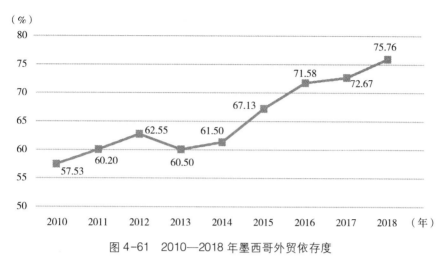

图 4-61　2010—2018 年墨西哥外贸依存度

数据来源：世界银行。

　　农业是墨西哥重要的经济产业。墨西哥农林牧渔占地面积为 1.96 亿公顷，其中多年生作物种植面积为 267.6 万公顷，耕地面积为 2313.2 万公顷，森林、牧场、草地、内陆水域等其他用地面积是 1.7 亿公顷。

　　墨西哥主要周期性经济作物有菜豆、大豆、玉米、高粱等，多年生作物包括橙子、咖啡、芒果等。墨西哥龙舌兰酒的出口量排在世界第一位，世界上99% 的龙舌兰酒都产自哈利斯科州。墨西哥全国牧场用地面积为 7900 万公顷，主要饲养猪、牛、羊等。农业主产区为塔毛利帕斯州、瓜纳华托州、锡那罗瓦州和萨卡特卡斯州。

　　墨西哥拥有丰富的石油资源，是拉丁美洲主要的石油生产国之一，石油工业在墨西哥经济中占有重要地位，石油出口收入在墨西哥财政收入中的占比也较大。墨西哥石油产品最大的出口目的地是美国。

　　墨西哥工业门类完善，电力、石化、制造业等都较为发达。

　　汽车业为墨西哥最大的制造业部门，起到支柱作用。墨西哥是汽车生产大国及汽车出口大国，汽车业为外资进入较早并且投资规模较大的行业之一，为吸引外资的主要部门。墨西哥于 2018 年取代韩国成为世界第六大汽车生产国，这彰显了汽车产业在墨西哥的支柱地位。

根据墨西哥汽车工业协会的统计数据，2018 年墨西哥生产轻型轿车 390 万辆，生产重型车 16.2 万多辆，总产量超过 400 万辆。墨西哥还是世界第五大汽车零配件生产国及零配件出口美国的第二大国。此外，墨西哥还是重型车第五大生产国及出口国，墨西哥还在农业用车和建筑用车制造方面具备很大优势。

墨西哥为重要的电子产品组装国及出口国，在消费电子领域具有竞争力。由于接近北美市场，墨西哥每年对美国出口的电子类产品超过 700 亿美元，仅低于中国对美国的出口。除美国之外，墨西哥电子产品的出口目的地主要是法国、加拿大、中国等。墨西哥电子制造工厂数量大于 700 家。墨西哥政府还制定了优惠政策，力求吸引科技公司在墨西哥进行投资。

墨西哥的旅游业发达，根据联合国世界旅游组织的报告，墨西哥在 2019 年已成为全球第七大旅游目的国，共接待 4500 万人次。2020 年，由于疫情的影响，墨西哥接待游客人数较 2019 年下降了 44%，共接待 2500 万人次。

三、经贸关系

（一）墨西哥利用外资情况

2019 年，墨西哥引进外资 329 亿美元，其中外资流向制造业的比重为 47.2%；流向金融及保险服务业的比重为 15.3%；贸易占比 9.7%；大众媒体信息占比 5.5%；矿业占比 5.5%；电力、水和天然气占比 3.8%；其余行业占 13%。按投资来源地分，美国占 36.8%；西班牙占 12.1%；加拿大占 9.7%；德国占 9.2%；意大利占 4.5%；其他国家占 27.7%。中国 2019 年全年对墨西哥投资共 1.7 亿美元，目前投资存量约 13 亿美元。

2021 年一季度墨西哥引入外资规模创近 20 年以来新高。墨西哥经济部数据显示，墨西哥 2021 年一季度共引入外国直接投资 119 亿美元，同比增速为 14.8%。在新冠肺炎疫情影响下，墨西哥经济规模遭受了一定程度的下滑，但外国直接投资保持增长，这主要归因于 2020 年 7 月生效的《美墨加协定》。联合国贸易和发展会议预测 2021 年一季度全球外国直接投资规模会经历较大的萎缩，在这样的背景下墨西哥仍有如此好的表现，这彰显了国际资本对墨西哥经济充满信心。

（二）墨西哥投资发展规划

2019 年 11 月 26 日，洛佩斯总统在早间新闻发布会介绍了联邦政府与私人企业达成的国家投资协议，宣布本届政府执政 6 年间将斥资 8590 亿比索修建 147 个基础设施，并全部交由私人公司承建。

2019 年，中国企业在墨西哥新签承包工程合同总额 18.7 亿美元，完成营业额 9.1 亿美元。中资企业在墨西哥承包工程项目占墨西哥承包工程总量的份额不高，但所涉领域较广，包括新能源发电、码头建设、通信基站建设、海上钻井平台建设、油田勘探服务、工业园区规划设计等。

（三）墨西哥对外贸易及中墨双边贸易情况

据墨西哥官方预测，2021 年墨西哥出口总额将达 4300 亿美元，同比增长 10%。该数据将接近 2019 年 4600 亿美元的历史最高峰，不过仍难以抵消 2020 年新冠肺炎疫情对经济活动造成的打击。反弹最快的汽车及零部件贸易占全部出口总额的比例约为 30%，其他外贸反弹速度较快的领域为医疗用品、电子、农业。

由于墨西哥属于外向型经济，出口对全年 GDP 的贡献度一般约为 34%，所以外需是其拉动经济增长的重要引擎，因此，墨西哥 2021 年的经济增长将一定程度取决于出口的情况。同时，墨西哥的商品进口也有所增长，进口主要涉及的是中间原材料。2021 年一季度，墨西哥商品出口增长 3.1%，进口反弹 8.3%，贸易逆差为 16 亿美元。出口和进口对 GDP 的贡献率分别为 39% 和 40%。

根据 2020 年的数据，墨西哥是中国在拉丁美洲的第二大贸易国、第一大出口目的地国以及第三大进口来源国。中国与墨西哥 2020 年的贸易额为 609 亿美元，同比增长 0.2%，其中中国出口额为 449 亿美元，同比下降了 3.3%；中国进口额为 160 亿美元，同比增长了 11.6%。中国对墨西哥的出口商品主要包括液晶计算机及其部件、电话机、显示板等，中国从墨西哥的进口商品主要包括车辆、铜矿砂、集成电路等产品。

（四）墨西哥签订的贸易协定

墨西哥是自由贸易水平较高的国家，根据墨西哥经济部的统计，截至2019 年，墨西哥与全球 52 个国家签署了 13 个自由贸易协定，墨西哥还同 42 个国家签订了《避免双重征税协定》。墨西哥通过较高的贸易自由化程度，建成了一个庞大的战略性经贸网络，出口市场具有较高的多元化水平。墨西哥加入的国际组织包括世界贸易组织、经济合作与发展组织、亚太经济合作组织、拉丁美洲一体化组织、拉丁美洲和加勒比国家共同体、太平洋联盟、跨太平洋战略经济伙伴协定等。

（五）墨西哥基础设施建设情况

墨西哥洛佩斯政府将基础设施建设视为优先发展领域，在上台伊始即公布有关公路、机场、港口、铁路建设等领域的发展计划，主管单位包括墨西哥交通通信部和旅游文化部等部门。

一是公路。公路运输在墨西哥有着很重要的地位，公路承担着墨西哥约一半的货运量及几乎所有的客运量。墨西哥公路网长度为 37.7 万公里。

二是机场。墨西哥现有机场 76 个、直升机机场 408 个、航空站 1388 个。其中 17 个重要机场承载了绝大部分客运量和货运量，这 17 个机场大多处在坎昆、墨西哥城、阿卡普尔科等地区。墨西哥城国际机场最为重要，其承担了23% 的货运量以及 34% 的客运量。但存在的问题是，高标准设施的机场数量并不多，现状已很难满足逐步增长的航空市场需求。

三是港口。墨西哥拥有 1.1 万公里海岸线，现有 117 个海运港口及码头，在世界贸易中具有重要战略地位。墨西哥政府高度重视港口基础设施建设，除继续修缮并扩建曼萨尼约港和拉萨罗卡尔特纳港外，还计划重点建设北部的马萨特兰港，将其打造为面向亚太和北美的区域性枢纽港。

四是铁路。墨西哥政府大力发展铁路项目，目前已公开玛雅铁路和地峡铁路建设计划。玛雅铁路是墨西哥政府提出的主要基础设施项目之一，旨在促进半岛地区经济和旅游业发展。该项目包括新的铁路运输服务，连接尤卡坦半岛的主要城市和旅游区，服务范围包括本地乘客、游客和货运。玛雅铁路全长1525 公里，全程共设 15 个站点，预计最高时速可达 160 公里/小时。玛雅铁路预计投资 1500 亿比索，为现汇类项目。

四、金融、税收与营商环境

（一）营商环境

近些年，墨西哥大力推动企业税收的改革，尤其是建立服务于小微企业的"参与税收制度"，加速非正式企业的正规化。小微企业可以通过墨西哥税务局官方网站完成纳税相关手续，并获得一系列针对小微企业的优惠措施，主要涉及五点：一是设定生产服务征税优惠规则；二是简化税收计算方式；三是住房贷款，提供针对住房贷款的税收优惠；四是国家创业局以及国家金融公司给企业的经济支持；五是贷款扶持。

这些举措显著改善了企业办税的便利化水平，让大量未纳过税的小企业开始纳税，在促进小企业正规化经营的同时，还新增了 79 万家纳税企业。

近年墨西哥政府在电信、能源领域推出了一系列改革措施，旨在放宽市场准入限制。墨西哥原油产量已由 2013 年约 250 万桶/日减少到了 2018 年约 180 万桶/日。2019 年墨西哥政府推动了新一轮的能源改革，力图推翻墨西哥国家石油公司约 70 年的垄断，将勘探开发权赋予外国、私营投资者使用，这有助于引进外国资本及技术，使油气行业的发展更具活力，帮助墨西哥继续维持石油生产及出口大国的位置。为保证改革的顺利进行，墨西哥政府作出以下努力：改组设立能源部、能源监管委员会、财政部、国家油气委员会等相关机构，并明确了各机构的职责分工；成立墨西哥石油基金，负责统一接收并管理改革后政府所获得的矿权出让及权益分配等收入。

（二）税制税率①

墨西哥针对居民企业和非居民企业有着不同的税收制度。居民企业指的是墨西哥联邦税法所规定的墨西哥税收居民企业，是指主要经营管理场所或有效管理场所位于墨西哥的法律实体，原则上来讲，如果法律实体不满足墨西哥税收居民企业的定义，则被视为墨西哥非居民企业。

---

① 国家税务总局：《中国居民赴墨西哥投资税收指南》，2019 年。

从税率的角度来看，墨西哥 2018 年居民企业的企业所得税率为 30%，无附加税。资本利得适用相同税率。墨西哥针对非居民企业不同情况有不同税率标准：（1）在墨西哥设有常设机构的非居民企业参照居民企业适用企业所得税税率。（2）在墨西哥未设有常设机构的非居民企业需就来源于墨西哥的收入缴纳预税，税率如下：①股息：墨西哥税务机关向外国非居民企业和个人的股息分配征收 10% 的预税，由分配股息的公司进行代扣代缴。该税属于最终税。双边税收协定（如适用）可以减少外国居民公司所适用的预税。利息预税的默认税率为 30%，但利息类型不同适用的税率也会不同（通常分为五类，税率为 4.9%—35%）。若将利息支付给低税辖区的关联方，则预所得税税率为40%。该税率可能会因为税收协定的规定而有所降低。②特许权使用费：铁路火车的特许权使用费预税率为 5%；支付给外国的专利、商标和商业名称的特许权使用费，其预税率为 35%；其他特许权使用费的预税率为 25%。如果合同中同时包括最后两项，须分别适用各自税率；如果无法准确区分，则全部适用 25% 的税率。若将特许权使用费支付给低税辖区的关联方，则预所得税税率为 40%。③租金：毛收入的 25%，但针对在墨西哥联邦政府注册的火车、飞机和船只租金，适用 5% 预税率。

从税收优惠角度来看，其中有两个方面的优惠政策：一是建筑相关行业投资扣除以下行业的纳税人可在条件满足时根据其直接和间接成本的一定比例扣除支出的估算额，而不必按照通常规则进行扣除：建筑或停车场开发商、建筑施工方、使用时间共享系统的旅游服务供应商。如果纳税人 90% 以上的收入来自房地产开发，则其可在购买土地的当年将投入土地的所有投资额扣除，但仅限于产生房地产开发收入的土地投资额。二是研发抵免，自 2017 年起，纳税人如在墨西哥投资进行研发活动，则可获得研发费用发生额 30% 的税收抵免，该税收抵免须经由墨西哥国家科学技术委员会、墨西哥税务局、墨西哥经济部和总统组成的特别委员会的裁定批准。该税收抵免可降低纳税人的所得税税负。申请研发抵免的纳税人须在每年二月对研发费用的详细信息进行申报，研发抵免的上限为 5000 万墨西哥比索。墨西哥的一些州还给予其他研发投资税收优惠，如地方税的税收抵免、现金补助和辅助性费用折扣。

五、中国与墨西哥间业务发展机遇与挑战

墨西哥国内能源电力、交通运输、水利水务、工业园区建设等工程承包市场空间巨大，政府一方面对华合作意愿强烈，另一方面在政策和实践做法上也更加务实，中资企业在墨西哥工程承包市场将迎来机遇期。同时，墨西哥承包工程市场法规体系复杂、竞争充分等客观实际也为中国企业开拓墨西哥市场带来挑战。

（一）市场机遇

一是新基建规划出台扩大了市场规模。因新旧政府交替引起的经济发展政策变化，曾导致多个中资企业跟踪多年的热门项目受到影响或已确认取消。洛佩斯政府执政以来，各类政策日渐清晰，新的基础设施、民生工程等发展规划逐渐对外公布，意味着中资企业可以基于洛佩斯政府施政方针和具体项目规划充分挖掘新的合作机遇。

二是大项目引领增强企业信心。此前，中资企业在墨西哥承包工程领域大项目成功案例较少，克雷塔罗高铁项目、墨西哥城新机场项目等被取消曾对中资企业在墨西哥投资合作信心造成一定影响。新形势下，中国交建联营体中标玛雅铁路将为众多在墨西哥的中资企业注入信心。随着大项目引领作用的逐步显现，中资企业在墨西哥承包工程市场份额将有所提升。

（二）主要困难和障碍

一是中资企业在墨西哥有"水土不服"现象。相对而言，中资企业进入墨西哥市场时间短，融入度、知名度难与在墨西哥经营"百年老店"欧美企业甚至日韩企业相较，且自身对墨西哥市场认知程度、投入力度尚有欠缺。

二是存在一定程度的融资难问题。中资银行与企业"关联性"问题使银企联合受到限制，企业通过墨西哥金融机构融资成本高、手续多、规模小。因此，企业在墨西哥承包工程如需垫资，往往需要寻求国际财团融资，而此类融资对工程承包企业和项目往往要求较高。

（三）中国与墨西哥间的跨境投资可能面临较多困难

虽然 2019 年墨西哥在经济增长-0.1%的背景下，实现了吸引外资 4.2% 的

增长，但其外资来源地主要为欧美地区，欧美地区占比超过 70%，中国占比不到 1%。而且墨西哥的投资环境存在较多问题。一是政治风险，墨西哥政局较为稳定，但不同执政党执政理念和重点关注领域可能存在差异，政府换届可能会对长期投资带来较大影响。例如在 2018 年，左翼总统奥夫拉多尔一上台就叫停了上一届政府重要的基建项目：墨西哥城新国际机场。二是安全风险，虽然政府已出台相关政策严打有组织暴力犯罪，但社会治安作为困扰墨西哥的"老大难"问题，其解决过程不可能一蹴而就，这是跨国投资中的一大不确定性因素。三是廉洁风险，墨西哥法律体系复杂，政策透明度不高，存在腐败问题，个别官员利用职权索贿，为跨国投资带来额外的阻力。四是汇率风险，墨货币比索汇率稳定性较差，这会增加投资回报的不确定性，从而抑制跨国投资。当然，中墨投资也存在一些积极面，比如 2016 年中海油在墨西哥能源改革油气招标中中标两个墨西哥湾深海石油区块时，中海油在进行作业的同时也作为权益人参与其中，中方企业同时以乙方和投资者身份参与墨西哥项目，这会加强中国与墨西哥间的联系。

六、义乌与墨西哥经贸往来及发展

（一）义乌与墨西哥的经贸往来

2017 年 4 月，世界电商大会在义乌举行，包括墨西哥在内的 10 多个国家的电商协会、知名电商企业负责人参加。

2017 年 6 月，阿根廷国家通讯社刊文《"中国制造"出口名城义乌寻求销售阿根廷商品》关注义乌进口贸易情况，其中提到义乌正在寻求从拉丁美洲地区，尤其是秘鲁、墨西哥、智利等国家进口商品。

2019 年 12 月，墨西哥义乌商会暨墨西哥义乌经贸文化交流促进会举行成立仪式。

（二）义乌与墨西哥产业合作发展新机遇

近些年，拉丁美洲地区经济开始复苏，逐渐摆脱了经济衰退的状况。根据联合国拉丁美洲和加勒比经济委员会的预估，由于新冠肺炎疫情后经济的反弹，2021 年该地区经济平均增长率将达到 5.2%。而墨西哥是拉丁美洲最重要的经济体之一，是人口大国，也是日用品消费大国，义乌与墨西哥特色产业合作具有极大空间。墨西哥自中国进口的主要商品为机电产品，次之还有家电、建材、家具，而义乌市场涉猎家电、家具等领域的优质企业很多，要加强这类企业对接墨西哥市场。

从墨西哥特色产业的角度来看，汽车业是其支柱产业，义乌专注汽车零部件等的外贸企业很多，开拓墨西哥汽车产业市场，生产制造销售墨西哥汽车所需的汽车配件，是义乌相关企业进军墨西哥市场的选择之一。墨西哥的消费电子领域发展迅速，政府积极倡导科技公司在墨西哥市场进行投资，这也为义乌相关企业开拓墨西哥电子产品领域提供平台和机会。

第十八节　智利（CPTPP）

一、宏观经济

在拉丁美洲国家中，最稳定的经济体是智利，其经济自由化程度、整体竞争实力与市场开放水平都相对较高。据世界银行已公布的数据，2019 年智利 GDP 为 2823 亿美元，占全球经济的 0.24%，见图 4–62；人均 GDP 达 15091.5 美元，居拉丁美洲国家之首，同全球平均水准的 119% 相适①。据智利中央银行数据，2020 年智利 GDP 为 2531 亿美元，受新冠肺炎疫情影响创下 1983 年以来新低，同比下降 9.4%，人均 GDP 为 13038 美元，同比减少 11%。

在最近五年（2016 年至 2020 年）中，2018 年是智利经济发展成效相对较优的一年，GDP 增长速度高达 3.7%，2020 年萎缩 5.8%，其余年份 GDP 增速均不超过 2%。2021 年，智利 GDP 预计会提高 6.17%，此后五年保持在 2.5%—4% 的区间内。就 2021 年一季度的情况来看，智利 GDP 同比提高 0.3%，在此之前，同期增长率大致相当，但比市场预期的 0.5% 扩张率更低。2021 年前三个月，智利迅速回温的经济主要由制造业、国内外贸易、餐饮及

---

① Trading Economics，"Chile GDP per capita"，见 https：//tradingeconomics.com/chile/gdp-per-capita。

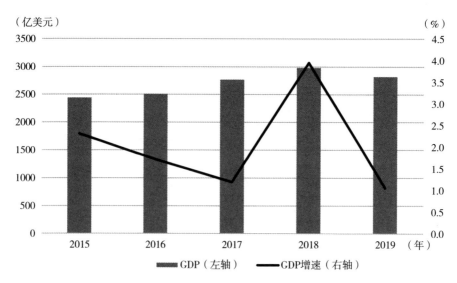

图 4-62　2015—2019 年智利 GDP 及增速

数据来源：世界银行，中国人民大学重阳金融研究院。

酒店服务，房屋装修与家具业，林业和农业，以及公共管理等领域贡献。同时，金融和企业服务，建筑业和采矿业受铜产量下滑拖累产出下降①。

二、产业结构

2015 年至 2019 年智利三大产业占 GDP 的比重，见图 4-63。

智利可视作拉丁美洲工业化发展相对成熟的国家之一，经济多元化程度较高。该国的关键产业包括采矿业（铜、煤和硝酸盐）、制造业（食品加工、化学品、木材）和农业（渔业、葡萄栽培和水果）。采矿业是智利经济的支柱产业之一，这主要得益于该国丰富的铜储量。目前，智利是世界最大的铜生产国，占全球铜产出总数的 1/3 以上。2020 年，智利矿产品出口额达 376.7 亿美元，占出口总额的 54.7%，同比增长 4.2%。在全球贸易受新冠肺炎疫情负面影响下，智利矿产品出口额仍能维持同比增长，可见其较强的矿产品出口优

---

① Trading Economics，"Chile GDP Annual Growth Rate"，见 https：//tradingeconomics.com/chile/gdp-growth-annual。

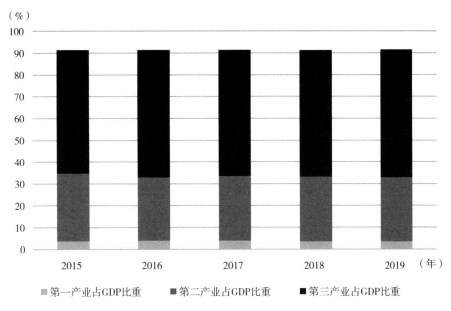

图 4-63　2015—2019 年智利三大产业占 GDP 的比重

数据来源：Statista、中国人民大学重阳金融研究院。

势。此外，2020 年智利工业部门贡献了 29.3% 的 GDP，雇用了全国 22% 的劳动人口。

根据世界银行的最新数据，智利的农业部门在 2019 年贡献了 3.5% 的 GDP，并于 2020 年雇用了全国 8.7% 的劳动人口。农业和畜牧业是该国中部和南部地区的主要活动。2020 年，智利非矿产品出口额达 312.3 亿美元，同比下降 10.8%。其中，鱼粉出口额同比增长 52.1%，猪肉出口同比增长 40.8%，柑橘出口同比增长 15.9%，牛肉出口同比增长 15.1%，橄榄油出口同比增长 10%。由于 20 世纪 90 年代针对欧洲、北美和亚洲市场实施的深谋远虑的战略，智利的水果和蔬菜出口达到了历史最高纪录。智利在世界范围内都属葡萄酒产出大国，其在南半球的位置使该国能够向北半球的国家提供反季节水果。2020 年，尽管对农业的投资受制于新冠肺炎疫情，特别是那些指定用于支持小型农业企业的资源，但智利的公共政策在疫情期间成功地保护了其农业部门和农村人口。

服务业产值占 GDP 的 58.7%，雇用了约 69.1% 的劳动人口。近几十年来，得益于通信和信息技术的快速发展、受教育机会以及劳动力中专业技能和知识的增加，智利服务业一直在持续增长。增长最快的部门包括旅游、零售和电信。然而，新冠肺炎疫情冲击了智利的商业、服务和旅游部门，消费者对电信设备及相关服务的支出趋于放缓，对电信生产和供应链产生了负面影响。尽管如此，服务行业预计将在 2021 年迅速恢复。

智利经济面临三大挑战：克服对铜价的传统依赖，因为铜的生产占该国出口的 50%；发展自给自足的粮食供应，因为目前农业生产供给不及国内需求的一半；提高工业部门生产力，尤其是采矿业。尽管政府努力促使该经济多元化，但智利经济仍然十分容易受到国际铜价和国际需求（尤其是来自中国的需求）的影响。铜价的长期前景，对智利的就业、工资、政府收入和国民收入有深远的连锁反应。因此，政府为恢复经济增长，首先需要解决的问题就是加强与新的贸易伙伴，特别是亚洲贸易伙伴的合作①。

三、经贸关系

（一）总体外贸情况

智利经济发展迅猛，对国际贸易的依赖与关注度较高，见图 4-64。智利十分重视维系与美国、欧盟等传统大国的关系，在积极推动拉丁美洲一体化的同时，开拓同亚太国家的关系，以争取实现出口市场多元化。如今，智利已和众多拉丁美洲国家及美国、加拿大、欧盟、中国、日本、韩国等 64 个经济体签订了涵盖贸易优惠安排等相关内容在内的 28 个贸易协定②（见表 4-9），这些经济体占全球生产总值的 88% 以上，拥有世界总人口的 67%。

---

① "Chile: Economic and Political Outline"，见 https://santandertrade.com/en/portal/ana-lyse-markets/chile/economic-political-outline? url_ de_ la_ page =%2Fen。

② 商务部国际贸易经济合作研究院、中国驻智利大使馆经济商务处、商务部对外投资和经济合作司：《对外投资合作国别（地区）指南——智利（2020 版）》，2020 年。

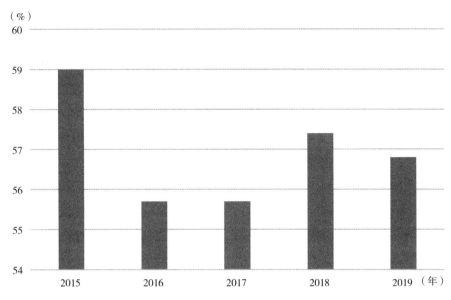

图 4-64 2015—2019 年智利外贸依存度

数据来源：世界银行、中国人民大学重阳金融研究院整理。

表 4-9 智利参与或签署的贸易协定

多边贸易协定		
协议/伙伴	签署日期	
WTO	1995 年 1 月 1 日（自 1949 年 3 月 16 日起成为 GATT1947 的缔约方）	
自由贸易协定		
协议/伙伴	签署日期	生效日期
英国	2019 年 1 月 30 日	2021 年 1 月 1 日
印度尼西亚	2017 年 12 月 14 日	2019 年 8 月 10 日
阿根廷	2017 年 11 月 2 日	2019 年 5 月 2 日
乌拉圭	2016 年 10 月 4 日	2018 年 12 月 13 日
太平洋联盟	2014 年 2 月 10 日	2016 年 5 月 1 日
泰国	2013 年 10 月 4 日	2015 年 11 月 5 日
中国香港	2012 年 9 月 7 日	2014 年 11 月 29 日
越南	2011 年 11 月 12 日	2014 年 2 月 4 日

续表

自由贸易协定		
协议/伙伴	签署日期	生效日期
马来西亚	2010 年 11 月 13 日	2012 年 4 月 18 日
土耳其	2009 年 7 月 14 日	2011 年 3 月 1 日
澳大利亚	2008 年 7 月 30 日	2009 年 3 月 6 日
日本	2007 年 3 月 27 日	2007 年 9 月 3 日
哥伦比亚	2006 年 11 月 27 日	2009 年 5 月 8 日
秘鲁	2006 年 8 月 22 日	2009 年 3 月 1 日
巴拿马	2006 年 6 月 27 日	2008 年 3 月 7 日
中国	2005 年 11 月 18 日	2006 年 10 月 1 日
新西兰、新加坡和文莱达鲁萨兰国（P4）	2005 年 7 月 18 日	N/A
欧洲自由贸易联盟	2003 年 6 月 26 日	2004 年 12 月 1 日
美国	2003 年 6 月 6 日	2004 年 1 月 1 日
韩国	2003 年 2 月 15 日	2004 年 4 月 1 日
欧盟	2002 年 11 月 18 日	2003 年 2 月 1 日
中美洲（哥斯达黎加、萨尔瓦多、危地马拉、洪都拉斯和尼加拉瓜）	1999 年 10 月 18 日	N/A
墨西哥	1998 年 4 月 17 日	1999 年 8 月 1 日
加拿大	1996 年 12 月 5 日	1997 年 7 月 5 日
南方共同市场	1996 年 6 月 25 日	1996 年 10 月 1 日
优惠贸易协定		
协议/合作伙伴	签署日期	签署日期
厄瓜多尔	2008 年 3 月 10 日	2010 年 1 月 5 日
印度	2006 年 3 月 8 日	2007 年 8 月 17 日
玻利维亚	1993 年 4 月 6 日	1993 年 4 月 6 日
委内瑞拉	1993 年 4 月 2 日	1993 年 4 月 2 日
阿根廷	1991 年 8 月 2 日	1991 年 8 月 2 日
区域自贸协定		
协议/合作伙伴	签署日期	
CPTPP	2018 年 3 月 8 日	

数据来源：SICE。

根据智利海关总署的数据，2020 年智利出口总额为 689.03 亿美元，同比下降 3.2%；进口总额为 558.5 亿美元，同比下降 13.5%。2020 年，中国是智利最大出口目的地国，智利 37.25% 的出口产品流向中国，其次是美国、日本和韩国。

智利主要出口铜（占其出口量的近一半）、鱼片和其他鱼肉、化学木浆、葡萄酒和水果（如杏、樱桃和桃子）。食品出口量在过去 10 年中增长了 60%。目前，智利是全球最大的水果和三文鱼出口国、第三大坚果出口国、第四大葡萄酒出口国和第六大猪肉出口国。进口涉及石油、汽车和其他车辆、电话用电气设备、石油气和自动数据处理机。

据国际货币基金组织对外贸易估测，2020 年智利货物和服务出口量下降 3.5%，预计在 2021 年会提升 0.5%，而 2020 年货物和服务进口量下降 11.7%，预计 2021 年会提升 10.4%。2020 年进口及出口量的空前缩水，均可归咎于新冠肺炎疫情所引致的世界性经济危机。然而，到 2020 年 9 月，贸易已经显示出复苏的迹象，智利 16 个地区中有 10 个地区的出口出货量出现增长。

（二）中智贸易情况

中智经贸协作进程不断加快。当前，中国是智利最主要的贸易伙伴、出口目标国及进口来源国。智利是首个同中国签订加入 WTO 双边协议、首个认可中国完全化市场经济地位、首个同中国签订双边自由贸易协定且签订自由贸易协定提升版议定书的拉丁美洲国家①。同时，智利是我国在拉丁美洲的第三大贸易伙伴、第三大出口目的地、第二大进口来源国，以及最大的铜供应国。中智合作在拉丁美洲国家中具有一定的代表性。2017 年 5 月，智利加入亚洲基础设施投资银行；随着《中智自由贸易协定》的不断深化以及与"一带一路"倡议的对接，中国企业"走出去"水平和层次的不断提高，双方有望在矿业、基础设施建设、农业、旅游、电子商务、数字经济等领域拓宽和深化合作。皮

---

① 中国外交部：《中国同智利的关系》，2021 年 3 月，见 https：//www.fmprc.gov.cn/web/gjhdq_676201/gj_676203/nmz_680924/1206_681216/sbgx_681220/。

涅拉总统和外长安普埃罗也多次表示，智利高度重视"一带一路"倡议，欢迎"一带一路"延伸至拉丁美洲地区。中智两国有望在推动"一带一路"倡议与智利"2025 投资计划"方面进行对接，双方在跨太平洋海底光缆建设与圣地亚哥至瓦尔帕莱索高铁项目上有深入合作的潜力。未来，智利完全有可能成为拉丁美洲地区对接"一带一路"的门户。[①] 2016—2020 年，中智双边货物贸易均保持稳步增长，新冠肺炎疫情并未对两国贸易造成很大冲击。值得注意的是，近五年智利对中国贸易顺差大幅增加，从 2015 年的 53.0 亿美元增长到 2020 年的 134.1 亿美元。

依照中国海关总署汇总的数据，2020 年中智双边货物贸易额达到 440.9 亿美元，较 2019 年增长 7.7%。其中，智利出口中国 287.5 亿美元，同比增长 9.6%；智利进口中国 153.4 亿美元，同比增长 4.3%，见图 4-65。智利对中国的贸易顺差为 134.1 亿美元。从图 4-66 可以看出，除了 2020 年 2 月外，智利出口中国数额均大于智利进口中国数额。2020 年 1 月—2021 年 3 月，中智双边贸易除受新冠肺炎疫情影响有三个月的小幅下降外，整体稳中有升。2018 年 10 月 25 日，智利参议院通过了《中华人民共和国政府与智利共和国政府关于修订〈自由贸易协定〉及〈自由贸易协定关于服务贸易的补充协定〉的议定书》，在现有的自由贸易协定项下，中方已免除 8307 种智利货物的关税，占总数的 97%。升级协定生效后三年内，中国将对智利逐步取消 30 个木制品关税；智利也将取消对华纺织服装、家电、蔗糖等 24 个产品的关税，总体零关税产品比例将达到约 98%。这将在双边货物和服务贸易领域催生更多机会。[②]进出口产品方面，中国向智利出口的商品品类包括机械电气产品、服装饰品、钢铁材料与家用电器用具，中国主要从智利进口的货品有铜、葡萄酒、铁矿石、纸浆、鱼粉、瓜果等。

---

① 黄剑辉：《投资拉美"门户"——智利》，《中国外汇》2019 年第 6 期。
② 黄剑辉：《投资拉美"门户"——智利》，《中国外汇》2019 年第 6 期。

（亿美元）

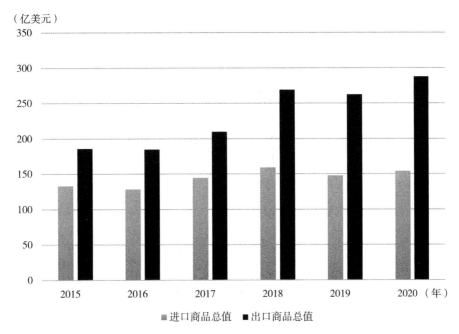

图 4-65　2015—2020 年智利进口、出口中国商品总值

数据来源：中国海关总署。

四、金融、税收与营商环境

（一）智利金融与营商环境

智利的银行体系由 25 家商业银行组成，包括智利银行、智利国家银行、桑坦德银行等，外资银行重点有西班牙桑坦德银行、西班牙对外银行、德意志银行、法国巴黎银行等。①

智利银行业监管体制日益完备，融资条件便捷。外国企业获取当地银行融资资格并不会受限，融资标准重点由公司经营规模、信用历史及项目风险等相关要素构成。中国企业不准允采用人民币展开跨境交易及投资。智利的基准利率持续保持在 3%，上下浮动幅度为 1 个百分点。智利是拉丁美洲商业借贷成

---

① 《智利金融环境》，见 http://www.china-ofdi.org/ourService/0/1325。

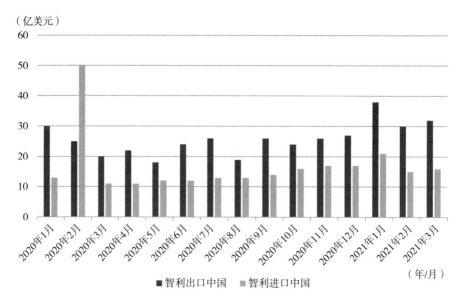

（亿美元）

■智利出口中国　■智利进口中国

（年/月）

图 4-66　2020 年 1 月—2021 年 3 月中智贸易情况

数据来源：中国海关总署。

本相对低的国家之一。智利在政治及金融信息公开层面，被视作拉丁美洲区域的典型范例，税收、律法体制及商业执照体系等领域完备化是营造优质营商氛围的前提。智利施行市场经济举措，对外贸易水准相对高，金融机构发展相对完备，同美国及中国均建立了良好的贸易往来关系。二十多年来，智利的经济增速在拉丁美洲名列前茅，人均收入翻了一番。智利经济的迅猛发展表明其消费需求不断提升。智利市场常规均在寻求高质量的货品。智利消费者购买能力强，但对质量和标准要求也高，低成本高品质的跨境货物对智利购买者而言有着较大的吸引力。

世界银行发布的《2020 年营商环境报告》显示，智利营商环境在全球 190 个经济体中排名第 59 位，总体评分 72.6 分。世界经济论坛发布的《2018 年全球竞争力报告》显示，智利全球竞争力指数在 140 个被统计的国家和地区中排名第 33 位。而美国智库传统基金会《2019 年度经济自由度指数报告》对全球 186 个经济体进行了经济自由度排名，智利得分 75.4 分，排名第 18 位，营商环境位列拉丁美洲第 1 位。

（二）外国投资情况

根据联合国贸易和发展会议（UNCTAD）《2020 年世界投资报告》，2019 年，智利外国直接投资从 70 亿美元提升至 110 亿美元，增长了 63%，这得益于公用事业、矿业和服务业等领域的资金投入。FDI 存量值高达 2678 亿美元，比 2010 年增加 1000 亿美元以上，见表 4-10。巴西、美国、秘鲁和阿根廷占其 FDI 存量的一半以上。投资主要面向矿业、金融保险、能源、商业和制造业。

表 4-10　2017—2019 年智利外商直接投资　（单位：百万美元）

外商直接投资	2017 年	2018 年	2019 年
外国直接投资流入	6519	7021	11437
外国直接投资存量	273242	268066	267820

数据来源：UNCTAD。

智利经济政策建立在资本透明和不歧视外国投资者的原则之上，这是该国的优势之一。投资者还被智利丰富的自然资源、宏观经济体系的稳定性、增长潜力、司法安全、低风险和高质量的基础设施所吸引。智利作为拉丁美洲极具优势的投资目的国，受到国际高度认可。该国对铜价的依赖可能对其经济产生负面影响，并驱逐一些潜在投资者。此外，据智利官方投资促进机构（InvestChile）统计，尽管暴发了新冠肺炎疫情，但 2020 年上半年，智利外国直接投资流入仍为正数（运输、制造和贸易行业的新投资增加），影响了全球的贸易和投资。尽管如此，该国的流入量下降了 21%，到 2020 年年底总额为 89 亿美元。然而，这一表现还是好于地区的平均水准，因为南美洲同期的外国直接投资总体下降了 46%。

（三）中智金融合作

《中国对外直接投资统计公报》显示，直到 2019 年 12 月，中国对智利直接投资存量值为 10.51 亿美元，重点汇集于农业、矿业、能源、工业等范畴。直到 2020 年 12 月，智利在中国已实现的投资高达 1.63 亿美元。两国成立了政府间经济贸易混合会机制，到如今已进行了 20 次交流。两国也创制了经济合作及协调战略对话机制，已召开 3 次会议。

2019 年，华为在圣地亚哥投资 1 亿美元的区域数据存储项目，推动其在南美的云计算和 AI 平台。2020 年 11 月，国网国际完成了近年来中国企业在智利的最大投资项目之一，即与智利 CGE 公司达成收购交易，将出资 25.7 亿欧元收购 97.15% 股权。CGE 公司是智利第一大配电公司和第二大输电公司，输配电业务覆盖智利全国 14 个大区，配电用户 300 万户。2021 年 7 月 26 日，国家电网有限公司成功完成 CGE 公司股权交割和运营接管。本次收购是中国企业落实"一带一路"倡议的又一丰硕成果，打造"一带一路"建设央企标杆，建设具有中国特色的、领先国际的能源企业。

中国人民银行同智利中央银行签订了《关于人民币清算安排及货币互换协议的谅解备忘录》。2016 年年中，中国建设银行智利分行作为拉美首家人民币清算单位正式投入运作。智利银行、智利信贷银行及智利投资银行，均在我国建立了办事点。2017 年年中，中国证监会同智利保险监管单位签订了双方资本市场消息交流与合作的谅解备忘录。2018 年 6 月，中国银行智利分行于圣地亚哥开业，国家开发银行亦在智利设有常驻工作组。

智利比索可自由兑换。智利中央银行《外汇法》的第 14 章对外国投资、外国向智利供给资本及外国信贷作出了具体规定。智利的金融服务市场由不同性质的主体构成，最重要的部门是商业银行，包括数家私营银行和一家公共部门银行，即智利国家银行。该银行与私有银行在相同的法律和监管框架内运作。私营银行包括本地银行以及在智利经营的外资银行。① 2020 年 7 月 31 日，中国人民银行和智利中央银行签署双边本币互换修订协议将互换规模扩大为 500 亿元人民币/56000 亿智利比索。

（四）税收税率②

对在智利定居或居住并从事商业、采矿、渔业或工业活动的法人实体的收入征收的基本税是 25%。

第一类税，中小企业的税率为 25%，部分受制于实体的税率为 27%。实

---

① "Our Economy and Financial System"，见 https：//santandercl.gcs-web.com/our-economy-and-financial-system。

② PWC，"Worldwide Tax Summary Chile"，2021.

体全球收入的综合系统（PIS）。最终征税（即在智利最终所有者层面或在外国所有者层面）是在现金基础上触发的。第一类税在中小企业制度中完全可以抵扣最终税，但在 PIS 中只能部分抵扣（只有 65% 可以抵扣）。但是，居住在 DTT 管辖区的 PIS 实体的外国所有者也有权获得全额信贷。

由于新冠肺炎疫情，智利政府制订了"经济和就业恢复应急计划"。采取的最相关措施之一是对中小企业实行第一类税收的临时减免。通过这种方式，适用于所得税法第 14 条 D 项规定的中小企业制度"ITL"（微型、中小型公司）的纳税人，将减少第一类纳税。因此，政府通过一项新法律规定，在 2020 年、2021 年和 2022 年三个营业年度内暂时降低该税的税率，从 25% 降至 10%，并采取措施集中激励并防止滥用。同样，受益于此次减税的纳税人，其在 2020 年、2021 年和 2022 年财经年度支付的每月临时付款率（PPM）将减半。PPM 的减少将适用于必须在官方公报上公布后一个月内进行的申报和付款。

五、义乌与智利经贸往来及发展

（一）义乌与智利的经贸往来

2017 年 4 月，中国国际电子商务博览会举行，包括智利在内的 10 多个国家的电商协会、知名电商企业负责人参加。

2019 年 4 月，2019 世界电子商务大会举办，包括智利在内的知名电商企业、电商协会负责人参加。

（二）义乌与智利产业合作发展新机遇

从智利产业需求的角度来看，其自中国进口的主要商品为机电产品、纺织品及原料和贱金属及制品。其中大多数产品都是义乌的优势产业。2019 年 3 月，中国—智利自由贸易协定升级后，智利立即对中国取消纺织服装、家电、蔗糖等产品的关税，其中关税直降为零的纺织服装、小家电等产品是义乌较为主要的出口商品，因此，升级版自由贸易协定将降低相关外贸企业的出口成本，提升义乌产品在海外市场的竞争力，为义乌纺织服装、家电等企业走出国门、走向智利创造条件。

从智利特色产业的角度来看，主要包括农业、采矿业和制造业，信息技术产业近来发展迅速。中国一直对智利的矿业、能源、林业、葡萄酒、鲜果及基建领域颇感兴趣，义乌作为国际贸易的关键纽带，"十四五"规划期间又致力于建成农产品交易市场，这为畅通智利农产品来中国，满足国内需求创造机遇。

第十九节　秘鲁(CPTPP)

一、宏观经济

2016—2019 年，秘鲁的经济体量逐年增长，由 2016 年的约 1919 亿美元增至 2019 年的 2268.5 亿美元，占世界经济总量的 0.19%。2016—2019 年 GDP 增长速度维持在 2%—5% 的区间内，见图 4-67。2020 年在新冠肺炎疫情影响下，秘鲁 GDP 大幅下降 11.12%，如今规模大致在 2037.7 亿美元。[①] 人均 GDP 层面，2020 年秘鲁人均 GDP 由 2019 年的 7098 美元降至 6268 美元，下降 11.7% 左右。从人均 GDP 指标可看出，同为拉丁美洲国家，秘鲁的经济发展水平大幅落后于智利。智利在该区域已可算发达国家。

2021 年前三个月，秘鲁经济相比 2020 年同期增长了 3.8%，这是秘鲁自 2020 年以来在助企纾困公共政策下经济首次扩张，但春季新冠肺炎疫情反弹对秘鲁经济的平稳复苏构成严重威胁。经济上行动力主要来自制造业和建筑业的大幅快速增长。石油、天然气和矿物开采、运输和仓储、住宿和餐饮服务以及商业服务的产出下降较少。[②]

二、产业结构

地理上来讲，秘鲁位于南美洲中西部海岸。它西临太平洋，南接智利，东

---

① "Peru GDP-Gross Domestic Product"，见 https：//countryeconomy.com/gdp/peru。
② "Peru GDP Annual Growth Rate1980-2021 Data"，见 https：//tradingeconomics.com/peru/gdp-growth-annual。

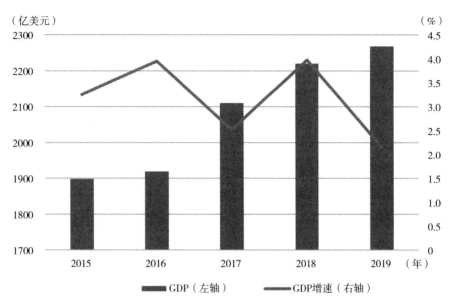

图 4-67　2015—2019 年秘鲁国内生产总值及增速

数据来源：世界银行、中国人民大学重阳金融研究院。

接巴西和玻利维亚，北接哥伦比亚和厄瓜多尔。秘鲁是继阿根廷和巴西之后的南美洲第三大国，拥有独特且丰富的自然环境。秘鲁经济植根于该国多样的地理环境和丰富的自然资源。秘鲁的山区拥有丰富的矿藏，其广阔的海洋领土渔业资源丰厚。然而，由于复杂的地理特征（如干旱的海岸、崎岖的安第斯山脉和难以抵达的丛林），秘鲁的农业用地面积相当小，只占领土的 1.7%。不过，与该国的可耕地面积相比，该部门仍然相对重要。农业占据秘鲁 GDP 的 7%，雇用了 27% 的劳动人口。该国的主要农产品是棉花、甘蔗、咖啡、小麦、大米、玉米、藜麦和大麦。秘鲁也是世界领先的鲜蓟、芒果、柑橘、鳄梨和葡萄的出口国之一。秘鲁可以利用其庞大的生物多样性，为国际种植市场提供许多有趣的地方性农作物，其中许多农作物已经成功培育，为潜在投资提供了基础。

工业部门创造了 30.2% 的 GDP，雇用了 15% 的劳动人口。秘鲁拥有较为丰富的金、银、铜、贫油、锌、天然气和石油等矿藏。秘鲁拥有庞大且充满活力的采矿业，主要专注于铜和金的开采。殖民时代以来，秘鲁一直是一个矿业经济体，该国是全球最大的白银产出国、第五大黄金生产国、第二大铜生产国，同时也是锌及铅的最主要的供应国。在过去几年里，该国启动了大规模采矿，这更增加了采矿业的重要性。秘鲁的采矿业蒸蒸日上，具有较强的投资吸引力，据估计秘鲁有大约 200 个、总价值 590 亿美元的正在运营的矿山和众多正在等待开发的重大项目。英国是秘鲁矿业项目的最大外国投资者，其次是中国、加拿大和墨西哥。在预计开发的新矿业投资中，422 亿美元计划分配给铜项目，占总数的 71%。[①] 尽管秘鲁是一个净能源进口国，该国还拥有大量的天然气和石油储备。其主要的制造活动，则是纺织品、消费品、食品加工和鱼类产品。受国内消费低迷和疫情影响，秘鲁制造业增速缓慢，2013 年以后经常出现负增长。此外，秘鲁政府试图分散工业生产，但该国的主要工业仍集中在大利马地区。

第三产业对 GDP 的贡献度为 54.9%，雇用了 58% 的劳动力。该部门由旅游、金融服务和电信组成，在国家机关及私营单位的合力下，这些部门发展势头都相对较好。秘鲁的旅游业和建筑业非常发达，尽管如此，旅游业在新冠肺炎疫情影响下仍受到了很大的冲击。[②]

三、经贸关系

秘鲁国际贸易非常开放，外贸占其 2019 年 GDP 的 47%，见图 4-68。该国主要出口铜（27.1%）、黄金（14.7%）、石油（6.3%）和锌矿石（4.5%），进口石油（15.2%）、汽车（3.5%）、无线电话传输设备（3.4%）和自动数据处理机器和装置（2.1%）。从数据上来看，2018 年秘鲁的贸易顺差为 75 亿美元，为近 5 年来最高。2019 年商品出口减少至 476 亿美元，主要是由于采掘产品出口下降。进口也减少，总额为 422 亿美元。

---

① "Peru's Mining & Metals Investment Guide 2019–2020"，见 https：//www. ey. com/es_pe/mining-metals/ey-mining-metal-investment-guide-2019-2020。

② "Peruvian Economic Outline"，见 https：//santandertrade. com/en/portal/analyse-markets/peru/economic-outline。

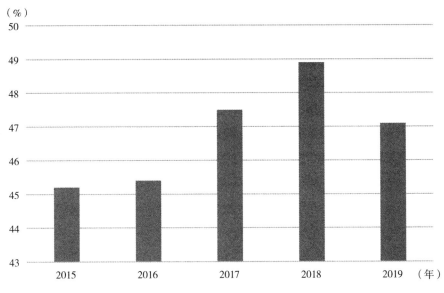

图 4-68　2015—2019 年秘鲁外贸依存度

数据来源：世界银行、中国人民大学重阳金融研究院。

秘鲁主动融入世界型多边双边贸易体系，开拓对外贸易市场，不断创造优质的贸易条件，见表 4-11。秘鲁同自由贸易伙伴的进出口额占据秘鲁贸易总额的 80% 以上。自由贸易建设水平国际领先①。

表 4-11　秘鲁参与或签署的贸易协定

多边贸易协定	
协议/合作伙伴	签署日期
WTO	1995 年 1 月 1 日（1951 年 10 月 7 日即为 GATT1947 缔约方）
关税同盟	
协议/合作伙伴	签署日期
安第斯共同体	1969 年 5 月 26 日

---

①　商务部国际贸易经济合作研究院，中国驻秘鲁大使馆经济商务处，商务部对外投资和经济合作司：《对外投资合作国别（地区）指南——秘鲁（2020 版）》，2020 年。

续表

自由贸易协定		
协议/合作伙伴	签署日期	生效日期
澳大利亚	2018 年 2 月 12 日	2020 年 2 月 11 日
洪都拉斯	2015 年 5 月 29 日	2017 年 1 月 1 日
太平洋联盟	2014 年 2 月 10 日	2016 年 5 月 1 日
欧洲联盟	2012 年 6 月 26 日	
日本	2011 年 5 月 31 日	2012 年 3 月 1 日
哥斯达黎加	2011 年 5 月 26 日	2013 年 6 月 1 日
巴拿马	2011 年 5 月 25 日	2012 年 5 月 1 日
墨西哥	2011 年 4 月 6 日	2012 年 2 月 1 日
朝鲜	2010 年 11 月 14 日	2011 年 8 月 1 日
欧洲自由贸易联盟（EFTA）	2010 年 7 月 14 日	2011 年 7 月 1 日
中国	2009 年 4 月 28 日	2010 年 3 月 1 日
加拿大	2008 年 5 月 29 日	2009 年 8 月 1 日
新加坡	2008 年 5 月 29 日	2009 年 8 月 1 日
智利	2006 年 8 月 22 日	2009 年 3 月 1 日
美国	2006 年 4 月 12 日	2009 年 2 月 1 日
南方共同市场（ACE58）	2005 年 11 月 30 日	
泰国	2003 年 10 月 17 日	2011 年 12 月 31 日
优惠贸易协定		
协议/合作伙伴	签署日期	生效日期
委内瑞拉	2012 年 1 月 7 日	2013 年 8 月 1 日
自由贸易协定		
协议/合作伙伴	签署日期	
英国	2019 年 5 月 15 日	
CPTPP	2018 年 3 月 8 日	
危地马拉	2011 年 12 月 6 日	

数据来源：SCIE。

　　据中国海关总署的数据，2020 年，中国是秘鲁最大的贸易伙伴（首位出口市场及进口来源国），秘鲁则是中国在拉丁美洲第四大贸易伙伴及第二大投资目的国。双边货物交易总数高达 230.14 亿美元，同比缩水 2.9%。其中，中国出口 88.7 亿美元，同比提升 4.1%；进口 141.4 亿美元，同比减少 6.9%。中国向秘鲁出口的产品类型有机械电气产品、高科技产品、纺织类服装饰品等，中国重点从秘鲁进口的货品有铜、铁矿石、鱼粉等。依据中国发布的外国直接投资相关报告，到 2019 年 12 月，中国在秘鲁的直接投资总额约为 14 亿美元，主要集中于能源、矿产及基础设施建设等领域。2020 年年底，秘鲁对我国实际投资累计达 4558 万美元①。

中国和秘鲁的自由贸易关系始于 2009 年。2010 年 3 月，两国自由贸易协定正式落地实施。2016 年年末，两国展开了自贸区提升优化联合探研工作。2018 年 11 月，两国宣布完成自贸区升级联合研究，并展开自贸区升级谈判工作。2019 年 4 月，两国签订了"一带一路"谅解备忘录。11 月，秘鲁作为主宾国参与了第二届中国世界型进口博览会。②

此外，这些贸易协定是吸引外国直接投资和提高合作伙伴生产力的宝贵工具，也是通过降低资本货物和优质投入品的进口成本实现技术转让的宝贵工具。依据 UNCTAD《2020 年世界投资报告》，2018—2019 年，秘鲁的外国直接投资流入量从 65 亿美元提增至 89 亿美元，上涨了 37.1%。秘鲁中央银行对 2020 年 FDI 流量的预估为 15 亿美元，2021 年为 24 亿美元。直至 2019 年年末，FDI 存量为 1153 亿美元，见表 4-12。得益于其有吸引力的立法和财政框架以及充满活力的采矿业，秘鲁近年来能够吸引新的投资。它是拉丁美洲继巴西、哥伦比亚和智利之后的第四个外国直接投资接受国。外国直接投资主要来自西班牙（最大的投资者）、欧盟其他国家、美国和英国。智利、巴西和荷兰也是主要投资者之一。吸引外国直接投资最多的是采矿、通信、工业、金融和能源部门。

---

① 中国商务部美洲大洋洲司：《中国与秘鲁经贸关系简况》，2019 年 9 月 12 日，见 http://mds.mofcom.gov.cn/article/Nocategory/200812/20081205968687.shtml。

② 《中国同秘鲁的关系》，见 https://www.fmprc.gov.cn/web/gjhdq_ 676201/gj_ 676203/nmz_ 680924/1206_ 680998/sbgx_ 681002/。

表 4-12　2017—2019 年秘鲁外商直接投资　　　单位：百万美元

外商直接投资	2017 年	2018 年	2019 年
外国直接投资流入	6860	6488	8892
外国直接投资存量	99950	106438	115330

数据来源：UNCTAD。

四、金融、税收与营商环境

（一）金融概况

秘鲁当前的货币索尔自 1991 年开始流通且持续稳定发展，实行自由浮动汇率制度，政府偶尔会出于稳定目的进行干预，目前是全球最稳定的货币之一。索尔能够自由兑换，但人民币理论上不允许同索尔直接兑换。秘鲁中央银行又称中央储备银行（BCRP）。依据秘鲁相关律法，中央银行的主要目的是维持国家货币的常态化发展，其重点功能是调控金融系统中的货币及信贷；管控外汇储备；发行货币（纸币及硬币）；按时公布财政性消息等。秘鲁国家银行是方针型金融单位，行使方针性信贷的相关权限。现今的关键项目是为中小型公司的发展给予融资及支持。为了保障稳定，秘鲁还成立了一个存款保险基金，旨在保护存款人，以防存放存款的金融稳定委员会（FSD）金融机构成员破产。伴随秘鲁相关单位对金融制度的不断革新发展，该国金融业的发展条件逐步改善，金融公司运营愈发平稳。现今，该国已经构建了国家金融单位宏观性引领、民营金融单位涵盖外资金融组织自主运作的方式。

秘鲁银行系统的稳定性堪称拉丁美洲之最。除以上金融单位外，秘鲁的金融系统还涵盖 17 家商业银行、15 家保险企业、12 家金融企业、13 家城乡型储蓄企业、13 家小微型公司发展单位及其租赁、担保服务企业。其中，位列前三名的民营商业银行分别为秘鲁信贷银行、秘鲁 BBVA 大陆银行和秘鲁丰业银行。① 外资商业银行包括美国花旗银行，加拿大丰业银行等。在这些秘鲁金

---

① "The Largest Banks in Peru"，见 https：//www.advratings.com/latin-america/top-banks-in-peru。

融机构中，同我国协作紧密的当地金融单位有秘鲁信贷银行、秘鲁国际银行、秘鲁丰业银行等。①

（二）营商环境

根据世界经济论坛全球竞争力指数 4.0，若论宏观经济指标稳定性、人力资源和金融市场表现等指标，秘鲁在拉丁美洲国家中可排在前列。根据世界银行发布的《2019 年营商环境报告》，从开办企业及做生意的便捷性来看，秘鲁在 190 个经济体中的排名是第 68 位，在拉丁美洲排名第 6 位。根据 2018 福布斯最佳经商环境排行，秘鲁排名第 64 位，在拉丁美洲排第 5 位。根据德国 IFO 研究所与巴西的盖图里奥·瓦格斯基金会联合发布的 2019 拉丁美洲经济环境指数，秘鲁获 5.5 分，在拉丁美洲排名第 5 位。②

（三）税制税率③

秘鲁针对居民企业和非居民企业有着不同的税收制度。根据所得税法，秘鲁将公司注册地作为判断法人居民身份的衡量标准。因此任何在秘鲁注册的公司都会被认定为秘鲁居民企业，从而对其全球范围内的收入征收所得税。被认定为居民纳税人的企业、有限责任公司、进行独立会计核算的合资公司都须依照规定缴纳企业所得税。

从税率角度来看，居民法律实体的企业所得税率是 29.5%（自 2017 年 1 月 1 日起执行，之前为 28%），其所对应的计税依据是纳税人的年应税收入抵减应税损失（如有）后的数额。法律实体须对如下费用额外支付 5% 的税费：该费用是为了间接居民法律实体的企业所得税率是 29.5%（自 2017 年 1 月 1 日起执行，之前为 28%），其所对应的计税依据是纳税人的年应税收入抵减应税损失（如有）后的数额。法律实体须对如下费用额外支付 5% 的税费：该费用是为了间接处置无法由税务机关进行后续税务控制的收入，如没有相关文件来证明支付目的地以及支付原因的费用。

---

① 商务部国际贸易经济合作研究院、中国驻秘鲁大使馆经济商务处、商务部对外投资和经济合作司：《对外投资合作国别（地区）指南——秘鲁（2020 版)》，2020 年。

② 安永：《秘鲁商业及投资指南》，2020 年。

③ 国家税务总局：《中国居民赴秘鲁投资税收指南》，2020 年。

一家企业如果是按照外国法律注册成立的，且其管理活动和控制权都不在秘鲁境内，那么该企业将被视作秘鲁的税收非居民企业。对于非居民企业来讲，一家企业如果是按照外国法律注册成立的，且其管理活动和控制权都不在秘鲁境内，那么该企业将被视作秘鲁的税收非居民企业。被视为秘鲁居民的实体和自然人按全球范围内的收入进行征税，不被视为秘鲁居民的仅按秘鲁境内所得收入征税。截至 2014 年 12 月 31 日产生的股息应适用 4.1% 的预提所得税税率缴纳，从 2015 年 1 月 1 日至 2016 年 12 月 31 日产生的利润应按 6.8% 的税率缴纳。自 2017 年 1 月 1 日起，股息预提所得税税率由 6.8% 下调为 5%，适用于自该日期起产生的股息分配。

五、义乌与秘鲁经贸往来及发展

（一）义乌与秘鲁的经贸往来

2017 年 6 月，阿根廷国家通讯社刊文《"中国制造"出口名城义乌寻求销售阿根廷商品》中提到义乌正在寻求从拉丁美洲地区，尤其是秘鲁、墨西哥、智利等国家进口商品。

2020 年 11 月，中国义乌进口商品博览会正式举办，其中秘鲁驻上海经济商务处携两家经营秘鲁产品的企业参加了本次活动。

（二）义乌与秘鲁特色产业合作发展新机遇

从秘鲁产业需求的角度来看，秘鲁自中国进口的主要商品为机电产品、贱金属及制品和纺织品及原料。整体的需求同智利相似，涉及义乌的优势产业，在促进义乌出口方面，积极助力义乌企业走出去，加大义乌相关产业在秘鲁乃至整个南美市场的竞争力与影响力。

从秘鲁特色产业的角度来看，其农业发展平稳，2020 年保持正增长，是未陷入衰退的少数经济领域之一，农产品具有独特优势，尤其是近几年秘鲁的农产品生产和出口种类不断丰富，以义乌为支点，引进秘鲁优质农产品，满足更多元的境内外需求，义乌企业也可以开拓相关产品加工产业，将优质的产成品输送到世界各地。

第二十节 印度（非 RCEP/CPTPP）

一、宏观经济

从 GDP 的角度来看，2020 年印度依然达到了 2.62 万亿美元，在全球排第六名，仍属于全球主要的经济大国。但其人均 GDP 却由 2019 年的约 2100 美元缩减至 1930 美元，在金砖国家中最低。

从印度通货膨胀的角度来看，印度 2020 年 11 月通货膨胀率已升至近 7%，CPI 超过 10%，存在极高的滞涨风险。

从印度政府债务的角度来看，2019/2020 财经年度，印度政府债务与 GDP 之比为 72.2%。IMF 指出，为对冲疫情对经济的冲击，本财经年度印度政府在收入下降和支出增加的情况下，公共债务占 GDP 的比例升至约 90%。

从失业率的角度来看，2020 年印度失业率为 7.1%，高于 2019 年的 5.3%。截至 2020 年 12 月，印度的城市失业人口已达到失业总人口的 34%，城市失业人口占全国比重大于其就业人口的比重，农村的就业形势好于城市。

二、产业结构

（一）第一产业

在农业方面，农业在印度国民经济和社会生活中占重要地位。目前农村居民人数仍占全国人口的 70% 左右，全国 54.6% 就业人口来自农业及相关领域。2018/2019 财经年度，农业总产值 29.23 万亿卢比。2019/2020 年农业及相关行业的总增加值（GVA）增长为 4%。在 2016—2019 财经年度，印度的农业出口复合年增长率为 6.31%，在 2019 财经年度达到 385.4 亿美元。根据世界农化网中文网的报道，尽管新冠肺炎疫情导致病例大量增加，但印度的农业领域仍有望扩大，在抗疫结束之后，农民有望在未来的雨季或夏播季节将产量提高到创纪录的水平。

在种植业领域，印度是世界上最大的粮食生产国之一，是豆类、糖类的最大生产国，是小麦、水稻、水果、蔬菜的第二大生产国。除了丰富的粮食作物种类，印度的主要经济作物有咖啡、棉花、黄麻、甘蔗、茶叶和烟草，油料作物包括花生、油菜籽、芝麻、芥末和大豆。印度拥有世界第十大耕地资源。印度有 20 个农业气候区，包含世界上所有 15 种主要气候，并且该国还拥有世界 60 种土壤中的 46 种。2018/2019 财经年度，印度种植业产值为 16.15 万亿卢比。

在林业领域，印度森林资源非常丰富，林木品种多且分布广。印度最主要的森林区是印控克什米尔地区、喜马拉雅山区和印度东北部地区，主要林木品种为季雨林、干旱落叶灌木林和热带草原林，根据所产的木材可分为硬木林和软木林。2018/2019 财经年度，印度林业产值为 2.2 万亿卢比。

在畜牧业领域，印度牲畜饲养量在世界主要国家中居前列。印度重视羊的养殖，家禽中鸡的种类最多，随着畜牧业的发展，印度的羊皮、牛皮、羊毛地毯、鸡蛋等的产量逐步增加。2018/2019 财经年度，印度畜牧业产值为 8.7 万亿卢比。

在渔业领域，印度三面环海，有漫长的海岸线，还有很多终年不冻的海湾，印度还有流域广阔的河流，巨大的运河灌溉网，大量水库、蓄水池、水塘，这些都为渔业的发展提供了良好的条件。2018/2019 财经年度，印度渔业和水产养殖产值为 2.1 万亿卢比。

（二）第二产业

印度是一个潜在的制造业强国。在 2020 年，印度制造业占 GDP 的 17.4%，略高于 2000 年的 15.9%。在工业方面，印度工业体系比较完善，主要包括纺织、食品、化工、制药、钢铁、水泥、采矿、石油和机械等。近年来，汽车、电子产品制造、航空航天等新兴工业发展迅速，但制造业在国民经济中占比不足，未能有效带动就业，进而制约印度国民收入及消费能力进一步提升，影响经济发展动能。印度医药、汽车零配件、钢铁、化工等产业水平较高，竞争力较强。

在电子制造业方面，印度具有较大的发展空间，过去几年，印度政府积极推动电子产品自给自足。印度在智能手机制造方面取得了相当大的成功，现正将目光投向电脑和其他相关领域。目前印度 80% 以上的电脑依靠进口，主要来自中国。2015—2019 年，笔记本电脑进口增长超过 40%，达到 42 亿美元。

在政府层面，莫迪政府 2021 年 2 月将 PLI 计划中约 10 亿美元投向电脑生产，根据相关规则，企业将依据国内增产量获得一定比例的现金奖励。这一计划吸引了众多国外公司，惠普公司已在印度开展业务，据报道苹果公司在与当地政府洽谈中。在地方层面，新德里希望通过补贴政策来激励本地的电脑生产，以满足国内不断增长的需求。此前针对智能手机的类似生产刺激计划为印度吸引了三星、富士康等国际企业数十亿美元的投资，帮助印度减少了对进口手机依赖。

据印度电子和信息技术部的预测，新的电脑生产激励计划将为近 18 万人创造就业机会，并创造 450 亿美元的产值，其中 75% 的制造产品将在 2025 年 3 月前出口。

印度的优势在于国内庞大的市场，以及快速增长的中产阶级，可以推动劳动密集型和技术驱动型制造业的发展。在纺织业方面，印度是世界上最大的纺织品和服装生产国之一，国内纺织服装业对印度 GDP 的贡献率为 5%，占工业产值的 7%，占该国出口收入的 12%。

印度的纺织服装业是该国第二大雇主，为 4500 万人和相关行业的 6000 万人提供直接就业。2019—2020 年印度纺织品和服装出口在商品出口中的份额为 11%。

印度已成为全球第二大个人防护装备（PPE）制造商。目前，印度有 600 多家公司获得了生产 PPE 的认证，预计到 2025 年其全球市场价值将超过 925 亿美元，高于 2019 年的 527 亿美元。

截至 2021 年 3 月底，纺织和服装行业的外国直接投资已达到 37.5 亿美元，到 2025—2026 年，印度纺织品和服装的出口预计将增长至 650 亿美元，复合年增长率为 11%，印度为了 2025—2026 年将行业规模扩大一倍至 1900 亿美元，已规划了 7 个大型纺织园区。

印度纺织生产能力庞大，本土生产的服装大部分供应国内市场。印度也是服装和纺织品的重要出口国。印度纺织业的发展得益于其较低的劳工成本，印度的劳工成本低于中国。而印度非熟练、半熟练和熟练工人之间的最低工资差别不太明显。印度廉价劳动力供应充裕，可满足劳动密集型制造业搬厂到该国的基本条件。

在能源工业领域，印度最重要的能源是煤炭、石油和天然气。印度是储煤大国，而且印度的石油资源主要分布在孟买附近的浅海区和陆地。电力是印度能源供给的重要工业部门，印度电力生产主要由火力发电、水力发电、太阳能发电和核电构成，并以火力发电和太阳能发电为主。水电和核电在印度的电力生产中处于比较稳定位置。然而印度仍然是一个电力紧缺的国家，印度政府鼓励私人投资，引入外国资本，并致力于和周边国家进行合作。印度是天然气进口大国，其天然气产量难以满足国内消费，天然气不能自给自足。

在钢铁工业领域，印度的钢铁工业起步较早，独立时，印度已经有三家规模相对比较大的钢铁公司，独立后，印度大力发展重工业，尤其重视钢铁工业。2020 年，印度钢铁产量为 9570 万吨，比 2019 年下降 0.6%，占全球钢铁产量总值的 5.13%，居全球第二位。

在机械工业领域，机械工业是印度独立后有限发展的产业之一，政府投入了大量资金支持其发展。目前，印度工程机械市场规模达 33 亿美元，进口市场占 56.4%。2017 年印度各类工程机械产品销量达 74990 台，超过了预期的 69000 台。2018 年全年销量超过 82500 台。

在建筑业领域，印度的建筑业也是其主要产业之一。但自 2019 年开始，印度建筑业市场已呈现疲软姿态。新冠肺炎疫情暴发以来的长期封锁禁令又使其雪上加霜，导致印度建筑业市场发展前景堪忧。

在其他工业领域，采矿业、制造业、电气水供给业与建筑业是印度工业的重要组成部分。其中，采矿业解决了印度很大一部分劳动力的就业问题；制造业是印度产值占比相对较高的一个工业部门，自独立以来，制造业的产值大幅增加，其中的纺织业历史最为悠久，是印度规模最大的产业，印度是全球第二大成衣及纺织产品生产国、第三大纱线生产国、第五大合成纤维生产国，是唯一有能力与中国在纺织、成衣工业进行竞争的国家。

（三）第三产业

在第三产业方面，印度的服务业是其支柱产业，约占印度 GDP 的 53%，具体包括金融、房地产和专业服务、公共管理、国防和其他服务，以及贸易、酒店、运输、通信和与广播有关的服务。

在交通运输业领域，交通运输业是印度的基础产业，相对于航空和铁路来说印度公路对经济的贡献价值更大。铁路是印度最重要的交通部门，也是印度最大的国营部门，海运相对比较成熟，航运起步早，近些年发展也很快。印度有 7517 公里海岸线，并有 12 个主要港口、约 200 个中型港口和约 170 个陆港遍布各地。位于孟买以东的贾瓦哈拉尔尼赫鲁港是印度最大的货柜港，在 2015 年 3 月止的财经年度共处理 447 万个标准货柜（TEU），在南亚居第二位，仅次于斯里兰卡的科伦坡港。

在邮政通信业领域，印度的邮政系统在全国提供统一服务，并且价格低廉，印度是世界上最具竞争力和增长最快的通信市场之一。通信业是印度发展较好的行业，已成为吸引外资的主要部门。

在电子科技与信息科技领域，印度的电子行业对外国进口的依赖比较大，尤其是手机行业最为严重，但近来，印度在相关领域对中国并不友好。2021 年 5 月印度政府允许通信业务营运商与爱立信、诺基亚、三星等通信设备供应商进行 5G 试验，但来自中国的华为、中兴通讯则被排除在名单之外。

在餐饮业领域，宾馆与餐饮服务业是印度基本的服务部门，虽然对 GDP 的贡献不大，但由于进入门槛低，吸纳了不少劳动力。由于疫情，餐饮业也受到了一定程度的影响。

在旅游业领域，印度拥有地理位置优越的度假胜地，旅游资源丰富，旅游业是印度政府重点发展的产业之一，入境旅游人数近几年不断增加，旅游收入不断增加。但 2020 年新冠肺炎疫情的到来使得印度旅游业深受打击，离复苏至疫情前水平尚有很长一段路要走。

在电影业领域，印度电影产量世界第一，平均年产量大概超过 1000 部，根据统计，2018 年其电影平均产业规模约合 158.27 亿元人民币。根据毕马威的预测，到了 2023 年印度电影产业规模将增加到约合 227.9 亿元人民币。印度电影在电影产业中创造了巨大经济价值。

在医药业领域，印度的医药业规模在全球范围内排第二位，生物医药是印度制药业的领头羊。印度是仿制药市场的全球枢纽，医药行业市场规模超过 200 亿美元。印度被称为"世界的药房"，也被称为"全世界穷人的药房"，2017 年全球七大仿制药公司中印度就占了两席。制药业是印度吸引外资的十大行业之一。2019—2020 年制药行业的外国直接投资流入达到 365 亿卢比，同比增长 98%。

在金融业领域，伴随印度社会的发展，其金融、保险行业的发展不断加速，提供金融服务的银行与其他金融机构业务快速增加，需要的劳动力也越来越多，金融业的发展为印度人民提供了更加广阔的就业平台。

三、经贸关系

（一）与各国经贸往来现状

印度商工部年度贸易报告显示，印度 2019/2020 财经年度（2019 年 4 月到 2020 年 3 月）对外贸易出口（包括货物和服务出口）总额为 5284.5 亿美元，同比下降 1.4%；进口总额为 5986.1 亿美元，同比下降 6.3%；贸易逆差 701.6 亿美元，同比下降 32%。其中，商品出口高于服务出口，两者出口额分别为 3143.1 亿美元和 2141.4 亿美元；商品进口高于服务进口，两者进口额分别为 4671.9 亿美元和 1314.2 亿美元。

从印度贸易伙伴的角度来看，2020 年，中国、美国、阿拉伯联合酋长国、中国香港、沙特阿拉伯是印度前五大贸易伙伴，印度对五个国家或地区的进出口额分别为 776.5 亿美元、759.3 亿美元、420.1 亿美元、241.4 亿美元、238.8 亿美元，分别占印度进出口额的 12%、11.7%、6.5%、3.7%、3.7%。中国、美国、阿拉伯联合酋长国、沙特阿拉伯、伊拉克是印度进口排名前五位的国家，2020 年，印度自五国进口 587 亿美元、268.8 亿美元、239.5 亿美元、177.3 亿美元、162.6 亿美元，分别占印度进口总额的 15.8%、7.2%、6.4%、4.8%、4.4%，见图 4-69。美国、中国、阿拉伯联合酋长国、中国香港、新加坡是印度出口排名前五位的国家或地区，2020 年 1—12 月，印度对五个国家或地区的出口分别为490.5亿美元、189.5亿美元、180.6亿美元、95.8亿美元、82亿美元，分别占印度出口总额的17.8%、6.9%、6.6%、3.5%、3.0%，见图4-70。

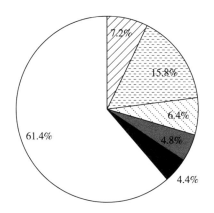

□美国　□中国　□阿拉伯联合酋长国　■沙特阿拉伯　■伊拉克　□其他

图4-69　2020年1—12月印度进口份额占比

数据来源：全球贸易监测（数据库查询）、Ministry of Commerce and Industry。

从货物贸易的角度来看，印度商工部统计数据显示，2019/2020财经年度，印度商品出口总额为3143.1亿美元，低于2018/2019财经年度的3300.8亿美元，同比下降4.8%；同期商品进口额为4671.9亿美元，低于2018/2019财经年度的5140.8亿美元，同比下降9.12%。出口方面，矿物燃料产品、贵金属及制品、机械设备是印度的主要出口商品，2019年出口额分别为436.2亿美元、386.3亿美元和212.7亿美元，占印度出口总额的13.5%、11.9%和6.6%。进口方面，矿物燃料产品（HS27）、贵金属及制品（HS71）、机电产品（HS85）是印度进口的前三大类商品，2019年进口额分别为1534.2亿美元、590.4亿美元、508.3亿美元，占印度进口总额的31.7%、12.2%、10.5%。2020年12月（月度），印度货物进出口额为696.9亿美元，同比增长5.78%。2020年1—12月（累计），印度货物进出口额为6476.3亿美元，同比下降19.8%。

从服务贸易的角度来看，印度商工部统计数据显示，2019/2020财经年

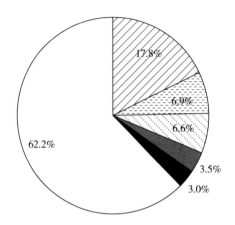

▨ 美国　▨ 中国　▯ 阿拉伯联合酋长国　▩ 中国香港　■ 新加坡　▯ 其他

图 4-70　2020 年 1—12 月印度出口份额占比

数据来源：全球贸易监测（数据库查询）、Ministry of Commerce and Industry。

度，印度服务出口为 2141.4 亿美元，同比增长 4.1%；服务进口为 1314.1 亿美元，同比增长 5.2%；服务贸易盈余 827.2 亿美元。从服务业结构来看，计算机和信息服务、通信服务、金融服务等在其对外服务贸易中占据相当大的比例，特别是信息技术产业，印度比较优势明显，目前已经成为仅次于美国的世界第二大软件国家，但传统服务部门如运输和旅游在印度服务贸易中的占比并不高。从服务贸易品类来看，印度服务出口主要包括计算机和信息服务、旅游、运输以及其他商业服务。其中，计算机和信息服务出口占比超过 1/3；交通运输服务进口占比超过 40%。

从直接投资的角度来看，联合国贸易和发展会议称，印度外国直接投资在 2020 年同比跃升了 13%，也让其成为全球主要经济体中外国直接投资领域出现增长的少数几个国家之一。2020 年 4 月 17 日，印度出台了《为抑制 COVID-19 流行期间机会性收购/并购印度企业的相关外商直接投资审查政策》（简称"印度 FDI 新政"）。印度 FDI 新政出台的目的同样是为了防止印度的核心技术企业在新冠肺炎疫情暴发的特殊时期乃至今后不会轻易被外国资本，尤其是来自中国的投资者大规模地低价兼并收购。

（二）中印经贸往来情况

1950 年 4 月 1 日，中印两国正式建立外交关系，印度成为第一个与新中国建立外交关系的非社会主义国家。

从双边贸易的角度来看，近年来中印双方经济合作领域不断拓展，经贸合作潜力巨大。截至 2019 年年底，中国是印度排名第 3 位的出口市场和第一大进口来源地。根据中国海关总署的统计，2015—2019 年，中印货物贸易整体呈增长趋势，增幅近 30%。2019 年，双边货物贸易额 928.1 亿美元，相比 2018 年略有下降，降幅为 2.8%。2020 年受新冠肺炎疫情的影响，中印双边贸易额也受到一定程度的影响，据中国商务部统计，2020 年 1—12 月，中印贸易额 875.9 亿美元，同比下降 5.6%。其中，中国对印度出口 667.3 亿美元，同比下降 10.8%；中国自印度进口 208.6 亿美元，同比增长 16.0%。中国成为印度最大贸易伙伴。

按商品种类进行分类，2020 年，中印双边前五大贸易商品是机械器具、化学产品、贱金属、矿物产品、纺织原料，进出口额分别为 315.3 亿美元、159.3 亿美元、69.9 亿美元、57.4 亿美元、35.7 亿美元，分别增长 93%、增长 194.3%、下降 17.7%、下降 18%、下降 5.8%，占双边进出口总额的 40.6%、20.5%、9%、7.4%、4.6%。

2020 年，印度自中国前五大进口商品是机械器具、化学产品、贱金属、塑料橡胶、纺织原料，累计进口额分别为 301.7 亿美元、128 亿美元、37.3 亿美元、23.6 亿美元、22.5 亿美元，分别下降 10.8%、下降 5.9%、下降 29.3%、下降 24.1%、下降 22.9%，占印度自中国进口总额的 51.4%、21.8%、6.4%、4.0%、3.8%，见图 4-71。

2020 年，印度对中国前五大出口商品是矿物产品、贱金属、化学产品、机械器具、纺织原料，累计出口额分别为 53.1 亿美元、32.6 亿美元、31.3 亿美元、13.6 亿美元、13.2 亿美元，占印度对中国出口总额的 28.0%、17.2%、16.5%、7.2%、7.0%，见图 4-72。

从双边直接投资的角度来看，中国商务部的数据显示，2020 年，中国企业对印度全行业直接投资 2 亿美元，同比下降 15.7%；印度对华投资 1201 万

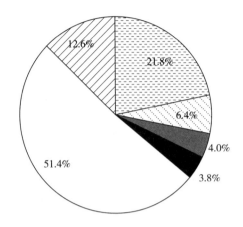

图 4-71　2020 年印度自中国进口商品（种类）金额占比

数据来源：全球贸易监测（数据库查询）、Ministry of Commerce and Industry。

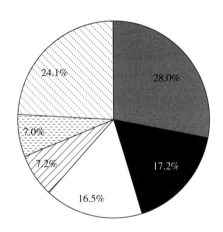

图 4-72　2020 年印度对中国出口商品（种类）金额占比

数据来源：全球贸易监测（数据库查询）、Ministry of Commerce and Industry。

美元，同比下降 53.1%。2020 年，中国企业在印度新签工程承包合同额 22.8 亿美元，同比下降 55.9%；完成营业额 18 亿美元，同比下降 29.1%。其中大部分的原因在于中印边境对峙，造成印度政府在实际操作层面进一步收紧对来自中国的直接投资的限制。

四、金融投资与营商环境

(一)金融投资

印度的金融体系主要由银行机构、政策性金融机构和非银行金融机构三大部分组成。

印度银行业的坏账水平高,位居全球"前列"。2018 年印度银行业不良率甚至达到 11.2%,位列全球首位。印度银行业在放贷审批流程、事后催收等方面都存在众多漏洞,这也是银行坏账水平高的原因之一。新冠肺炎疫情期间更显其银行业的脆弱性。

印度股票市场对外开放程度高,但面临外资大进大出的风险,缺乏一定的稳定性,疫情期间的表现欠佳。由于疫情恶化,印度金融市场面临新一轮的风险,2021 年 4 月以来,海外资本从印度股市撤离的资金规模持续扩大。

(二)营商环境

印度营商环境排名曾经一直在第 132 位左右徘徊。通过诸如税制改革、大幅放宽外商投资限制等措施,在全球经济波动和国内政治环境不稳定的背景下,印度营商环境排名呈稳步上升趋势。世界银行发布的数据显示,2020 年印度营商环境总排名第 63 位。

(三)税收税率①

印度针对居民企业和非居民企业有着不同的税收制度。居民企业是指自 2016 年 4 月 1 日起在印度注册成立的企业或以往任意一个年度实际管理机构所在地位于印度的企业。实际管理机构所在地是企业经营管理活动的总机构所在地。印度中央直接税局(Central Board for Direct Taxes,CBDT)发布的 2007 年 6 号公告对实际管理地在股东股份控制、管理控制和经营控制等方面做了明确界定。而印度所得税法第 6 条规定,达不到居民企业标准的公司属于非居民企业。从税收角度考虑,外国公司在印度的分公司(branch office)会被视作

---

① 国家税务总局:《中国居民赴印度投资税收指南》,2020 年。

外国公司的延伸，因此在征税时也会被认定为非居民企业。

从税率角度来看，印度境内企业的企业所得税基本税率为 30%。此外，企业还应根据企业所得税额缴纳相应的附加税和附加教育税。

从税收优惠角度来看，一些企业执行特定的优惠税率：（1）2017/2018 财经年度总营业额或总收入未超过 40 亿卢比的中小企业在不享受税收豁免或激励的情况下适用 25% 的企业所得税税率。（2）2016 年 3 月 1 日或之后完成注册登记的生产、制造、研发企业以及配套企业在不享受税收豁免或激励的情况下适用 15% 的企业所得税税率，并缴纳 10% 的附加税。（3）在境内研发（根据 1970 年专利法，至少 75% 的研发费用发生在印度）和注册的专利取得的特许权使用费适用 10% 的企业所得税税率。（4）2017 年金融法案规定，碳信用额转让的总收入适用 10% 的企业所得税税率。（5）以有限责任合伙形式存在的境内企业实体同非法人合伙企业适用 30% 的企业所得税税率。（6）在印度境外成立的外国企业和有限责任合伙企业适用 40% 的企业所得税税率。

从境外税收抵免角度来看，为避免双重征税，印度已与多个国家（地区）签订了税收协定（安排）。若未签订税收协定，居民企业可就境外已缴纳的税款申请境内税收抵免。抵免金额为该征税收入应缴印度企业所得税款和境外已缴税款的二者孰低值。

从税率角度来看，非居民企业及其分支机构通常适用 40% 的企业所得税税率，加收 2%（如果净收入超过 1000 万卢比但不超过 1 亿卢比）或 5%（如果净收入超过 1 亿卢比）的附加税以及 4% 的附加教育税。在印度无常设机构的非居民企业获得的特许权使用费适用 10% 的企业所得税税率。居民企业或商业信托向非居民企业支付的外币贷款利息适用 20% 的预提所得税税率。印度非居民企业税率见表 4-13。

表 4-13　印度非居民企业税率

类型	税率（%）	注释
企业所得税税率	40	1
资本利得税税率	20	1、2

续表

类型		税率（%）	注释
预提所得税税率			
股息		20	
利息	—支付给境内企业的利息	10	3、4
	—支付给外国企业的利息	20	1、3、4、5、6
专利、专门技术等的特许权使用费		10	1、3、6、7
技术服务费		10	1、3、6、7
净营业亏损（年）：	—向以前年度结转年限	不适用	
	—向以后年度结转年限	8 年	8

数据来源：国家税务总局：《中国居民赴印度投资税收指南》，2020 年。

自 2014 年 10 月 1 日起，满足下列任意条件时，居民企业或商业信托向非居民企业支付外币贷款利息适用 5% 的预提所得税税率以及相应的附加税和地方税：（1）2012 年 7 月 1 日至 2017 年 7 月 1 日间签订的贷款协议；（2）2012 年 7 月 1 日至 2014 年 10 月 1 日间发行的长期基础设施债券；（3）2014 年 10 月 1 日至 2017 年 7 月 1 日间发行的长期债权（包括长期基础设施债券）。2017 年 7 月 1 日以后，新增的外币贷款利息不再享受上述 5% 的预提所得税税率。

此外，对于 2020 年 7 月 1 日前，境内企业向境外企业借入以卢比计价的债券所支付的利息将继续适用 5% 的预提所得税税率。向非居民企业支付外币可兑换债券的利息适用 10% 的预提所得税税率。从事航运、空运、整套承包工程和设备租赁业务的非居民企业适用特殊的假定税率，即将总收入的 5%—10% 视为应税利润来征收企业所得税。非居民企业从事勘探、油矿开采、厂房设备建设取得的收入按 10% 计征。如果中央政府同意外国企业将在印度储存有原油的设施出售给印度居民，该收入将被豁免。

股东拥有的股息应按 20% 的税率缴税。公司分配股息需要按 20% 预提所得税。对于支付给外国公司的特许权使用费和技术服务费，如果该特许权使用费和技术服务费的协议经中央政府批准或符合行业政策，则按 10% 的税率缴纳企业所得税（并加收 2% 或 5% 的附加税以及 3% 的附加教育税）。

对于在印度构成常设机构或在印度拥有固定营业场所的非居民企业，如果在 2003 年 3 月 31 日后达成特许权使用费或技术服务费协议，且根据协议支付的特许权使用费或技术服务费与该常设机构或固定营业场所有实际联系，则支付的款项将以净收入为基础按 40% 的税率缴纳企业所得税（并加收 2% 或 5% 的附加税以及 3% 的附加教育税）。

从境外税收抵免角度来看，非居民企业纳税人需要取得所在国税收居民身份证明，证明其属于印度以外的国家或地区的税收居民，方可享受税收协定待遇和减免。该证明须由该非居民企业所在地的政府部门签发。除了取得该证明外，非居民企业纳税人还须保存其他的规定文件和信息。

五、义乌与印度经贸往来及发展

（一）义乌与印度的经贸往来

2018 年 5 月，中国义乌进口商品博览会举行，其中包含印度在内的多个"一带一路"沿线的国家和地区参展。

2019 年 4 月，世界电子商务大会在义乌举办，包括印度在内的 10 多个国家的知名电商企业代表发表讲话。

2019 年 5 月，中国义乌进口商品博览会如期举行，包括印度在内的 85 个国家和地区参展。

（二）义乌与印度产业合作发展新机遇

从印度产业需求的角度来看，其对中国的机电产品、化工产品、贱金属、塑料制品以及纺织原料依赖严重，尤其是电子科技与信息领域，我国在印度市场占有一定份额，义乌可以依托已有优势继续开展与印度的相关业务。

从印度特色产业的角度来看，其生物制药产业全球知名，而为进一步优化义乌生物医药产业创新发展环境，加快推动生物医药产业高质量集聚发展，义乌于 2021 年制定了生物医药产业政策，预示着未来在相关领域的开拓，义乌与印度相关企业合作往来具有一定的必要性。

但基于印度新冠肺炎疫情影响带来的全球价值链和产业链的不稳定性和经济发展的不确定性，义乌开展与印度相关产业的合作要在有安全保障的前提下进行。

第 五 章

RECP 与 CPTPP 下的绿色贸易合作与碳中和

自 21 世纪以来，应对全球气候变化已成为世界共识，各国相继开启社会经济绿色低碳转型以推动"碳中和"目标如期实现。以节能减排和促进可持续发展为导向的区域绿色贸易往来令国际经贸合作焕发了新的生命力，甚至随着低碳经济逐渐成为主流后，绿色贸易将升级和重塑国际贸易规则、改变国际竞争格局。

在"碳中和"时代，中国对外与 RCEP 和 CPTPP 成员国开展绿色产品和服务贸易将具备历史性战略机遇。对此，我们应思考：中国为何要积极推进区域绿色贸易？目前亚太地区的绿色发展与绿色贸易合作具备哪些良好基础，又存在哪些需要应对的挑战？义乌在 21 世纪全球绿色升级的大背景下，如何发挥自身优势地位，探索出属于中国绿色贸易的"义乌模式"？

为此，本章从中国参与 RCEP 与 CPTPP 绿色贸易的环境、前景、问题等角度，循序渐进地探讨了开展区域绿色贸易合作的必要性和重要性，并以此为依据对义乌参与对外绿色贸易进行前景展望并提出路径建议。

第一节　亚太地区绿色可持续发展基础

一、绿色发展成为亚太地区各国重要共识

亚太地区具有良好的区域可持续发展基础，各国对绿色发展和低碳经济具有深度共识。

首先，"碳中和"新发展理念在国际范围内已渗透到 RCEP 与 CPTPP 大部分成员国的顶层设计之中。例如，中国、日本、韩国已分别提出到 2060 年、2050 年、2050 年实现"碳中和"的减排承诺，并已规划出相关行业的具体减排战略，未来将成为东南亚与太平洋地区的碳减排三大主力军；越南则在 2030 年将温室气体排放量减少 9%目标的基础上，于 2021 年计划当年将燃煤发电量减少 6%以优先发展太阳能和风能等清洁能源；文莱计划到 2030 年将温室气体排放量降低 20%并大力发展森林碳汇助力气候目标；澳大利亚总理莫里森提出了 2050 年实现净零排放的初步目标以及发展新能源技术和低价氢的核心方向，并争取不针对气候目标进行征税。由此可以预见，各国绿色低碳政策与计划反映了复杂的国际"碳中和"局势以及全球气候环境问题正推动各国重新升级国家政治经济发展方向，并重塑区域合作关系与准则。

其次，以东盟为代表的成员国在高度重视绿色发展前景的基础上，其作为 RCEP 主要成员以及亚太地区的重要组织，近年来积极开展生态与绿色投融资对外实际协作，落实到具体行动中，为进一步扩大区域绿色合作的范围和规模提供了条件。东盟 10 国与中国已开展了长达 10 年的生态环境合作，建立合作平台、拓宽合作网络，并不断完善亚太地区国际环境治理体系。同时，东盟积极寻求绿色资金，作为 RCEP 和 CPTPP 共同成员国的新加坡，不仅在 2021 年发布了 2030 年绿色发展蓝图，制定城市绿化、绿色经济等方面的明确目标，也积极与东盟开展区域绿色投融资，现已成为东盟地区最大的绿色融资市场，提供了东盟 50%的绿色信贷与绿色债权供应。

最后，未来中国参与 RCEP 和 CPTPP 绿色合作期间，各成员国关于绿色发展所形成的顶层共识，以及"碳中和"国际视野下低碳减排发展战略的开展，均有助于为中国与亚太地区各国在相关产业领域提供绿色低碳经济长期合作机遇，引导区域绿色资本跨境流动、技术推广、人才就业、可再生能源投融资并提高效率。

二、区域贸易网络推动绿色产业链供应链升级

21 世纪国际"碳中和"进程将令亚太地区的产业和贸易格局发生重大转

变，绿色低碳产业领域的原材料供应（锂电池、光伏元器件）、国际绿色物流（循环包装、低碳运输、信息处理）、低碳技术授权与专利转让（氢能发电、数字电网技术）等共同构建的新型国际绿色产业链价值链将占据主导地位。并且，越是贸易网络发达的区域和经济体，"碳中和"对于其成员国的产业贸易升级和改革的推动作用就越为明显。

目前，RCEP 与 CPTPP 成员国之间的贸易进出口依赖程度较高，以中国和RCEP 为例，据中国海关总署 2021 年 1 月发布的数据，2020 年中国对 RCEP 其他 14 个成员国进口与出口总额达 10.2 万亿元（约合 1.48 万亿美元），同比增长 3.5%，比同期中国对外贸易整体增速高 1.6 个百分点，占中国进出口总额的 31.7%。同时，RCEP 中的东盟 10 国亦是中国第一大对外贸易伙伴，2020年中国与东盟进出口总额已达 4.74 万亿元（约合 0.6846 万亿美元），同比增长 7%。

由此可以看到，RCEP 与 CPTPP 成员国在多年贸易进出口活动过程中所建立的发达的贸易关系网，将为将来区域间绿色产业链价值链和绿色贸易网络的建立和升级提供坚实的硬件基础，而绿色发展的顶层共识、低碳发展战略、国家政策环境等则将为此提供长期可持续的软件基础，二者相结合则有助于提升区域贸易的绿色转型升级效率，将原有的贸易自由化和便利化特征带入"碳中和"时代的国际间绿色贸易进出口活动之中。

三、东南亚地区发展生物与林业碳汇潜力较大

在 RCEP 与 CPTPP 主要成员国中，东南亚地区的东盟国家地处热带，受自然气候的影响，农业与林业较为发达，例如缅甸的林业出口为国家提供了大量的外汇收入，而越南的林产品出口则逐年增长，居东盟第一位、亚洲第二位。东南亚地区森林覆盖率（森林面积占土地总面积比例）约为 47%，高于世界平均水平（全球森林覆盖率 31%，总面积约 40 亿公顷）。同时，CPTPP成员国加拿大和澳大利亚，以及 RCEP 成员国中国和印度尼西亚，四国均跻身全球森林面积前十大国家。

随着国际"碳中和"进程带来的经济转型与观念革新，资产的评估方式

和标准也正在发生转变。高碳、高排放的资产和项目将面临越来越高的转型成本和违约风险，金融机构和投资者也将更倾向于对具备绿色低碳性质的资产、项目、企业和国家开展投融资。因此，虽然全球碳汇并不足以覆盖"碳中和"时期的全部碳排放量，必须与碳捕捉等技术相结合，但具备强大固碳能力的森林碳汇却能在未来逐渐获得更高的前景和估值。同时，随着国际"碳中和"产业发展进入快车道，林业的碳汇价值将远高于其木材开采与加工价值，这对于东南亚各国而言是历史性的重大机遇。

东南亚地区在"碳中和"时代的林业碳汇发展前景，有利于不断吸引中国前往投资。碳汇的国际价值亦将在跨国碳排放交易市场中得到进一步体现，碳市场的互联互通与区域性的跨国碳交易市场是未来的发展方向。在计划于 2021 年 11 月召开的第 26 届联合国气候变化大会（COP26）上，各《巴黎协定》缔约国将继续就此前未达成共识的第六条"允许国际间碳交易市场"规则开展新一轮的国际谈判与磋商，探索国际间碳排放权交易的具体规则和执行方案。

因此，除东南亚各国外，包括印度尼西亚、加拿大、澳大利亚等 RCEP 和 CPTPP 中具备森林碳汇优势的成员国，各成员国在碳汇生产端可考虑建立跨国碳汇合作联盟，开发规模化、集中化、标准化的区域林业碳汇供应服务。而在中间服务端，可推广各国金融机构挖掘林业碳汇项目的积极性，主动与他国林业部门和林业公司开展碳汇交易国际项目合作，广泛提供碳交易的账户开立、交易委托、资金结算、法律资讯等第三方碳汇金融服务，推动碳汇金融产品创新和服务创新。最后，在碳汇消费端，以中国为首的工业国家的污染排放企业可积极探索与 RCEP 和 CPTPP 成员国中的东南亚林业企业或农户开展一对一的碳汇专项合作协议，推动相关国家从木制品加工出口向林业碳汇出口开启绿色林业转型。届时，林业碳汇的发展潜力将推动 RCEP 与 CPTPP 的碳汇市场规模达到万亿级别，伴随着大量的国际碳汇资金流动，最终助力于区域绿色贸易和低碳发展。

第二节　中国在 RCEP 与 CPTPP 绿色贸易的综合前景

一、绿色产品的消费需求拉动中国企业绿色生产转型

中国应积极参与 RCEP 与 CPTPP 的区域绿色贸易往来活动，不断与成员国建立良好的绿色合作伙伴关系。

随着气候变化问题逐渐得到各国政府、企业和民众的重视，国际消费者的消费观念发生转变，对绿色产品的消费需求逐渐提升。这不仅反映在对普通日用品要求更加环保、健康、安全，也反映在提升对新能源汽车、绿色住房建筑等大型绿色产品偏好，还反映在通过对交通出行、城市生活等更高的绿色要求所推动的绿色新基础设施建设工作，种种符合可持续发展的消费需求都要求生产端提供绿色产品或原材料的供应，并打动出口企业开展绿色生产转型。

因此，在中国开展对外绿色贸易的过程中，国内企业有望抓住绿色出口需求增长的机遇，进一步开展绿色生产与低碳转型。例如，企业可采用绿色新技术并改用清洁能源提高生产效率、降低能耗、降低污染排放、提升产品质量，实现绿色认证以提高出口竞争力，创造国际绿色品牌。

此外，绿色产品出口与本国绿色生产有所不同，其对企业生产的要求更高，不仅要满足本国的绿色质量认证、企业能耗与污染排放标准评定等，还要满足国外市场对于绿色产品的地方要求，严格的绿色出口标准更将推动企业走国际化和高质量的绿色生产之路，带动中国绿色产品"走出去"。

二、发展中国家在国际低碳竞争中争取共同话语权

气候变化不仅是一项物理和环境议题，也是未来数十年内一项重要的国际政治议题，不可避免地将成为发达国家向发展中国家施压的政治手段。

自工业革命以来，西方发达国家早早进入工业时代，高排放、高污染的生产方式极大地提高了社会生产力，推动了社会进步与财富增长。但在 20 世纪后期全球气候变化问题得到重视以来，发达国家以气候问题向仍处在工业化进

程中的发展中国家施压，要求降低排放，无疑影响了其正常发展。

部分发达国家早在 20 世纪 80—90 年代已基本实现"碳达峰"，同样是在"碳中和"减排进程中，向处于不同发展阶段的发展中国家提出与自身相当的碳减排要求缺乏国际公平性。因此，发展中国家应直面气候变化带来的国际舆论战场，在绿色发展与低碳减排问题上争取话语权，维护自身的利益。

在 RCEP 与 CPTPP 成员国中，地处东南亚地区的发展中国家较多，中国参与区域绿色贸易，不仅是一场区域性经济贸易活动的绿色转型过程，更是一场不断通过绿色进出口和经济金融合作来建立发展中国家绿色利益共同体的过程，按自身的产业与经济发展状况和特色路径开展减排工作与国际合作，从目标上以提高自身发展效率和质量为主，不以牺牲经济增长为代价，并在国际"碳中和"议题上不被发达国家的舆论所限制，共同抓住实现弯道超车的机遇。

此外，依托 RCEP 与 CPTPP 成员国的地理位置，中国有望与东南亚与西太平洋各发展中国家共同开展热带生物多样性保护，以及太平洋海域的海洋生态环境治理工作，推动相关生态金融产业在起步阶段的发展探索与投融资合作，建立发展中国家的生态建设一体化与绿色投资一体化，并最终带动区域性的绿色贸易自由化和高效化。

三、为国际间区域碳转移问题探索改革与转型

碳排放问题的分析不仅在于生产端，也在于消费端。发达国家处于国际产业链的上游，第三产业较为发达，而工业生产规模较小，所产生的碳排放也较少。但发展中国家普遍处于国际产业链的中下游，尤其以中国为代表，过去长期担当了"世界工厂"的角色，虽然为发达国家提供了产品出口，但消耗了极高的碳排放量，也承担了更高的碳减排压力，更长期面临着利润率低的困境；而发达国家尽管消费了相关产品，但并未负担其产生的碳排放量。

因此，从国际视角而言，碳排放从发达国家通过生产和消费活动向发展中国家进行"外包"和"转移"的过程是不容忽视的，紧密关系到全球"碳中和"进程中的国际减排公平问题。

目前东南亚国家正经历着制造业转入和产业结构层次升级的过程，中国参与 RECP 与 CPTPP 区域绿色贸易，有助于在"碳中和"时代研究和探索国际间碳排放转移问题，例如，对外投资、双边贸易、消费需求、产品进出口等经济活动分别对母国和东道国碳排放增量和转移量的影响；碳转移与生产出口国的能源结构、碳排放强度之间的关联；碳转移与进口国消费结构、分配结构、市场特征等之间的联系。

中国对外绿色贸易和投资将为相关经济问题的顶层研究提供重要的样本和数据，并在此过程中与成员国探讨有利于实现各国互利共赢的共同减排方案路径、国际合作机制和跨境投融资模式，为改善发展中国家碳转移问题提供有效的模式和方案，最终推动并实现区域产业结构与产业链、供应链的气候适应性优化。

四、推动全球绿色发展进入亚洲时代

"碳中和"国际产业链升级意味着国际关系和国际局势的重塑，世界经济重心将向绿色产业发达与真正具备开展长期碳减排实力的地区进行转移。在中国加入 CPTPP 后，RCEP 与 CPTPP 不仅将成为人口和经济体量最大的国际性贸易协定组织，也将在具有全球最高碳排放量的基础上，具备更大的碳减排和绿色产业发展潜力。而中国参与 RCEP 与 CPTPP 绿色区域一体化建设，将有助于推动全球绿色低碳发展进入亚洲时代，并极大地提升国际影响力。

国际"碳中和"进程将带来广泛的绿色产品和原材料需求，推动国际贸易进入全新的模式和阶段，新能源和新基建等产业所需的零部件和绿色生产技术将逐渐从数量和金额上占据国际进出口和技术授权转让的主流。传统的国际贸易活动包含单国与单国之间的企业磋商和国家谈判，但中国有望通过直接从跨国区域性的角度和范围出发，参与 RCEP 和 CPTPP 的绿色贸易体系的制定，并以提高区域整体可持续发展能力和降低单国进出口风险为目标建立新的国际绿色贸易新规则，例如对绿色产品和零部件实行区域性关税减免优惠、对环境效益评估优良的外来企业降低绿色投资门槛等，最终使亚洲从"世界工厂"升级为"世界绿色工厂"和以人民币结算的"世界绿色贸易中心"，不断吸引外国金融资本流入，推动东南亚地区实现整体资产估值提升。

同时，国际绿色发展进入亚洲时代很大程度上还取决于中、日、韩三国的碳减排成效，作为实现 21 世纪中叶全球"碳中和"目标的先锋，中国在产业绿色升级和能源结构优化上的阶段性成果将为此提供最大程度的贡献。目前，东盟、RCEP 和 CPTPP 中尚有部分国家还未作出"碳中和"承诺，也没有制定有效碳减排路径的基础条件（包括基础设施、资金、技术等），需要大国提供相应的硬件和软件支持。因此，中国在探索绿色发展和低碳转型经验并为 RCEP 和 CPTPP 其他国家提供支持的过程中，将逐渐成为亚太地区"碳中和"绿色低碳产业发展的领导者，带动区域绿色国际影响力的提升，为开展更大范围的合作打下良好基础。

第三节　RCEP 与 CPTPP 绿色贸易存在的问题与对策

一、应对多重潜在"绿色贸易壁垒"

东南亚地区的东盟国家与中国素有良好的贸易基础和自由度，未来也具备进一步提高绿色贸易自由化的潜力，但中国也可能遇到并面临 RCEP 与 CPTPP 中个别成员国通过相关贸易政策所带来的"绿色贸易壁垒"问题，例如绿色关税、环境标准、绿色非政府组织的政治活动等，令逆全球化渗透到绿色发展之中。

首先，部分国家开展"绿色关税"是未来中国对外国际绿色产品贸易中必须面临的一项重要问题。3 月，欧盟议会投票赞成在 2023 年前推行对进口产品征收碳边境税的决议，对于那些进口到欧盟的产品，如果不符合相关排放标准，将征收额外的碳关税，以推动全球碳减排进程。绿色关税在一定程度上并不完全有利于全球绿色经济发展，一是个别国家的排放标准制定未必合理或与国际接轨，国际差异带来绿色贸易成本增加；二是绿色关税对于外国转型期间的高排放产业出口不利，将加大该国的碳减排压力和潜在的产业风险；三是如果本国绿色产品的生产成本较高，并且相比于高碳产品在加收当地进口关税后依然没有价格优势，企业就不会选择生产绿色产品而是选择生产高碳产品出口，对国际低碳进程是一种倒退。因此，中国在开展 RCEP 与 CPTPP 对外绿色贸易的过程中，需合理应对部分成员国效仿欧盟征收绿色关税的行为，不仅要从自身角度积极按照国际绿色产品标准开展绿色转型，也要选择性地建立绿色贸易伙伴关系，与真正有意愿开展绿色合作的国家建立关税同盟和绿色进出口优惠，最终保护消费者的绿色权利。

其次，各国对于产品、项目、企业等主体的环境标准和要求存在显著差异，这不仅是绿色关税产生的原因之一，也为企业开展国际绿色贸易进出口带来一定程度的风险和不确定性，若环境标准成为国家控制绿色贸易的政治经济手段，将为全球低碳转型和贸易绿色升级带来障碍和壁垒。为此，中国应主动推进 RCEP 与 CPTPP 国际绿色标准的谈判和制定，只有达成国际共识，才能降低绿色贸易成本，提高区域绿色一体化的效率。

最后，随着 21 世纪人民群众环保意愿和绿色低碳发展意识提升，各种以绿色、环保、气候变化为主题的国际性或区域性非政府组织不断建立，其政治和经济影响力愈发不容忽视，甚至能推动各国政府和企业改变其部分决策。环保组织对于全球气候变化和绿色发展可以提供积极的督促作用，但不合理的诉求也可能损害其他国家和企业的利益，亦不利于建立平等的国际绿色合作关系，例如部分环保组织人士经常无端要求中国等发展中国家通过牺牲工业和经济发展以实现碳减排。为此，中国应以绿色低碳发展的实际成果为导向，从科学和公平的角度充分向世界展示中国的减排责任和担当，注重用行动而不仅仅以论战来争取国际话语权。

二、防范西方国家对中国绿色贸易展开干扰与遏制

"碳中和"时代的国际绿色低碳经济战争以 2021 年美国重回《巴黎协定》为重要开端，美国意图在低碳经济新时代成为全球气候治理的领导者，欧盟发达国家也试图维持 20 世纪以来气候变化领域的国际影响力。中国作为后起之秀，在气候行动上更展现了极强的效率和执行力，从现在至 21 世纪中叶"碳中和"期间 30 年的气候变化国际合作与竞争将成为各国必争之重要战场，深

入影响各国产业经济发展和对外交流的方方面面。

中国参与 RCEP 与 CPTPP 绿色贸易进出口，须提防其他西方国家可能开展的干扰与阻挠。首先，各成员国之间的绿色贸易发展有助于提高区域整体的绿色竞争力，降低其他国家的绿色产品出口优势，并对欧美等发达国家在"碳中和"时代的国际领导力和话语权带来不可忽视的挑战，因而西方国家有遏制中国对外绿色贸易发展的潜在需求。具体来看，一是利用具备低碳经济时代特征的贸易战或关税战来阻碍亚太地区的绿色贸易自由化，例如对 RCEP 与 CPTPP 部分成员国降低绿色进口关税或建立贸易合作协议以撬动其与中国的友好伙伴关系，或通过绿色产品倾销以妨碍亚太地区绿色市场的健康发展；二是从绿色技术和服务的角度，通过控制核心技术授权阻碍部分成员国开展绿色升级，提高其绿色发展和绿色生产的成本，以降低绿色产品贸易竞争优势；三是从资金流动的角度，用多种金融手段，包括标准制定、投资限制、政策干预等方式，阻碍国际绿色资本投资流入具备发展前景的亚太地区，提高部分成员国绿色融资压力。

为此，中国应积极应对西方国家对 RCEP 与 CPTPP 绿色发展不利且损害公平的干扰行为。首先，应用实际行动加强对绿色发展落后的成员国的贸易和资金支持，通过建立长期的互惠互利关系以建立绿色贸易坚定伙伴盟友；其次，加大绿色技术的知识产权保护与成果转化机制，建立区域绿色技术和服务共享平台；最后，建立 RCEP 与 CPTPP 亚太地区的绿色金融自由流动市场，更大程度上通过开展自身金融绿色升级以满足区域绿色投融资需求。

三、绿色金融须提升国际服务水平与气候适应能力

以东南亚为主的大部分 RCEP 与 CPTPP 成员国对于绿色发展的资金需求逐年增高，且在世界碳排放总量基本达到峰值并进入减排至净零排放的阶段，绿色资金需求将迎来跨越式的新增长，这就需要全球金融体系为各国绿色投资需求提供融资支持。

目前，金融体系和金融工具还未能满足"碳中和"下的国际绿色发展和交流的质量需求，同时也面临着在起步阶段还未发展成熟，却要尽快适应

"碳中和"目标的多重矛盾。而从 RCEP 和 CPTPP 绿色发展的角度来看，区域绿色金融升级有助于稳定支持成员国绿色贸易往来和绿色企业进出口投融资，需在"碳中和"时代开展区域绿色金融的服务水平升级与气候适应性升级，具体反映在以下三个方面：

第一，从政策角度，成员国应积极开展本国的绿色金融升级，不仅国内需要升级，跨国贸易协议全体更应探索和建立有助于发挥金融支持区域绿色贸易稳定健康发展作用的标准和政策，并加大绿色金融国际论坛和交流的组织工作。

第二，从业务角度，金融体系和金融机构应以绿色贸易自由化、便利化为导向，开展国际绿色金融工具创新和服务创新，例如与数字化技术相结合开发贸易绿色票据，提供信用担保业务和财务管理业务，对绿色贸易企业开展环境财务影响评估服务等。

第三，从市场角度，RCEP 和 CPTPP 成员国间需要建立和打造亚太地区的国际绿色金融中心，不仅集绿色证券投融资、区域碳市场登记结算、绿色金融衍生品交易等于一身，还将金融与贸易的数据库建设工作同环境信息披露结合起来，建立亚太地区绿色数据共享服务中心。

四、区域绿色贸易中的气候风险管理体系有待建立

全球气候变化带来的多种潜在风险是影响中国对 RCEP 和 CPTPP 成员国开展国际绿色贸易合作的重大不确定因素，国际气候风险管理关系到区域贸易体系稳定和金融体系稳定，具体可分为以下两个方面：

一方面，全球气候变化本身会给各国带来"物理风险"和"环境风险"。气候变化不仅仅体现在工业革命以来的明显的气候变暖与平均温度急剧上升，也体现在极端天气和自然灾害的频繁发生。例如，气候变暖将影响农作物生产并影响农业进出口；海洋极端天气将影响跨国物流从而阻碍国际贸易进出口；海平面上升则对东南亚国家沿海地区造成灾害，种种物理环境风险的发生还将进一步造成跨国产业与贸易投融资损失。

另一方面，在"碳中和"时代，国家和企业为应对气候变化开展绿色低

碳转型，存在"转型风险"。例如气候变化促使高碳排放的产业和项目面临信贷缩紧和减排政策等困境，如不开展绿色生产转型，其违约风险将提高，进而影响相关产品的进出口，增加贸易成本和风险。

对此，中国参与 RCEP 和 CPTPP 对外绿色贸易活动，应与各成员国共同建立低碳经济时代的区域气候风险管理体系，在扩展绿色贸易联系的同时，广泛应用符合区域绿色可持续发展的绿色金融风险管理工具，注重国际绿色贸易保险的应用，推动国际风险防灾基金的设立。而金融机构则要注重对跨国贸易企业开展绿色转型提供支持，对于企业贸易进出口的绿色升级和跨国高排放企业的"转型金融"提供投融资便利和环境利率挂钩政策。

第四节　义乌参与对外绿色贸易展望与建议

义乌长期对外出口大量小商品，已建立起牢固的规模优势和价格优势，在中国未来参与 RCEP 和 CPTPP 绿色贸易的过程中，义乌有机会把握区域绿色升级带来的贸易机遇，建立多元绿色产品出口和绿色品牌，焕发新的贸易生机。具体而言，有以下三项基本对策建议：

第一，推动行业绿色标准的建立并开展第三方绿色认证。

自全球正式进入"碳中和"时代，符合世界低碳减排和可持续发展要求的绿色产品认证工作需要各行业抓紧推进。东南亚地区是一个极具潜力的绿色产品消费新兴市场，相关绿色标准和认证不仅仅在于新能源产品和清洁发电设备等高端制造业产品，小型低成本与低附加值的商品亦具备绿色认证的需求，从材料的循环利用、生产设备与生产方式的低碳高效、终端产品的绿色消费理念等，均有建立相关绿色标准的前景和机遇。当前，义乌有多种小商品占据较高的出口比例，行业影响力较大，应通过行业协同的方式，探讨并创建属于自己的国际性绿色标准，将第三方绿色认证的主动权掌握在出口方手中，提升绿色竞争优势。

第二，探索可复制可推广的绿色贸易国际经验。

义乌对 RCEP 和 CPTPP 的绿色贸易出口活动有助于为其他企业、城市、国家提供重要参考，从市场实践的角度带来最优贸易策略的试点经验，并为相关政府部门提供决策参考。具体而言，义乌可先从自身角度推动并开展绿色需求导向型的主动绿色生产转型，探索并建立区域绿色贸易的"义乌模式"，涵盖一系列涉及生产方式、出口方式、质量认证、环境认证等多方面的绿色升级标准化方案，为产品添加绿色属性和减排标签。在此基础上，通过对出口国绿色消费市场的充分调查，合理安排绿色出口分配，循序渐进地开拓市场，促进绿色贸易往来正反馈，进而将成熟的绿色生产模式贸易模式推广到其他成员国和地区，提升国际品牌号召力和影响力，从而更进一步实现对外来绿色投资的吸引，推动金融开放和人民币国际化进程。

第三，小商品城升级转型并打造世界绿色贸易综合服务商。

在"碳中和"绿色发展与区域绿色一体化时代，义乌小商品城作为全球最大的小商品批发市场和出口基地，自身也需要寻求数字化转型和绿色转型。首先，应加强对于全球气候治理与绿色经济发展重要前景的认知，充分研究其对于义乌乃至中国对外贸易带来的影响、挑战和机遇。其次，在此基础上，义乌小商品城需要对会员企业提供全方位的贸易绿色转型服务，帮助企业应用绿色生产技术和资源循环技术降低污染排放和环境影响，提高商品生产效率和绿色出口竞争优势。最后，义乌小商品城要以打造亚太地区乃至世界范围内的绿色贸易综合服务商为目标，实现从义乌到中国、从中国到 RCEP 与 CPTPP、从区域到世界影响力的升级和蜕变。

第 六 章

义乌与 RCEP、CPTPP 成员国的贸易往来及机遇

我国到底在哪些 RCEP 国家有着巨大发展机遇？哪些品类的商品具有较大增长空间？这是大家都非常关注的问题。由此，本书选取了与 RCEP 14 个成员国都有贸易往来，而且产品品类最齐全的义乌作为样本进行分析。本书通过数轮的实地调研，分析了义乌最近一年半以来的上百万条数据，得出了宝贵的贸易和投资结论，希望给读者以贸易和投资的宝贵机遇。

义乌与 RCEP、CPTPP 各成员国的贸易往来达到了何种程度？对于不同的成员国开辟了哪些产品线？各自规模、增速及未来增长潜力如何？RCEP 落地生效，对义乌究竟有哪些潜在利好？在新的政策背景下，义乌该如何针对不同的产品线开拓进出口贸易，并扩大转口业务？义乌的重点产业又会因 RCEP 发生哪些转变？

以上这些林林总总的问题，也都是义乌政府、企业、商户、个人决策者高度关心的问题，故为本章着力探讨的要旨。本章的评估与建议建立在扎实的走访调研及数据分析之上，课题组通过与义乌市商务局、改革办等政府机构，义乌商城集团及代表性商户、义乌国际陆港集团等利益攸关方座谈交流，获得了最新的第一手资料与数据，并听取了不同视角的意见和观点，由此总结出义乌从上至下应当如何把握 RCEP 机遇，积极有所作为，希望为各层面的决策者提供镜鉴。

第一节 2020—2021 年义乌对 RCEP 与 CPTPP 成员国贸易情况综述

一、2020—2021 年义乌对外贸易规模与结构

2020 年，尽管受到新冠肺炎疫情的严峻冲击，义乌的对外贸易仍旧坚挺，10 月就基本完成 2019 年全年的外贸额。1—12 月，义乌进出口总额达 3129.5 亿元，同比增长 5.4%。其中，出口 3006.2 亿元，同比增长 4.79%；进口 123.3 亿元，同比增长 23.42%①，见图 6-1。2021 年 1—3 月，由于 2020 年基数较低，义乌一季度进出口总额累计达到 648.5 亿元，同比上涨 21.39%。其中，出口 613.9 亿元，同比增长 20.07%；进口 34.6 亿元，同比增长 50.7%②，见图 6-2。义乌的进出口贸易处于严重不平衡的状态，进口额仅为出口额的零头，但进口增速远高于出口，积极扩大进口市场仍有较大的潜力可挖掘。

在义乌 2020 年前 10 大出口国中，仅排名第 6 位的马来西亚属 RCEP 成员国，排名第 9 位的智利与排名第 10 位的墨西哥属 CPTPP 成员国。前 10 大进口国中，泰国、日本、澳大利亚、越南属 RCEP 成员国，它们分别排在第 1、2、5、7 位；排在第 4 位的智利和第 8 位的加拿大属 CPTPP 成员国。2021 年 1—3 月，义乌外贸格局发生了较大的变动。出口市场方面，义乌对墨西哥和智利的出口增幅较大，两国迅速从第 10 位和第 9 位升至第 3 位和第 5 位，马来西亚稍降至第 7 位，见表 6-1。进口市场方面，智利由 2020 年的第 4 位升至第 1 位，泰国和日本分别从第 1 位和第 2 位降至第 3 位和第 4 位，越南从第 7 位降至第 8 位，澳大利亚和加拿大直接排除前 10 大之外，CPTPP 成员国秘鲁升至第 10 位，见表 6-2。

---

① 义乌市商务局：《2020 年 12 月商务数据小册子》，2021 年 1 月 27 日，见 http://www.yw.gov.cn/art/2021/1/27/art_ 1229425075_ 3793522. html。

② 义乌市商务局：《2021 年 3 月商务数据小册子》，2021 年 5 月 7 日，见 http://www.yw.gov.cn/art/2021/5/7/art_ 1229425075_ 3841763. html。

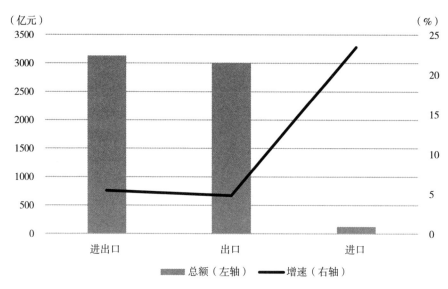

图 6-1　2020 年 1—12 月义乌进出口及其分别的总额及增速

数据来源：义乌市商务局、中国人民大学重阳金融研究院。

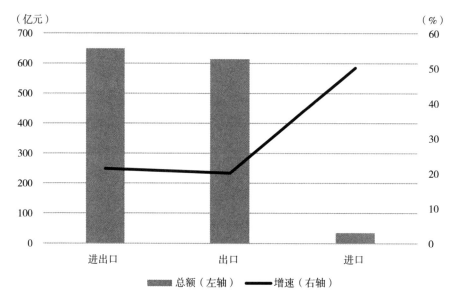

图 6-2　2021 年 1—3 月义乌进出口及其分别的总额及增速

数据来源：义乌市商务局、中国人民大学重阳金融研究院。

表 6-1 义乌 2020—2021 年一季度主要出口目的国及其份额变动

排序	国家和地区	2020 年 1—12 月出口额（万元）	同比（%）	国家和地区	2021 年 1—3 月出口额（万元）	同比（%）
1	美国	2845203.41	64.83	美国	603592.12	59.18
2	印度	1252285.17	-37.22	印度	276986.88	-17.36
3	伊拉克	1018713.03	-13.90	墨西哥**	212254.93	159.32
4	埃及	852459.89	26.38	埃及	192449.79	18.04
5	沙特阿拉伯	801964.59	-11.62	智利**	166091.08	74.37
6	马来西亚*	794893.34	20.25	阿联酋	162712.06	3.27
7	阿联酋	722204.83	-10.43	马来西亚*	161465.6	26.03
8	巴西	693879.96	-16.14	沙特阿拉伯	156592.21	1.28
9	智利**	647754.74	5.53	德国	152929.57	140.11
10	墨西哥**	626664.91	39.93	巴西	146112.59	13.70

注：表中 * 为 RCEP 成员国，** 为 CPTPP 成员国。
数据来源：义乌市商务局、中国人民大学重阳金融研究院整理制表。

表 6-2 义乌 2020—2021 年一季度主要进口来源国及其份额变动

排序	国家和地区	2020 年 1—12 月进口额（万元）	同比（%）	国家和地区	2021 年 1—3 月进口额（万元）	同比（%）
1	泰国*	111905.09	-8.18	智利**	69395.24	38.05
2	日本***	109831.63	67.54	伊朗	29980.08	1033.96
3	美国	97965.98	99.65	泰国*	24938.76	127.96
4	智利**	96555.84	-2.27	日本***	24773.83	67.82
5	澳大利亚***	78233.18	2.70	西班牙	19605.34	78.94
6	西班牙	55922.82	93.33	德国	17324.78	183.70
7	越南***	53654.26	26.52	美国	15619.70	151.91
8	加拿大**	51497.47	649.85	越南***	12146.70	52.55
9	伊朗	50135.39	89.31	法国	10784.67	93.65
10	法国	44457.93	27.53	秘鲁**	10034.87	-13.22

注：表中 * 为 RCEP 成员国，**为 CPTPP 成员国，***则既为 RCEP 成员国又为 CPTPP 成员国。
数据来源：义乌市商务局、中国人民大学重阳金融研究院整理制表。

由此可见，在义乌进出口市场中，拉丁美洲国家的重要性大幅提升。课题组调研义乌陆港电商小镇时亦发现，2020 年受新冠肺炎疫情影响，包括印度在内的一些义乌电商传统的业务线被迫中断，拉丁美洲业务线的关注度陡然上升。这也从侧面解释了为什么拉丁美洲国家在义乌贸易伙伴中的排名迅速提高。义乌电商开拓拉丁美洲业务的问题主要停留在物流不通畅、清关阻碍较多，但企业一旦开通该业务线，往往会取得较高的销售额。东南亚国家在产业结构上与义乌有一定的同质性，在实践中，东南亚国家并非义乌最主要的出口目的国，此类国家的进口潜力也有待进一步挖掘。

就进出口商品的结构而言，义乌出口商品以塑料及其制品、服装及衣着附件、电机电气设备及其零件、钢铁制品、玩具运动用品等工业中间品及制成品为主，进口商品以食用水果及坚果、肉类制品、水产品、谷物产品等农副产品，以及化妆品等轻工产品为主。尽管各商品品类排名略有升降，但 2020—2021 年，义乌商品贸易结构并未发生实质性改变。2021 年 1—3 月，出口商品

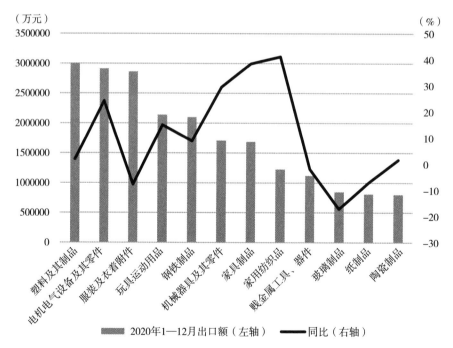

图 6-3　2020 年义乌主要出口商品排序及规模与增速

数据来源：义乌市商务局、中国人民大学重阳金融研究院。

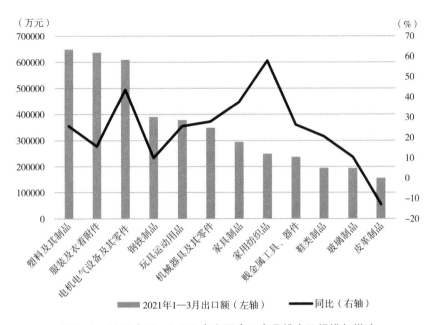

图 6-4　2021 年 1—3 月义乌主要出口商品排序及规模与增速

数据来源：义乌市商务局、中国人民大学重阳金融研究院。

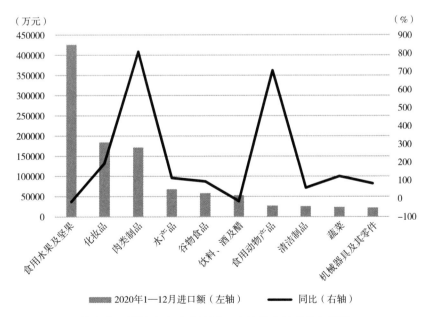

图 6-5　2020 年义乌主要进口商品排序及规模与增速

数据来源：义乌市商务局、中国人民大学重阳金融研究院。

中，鞋类制品进入前 10 名，如图 6-3 和图 6-4 所示。进口商品中，橡胶及其制品升至第 9 位，蔬菜则跌出前 10 名，如图 6-5 和图 6-6 所示。

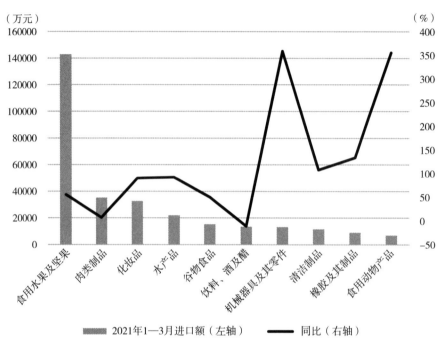

图 6-6 2021 年 1—3 月义乌主要进口商品排序及规模与增速

数据来源：义乌市商务局、中国人民大学重阳金融研究院。

二、义乌与 RCEP 成员国的贸易规模与结构

（一）义乌近年对 RCEP 成员国的总体进出口规模

虽然在义乌主要出口目的国及进口来源国中，RCEP 成员国远未占据主流，但义乌对 RCEP 成员国的贸易增速远超全国平均水平。这再度印证了 RCEP 机遇下义乌极力抓住该战略方向的正确性及其相对于国内其他城市的比较优势。

2020 年，义乌对 RCEP 成员国进出口总额达 493.2 亿元，同比增长 30.98%。其中，出口 443.92 亿元，同比增长 33.13%；进口 49.28 亿元，同比

增长 14.35%，见图 6-7。据中国海关总署统计，2020 年，中国对 RCEP 成员国进出口总额为 10.2 万亿元，同比增长 3.5%。其中，出口 4.83 万亿元，同比增长 5%；进口 5.37 万亿元，同比增长 2.2%，见图 6-8。① 义乌对 RCEP 成员国的贸易增速指标基本为全国增速的 6—9 倍，表明义乌发展对 RCEP 成员国的贸易具备较大的增长潜力。

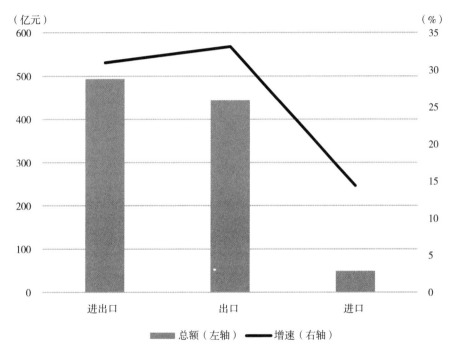

图 6-7　2020 年 1—12 月义乌对 RCEP 成员国进出口及其分别的总额及增速
数据来源：义乌市商务局、中国人民大学重阳金融研究院。

　　另一方面，从存量占比的角度来看，2020 年义乌对 RCEP 成员国进出口总额仅占全市对外贸易总额的 15.76%，而全国同期的相应比重达到了 31.7%。其中，义乌对 RCEP 成员国的出口总额占全市出口总额的比重为 14.77%，进

_____

　　①　国务院新闻办公室：《2020 年我国对 RCEP 成员国进出口总值 10.2 万亿元，增长 3.5%》，2021 年 1 月 14 日，见 http://www.scio.gov.cn/xwfbh/xwbfbh/wqfbh/44687/44744/zy44748/Document/1696984/1696984.htm。

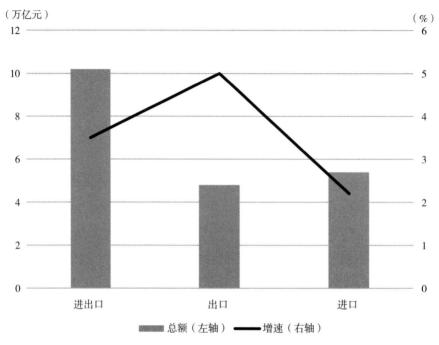

（万亿元）

（%）

图 6-8　2020 年 1—12 月全国对 RCEP 成员国进出口及其分别的总额及增速

数据来源：义乌市商务局、中国人民大学重阳金融研究院。

口总额占全市进口总额的比重为 39.97%；而全国的相应比重分别为 27% 和
37.8%。可见，RCEP 成员国为义乌重要的进口来源市场，但或许是囿于产业
结构等因素，义乌与 RCEP 成员国贸易往来的紧密程度（尤其是出口）暂时
不及全国水平。例如，我国对 RCEP 成员国主要出口机电产品，占同期对
RCEP 成员国出口总值的 53.8%，而义乌的机电产品出口暂时达不到这种
程度。

　　从增量的角度来看，相较于 2020 年全市对外贸易（5.4%）及对外出口增
速（4.79%），义乌对 RCEP 成员国进出口总额增速和出口增速分别为全市增
速的 5.7 倍和 6.9 倍。然而，义乌从 RCEP 成员国的进口增速低于全市进口增
速（23.42%）9.07 个百分点，见图 6-9。这说明近年义乌对 RCEP 成员国的
贸易增长主要由出口贡献，尽管进口也在高速增长中，但有比 RCEP 成员国表

现更突出的进口来源。

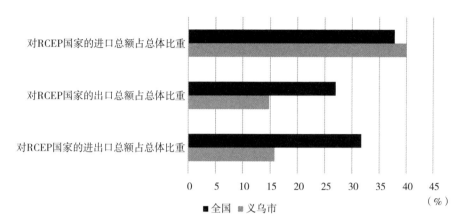

图 6-9 义乌和全国对 RCEP 成员国进出口及分别的总额占总体（全市及全国）的比重
数据来源：义乌市商务局、中国人民大学重阳金融研究院。

2021 年 1—3 月，义乌与 RCEP 成员国进出口总额达 91.94 亿元，同比增长 28.49%，占全市进出口总额比重的 14.18%。其中，出口总额达 82 亿元，同比增长 26.75，占全市出口比重的 13.36%；进口总额达 9.9 亿元，同比增长 45%，占全市进口比重的 28.71%。相比于 2020 年全年的增长势头，2021 年一季度，义乌对 RCEP 成员国贸易似乎稍显疲软，从 RCEP 成员国进口占全市进口的比重出现较大滑落。

（二）义乌近年对 RCEP 成员国的出口情况

1. 义乌近年对 RCEP 成员国的出口总体规模及品类结构

2020 年，义乌对 RCEP 成员国出口额排名前五位的国家分别为马来西亚、泰国、印度尼西亚、韩国及菲律宾。就出口增速而言，日本和韩国位列前两名，较 2019 年增长了一倍有余。老挝排在第 3 位，达 92.5%；该国基数较小，在义乌对 RCEP 成员国出口总额中排在 14 国最末位。菲律宾是义乌 2020 年出口增速唯一负增长的国家，且下降幅度不低，达 20.5%，见图 6-10。

值得注意的是，义乌对越南的出口规模不小，排名在 RCEP 成员国中位列第 6。曾经，中国从越南将出口的产品再转出口至美国及其他国家的现象较为普遍。近年来，在美国的敦促下，越南海关加大了对中国进口产品转出口的打击力度。即便是越南企业从中国进口中间品、对其加工形成的制成品，也不再符合关税优惠政策。这意味着中国产品经越南"曲线出口"的路径将越来越行不通。①

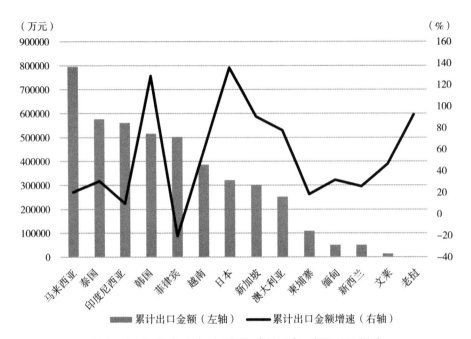

图 6-10　2020 年义乌对 RCEP 成员国出口额及同比增速

数据来源：义乌市商务局、中国人民大学重阳金融研究院。

从商品品类来看，义乌对 RCEP 成员国出口的前五大商品分别为塑料及其制品、家具及灯具、钢铁制品、电机电气设备及其零件、机械器具及其零件，见表 6-3。就出口增速而言，以大理石为主的石料增长最为显著，翻了六倍有余；其次是家具及灯具，同比增长 108.2%。义乌对 RCEP 成员国出口石料主要针对韩国，或有一定的年份特殊性，因而不能据此判断该品类出口的增长潜力。义乌对家具及灯具和钢铁制品的出口则更侧重 RCEP 成员国，它们在义乌对外出口商品中的排名低于对 RCEP 成员国出口商品排名。

---

①　中国贸促会信息中心：《越南海关加大中国从越南转出口美国产品的打击力度！》，2019 年 11 月 6 日，见 http://www.tradeinvest.cn/information/4432/detail。

表 6-3 2020 年义乌对 RCEP 成员国出口前十类商品及增速

序号	HS 编码大类	HS 编码大类下的商品名称	累计出口金额（万元）	对比累计出口金额（万元）	累计出口金额增速（%）
1	第七类 塑料及其制品；橡胶及其制品	第三十九章 塑料及其制品	511282.90	384448.80	32.99
2	第二十类 杂项制品	第九十四章 家具；寝具、褥垫、弹簧床垫、软坐垫及类似的填充制品；未列名灯具及照明装置；发光标志、发光铭牌及类似品；活动房屋	357966.10	171958.90	108.17
3	第十五类 贱金属及其制品	第七十三章 钢铁制品	339475.60	249812.40	35.89
4	第十六类 机器、机械器具、电气设备及其零件；录音机及放声机、电视图像、声音的录制和重放设备及其零件、附件	第八十五章 电机电气设备及其零件；录音机及放声机、电视图像、声音的录制和重放设备及其零件、附件	322686.70	275612.40	17.08
5	第十六类 机器、机械器具、电气设备及其零件；录音机及放声机、电视图像、声音的录制和重放设备及其零件、附件	第八十四章 核反应堆、锅炉、机器、机械器具及其零件	301542.90	209783.10	43.74

续表

序号	HS 编码大类	HS 编码大类下的商品名称	累计出口金额（万元）	对比累计出口金额（万元）	累计出口金额增速（%）
6	第二十类 杂项制品	第九十五章 玩具、游戏品、运动用品及其零件、附件	297363.90	225156.90	32.07
7	第十三类 石料、石膏、水泥、石棉、云母及类似材料的制品；陶瓷产品；玻璃及其制品	第六十八章 石料、石膏、水泥、石棉、云母及类似材料的制品	233629.60	32381.17	621.50
8	第十一类 纺织原料及纺织制品	第六十三章 其他纺织制成品；成套物品；旧衣着及旧纺织品；碎织物	182692.70	136732.40	33.61
9	第十类 木浆及其他纤维状纤维素浆；纸及纸板的废碎品；纸、纸板及其制品	第四十八章 纸及纸板；纸浆、纸或纸板制品	162162.40	116492.30	39.20
10	第十一类 纺织原料及纺织制品	第六十一章 针织或钩编的服装及衣着附件	161766.10	174076.30	-7.07

数据来源：义乌市商务局、中国人民大学重阳金融研究院。

2. 义乌近年对重点 RCEP 出口目的国的出口品类及其规模与增速

2020 年，义乌与第一大 RCEP 出口目的国马来西亚排名前 20 位的商品出口额均超过亿元。排在前五位的品类是塑料及其制品、家具及灯具、钢铁制品、电气设备及其零件、玩具及运动用品，见图 6-11，与义乌对 RCEP 国家的强势出口产品排序基本吻合，且增幅都达到两位数以上。目前，义乌对马来西亚的出口正处于一个稳步扩张的阶段。

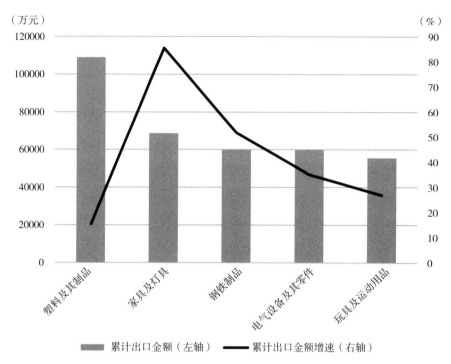

图 6-11 2020 年义乌对马来西亚前五大出口品类累计出口金额及增速

数据来源：义乌市商务局、中国人民大学重阳金融研究院。

对于义乌商城集团而言，马来西亚同样是其排名第一的出口目的国，但塑料及其制品不是它最主要的出口品类。在商城集团排名前列的 RCEP 出口目的国中，餐厨卫用具往往独占鳌头。在 2020 年义乌商城对马来西亚的出口中，餐厨卫用具出口额达 101989 万元，增量额为 13500 万元，同比增长 15.26%，见图 6-12。

义乌对第二大 RCEP 出口目的国泰国的出口也以强项品类为主，包括塑料及其制品、电气设备及其零件、机械器具及其零件、家具及灯具、钢铁制品。其中家具及灯具较 2019 年增长了一倍有余，其余品类亦稳健上升，见图 6-13。2021 年前四个月，义乌对泰国的出口格局大体维持不变。

（万元）

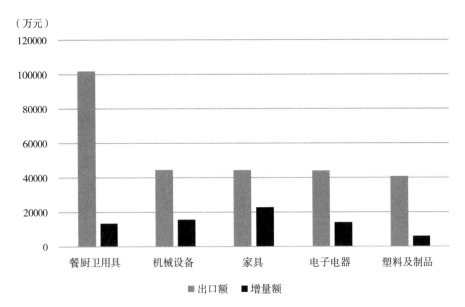

图 6-12 2020 年义乌商城集团对马来西亚前五大出口品类出口额与增量额

数据来源：义乌小商品城研究院、中国人民大学重阳金融研究院。

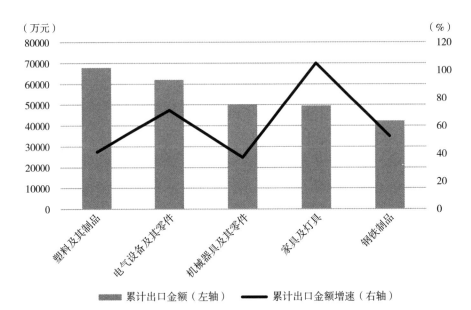

图 6-13 2020 年义乌对泰国前五大出口品类累计出口金额及增速

数据来源：义乌市商务局、中国人民大学重阳金融研究院。

　　泰国是义乌商城集团在 RCEP 成员国中的第四大出口目的国。2020 年，集团对泰国出口餐厨卫用具达 53534 万元，同比增长 41.43%。增量最大的是家具，见图 6-14，同比增长 123.08%。

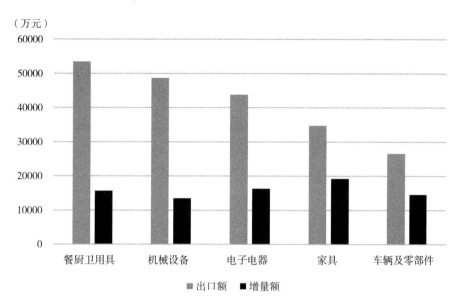

（万元）

图 6-14　2020 年义乌商城集团对泰国前五大出口品类出口额与增量额
数据来源：义乌小商品城研究院、中国人民大学重阳金融研究院。

　　在义乌对第三大 RCEP 出口目的国印度尼西亚的出口中，排名前五位的品类分别为塑料及其制品、钢铁制品、机械器具及其零件、电气设备及其零件、杂项制品，其增幅均不超过 50%，见图 6-15。其中杂项制品出口额收缩了14.6%。2021 年前四个月，义乌对印度尼西亚的杂项制品和钢铁制品份额继续收缩，塑料及其制品出口上涨 63.3%，机械器具及其零件、电气设备及其零件略有上升。

　　印度尼西亚在义乌商城集团的 RCEP 出口目的国中亦排第三位。2020 年，集团对该国的餐厨卫用具出口甚至略高于泰国，达 62511 万元，增量额达17433 万元，同比增速 38.67%，见图 6-16。

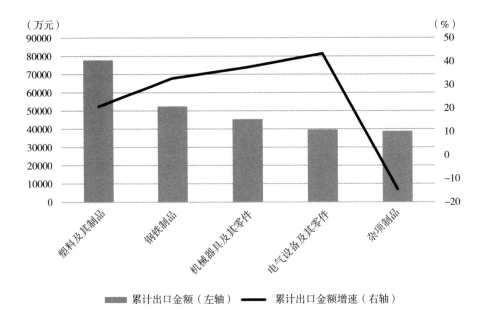

图 6-15　2020 年义乌对印度尼西亚前五大出口品类累计出口金额及增速

数据来源：义乌市商务局、中国人民大学重阳金融研究院。

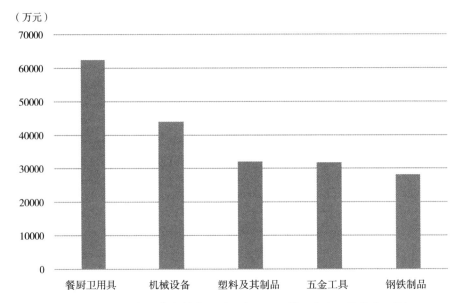

图 6-16　2020 年义乌商城集团对印度尼西亚前五大出口品类出口额

数据来源：义乌小商品城研究院、中国人民大学重阳金融研究院。

在义乌对第四大 RCEP 出口目的国韩国的出口中，石料、石膏、水泥、石棉、云母及类似材料的制品的出口位列第一名，总额高达 17.9 亿元，增幅更是达到了惊人的 174.86%。家具及灯具、塑料及其制品、钢铁制品、玩具及运动用品等商品位列其次，各品类增幅在 160%—355% 的区间内，见图 6-17。不过，进入 2021 年后，义乌对韩出口增长趋于平缓。石料再未出现在义乌对韩国的主要出口品类中。因此，2020 年义乌对韩国石料出口暴涨可能具有机缘巧合的性质。

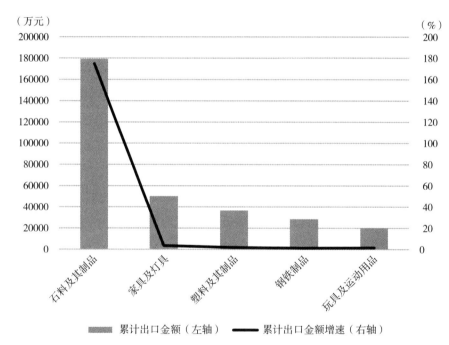

图 6-17　2020 年义乌对韩国前五大出口品类累计出口金额及增速

数据来源：义乌市商务局、中国人民大学重阳金融研究院。

　　韩国则是义乌商城集团第五大 RCEP 出口目的国。从集团对韩的石料建材出口可知，2020 年义乌对韩国的石料出口暴增几乎全部由集团贡献。集团对韩国出口第二位的品类同样是餐厨卫用具，出口额 30339 万元，增量额 20975 万元，见图 6-18。

　　义乌对第五大 RCEP 出口目的国菲律宾 2020 年的出口可谓全线萎缩，仅

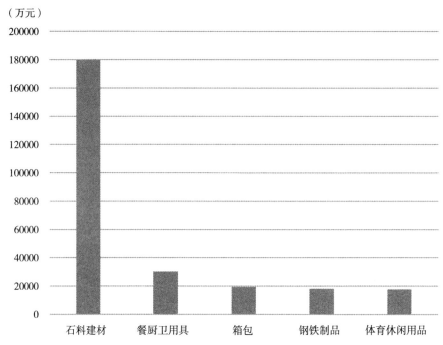

（万元）

图 6-18　2020 年义乌商城集团对韩国前五大出口品类出口额

数据来源：义乌小商品城研究院、中国人民大学重阳金融研究院。

排名第三位的家具及灯具增长了 37.97%。其余品类，如塑料及其制品、钢铁制品、机械器具及其零件，降幅在 10% 左右，见图 6-19。然而，进入 2021 年，义乌对菲律宾贸易收缩的态势得以逆转，前四个月主要出口品类增幅均在 50% 以上。

菲律宾是义乌商城集团位列第二名的 RCEP 出口目的国。受宏观大趋势的影响，2020 年义乌对菲律宾的餐厨卫用具出口 49224 万元，同比下降 15.5%，见图 6-20。但是，集团对菲律宾出口家具却逆势上涨了 54.83%，增量额达 12568 万元。

（三）义乌近年对 RCEP 成员国的进口情况

1. 义乌近年对 RCEP 成员国的出口总体规模及品类结构

2020 年，义乌对 RCEP 成员国进口额排名前五位的国家分别为泰国、日本、澳大利亚、越南及韩国。就进口增速而言，缅甸和印度尼西亚排名前两

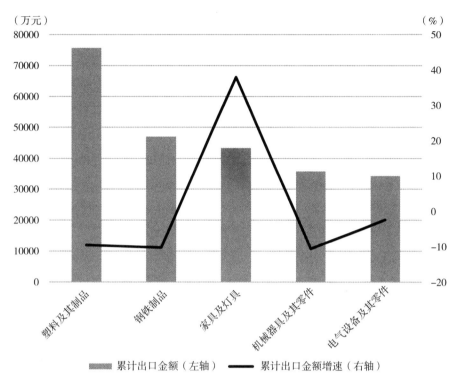

图 6-19　2020 年义乌对菲律宾前五大出口品类累计出口金额及增速

数据来源： 义乌市商务局、中国人民大学重阳金融研究院。

位，增长幅度分别高达 257.13% 和 144.35%。新西兰和日本增长幅度亦较大，分别达到 72.26% 和 67.54%，尤其是日本，在进口基数较大的前提下达到如此增速，可谓十分可观，见图 6-21。此外，义乌从韩国、泰国、新加坡、菲律宾、老挝五国的进口呈负增长。结合出口对应数据可得，义乌在韩国、泰国、新加坡、老挝四国更侧重发展出口。

在 RCEP 14 个成员国中，义乌唯独与菲律宾进出口贸易双萎缩。2020 年，菲律宾整体贸易形势不佳，进出口总额整体下滑 15.1%，其中出口额同比下降 8.1%，进口额同比下降 19.5%。[①] 在此情形下，义乌与菲律宾的贸易也很难

———————————

① Philippine Statistics Authority，"Highlights of the 2020 Annual Final International Merchandise Trade Statistics of the Philippines"，2021 年 3 月 31 日，见 https：//psa. gov. ph/statistics/annual-foreign-trade/fts-release-id/164326。

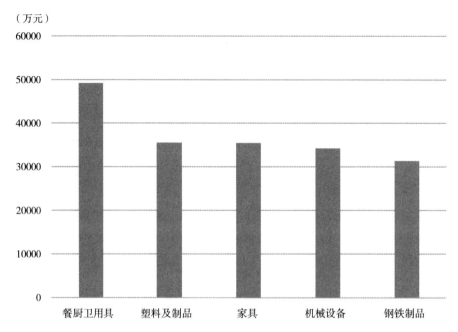

（万元）

图 6-20　2020 年义乌商城集团对菲律宾前五大出口品类出口额

数据来源：义乌小商品城研究院、中国人民大学重阳金融研究院。

维持上扬。2021 年 3 月，义乌正式开通至菲律宾首都马尼拉的国际货运航线，义乌运抵货物将在马尼拉国际机场实现分拨，并以马尼拉为原点向其他东南亚国家辐射。因此，2021 年义乌与菲律宾贸易额值得重点关注。①

商品品类方面，义乌对 RCEP 成员国进口前五大商品分别为食用水果及坚果、芳香料制品及化妆品、谷物制品、乳制品及橡胶制品，见表 6-4。义乌对 RCEP 国家的进口品类与其整体的进口结构基本吻合。

进口商品中，增速表现最为突出的是乳制品，该类产品并非义乌最主要的进口品，但其从 RCEP 国家的进口量在一年内增长了近 10.6 倍。其次是动植物油，增长了近 9.7 倍。动植物油的进口增长由印度尼西亚贡献，其在动植物油项下增幅高达 29673.99%。但这一表现同样具有年份特殊性，

---

① 《首飞！义乌—菲律宾马尼拉国际货运航线开通》，2021 年 3 月 3 日，见 https：//www.ccaonline.cn/wuliu/hyhot/638092.html。

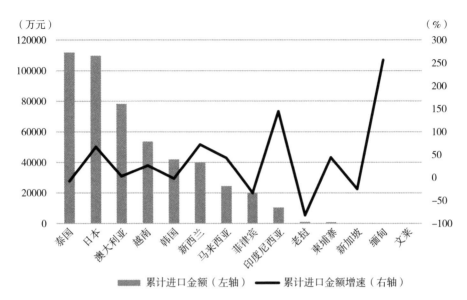

图 6-21　2020 年义乌对 RCEP 国家进口额及同比增速

数据来源：义乌市商务局、中国人民大学重阳金融研究院。

2021 年，义乌从印度尼西亚进口的主要商品中不再包含动植物油。除这两
种产品外，杂项食品、芳香料制品及化妆品、冰鲜水产品、蔬菜水果制品、
谷物制品亦取得了不错的增长。然而，进口量排名第一位的食用水果及坚果
却下降了 29.44%。

表 6-4　2020 年 1—12 月义乌从 RCEP 国家进口前十类商品及增速

排序	HS 编码大类	名称	累计进口金额（万元）	对比累计进口金额（万元）	累计进口金额增速（%）
1	第二类　植物产品	第八章　食用水果及坚果；柑橘属水果或甜瓜的果皮	164644.10	233332.70	-29.44
2	第六类　化学工业及其相关工业的产品	第三十三章　精油及香膏；芳香料制品及化妆盥洗品	124444.30	52863.07	135.41

403

排序	HS 编码大类	名称	累计进口金额（万元）	对比累计进口金额（万元）	累计进口金额增速（%）
3	第四类 食品；饮料、酒及醋；烟草、烟草及烟草代用品的制品	第十九章 谷物、粮食粉、淀粉或乳的制品；糕饼点心	37001.00	19747.16	87.37
4	第一类 活动物；动物产品	第四章 乳品；蛋品；天然蜂蜜；其他食用动物产品	25978.94	2245.65	1056.86
5	第七类 塑料及其制品；橡胶及其制品	第四十章 橡胶及其制品	21344.68	15343.22	39.11
6	第一类 活动物；动物产品	第三章 鱼、甲壳动物、软体动物及其他水生无脊椎动物	20865.75	10548.87	97.80
7	第四类 食品；饮料、酒及醋；烟草、烟草及烟草代用品的制品	第二十章 蔬菜、水果、坚果或植物其他部分的制品	15612.77	8325.43	87.53
8	第四类 食品；饮料、酒及醋；烟草、烟草及烟草代用品的制品	第二十一章 杂项食品	13376.79	3821.24	250.06
9	第七类 塑料及其制品；橡胶及其制品	第三十九章 塑料及其制品	9655.03	11937.05	-19.12
10	第三类 动、植物油、脂及其分解产品；精制的食用油脂；动、植物蜡	第十五章 动、植物油、脂及其分解产品；精制的食用油脂；动、植物蜡	8442.37	791.79	966.24

数据来源：义乌市商务局、中国人民大学重阳金融研究院。

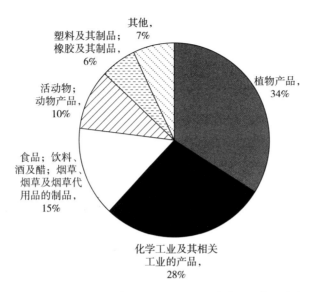

图 6-22　2020 年义乌从 RCEP 国家累计进口品类分布占比

数据来源：义乌小商品城研究院。

2. 义乌近年对重点 RCEP 进口来源国的进口品类及其规模与增速

在义乌重点 RCEP 进口来源国中，日本（排名第二位）与韩国（排名第五位）属东亚板块，泰国（排名第一位）和越南（排名第四位）属东南亚板块，而澳大利亚（排名第三位）和新西兰（排名第六位）属大洋洲板块。不同国别板块的进口品类情况大体如下：

东亚板块：2020 年，义乌从日本和韩国的进口品类以精油及香膏、芳香料制品及化妆盥洗品为主。从日本的进口额达 8.2 亿元，上涨了345.75%；从韩国的进口中，同品类所占份额亦为最高，但规模远不及日本，累计进口额达 3.1 亿元，增长 11.7%。义乌从日本进口的其他主要产品包括谷物制品及糕饼点心、肥皂及洗涤剂、塑料及其制品等，从韩国进口的其他主要产品包括塑料及其制品、肥皂与洗涤剂、机械器具及其零件、玩具及运动用品等，但这些品类的规模都远远小于化妆盥洗品，见图 6-22 和图6-23。2021 年前四个月，义乌从日韩两国的进口格局大体维持不变，不过从日本的化妆盥洗品进口有所减缓。

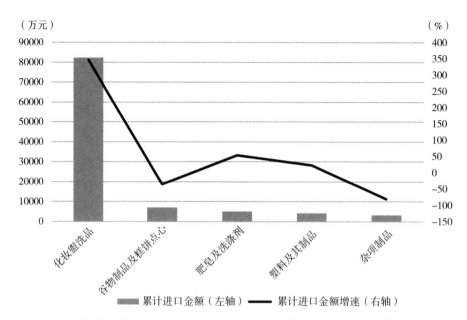

图 6-23　2020 年义乌对日本前五大进口品类累计进口金额及增速

数据来源：义乌市商务局、中国人民大学重阳金融研究院。

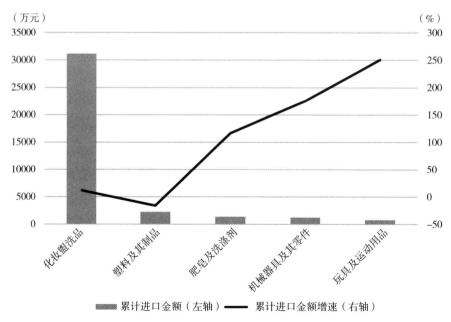

图 6-24　2020 年义乌对韩国前五大进口品类累计进口金额及增速

数据来源：义乌市商务局、中国人民大学重阳金融研究院。

东南亚板块：2020 年，义乌从泰国、越南等东南亚国家的进口品类中，食用水果及坚果这一品类独占鳌头。在柬埔寨、菲律宾、马来西亚等国，蔬菜、水果、坚果或植物其他部分的制品等相似品类的进口量最大。2020 年，义乌从泰国累计进口食用水果及坚果约 9.6 亿元，规模远超排在第二位的橡胶及其制品（9427.57 万元），但同比下降 9.19%，见图 6-25；从越南进口食用水果及坚果约 1.4 亿元，萎缩 45.94%，见图 6-26。值得注意的是，义乌从越南进口鱼、甲壳动物、软体动物等水产品的金额上涨了 742.22%。2021 年前四个月，橡胶及其制品保持或跃升至义乌从泰国和越南进口的第二大品类。

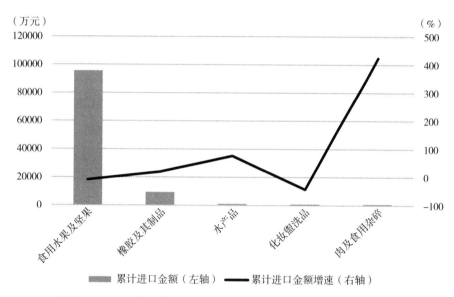

图 6-25 2020 年义乌对泰国前五大进口品类累计进口金额及增速

数据来源：义乌市商务局、中国人民大学重阳金融研究院。

大洋洲板块：2020 年，义乌从澳大利亚和新西兰进口的产品品类中，乳品、蛋品、天然蜂蜜及其他食用动物产品增长势头显著。义乌从澳大利亚的该品类进口增长了 1371.2%，从新西兰的该品类进口上涨了 642.44%，见图 6-27 和图 6-28。此外，义乌还从澳大利亚进口食用水果及坚果，杂项食品，饮料、酒及醋，谷物制品及糕饼点心，动植物油等产品；从新西兰进口谷物制品及糕饼点心、食用水果及坚果、芳香料制品及化妆品、动植物油等，与从澳

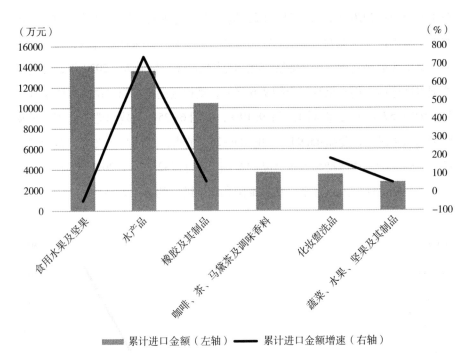

图 6-26　2020 年义乌对越南前六大进口品类累计进口金额及增速

注：咖啡、茶、马黛茶及调味香料应为义乌 2020 年从越南新引进品类，故增速缺省。

数据来源：义乌市商务局、中国人民大学重阳金融研究院。

大利亚进口相差无几。2021 年前四个月，义乌对澳大利亚乳品、蛋品、天然蜂蜜和其他食用动物产品的进口仍在增长，但其他品类份额均有所下滑；对新西兰，排名前列的品类增减不一。

　　在其余的东南亚 RCEP 成员国中，义乌从马来西亚、菲律宾和印度尼西亚等国主要进口蔬菜、水果、坚果或其他植物制品，食用水果及坚果，动植物油等产品。义乌从老挝、柬埔寨、新加坡和缅甸进口的各产品线规模较小，产品种类相对单调。义乌与文莱之间则不存在进口贸易。RCEP 关税减让安排实施后，义乌与各成员国的贸易形势可能发生变化，义乌应在深入了解优惠政策后加以调整。

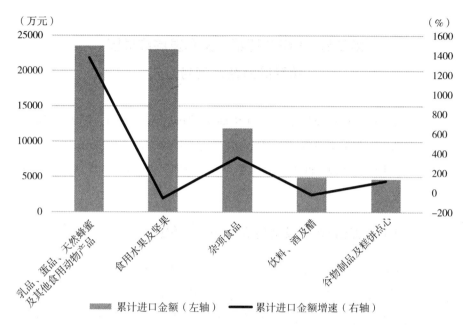

图 6-27　2020 年义乌对澳大利亚前五大进口品类累计进口金额及增速

数据来源：义乌市商务局、中国人民大学重阳金融研究院。

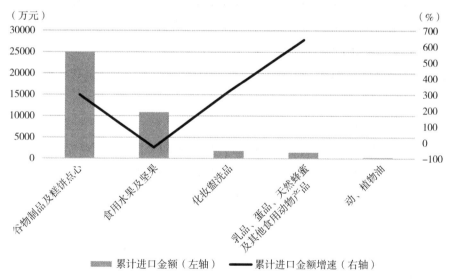

图 6-28　2020 年义乌对新西兰前五大进口品类累计进口金额及增速

注：动、植物油应为义乌 2020 年从新西兰新引进品类，故增速缺省。

数据来源：义乌市商务局、中国人民大学重阳金融研究院。

第二节　RCEP 背景下义乌发展成员国
贸易的潜在方向与方式

作为全球最大的区域贸易协定（Regional Trade Agreement，RTA），RCEP 的落实有助于强化中国在成员国中核心需求方与供给方的双重身份。对义乌而言，进口、出口、转口三线发展需齐头并进。做顶层设计时，应顾及最新规则与现实情况。

一、RTA 的运作机制及义乌落实 RCEP 的定位

一个 RTA 的成功运作，需要在区域内部建立稳定的产业链分工关系；同时，更重要的是，需要一个承担贸易逆差的最终需求方。以《美墨加协定》为例，美国提供需求和技术，墨西哥扮演代工厂的角色，加拿大负责原材料供应。作为需求方，美国在《美墨加协定》中以核心成员的身份带动了另外两个成员，使得北美板块的供需循环得以跑通，区域内经济体对外依赖度相对下降。由于墨西哥和加拿大两国之间贸易额相对较低，该区域贸易协定可视为美加 FTA 与美墨 FTA 的有机组合。自《美墨加协定》缔结以来，美墨、美加双边贸易持续增长。但是，该协定却使得美国对另外两国的贸易逆差不断扩大，至今无扭转迹象。

中国在过去签订的双边自由贸易协定（FTA）中，扮演的是类似美国作为最终需求方的角色。这也就意味着，我国从 FTA 伙伴国对特定商品的进口，以及与其的贸易逆差呈扩大趋势。例如，我国从 FTA 伙伴国新西兰和瑞士主要扩大了终端消费品和资本品的进口，从澳大利亚、智利、哥斯达黎加和韩国等国扩大了原材料和工业中间品的进口。我国与东盟的 FTA 则具有一定特殊性，因为它体现了一种协同供给的特征。2010 年以前，中国对东盟一直保持一定程度的贸易逆差，但在 2010 年自由贸易协定升级后，中国对东盟的逆差转为顺差。但东盟在对华贸易赤字扩大的同时，对外部国家（主要是美国）的贸易顺差也在扩大。换言之，中国—东盟 FTA 在协同对外

出口供给。①

中国与 RCEP 成员国产业深度互补，故中国在 RCEP 中既是核心需求方，也是核心供给方。除前文提及的 FTA 伙伴国外，我国通过 RCEP 还首次与日本建立了自由贸易关系。日本有望为我国提供生产技术和高端资本品供给，这将进一步巩固我国产业链的安全性，同时强化我国作为需求方的角色。鉴于近年我国对 RCEP 国家整体呈贸易逆差（2020 年我国对 RCEP 国家贸易逆差约 5400 亿元），可预判 RCEP 落定后，我国积极扩大进口将成为更主流的趋势。对义乌而言，自 2011 年获批国际贸易综合改革试点以来，进出口严重不协调的局面未得到根本改善。时至 2020 年，义乌进口额仍然仅占对外贸易总额的 3.9%，为出口额零头。如何把握 RCEP 机遇盘活进口，或可作为义乌更侧重发力的方向。

二、RCEP 背景下义乌扩大进口的潜在方向及建议

2021 年 2 月，义乌政府公布《义乌市加快进口贸易促进创新示范区建设实施方案》②。其中，提及 RCEP 的地方共有两处：一是义乌要充分利用 RCEP，建设日韩进口药妆中心，争取药品跨境电商试点；二是在进口市场设立 RCEP、葡语系国家等国别化展销中心，展示特色商品和文化，引进 RCEP 成员国、港澳地区主体入场经营，至 2025 年落地系列国家（地区）馆 100 个。

2021 年 4 月，课题组调研义乌市商务局时，调研对象表示希望在 2020 年 123.3 亿元进口额的基础上实现突破，将进口做到 300 亿元的规模；在 RCEP 成员国的产品中，重点开拓东南亚水果与坚果、日韩中高端食品及消费品等进口市场。义乌商城集团方面则称，拟把握 RCEP 机遇，将义乌打造为中国最大的日用消费品进口集散地，发展澳、新、日、韩进口，积极开辟宠物用品、咖

---

① 秦泰：《中国与 RCEP："双身份＋双循环"的"蝴蝶效应"》，申万宏源研究，2020 年。

② 义乌市人民政府：《关于印发义乌市加快进口贸易促进创新示范区建设实施方案的通知》，2021 年 2 月 23 日，见 http://www.yw.gov.cn/art/2021/2/23/art_ 1229142745_ 1742462. html。

啡坚果、珠宝艺术品、进口家居等新类目。同时，商城还鼓励义乌小商品城的经营户利用开展出口业务时积累的资源人脉，转移布局进口。

结合义乌近年来对 RCEP 成员国的进口规模与结构、各利益攸关方的目标诉求，以及 RCEP 关税减免政策，本书针对不同的国别产品线，对义乌提出如下分析与开拓进口市场的建议。

（一）日韩精油香膏、芳香料制品及化妆盥洗品

我国为保护本土企业发展，在 RCEP 中对来自日本和韩国香水、化妆品、护发品和剃须用剂的进口并未作出降税承诺，它们仍将保有 6.5%—15% 的关税税率，见表6-5。因此，RCEP 不特别利好日韩化妆盥洗品进口。日本和韩国企业为扩大中国市场占有率，可能会加大在中国的直接投资力度，这对义乌化妆品企业或将造成冲击。① 本书在信息不完全的情况下倾向认为，义乌政府希望利用 RCEP 扩大日韩药妆（归为化妆品）进口的规划，或应与招引日韩企业直接投资相结合。

表6-5 RCEP 中国对日韩化妆品关税承诺表

HS 税目	产品描述	基准税率（%）	第1年至第21年及以后
3304	美容品或化妆品及护肤品（药品除外），包括防晒油或晒黑油；指（趾）甲化妆		
3304.10.00	唇用化妆品	10.0	U
3304.20.00	眼用化妆品	10.0	U
3304.30.00	指（趾）用化妆品	15.0	U
3304.9	其他		
3304.91.00	粉，不论是否压紧	10.0	U
3304.99.00	其他	6.5	U

数据来源：RCEP 中国对日本、韩国关税承诺表，中国人民大学重阳金融研究院整理。

在精油及香膏、芳香料制品及化妆盥洗品这一商品大类中，还包括精油、

① 郭永新：《RCEP 对我国轻工行业的机遇挑战和应对建议》，中国轻工业联合会，2021 年。

口腔及牙齿清洁剂等产品。此类产品有一定的降税空间。精油类产品方面，中国在 RCEP 关税减让表中对日本承诺，该类产品的基准税率将在 16 年内等阶降至零，对口腔及牙齿清洁剂的基准税率将在 11 年内等阶降至零；对韩国承诺的免税进度要快于对日本，多数精油品类的基准税率将在 10 年内等阶降至零，少数品种（如胡椒薄荷油）15 年内等阶降至零。口腔及牙齿清洁剂方面，中国对日本的基准税率将在第 11 年等阶降至零，对韩国则是在第 10 年降为零。义乌可结合自身禀赋需求，合理运用 RCEP 优惠政策，在这些品类中有选择地扩大进口。

（二）澳、新、日、韩中高端日用消费品

近年来，义乌进口品类最显著的变化就是由生产资料转变为生活资料。纵观义乌近五年的进口结构，2017 年前后，义乌进口产品还以塑料、橡胶等生产资料为主。[①] 2018 年，按照《关于扩大进口促进对外贸易平衡发展的意见》[②] 要求，义乌扩大了与民生相关的日用消费品进口。2019—2020 年，义乌进口结构发生了颠覆性的改变，排名前十位的商品基本被农副产品、加工食品及化妆品等消费资料所占领。2019 年，义乌日用消费品进口 86.2 亿元，占当年进口总额（99.9 亿元）的 86.3%，增长 423%。[③] 2020 年，义乌日用消费品进口 113.6 亿元，占全市进口额（123.3 亿元）的 92.1%，增长 31.8%。[④]

现阶段，义乌商城集团希望把握 RCEP 开放进口商品市场准入机遇，重点扩大日韩中高端日用消费品的进口。义乌构建中国最大的进口日用消费品集散地存在一定的基础。义乌国际商贸城进口商品馆已经初具规模，拥有商位 370 余个，汇聚来自六大洲 4.5 万余种特色商品，品类包括食品、保健品、服装鞋帽、家具用品、珠宝饰品、工艺品等。东盟产品展销中心也即将登陆，规划面

---

① 武雅斌、王思语：《从义乌专业市场看我国扩大进口路径选择》，《中国经贸》2018 年第 10 期。

② 《国务院办公厅转发商务部等部门关于扩大进口促进对外贸易平衡发展意见的通知》，2018 年 7 月 2 日，见 http：//www.gov.cn/zhengce/content/2018-07/09/content_ 5304986.htm。

③ 义乌市统计局：《义乌统计年鉴 2020》，2020 年。

④ 义乌市统计局：《2020 年义乌市国民经济和社会发展统计公报》，2021 年 5 月 19 日，见 http：//www.yw.gov.cn/art/2021/5/19/art_ 1229146127_ 3844689.html。

积 1000 平方米。但鉴于义乌进口体量仍然较小，优势仍有待进一步扩大。

1. 农副产品及食品

RCEP 在农业开放方面实现了新突破，为义乌扩展相关产品进口提供了宝贵的机遇。RCEP 成员国在农业产业链上的互补性强，澳大利亚、新西兰处于农产品原料供应商的位置，主要出口牛羊肉，乳品、蛋品、天然蜂蜜等食用动物产品；日本、韩国是高端、特色农产品加工制造强国，同时也是消费大市场；而中国和东盟农产品进出两旺。① 结合义乌近年来对 RCEP 国家的进口结构，或可考虑进一步拓展澳大利亚、新西兰的乳品、蛋品、天然蜂蜜、谷物制品进口，开拓澳大利亚、新西兰的牛羊肉和日本的冰鲜水产品进口，并适度向包括东南亚国家在内的 RCEP 成员国转出口。

RCEP 项下，中国对澳大利亚、新西兰两国的减税情况基本一致。乳品的免税周期较长，多数品类将在 20 年内等阶降至零，蛋品关税基本在第十年降为零，而燕窝、鲜蜂王浆（粉）等食用动物产品，则是生效后立即降零。义乌可立即着手布局立即降税的产品。义乌从新西兰的进口还可重点关注谷物、粮食粉、淀粉或乳制品这一品类。2020 年，RCEP 生效后，义乌从新西兰进口配方奶粉的税率将从 15% 立刻降至 5%（此后关税不再降），蛋面食、米粉干、粉丝的关税也立刻降至零。值得注意的是，近年来中国与澳大利亚的经贸往来严重受制于政治因素，尽管义乌从澳大利亚进口未见大幅萎缩，但亦可从新西兰寻求替代产品。

表 6-6　RCEP 中国对澳大利亚、新西兰及日本部分代表性农副产品关税减让承诺

RCEP 中国对澳大利亚肉类及乳制品关税承诺			
HS 税目	产品	基准税率（%）	RCEP 关税减让安排
0210. 20. 00	牛肉	25. 0	25 年等阶降至零
0204. 21. 00	绵羊肉（整头及半头）	23. 0	10 年等阶降至 17.3%（此后关税不再降）

---

① 余本林：《区域全面经济伙伴关系协定（RCEP）》，商务部国际司，2021 年。

续表

RCEP 中国对澳大利亚肉类及乳制品关税承诺			
HS 税目	产品	基准税率（%）	RCEP 关税减让安排
0204.50.00	山羊肉	20.0	20 年等阶降至零
0401.10.00	未浓缩未加糖奶油（按重量计脂肪含量不超过 1%）	15.0	20 年等阶降至零
0402.10.00	奶粉（按重量计脂肪含量不超过 1.5%）	100.0	20 年等阶降至零
0403.10.00	酸乳	10.0	20 年等阶降至零
0407.21.00	鲜鸡蛋	20.0	10 年等阶降至零
0410.00.10	燕窝	25.0	RCEP 生效后立即降至零
0410.00.41	鲜蜂王浆	15.0	RCEP 生效后立即降至零
RCEP 中国对新西兰部分肉类及乳制品关税承诺			
0201.10.00	鲜、冷牛肉（整头及半头）	20.0	10 年等阶降至零
1901.10.10	供婴幼儿食用的配方奶粉	15.0	RCEP 生效后降至 5.0%（此后关税不再降）
1902.11.00	生面食（含蛋）	15.0	RCEP 生效后立即降至零
1902.30.10	米粉干	15.0	RCEP 生效后立即降至零
1902.30.20	粉丝	15.0	RCEP 生效后立即降至零
RCEP 中国对日本部分冰鲜水产品关税承诺			
0304.41.00	鲜、冷、冻鳟鱼肉	12.0	11 年等阶降至零
0302.71.00	鲜、冷、冻鳕鱼肉	10.0	11 年等阶降至零

数据来源：RCEP 中国对澳大利亚、新西兰、日本关税承诺表，中国人民大学重阳金融研究院整理。

2. 轻工业品

除食品外的日用消费品可大体归为轻工业品。在轻工业品进口方面，日本是我国排名首位的轻工商品进口来源国。日化用品、塑料制品、家用电器等我国自日本进口的主要类目多数将在 11 年内等阶降至零关税。由于降税周期较长，义乌可提早布局。根据 RCEP 项下零关税待遇日用消费品，义乌或可考虑从日本进口包括塑料马桶圈、餐具等塑料制品、眼镜片眼镜架、部分钟表、运动器械等日用消费品，从韩国进口部分种类的服装和瓷砖等消费品，见表 6-7。

表 6-7 RCEP 中国对日本、韩国部分代表性日用轻工商品关税减让承诺

RCEP 中国对日本部分日用轻工商品关税承诺			
HS 税目	产品	基准税率（%）	RCEP 关税减让安排
3922.20.00	塑料马桶座圈及盖	10.0	11 年等阶降至零
3924.10.00	塑料餐具及厨房用具	10.0	16 年等阶降至零
9001.50.10	玻璃制变色镜片	20.0	16 年等阶降至零
9001.50.91	玻璃制太阳镜片	20.0	16 年等阶降至零
9101.11.00	有机械指示器的电力驱动手表	11.0	11 年等阶降至零
9101.19.10	有光电指示器的电力驱动手表	16.0	11 年等阶降至零
9506.40.10	乒乓球	12.0	11 年等阶降至零
9506.51.00	草地网球拍（不论是否装弦）	14.0	11 年等阶降至零
9506.62.10	篮球、足球、排球	12.0	11 年等阶降至零
RCEP 中国对韩国部分日用轻工商品关税承诺			
6101.90.10	羊毛制男式大衣	25.0	20 年等阶降至零
6103.10.10	羊毛男式西服套装	25.0	20 年等阶降至零
6904.10.00	陶瓷制建筑用砖	15.0	10 年等阶降至零

数据来源：RCEP 中国对日本、韩国关税承诺表，中国人民大学重阳金融研究院整理。

（三）东南亚干果与鲜果

RCEP 更有助于我国进口调剂型、紧缺型农产品。来自东南亚国家的热带水果和加工休闲产品恰好可满足我国消费升级的需要。义乌从中能够把握的机遇是打造干果进口产业保税、加工、展示、销售一条龙式产业基地。其中保税业务、非保税业务，义乌考虑与越南、老挝等边境国家合作。目前，义乌具备一定的产业基础。义乌周边有临安坚果加工基地。许多干果业务是从义乌进口，到临安加工，再到义乌销售。如果在义乌形成干果加工产业基地，那么该产业就能在义乌扎根，并为义乌的物流优势、电商优势赋能。在义乌政府规划的 RCEP 国别化展销中心中，亦可重点展示来自东南亚的水果和加工后的干果与鲜果等。

RCEP 签署前，中国从东盟国家进口干果或鲜果，绝大多数品类的税率在 10%—30% 之间，仅有如种用椰子和夏威夷果等极少数品类为零关税。基准税

率高达 30% 的鲜果，包括无花果、蔓越橘及越橘、荔枝、草莓、黑莓、栗子、樱桃等，基本要等到 RCEP 生效后的第 20 年方才免除关税，因此这些水果并非义乌需立即布局的品种。基准税率为 20%—25% 的鲜果和干果中，木瓜、荔枝干、榴莲、红毛丹、番荔枝、莲雾、火龙果、龙眼干等品类将在协定生效第一年免除关税。基准关税在 20% 以下的品种中，除柑橘和甜瓜类的什锦坚果和榅桲为十年等阶降至零关税外，其余的品种都是在生效第一年立即降至零关税。对于立即降税的品类，义乌可立即采取措施开辟相关进口渠道。

三、RCEP 背景下义乌扩大出口的潜在方向

RCEP 降低了成员国之间的关税与非关税壁垒，因而可能引致贸易创造和贸易转移两种政策效应。对于中国出口链而言，贸易创造发生在不面临成员国激烈竞争的优势出口产业中。若该产业享受 RCEP 关税红利，则出口将向成员国转移，非成员国的份额被替代。贸易转移在一定前提下可能发生在面临成员国内部竞争、中国享有相对优势的产业。若中国享受的关税红利高于与中国竞争的成员国，则贸易不转移，但该产业的非成员国份额会被成员国替代。若中国享受的关税红利不如竞争国，则贸易将从中国转移至该成员国。[1]

就义乌 2020 年对 RCEP 成员国出口情况来看，排名前列的商品基本都可归类为可选消费品及工业中间品与制成品。对义乌的一大利好消息是，这两类商品不属于其他成员国的强势出口产品，中国本身拥有较大的出口规模，且部分进口商品的成员国恰好又未对该类产品免税。这意味着，RCEP 逐步落地生效之后，中国的可选消费品及工业中间品与制成品将充分享受关税红利。受益于外部替代效应，义乌对这两类商品的出口也更有可能从非 RCEP 成员国向 RCEP 成员国转移。

（一）义乌把握 RCEP 机遇发展出口贸易的初步定位与规划

RCEP 背景下，义乌发展出口贸易，将主要瞄准东南亚国家的轻工小商品

---

[1]　戴康、俞一奇：《RCEP 中的机遇与挑战——广发宏观策略联合行业》，广发证券，2020 年。

市场。2019 年，我国对东盟轻工商品出口额达 833 亿美元，占全部轻工商品出口额的 12.3%。① 尽管该项出口额低于我国对美国和欧盟的轻工商品出口额，但在 RCEP 成员国中，我国的轻工商品进出口贸易唯有在东盟地区实现了两位数的高速增长，因此选择该方向具有正当性。

在战术层面，由于广西、云南等地的城市与越南、老挝等国临近，义乌正在积极考虑与之展开合作。RCEP 落定利好我国两类城市：一类是上海、深圳等与 RCEP 成员国经贸往来密切的经贸型城市，另一类则是青岛、南宁、昆明、大连等地缘型城市。义乌在对接 RCEP 国家方面，地缘优势不算突出，可视作经贸型城市，但经济实力不比上海、深圳。因此，义乌在参考南宁、昆明等城市做法的同时，将更多地思考如何与这些城市优势互补，而非竞争。

至于具体落地措施，义乌市商务局初步拟定了三点规划：一是畅通国际物流通道，包括做大做强东南亚班列（如 2020 年 10 月开通的中国义乌—越南河内南向班列），开通国际货运包机（如义乌直飞菲律宾马尼拉货运包机），以及推进公路运输，尤其是在我国与东南亚国家边界上发展卡车运输（即"市场采购+卡航"业务）。二是推进"两国双园"建设，依托不少义乌企业在国家加工中转向发达国家出口的业态，到国外办产业园区。三是与广西、云南等地与东南亚国家接壤的边境口岸合作，结合此类城市自身的边贸进口政策和义乌的出口优惠政策，发展边境贸易，在边贸市场设立边贸展示区。义乌商城集团方面，业务团队也已在云南、广西、东南亚等地开展了部分工作。

（二）义乌把握 RCEP 机遇发展出口贸易的国别方向及产品线

在义乌 2020 年对 RCEP 国家出口排前十位的商品中，塑料及其制品、家具及灯具、玩具及运动用品、服装及衣着附件、家用纺织品和纸制品等可选消费品均可囊括在轻工小商品之内。RCEP 部分成员国在已有双边自由贸易协定基础上扩展了对中国轻工商品关税降零税目的覆盖范围，义乌把握 RCEP 机遇，可尝试在以下几种品类方向扩大出口：

----

① 郭永新：《RCEP 对我国轻工行业的机遇挑战和应对建议》，中国轻工业联合会，2021 年。

一是对印度尼西亚、菲律宾、泰国等国扩大塑料及其制品出口。塑料及其制品恰好是义乌对这三国 2020 年出口排名首位的品类。其中，义乌对印度尼西亚的出口额 7.8 亿元，增长 20.74%；对菲律宾的出口额也有 7.6 亿元左右，2020 年同比下滑了 9.54%，2021 年开始回升；对泰国的出口额达 6.8 亿元，增长 41.18%。RCEP 生效后，印度尼西亚聚异丁烯塑料制品的基准税率将从 5.0% 立即降至零；菲律宾乙烯和聚异丁烯塑料制品的基准税率将从 3.0% 立即降至零；泰国聚丙烯、丙烯共聚物、聚乙烯-醋酸乙烯共聚物等塑料制品的基准税率将由 5% 立刻降至零。由于义乌对这三国本身的出口规模较大，降税的边际效应将更为明显。

二是对新加坡、日本、柬埔寨和文莱扩大家具、寝具及灯具出口。家具及灯具是义乌对新加坡和日本出口排名前列的产品，且增长幅度较快。新加坡在 RCEP 中承诺对所有产品进口免关税。日本进口关税整体较低，但在 RCEP 关税承诺表中，该国仍将对不少来自中国的家具及寝具逐步减免关税。例如，床垫出口基准关税由 3.8% 经 15 年降至零，睡袋由 3.8% 经 10 年降至零，羽绒被由 3.8% 经 15 年降至零。柬埔寨对相关品类的关税减免幅度较大，红木家具基准税率为 35.0%，RCEP 生效后第 13 年降至零关税；竹藤家具在第 20 年由 35.0% 降至零税。文莱的办公室用、厨房用、卧室用等木家具均是从 5.0% 的基准税率，在第 15 年降至零关税；电灯及照明装置也是从 5.0% 开始起降。

三是对澳大利亚和新西兰扩大玩具及运动用品出口。义乌对澳大利亚、新西兰在该品类项下的出口额较大，且 2020 年份额的上涨幅度在 80%—120% 的区间内，处于稳健增长阶段。RCEP 将给义乌对澳大利亚、新西兰出口玩具及运动用品带来更大利好。在澳大利亚的关税减让承诺中，儿童骑行玩具、洋娃娃、动物布偶、除书本以外的益智玩具、电子游戏机、节日娱乐用品、滑水板及冲浪板、高尔夫球杆及设备、钓竿鱼钩及其他钓具的大多数品类，都将在 RCEP 生效后立即减免 5% 的关税。新西兰相关品类的基准税率亦为 5%，但减免方式采取的是 10 年或 15 年降至零关税。

四是对日本扩大纺织制成品和服装及衣着附件的出口。在义乌对日本的出口中，纺织制成品和服装及衣着附件的所占份额位列前五名，增速在 2—3 倍之间，增长潜力巨大。义乌运用 RCEP 扩大该品类的出口，可重点瞄准日本。据中国纺织工业联合会统计，在纺织原料及纺织制品大类项下的所有税目中，RCEP 生效后日本对我关税立即降至零的产品占 33.7%，第 11 年降为零的产品占 37.6%，第 16 年降至零的占 28.0%，不参与降税的仅占 0.7%。① 立即降零的商品主要包括化学纤维长丝制无纺织物（当前税率 4.3%），胸罩（当前税率 8.4%），紧身胸衣、吊袜带、束袜带及其零件等（当前税率 8.4%）。

若单从国别角度考量，本书经对比各国关税减让承诺后认为，RCEP 落地后，义乌对泰国的出口极有可能大幅增加。泰国本来即为义乌名列前茅的出口目的国，并且增长态势平稳。RCEP 对义乌向泰国出口的产品免税力度大且生效较快。例如，机械器具及其零件，电机、电气设备及其零件项下部分品类将由 10% 的基准税率立即降至零关税，家具、寝具及灯具项下大部分品类由 20% 或 10% 的基准税率直接降至零关税。这对义乌而言无疑是重大利好。

RCEP 实施后义乌可重点考虑扩大出口的国别产品线，见表 6-8。

表 6-8　RCEP 实施后义乌可重点考虑扩大出口的
国别产品线（结合出口额与降税幅度）

国别	主要产品
澳大利亚	塑料及其制品；玩具、游戏品、运动品及其零件、附件；家具、寝具、未列名灯具及照明装置；钢铁制品
日本	寝具、褥垫、弹簧床垫、软坐垫及类似的填充制品；其他纺织制成品；非针织或非钩编的服装及衣着附件
韩国	寝具、褥垫、弹簧床垫、软坐垫及类似的填充制品；未列名灯具及照明装置；塑料及其制品（乙烯基聚合物）
新西兰	玩具、游戏品、运动品及其零件、附件；塑料及其制品；针织或钩编的服装及衣着附件；钢铁制品；家具、寝具、未列名灯具及照明装置
文莱	家具；未列名灯具及照明装置；电机、电气设备及其零件；录音机及放声机、电视图像、声音的录制和重放设备及其零件、附件

---

① 刘耀中：《RCEP 实施对纺织业影响——机遇、挑战与相关建议》，中国纺织工业联合会国际贸易办公室，2021 年。

续表

国别	主要产品
柬埔寨	核反应堆、锅炉、机器、机械器具及其零件；电机、电气设备及其零件；录音机及放声机、电视图像、声音的录制和重放设备及其零件、附件；钢铁制品；家具；纸或纸板制品
印度尼西亚	塑料及其制品；钢铁制品；核反应堆、锅炉、机器、机械器具及其零件；电机、电气设备及其零件
老挝	钢铁制品；核反应堆、锅炉、机器、机械器具及其零件；药品；玩具、游戏品、运动用品及其零件、附件
马来西亚	未列名灯具及照明装置；钢铁制品
缅甸	钢铁制品；塑料及其制品；纸或纸板制品
菲律宾	塑料及其制品；钢铁制品；家具；寝具、褥垫、弹簧床垫、软坐垫及类似的填充制品；未列名灯具及照明装置；发光标志、发光铭牌及类似品；活动房屋；核反应堆、锅炉、机器、机械器具及其零件
新加坡	所有产品零关税
泰国	塑料及其制品；电机、电气设备及其零件；录音机及放声机、电视图像、声音的录制和重放设备及其零件、附件；核反应堆、锅炉、机器、机械器具及其零件；家具；寝具、褥垫、弹簧床垫、软坐垫及类似的填充制品；未列名灯具及照明装置；发光标志、发光铭牌及类似品；活动房屋
越南	机械器具及其零件；录音机及放声机、电视图像、声音的录制和重放设备及其零件、附件；钢铁制品；塑料及其制品

数据来源：中国人民大学重阳金融研究院整理。

RCEP 实施后，我国将对约 65% 的汽车零部件给予零关税待遇，约占 90% 的贸易额，见表 6-9。这不仅将极大地促进东亚地区汽车供应链产业链整合，而且对我国汽车零部件和生产线出海也是重大利好。义乌可抓住这一机会发展汽车零部件制造业，该产业在义乌已有一定基础，可行性较高。除大力发展进出口外，义乌对转口贸易亦高度重视，拟打造区域物流分拨中心。RCEP 机遇下，原产地积累规则将促使生产企业更多采购域内中间品，同时推动中间品生产分工。义乌欲构建商品集散中心，则应着力推动中间品流通。汽车零部件属于典型的中间品，义乌着力发展汽车零部件出口理论上有发展空间。但不能忽视的一点是，义乌或将面临金华汽车零部件产业的竞争。由于汽车制造产业属义乌近年重点规划，下节将对 RCEP 机遇下义乌发展汽车零部件产业和贸易进行必要性和可行性分析。

表 6-9　中国对 RCEP 成员国部分汽车零部件关税减免

产品类别	现有税率（%）	RCEP 实施后税率（%）
大型客车、货车用车轮及零部件	10	0
减震器	10	0
散热器	10	0
大型客车、重型货车转向盘、转向器及零部件	10	0
缓冲器、安全带、玻璃升降器等部件	10	0
车门、前围、后围、侧围、发动机罩盖等	10	0
牵引车、拖拉机、非公路自卸车驱动桥及零部件	6	0
牵引车、拖拉机、非公路自卸车防抱死系统、制动器及零部件	6	0

数据来源：商务部国际经贸关系司。

四、RCEP 背景下义乌扩大转口的潜在方式

除积极扩大进出口外，义乌还试图在转口贸易上发力。义乌布局转口贸易始于 2019 年，近年增长势头迅速。2019 年，义乌开展转口业务共 122 票，总额为 300 万美元；至 2020 年，义乌开展的转口业务票数增至 535 票，总额达到 4239 万美元，见图 6-29。据义乌小商品城研究院分析，义乌当前发展转口贸易的瓶颈包括商品品类有限、业务需求尚待挖掘、转口模式亟须突破等。①

尽管尚存较大的提升空间，义乌发展转口贸易，仍具有两项其他地方难以复制的优势：

一是拼箱组柜业态。近年来，许多义乌企业因劳动力成本、中美贸易摩擦等问题，将产业转至东南亚国家。尽管生产向外转移，但销售端仍通过义乌平

---

① 孙太云等：《RCEP 协定带来的影响与机遇——义乌市场应用研究》，义乌小商品城研究院，2021 年。

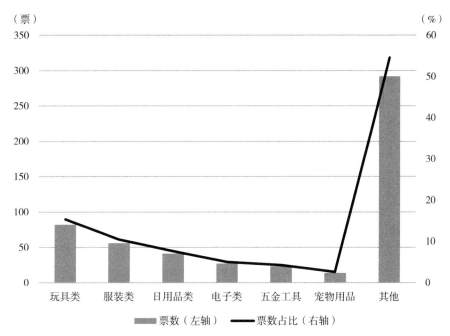

图 6-29　2020 年义乌转口贸易业务品类、票数及占比

数据来源：义乌小商品城研究院，中国人民大学重阳金融研究院制图。

台或者国内市场，对接国际生意。因此，最核心的东西实际上没有迁走，东南亚生产的东西，仍通过国内向外辐射。例如，某生产袜子的义乌企业将生产线迁至东南亚后，仍会将产品运回中国。在义乌保税区与一些小商品进行拼箱组柜后，转口到第三国。如何帮助"走出去"企业的再进口商品与义乌小商品拼箱组柜后转口至第三方国家，是义乌考虑引导和发展的方向之一。

　　二是外国采购商基数。据义乌改革办统计，义乌每年吸引境外客商超 55 万人次。2019 年，义乌外商中来自 RCEP 国家的人数超过了 13 万，占当年境外客商总人次的 24%。尽管近年来国家大力倡导发展转口贸易，但即使是洋山港和宁波港也很难有效盘活，因为它们缺乏义乌得天独厚的外商资源。如果义乌进口市场的日韩、欧洲中高档产品能为本地的外国采购商认同，采购价格甚至更具优势，转口贸易自然能有所发展。2020 年，义乌争创综合保税区，截至 2021 年年中，建设已完成过半。义乌希望依托综合保税区，后续在转口贸易方面作出实绩。

由于义乌转口贸易业态具有一定的混乱性，官方统计很难如实全面地将其反映出来。但早期调查结果显示，义乌转进口的贸易量较大。此外，义乌国际商贸城进口馆和部分外贸公司确实存在境外商品通过义乌再出口的现象，只是此类产品通常未在义乌报关。① 目前，义乌转口仍面临以内地为经济腹地的转进口，以及以保税仓库为支点的转出口两大方向选择。前者的核心是吸引进口商品在义乌报关，后者则仰仗于义乌外国采购商。义乌商城集团更倾向于后者，品类方面则希望盯住日韩质量较好的三线日用消费品牌，既满足内需，又吸引外商集中采购。

RCEP 背景下，协定成员国成为义乌发展转出口的重点方向，义乌拟对其推送最优进口商品。未来，义乌还将致力于做大 RCEP 国家产品及中间品转出口，通过拓展日用消费品纯进口，将其与出口商品集拼转口。② 归根结底，义乌转口贸易立足于进口。如果义乌进口市场的体量仍然难以做大，那么无论是发展转进口还是转出口都无从谈起。

第三节　重点产业分析：RCEP 背景下
义乌二手车及零部件贸易

如前所述，RCEP 实施后，中国将对约 65% 的汽车零部件给予零关税待遇。在政府大力扶持等多重利好因素的叠加作用下，义乌的汽车零部件产业及贸易有望迎来较大幅度的增长。

根据义乌 2021 年政府工作报告，"十三五"期间义乌培育形成了信息光电、汽车制造两大产业集群。2021 年的主要工作包括要建设汽车 4S 店综合体，以及围绕信息光电、新能源汽车等产业实施产业链提升工程。此外，还产生了一些利好汽车零部件领域的具体事件，比如 2019 年 12 月末义乌成立了服

---

① 李春丽、杜云波：《义乌发展转口贸易的战略选择》，《中国经验研究》2012 年第 3 期。

② 孙太云等：《RCEP 协定带来的影响与机遇——义乌市场应用研究》，义乌小商品城研究院，2021 年。

务于汽车后市场的义乌汽车交易中心。

义乌发展汽车零部件贸易具有"里应外合"的优势。"里"有义乌"十四五"规划和义乌政府工作报告的多方面支持,"外"有 RCEP 的加持。义乌汽车零部件贸易或将出现崭新的契机,助推义乌更高质量地融入国内国际双循环,但同时行业内也存在一些亟待解决的问题。

一、RCEP 落地生效及义乌政府工作报告利好汽车零部件贸易

根据义乌 2021 年政府工作报告,义乌在"十三五"期间已经获批二手车出口试点,2021 年的主要工作目标也包括继续做大二手车出口,除此之外还包括加快发展绿色低碳循环经济。

关于出口目的地,在东南亚等缺少汽车工业且经济相对落后的国家,二手车的需求会比较大。[①] 此外,东南亚等国家和地区对二手车进口没有过多的限制。这些会给中国二手车出口提供机会。

二手车并没有新车的高标准化程度,二手车作为非标品,成交后更容易产生对其进行改动调整等行为,也更容易产生维修升级等行为,这会带动汽车零部件的交易。同时,二手车更顺畅的流通会帮助推动汽车后市场的发展,从而也会促进汽车后市场中零部件的流通。总的来说,义乌二手车跨境流通的发展,加上其迎合了循环经济绿色发展的大方向,以及 RCEP 下汽车零部件关税的大幅降低,可能会共同促进义乌的汽车零部件贸易。

(一) 二手车出口助推消费升级和汽车业双循环

中国汽车市场属于存量市场,国内或义乌购车用户的需求数量是固定的,汽车市场上多卖出一辆二手车也相当于少卖出一辆新车,某种意义上这会存在一定程度此消彼长的关系。所以,扩大二手车出口对国内新车销售会有一定的促进作用,而新车销售带来的经济增长会更为显著。如果二手车可以更加畅通高效地流向 RCEP 东南亚发展中国家市场,一方面可以带动相关的汽车零部件

---

① 赵玲伟:《把一辆二手车送"出海"到底有多难?》,2018 年 11 月 28 日,见 https://www.iyiou.com/news/2018112886385。

贸易，提高贸易产品附加值，推动贸易高质量发展；另一方面可能会提高中国义乌置换升级车辆的积极性，符合消费升级和提高经济质量的发展方向。

就二手车本身而言，中国二手车至少有两个优势：一是车源充足、品类齐全。中国是全球第一大汽车保有国，根据中国汽车流通协会的统计，2020 年中国二手车交易量高达 1434 万辆，这为二手车出口提供了充足货源。二是中国二手车性价比高。中国汽车市场由增量扩张阶段进入存量市场阶段的时间还不是很长，这意味着中国二手车车龄相对较短，车况较好，性价比较高，国际竞争力较强，这会让中国二手车在国际市场尤其是在落后国家市场更受欢迎，同时也会更好地带动汽车零部件的需求和贸易。

（二）二手车跨境流通对汽车零部件贸易的带动存在局限性

整体来说，中国二手车行业处于初级阶段，与发达国家差距还较大。在二手车跨境流通量较大的美国、德国、瑞士、日本等国家，二手车的销售量约为本国新车销售量的 1—4 倍，其中美国约为 3.85 倍，中国仅约为 0.6 倍，中国汽车市场结构中二手车占比相对低很多。相比美国等国家，中国第三方鉴定评估、二手车质量认证体系、售后服务以及交易等环节的参与主体发展相对欠成熟。这造成二手车诚信问题在国内一直是难以彻底解决的问题，若在出口境外时检测与定价机制不健全，那么问题会变得更加复杂。国内还没有建立统一、透明、公正、可信度高的二手车交易环境，这催生大量隐瞒真实车况等的欺诈行为，削弱行业信誉，打击消费者信心，直接影响二手车市场规模的扩大。

二手车跨境流通除了国内本身的行业问题外，还存在一些国际间的问题。二手车作为一车一况一价的复杂消费品，在出口方面仍然受到政策限制，这是二手车出口业务目前最大的阻碍，不过对此义乌受到的限制较少。2019 年以来，商务部会同公安部、海关总署等部门先后推动支持 30 个地区开展二手车出口业务，取得了较好成效，这 30 个地区包括义乌，这对义乌而言是一项优势。

另外，二手车跨境流通存在一国一策的问题。进口国的相关法规、标准等各不相同，需要灵活应对，深入沟通。对此，中国在国内方面作出了一些努力，比如商务部 2021 年 3 月公开征求关于《二手乘用车出口质量标准》的意见。制定二手车出口质量标准，旨在破解汽车国际流通的难点，一方面规范二手车的出口秩序，另一方面确保产品的质量，为国外消费者提供更放心的产品。[1] 质量标准将有助于推动中国二手车出口可持续发展，有利于扩大中国汽车产品在海外的市场保有量，提升品牌知名度，增强国际竞争力，可推动贸易尤其是与二手车相关的汽车零部件贸易高质量发展。

二、义乌现实情况贴合汽车零部件贸易发展

第一，义乌是中国大陆的强县（市）之一，人均收入水平位居前列，为中国最富裕的地区之一。基于此其豪车密度在中国大陆也位居前列，豪车零部件的本土国产率相对会更低，较低的零部件国产率也会为零部件跨境流动奠定义乌的市场基础。

第二，汽车产业是世界上规模最大的产业之一，具有综合性强、零部件数量多、技术要求高、附加值大等特点，对工业结构升级和相关产业发展具有很强的带动作用。发展汽车零部件小商品贸易也符合义乌"十四五"期间提升小商品领域附加值的目标。

第三，义乌本身还具有世界货地功能。全球化采购、全球化生产、全球化市场的"全球化"策略是各大汽车厂、跨国大型一级供应商的主流战略。这为中国汽车上下游企业融入汽车产业链的全球分工，分享全球市场红利提供了更多发展机遇。义乌是全球最大的小商品集散中心，被联合国、世界银行等国际权威机构确定为世界第一大市场。义乌的世界货地功能可以帮助义乌更好地抓住汽车零部件全球化采购的机遇。

义乌调研亦发现，义乌小商品城关于汽车后市场的经营范围较广，从发动机、增压器中的成分零件到可选消费的装饰改装零部件，应有尽有。多家商户表示，其目标客户多为没有汽车年检制度国家的 B 端汽修厂等，较少的汽车审查检验制度更利于汽车改装零部件的消费。部分商户还表示虽然很多发动机

---

[1]　商务部例行新闻发布会（2021 年 4 月 1 日），见 http://us.mofcom.gov.cn/article/jmxw/202104/20210403050141.shtml。

等关键零部件是由国外制造，但对于组成发动机的更小的零件，很多来自中国，并借助义乌强大的外贸流量流向世界。

第四节　RCEP 背景下对义乌开展对外经贸活动的研判与建议

RCEP 生效实施后，义乌企业家和地方政府工作人员对拓展跨境电商国际营销网络以及国内部分中低端产业转向东南亚国家的形势与趋势高度关切，同时也存在一些疑虑。本书经调研分析后，得出如下判断与建议。

一、RCEP 背景下对义乌跨境电商国际营销网络拓展的研判与建议

新冠肺炎疫情暴发以前，义乌跨境电商对 RCEP 国家出口主要依托三类国际电商平台：一是主要面向欧美市场、涉及日韩但份额不高的亚马逊平台；二是针对东南亚市场的小众平台，如虾皮（Shopee）、来赞达（Lazada）等；三是出口日本时采用的雅虎和乐天平台。① 疫情在美国等西方国家蔓延开后，义乌电商对欧美市场开始持观望态度，转而考虑开辟东南亚市场。2020 年下半年，义乌至东南亚等出口通路打开之后，销售额迅速上升（义乌国际陆港集团调研）。然而，目前就综合情况来看，义乌跨境电商面向 RCEP 国家的营销网络并未完全打通，与 RCEP 国家开展业务的电商占比很小。本书结合义乌发展需求，并参考其他地市政策，提出以下三点建议：

一是加大海外仓和独立站的建设与运作。RCEP 落地生效后，跨境电商交易将更加便捷，生产要素加速自由流动将为跨境电商海外仓和独立站的发展提供契机。RCEP 各缔约国承诺对于区域内各国的投资者、公司内部流动人员、合同服务提供者等各类商业人员在符合条件的情况下，享受签证与居留便利，同时也首肯跨境电商贸易情境下的数据自由流动。

对此，义乌跨境电商企业可抓住 RCEP 机遇在成员国内加大资本、人员投

---

① 虞静等：《义乌跨境电商业及市场渗透调研分析》，义乌小商品城研究院，2020 年。

入，着力打造区域品牌，加快发展面向 RCEP 市场的跨境电商出口海外仓业务。建立海外仓不仅可以直接对接国外消费群体，获取客户数据，构建更为健全的大数据库，而且还能有效降低跨境包裹破损率和丢失率，确保货物的安全及时交付。[①] 目前义乌跨境电商企业大多自建、租用平台海外仓，如亚马逊海外仓等，基本无自建仓。义乌商城或可考虑推进海外仓建设，大力招引在海外销量稳定的义乌跨境电商租用海外仓，义乌政府也可对海外仓提供一定的资金扶持。

同时，为有效整合 RCEP 成员国的市场资源，义乌也应支持跨境电商在贴近消费的区域自建海外独立站。在疫情的推波助澜下，更多的外贸企业向跨境电商转型，对于使用云服务建站工具开拓海外市场的企业，义乌政府可考虑根据企业用于云服务工具的年服务费、推广费、海外独立站装修费用等实际支出给予补助。

二是开通面向 RCEP 成员国的国际物流专线。例如，义乌—马尼拉国际货运航线已实现每周两架次，但需求量远远没有被满足，包机常常满去空回。究其原因，义乌从菲律宾进口产品以黄鳝和蟹等水产品为主，但义乌机场尚未获得水生动物指定口岸资质，因此该航线目前还处于亏损状态。义乌—大阪航线已从五班增设至七班，但一天仅能起飞两架次，否则机场保障将出现问题（义乌国际陆港集团调研）。结合义乌与 RCEP 成员国的贸易往来数据，以及义乌跨境电商自 2020 年下半年在东南亚市场崛起的情况，义乌机场或可增设与马来西亚、泰国、韩国和印度尼西亚的航线，并适度向浙江省争取扩大航权。对于开通相关航线的公司给予航线补贴资金。

三是支持针对 RCEP 成员国的跨境电商直播带货，尤其要以进口直播为核心，打造一站式直播供应链基地，形成义乌进口特色网红 IP。[②] 目前义乌开展跨境直播的企业数量很少，最大的瓶颈在于能熟练掌握 RCEP 成员国语言的业

---

① 孙太云等：《RCEP 协定带来的影响与机遇——义乌市场应用研究》，义乌小商品城研究院，2021 年。

② 孙太云等：《RCEP 协定带来的影响与机遇——义乌市场应用研究》，义乌小商品城研究院，2021 年。

务人才稀缺。建议义乌考虑招引以培养小语种商务人才见长的高校在当地开设分院，重点培养熟练掌握日语、韩语、泰语等小语种的国际商务人才。

二、RCEP 背景下义乌产业转移趋势研判

RCEP 减免货物贸易关税的政策，将大大降低成员国之间的产业转移成本。2008 年全球金融危机后，全球正在经历以中国为主轴的新一轮产业转移，前半场是中国大陆的中低端产业向越南、缅甸、柬埔寨、老挝、菲律宾和印度尼西亚等东南亚六国转移，后半场则是中国大陆承接来自全球的中高端产业转移。疫情冲击后，全球将进入新一轮强资本开支周期。RCEP 落地生效的时期恰好对应中国承接国外的中高端产业转移。中国大陆低端产业向东南亚国家转移则对应弱资本开支周期，因此这类经济转移活动并非 RCEP 生效后的主流趋势。

RCEP 生效后，存在国内中低端产业向成员国转移，或导致本地产业空心化的可能性。由于义乌现阶段最具出口优势产业仍以劳动力密集型为主，随着我国劳动力、土地成本上升，出口东南亚国家优势已不显著，部分义乌产业已纷纷在东南亚国家布局。基于前文所述逻辑，产业空心化实现的可能性即使存在，实现的周期也相对漫长。客观而言，东南亚国家仅在劳动力、人工成本和税负成本方面相对中国有优势，如果考虑职工工作效率、基础设施水平、社会稳定性等对投资决策同等重要的因素，东南亚国家并无优势。[1] 这些相对劣势并不会随着 RCEP 落地而在短期之内大幅改善，甚至会在新冠肺炎疫情等突发事件的影响下进一步恶化。

产业转移同时还受制于供应链长度，上游供应链越长的企业转移难度越大。综合人工、税负及供应链长度，纺织服装业属于义乌优势产业中较具转移可能性的产业。除越南等产业条件较成熟的国家外，其他生产力相对落后的东南亚国家不具备承接我国纺织服装业的制造能力。即便该产业成功转移，义乌

---

[1] 张文朗、郭永斌：《东南亚能承接多少制造业？——产业转移专题之一》，光大证券，2019 年。

企业仍可将处于价值链高端的环节把握在自己手中，同时利用当地优惠政策扩大转出口，提升经济效益。因此，担忧 RCEP 会导致本土产业空心化大可不必。

第五节　发展智能领域提升义乌贸易质量并助力抓住 RCEP 机遇

一、政策支持义乌智能领域发展

义乌发布了人工智能发展规划，成立了人工智能产业园，这些举措的主要目的是通过技术使传统小商品升级，打造义乌新的经济增长引擎，全面实现"智能小商品"产业聚集。

义乌多项政策报告都强调了对人工智能的重视。比如 2021 年 4 月的义乌市国际贸易综合改革试点金融专项改革总结报告指出，要打造数字智慧的金融生态体系，构建金融科技生态圈，推进区块链、大数据、云计算、人工智能等科技研究成果在义乌落地实践，着力促进商流、资金流、物流和信息流数字化改造整合。

2021 年 6 月 7 日发布的《义乌市国民经济和社会发展第十四个五年规划和二〇三五年远景目标纲要》也指出，要整体推进数字化转型，打造国家新型智慧城市，推动数字经济和实体经济深度融合。运用大数据、云计算、区块链、人工智能等前沿技术，推进城市大脑顶层设计，聚合政企数据。

2021 年 5 月 19 日发布的《义乌市产业转型攻坚三年行动计划》指出，要融合物联网、云计算、大数据、人工智能等新一代信息技术，推进建设一批面向重点产业集群和标志性产业链发展主平台的数字新基建示范项目。从这些政策规划可以看出，发展人工智能可以应用于政府、金融、实体经济，以及新基础设施等各方面各领域，义乌非常活跃的人流、物流、信息流与人工智能的发展可以更好地相互促进。

二、多方投资推动义乌智能制造的发展

根据国家网信办发布的《数字中国发展报告2020》，浙江省产业数字化指数高居全国第一位，并持续领跑。对于义乌方面，2020 年义乌共实施以吉利、棒杰、梦娜等为示范的智能工厂和无人车间项目 11 个，两化融合重点项目 23 个，新增企业上云 3000 家，工业设备联网率 51.2%，比 2019 年提升 10%以上。

智能制造的一个案例是生产流程的优化。传统生产线会在故障产品上一直加工，直到进入最终质检程序才会发现故障，这会造成生产过程的浪费和低效。但智能制造中的生产网格化管理系统会实时发现出故障的具体工序，并通过接入钉钉，实时通知到相关人员及时处理故障，这会避免传统生产线的低效。

这些智能制造的发展得益于多方面的投资。2020 年义乌引进了清华系启迪控股股份有限公司的 100 亿元投资，用于建设义乌启迪国际智能科技小镇，旨在打造以智能制造为特色的战略新兴产业集群。此外，义乌还与熟悉先进制造业并有较深积累的 IDG 资本有广泛产业合作，助推义乌智能制造的发展。同时，义乌从 2013 年起每年举办义乌国际智能装备博览会，大力促进了智能装备制造业的招商引资、产业合作、技术交流、商贸洽谈。关于义乌国际智能装备博览会，义乌市委书记表示推动发展先进装备制造，无中生有打造信息光电和汽车制造两大千亿级现代制造业集群，通过义乌国际智能装备博览会助推实现制造业智能化转型。

三、智能科技应用于多领域

目前义乌小商品科技附加值不高，结合义乌小商品特点，通过增加技术含量，可以提升小商品附加值，促进小商品升级，让义乌小商品靠科技和品质继续走向世界，这将是未来义乌市场发展的大趋势。比如，一件售价几元的毛绒玩具通过嫁接语音遥控等功能，会变得更加智能，售价则可以涨至数十元。此外，开发低成本智能音箱等产品也是用人工智能为小商品赋能的案例。

　　智能化建设的案例还包括智慧物流，比如，2021 年 2 月 7 日，深国际义乌智慧综合物流港项目二期（电商产业园）工程开始进行招标，投资额约为 3.46 亿元。深国际智慧物流园属于省重大产业项目，总计划投资额为 20 亿元。

　　此外，智能科技还可运用于跨境支付，义乌超大规模的贸易也带来了超大规模的跨境支付，而跨境支付是数字货币的强项，因为数字货币产生时就是跨国界的货币。数字货币跨境支付也会是义乌发展人工智能、区块链等科技的应用方向之一。

四、发展智能制造有利于守住小商品之都的地位

　　义乌与小商品的关系可能类似于繁荣时期的底特律与汽车的关系，义乌发展智能制造可以帮助义乌避免重蹈底特律破产的覆辙，避免义乌经济的路径依赖，从而持续保持义乌小商品的竞争力，防止义乌市场份额被其他城市的小商品城取代。

　　对此，义乌相关产业园作出了一定的表率，2019 年年中义乌开启了义乌聚邦智能制造产业园。智能制造一方面是提升产品附加值，另一方面是提高生产效率、降低生产成本。关于提高生产效率，园区内一家自动化科技企业的智能自动化吸塑包装设备能为企业减少 80% 的人工，极大提高生产效率，缩短生产流程，减少辅料库存，实现环保减排，这些优点也得到了浙江省省级相关部门的鉴定。当然这也涉及一些民生就业相关的配套措施。

　　关于发展智能制造及产业高端化，义乌相关调研表明其较大的问题点在于难以吸引高端人才。对此该智能制造产业园通过多种渠道集聚人才，比如引进教授级高级人才，建立院士专家工作站，通过校企合作与相关科研院校建立大学生实习基地等。该智能制造产业园正在着手启动二期规划建设，这也印证了产业园在推动智能制造方面起到的良好作用。

第 七 章

RCEP/CPTPP 带来的潜在机遇、挑战及对策建议

RCEP 给世界和我国带来贸易扩大效应、改革棘轮效应等多重效应，RCEP 究竟带来哪些机遇与挑战？我们如何应对？我们应该如何积极准备加入 CPTPP，RCEP/CPTPP 等自贸协定长远来看是为达成零关税、零补贴、零壁垒的自贸区。我们又应该怎么做？

RCEP 给世界经济带来的机遇与挑战在哪里？RCEP 给中国及地方分别带来哪些特殊的政策洼地和更大机遇，通过对比 RCEP 给各国复杂价值链，以及中国及地方与 RCEP 的贸易与投资占比情况，分析得出，由于此前中国与 RCEP 的贸易与投资潜力大，RCEP 落地生效之后，给中国及地方及企业带来更大机遇。

与此同时，由于 RCEP 部分成员国有一些劳动力成本优势等，会对我国的部分劳动密集型行业如纺织等产生冲击和影响，由此倒逼我国产业结构转型升级，倒逼地方不能贪图原有传统产业的惯性。需要加快产业结构转型升级，并加大对东南亚等国家的投资，提前进行产业链供应链布局，特别是如义乌除了需要加强对 RCEP 的日、韩、东南亚国家贸易之外，还需要走出去加大投资，包括部署海外仓，从而在数字经济时代，在 RCEP 落地生效之后，能够重塑和掌控区域产业链、供应链和价值链，提升综合竞争力，从而立于不败之地。通过对本地优势的掌握，通过对 RCEP 总体规则的把握，通过国别研究，能够一国一策，把握 RCEP 带来的宝贵机遇，迎接一些挑战，规避一些风险，从而扩大高水平对外开放，实现经济高质量发展，加强与 RCEP 的经贸和投资合作，将 RCEP 作为新一轮经济增长的强有力的助推器，进而推进区域经济一体化。

加强与 RCEP 各国的密切合作，共同探讨合作的商机，共同推进区域经济一体化是共同目标。

第一节　新格局下 RCEP/CPTPP 带来机遇与挑战

在后疫情时期，世界经济复苏进程呈现分化趋势，单边主义和贸易保护主义依旧不减，产业链、供应链和价值链面临重塑的挑战。为实现经济稳健持续复苏，各国要加强经贸合作，推进新老基建的建设与互联互通，尽快实现 RCEP 落地生效，加速区域经贸往来和经济复苏，实现产业链和供应链的开放、稳定、韧性与高效。

RCEP/CPTPP 带来贸易创造和转移效应，将为中国创造更大的贸易边际效应。相比澳大利亚和新西兰对 RCEP 内部的贸易额占比高达 60% 以上，中国对 RCEP 成员国的贸易额占比却不足 40%，见图 7-1。由此，RCEP 落地生效之后，RCEP 对于中国加强与 RCEP 成员国的贸易与投资、对于减税都将带来更大的贸易创造效应和边际效应。

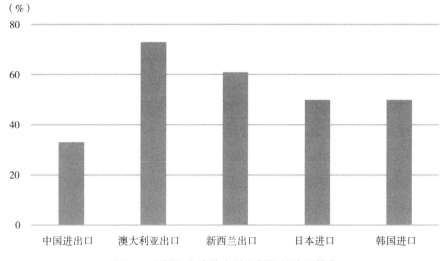

图 7-1　RCEP 各缔约方对 RCEP 的边际效应

数据来源：各国海关部门。

1 月 1 日起,现代、全面、高质量、互惠的《区域全面经济伙伴关系协定》(RCEP)正式落地生效,全球最大自贸区启航。RCEP 正式生效将带来贸易扩大、投资虹吸、产业链供应链集成、中小企业带动、产业链转移及区域经济一体化等多重效应,将对中国、亚洲乃至全球产生重要而深远的影响。①

一、RCEP/CPTPP 的改革棘轮效应助推高水平制度型对外开放

RCEP 会进一步放大贸易扩大效应。RCEP 人口、贸易额和 GDP 均占世界约 30%,而作为全球货物贸易第一大国,我国外贸的 1/3 在 RCEP 区域内进行。在关税优惠方面,协定生效后,区域内 90% 以上的货物贸易将逐步实现零关税。RCEP 的原产地累积规则将原产地达标享受免税待遇大幅提升,这将提升中国与最大贸易伙伴东盟的贸易额,增加与日本、韩国的经贸往来。除了货物贸易,RCEP 还涵盖服务贸易等 20 个章节,这将全面提升中国的服务贸易规模和水平,进而改善服务贸易长期逆差的情况。②

RCEP 推动了区域经济一体化,助推国内国际双循环新发展格局和新竞争优势的形成,推进我国制度型高水平对外开放。RCEP 成员国具有地缘政治相近、产业上下游紧密、区域内贸易发展潜力大的特点,RCEP 的落地生效不仅将进一步提升我国与 RCEP 成员国的国际贸易与投资,加快投资负面清单的实施,更将扩大我国服务业对外开放水平,推动我国对内的深化改革和对外的高水平开放。

RCEP 落地生效将整合世界上碎片化的自由贸易协定并完善全球经济治理。将原来 5 个东盟"10+1"的 FTA 整合为一个"10+5"的东盟与中、日、韩、澳、新的 FTA,并在日本与中、韩之间建立了新的自由贸易伙伴关系。无论是关税壁垒的削减还是非关税壁垒的降低都强化了区域内的贸易与投资合作,从而加强了域内的产业链和价值链的重塑。

RCEP 落地生效也加快了我国立足周边、辐射"一带一路"、面向全球的

---

① 刘英:《RCEP 生效将带来多重经济效应》,《经济日报》2022 年 1 月 19 日。
② 刘英:《RCEP 生效将带来多重经济效应》,《经济日报》2022 年 1 月 19 日。

高标准自贸区网络的建设步伐，提升了区域在全球经贸规则中的制定权。RCEP 落地生效有助于推进中、日、韩自贸区的谈判和区域经济一体化进程。

二、RCEP 扩大货物贸易和服务贸易，成为区域经济增长极

首先，WTO 在 2019 年发布的《世界贸易报告》中提出，如果一国对服务贸易的壁垒显著降低甚至取消壁垒，将有力推动该国经济的发展。预测结果是会使这个国家的 GDP 额外增长 2.5 个百分点。RCEP 在服务贸易方面做了比较大的对外开放承诺，涉及 100 多个部门，包括金融、电信、交通、旅游、研发等，而且 RCEP 的成员们还承诺，现在 RCEP 的开放是以正面清单方式进行的，要在协议生效之后 6 年内把正面清单转换为负面清单。这就意味着，服务贸易的开放还会得到更稳定的预期，无疑将会促进 RCEP 成员在疫后交通、旅游、教育等服务业的发展，有助于促进本区域内人员的交往，推动本地区的经济增长。

其次，货物贸易与服务贸易融合发展产生叠加效应和累进效应。RCEP 生效后不仅将促进服务贸易发展，而且将催生更多新的服务业态，进一步促进服务贸易的整体发展。RCEP 生效后关税降低将推动货物贸易，与此同时，服务于货物贸易的仓储、运输、金融结算、保险、融资等都相应提升，由此带来服务业快速增长。服务贸易和货物贸易的融合发展及相互促进所产生的叠加效应和累进效应将在 RCEP 落地生效后成为经济增长极，促进包括中国在内的 RCEP 各国经济更快增长。日本政府发布的分析评估报告认为，RCEP 将促进日本 GDP 增长 2.7%。RCEP 带来的开放红利和规则红利将促进区域经济增长。

最后，电子商务、跨境电商、数字贸易将促进数字经济发展。RCEP 电子商务环节对电子签名等贸易的数字化做了详细规定，这将提升 RCEP 区域内的商务数字化水平，加速跨境电商的发展，提高数字贸易水平。特别是在后疫情时代，为应对疫情后社会生活和无接触式消费习惯的改变，RCEP 将空前地提升货物贸易和服务贸易的数字化水平。尽管疫情给旅游等服务贸易带来致命打击，但与此同时，也给服务贸易带来更多线上机遇，机遇包括服务外包、远程服务贸易蓬勃发展，跨境电商、网上培训、网上医疗、网上展览会和交易会，新贸易、新业态、新模式的无限商机。而 RCEP 各成员国在跨境服务贸易领域

所做的开放承诺，将促进 RCEP 区域内数字贸易的发展。

三、RCEP 落地生效将促进世界经贸格局转变和世界经济复苏

RCEP 将提升产业链、供应链的集成效应。在国际分工日益深入的背景下，国际贸易中大部分是中间品贸易。作为 RCEP 的重要内容，原产地累积规则可以让原来需要一国达标的原产地，扩展到区域内多国累计达标 40% 即可享受免税待遇。而原产地累积规则将吸引在 RCEP 区域内进行中间品生产。加上 RCEP 内中国工业门类齐全、中日韩产业链完整，中国—东盟产业循环畅通，RCEP 生效将重塑和巩固区域内的产业链、供应链，并进一步提升产业链、供应链的安全、稳定和开放水平。①

2020 年，东盟已超越欧盟成为中国最大贸易伙伴，双方间的贸易额在疫情冲击下仍逆势增长 6.7%。2021 年前两个月，双方间贸易额又大幅增长 33%。双方均互为彼此第一大贸易伙伴，这为以东盟为核心的 RCEP 落地生效带来了重要契机和全新动能，而 RCEP 也为亚太贸易和投资的自由化、便利化带来巨大的推动作用。

RCEP 的生效将极大降低区域内贸易关税，使各成员国能够分享自由贸易与互联互通的红利。九成以上税目零关税，使得 RCEP 成员国能够发挥彼此间的产业互补优势，降低成本，提升各成员国经贸水平，促进区域内贸易和投资的增长。

RCEP 将有效促进区域贸易自由化、便利化。RCEP 的落地生效，将加速中国、东盟及 RCEP 成员国之间的贸易投资往来，如提速通关效率，一些货物物品 6 小时内放行通关，将极大缩短区域内的贸易时间，提高域内贸易的流通速度和效率。

RCEP 的原产地规则将推进区域经济一体化进程。原产地规则将使得区域内的贸易与投资联系更加密切，增进产业内贸易。以汽车业为例，中、日、韩同为世界汽车及汽车零部件、原材料生产大国，中国同时还是汽车消费大国，

---

① 刘英：《RCEP 生效将带来多重经济效应》，《经济日报》2022 年 1 月 19 日。

RCEP 生效后，必将推进 RCEP 内各国汽车产业的合作。

四、RCEP 助推基础设施建设互联互通，促进区域经济一体化

RCEP 会进一步增强域内的投资虹吸效应。RCEP 域外跨国公司为了享受区域累积红利，会加大对区域内的投资布局。RCEP 采取负面清单的方式，对制造业、采矿业、农业、林业、渔业等做出较高水平的开放承诺。RCEP 除投资自由化规则之外，还包括投资保护、投资促进和投资便利化等措施。这将进一步促进区域内投资，吸引域外的投资。而域内还有巨大消费市场、完整产业链，营商环境、配套基础设施较完善，技术创新能力较强，这都将成为全球跨国公司投资的重要考量。近年来中国一直是全球吸引外资的第一大国，2020年中国首次成为世界上对外投资的第一大国。2021 年全球并购超过 5 万亿美元，创历史纪录，且并购潮未现衰退迹象。[1]

疫情常态化后要继续加强中国与东盟的新老基础设施建设与互联互通，促进产业链、供应链稳定高效和开放。在疫情期间各方克服万难，实现了抗疫复工两不误，助力复工复产。后疫情时代，这将极大促进区域间互联互通水平，加强产业链供应链的重塑。

在总体规划与交通方面，"一带一路"倡议对接《东盟互联互通总体规划 2025》，在未来 15 年，中国将打造综合立体交通网，建设 400 个机场，这给中国、东盟的互联互通带来全新机遇。不仅建设涉及陆、海、空三个维度的立体交通网，而且要实现国内 123 小时通达，全球 123 天快货物流圈（即国内 1 天、周边 2 天、全球主要城市 3 天送达），在 RCEP 落地生效后，这将极大提高中国与东盟的互联互通水平与效率，加速经贸往来。

在铁路方面，中国境内段的泛亚铁路东、中、西三个方案建设已纳入中国《中长期铁路网规划》，同时中国为柬、老、缅、泰等国的泛亚铁路境外段的建设提供协助。2021 年 6 月，中老铁路已打通最后一个长隧道，并于 2021 年年底建成通车。400 多公里的中老铁路将助力老挝由陆锁国变为陆联国。中泰

---

[1]　刘英：《RCEP 生效将带来多重经济效应》，《经济日报》2022 年 1 月 19 日。

铁路土建工程进展顺利，雅万高铁全线最大跨度连续梁成功合龙。

新基建加速建设，"中国—东盟信息港"建设已落户广西并全面启动，旨在打造中国与东盟数字经济合作的新高地与重要枢纽。搭建基础设施平台是"信息港"项目的重要内容，双方将通过建设国际光缆、北斗系统来打造海陆空全方位国际信息通道。目前中缅、中越跨境光缆已完成扩容并投入使用。

传统基建正在发力，作为泛亚铁路网的中枢、全长超过 400 公里的中老铁路 2021 年年底建成通车，这条使用中国技术标准设备建设的铁路不仅将老挝而且将东盟与中国大市场紧密相连。RCEP 的落地生效则从软联通上加速了中国与东盟的区域大市场形成，中国—东盟区域拥有超过 20 亿人口的正在成长的大市场，经济增速也在全球处于领先水平，市场空间增长潜力巨大，活跃的中国—东盟市场，稳固的中、日、韩市场，外加澳、新进来，RCEP 将推进大市场的构建，推进区域经济一体化。从硬联通到软联通，不仅将影响世界经贸格局，重塑产业链和供应链，还将影响区域格局乃至世界格局。

五、RCEP/CPTPP 带来区域贸易扩大和改革棘轮效应

RCEP 的落地生效，90% 的商品将降低至零关税，这无疑会迅速带动 RCEP 成员国之间的贸易，并扩大包括中国在内的进出口贸易规模，成为经济增长的引擎，进而带动中国及 RCEP 国家的经济增长。由于 RCEP/CPTPP 在投资等服务贸易方面降低门槛，中国与 RCEP 之间的投资壁垒的消除，区域内的相互投资因此将进一步扩张，密切中国与 RCEP 成员国之间的经济合作和深度交融。

与此同时，RCEP 落地生效以及加入 CPTPP，会带动区域内的资源的优化配置，劳动密集型产业会向低成本地区转移，数字经济也会更多地向中国等国家集聚，由于原产地累积规则的实施，区域内的劳动分工和产业分工更加细化，带动更多的中间品贸易，同时带动区域内经济金融合作更加密切深入，RCEP/CPTPP 区域在全球将成为与欧美三足鼎力的世界经济第三极，由于该区域所具有的人力资源、成长前景和发展潜力都所向披靡，因此 RCEP/CPTPP 给中国、地方政府和市场主体企业带来空前机遇。

RCEP/CPTPP 带来五链协同发展，并牢牢锁住区域内的合作，产生巨大的正面溢出效应，甚至有改变地区及世界格局的重要作用。RCEP/CPTPP 区域内产业链更加紧密，RCEP/CPTPP 区域内的供应链更加牢靠，RCEP/CPTPP 区域内的价值链更加优化，RCEP/CPTPP 区域内的生态链更加健康，RCEP/CPTPP 区域内的创新链更富活力。

该区域所具有的吸引力，可以通过发展中国家的首选出口目的地来窥见一斑。RCEP 签署落地生效将带来世界贸易格局的转向，世界经贸中心将毫无疑问地从原来以北美和欧洲为中心转向以中国和 RCEP 成员国为中心的亚洲国家。从联合国贸易和发展会议的统计数据来看，作为发展中国家的出口目的首选地当中，世界前十大贸易国当中 RCEP 成员国就有中、日、韩、越、新、马六国，从在世界贸易中的份额来看，RCEP 的这六个国家占世界贸易首选地总额的 36.7%，见图 7-2。

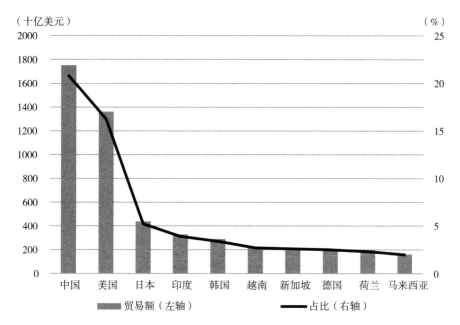

图 7-2 发展中国家的出口首选地国家分布及占比情况

数据来源：联合国贸易和发展会议（UNCTAD）。

六、RCEP/CPTPP 促进双循环新发展格局

作为全球最大的自由贸易区，无论是 GDP 规模、人口总量还是贸易规模，RCEP 都占全球总量的 30% 左右。RCEP 这个全球最大的自由贸易区，人口超过 22 亿，而且还以较快的速度在递增，GDP 的规模也超过 26 万亿美元，并以较快的速度增长，贸易规模超过 5.2 万亿美元，RCEP 在亚洲地区首次构筑了全球最大的大市场，在扩大内需的同时，为我所有，能够高效地助推国内大市场和大循环，并以 RCEP 为轴心来撬动国际的大循环。作为全球第二大经济体和货物贸易第一大国，我国经济总量占世界的比例已经超过 16%，如何利用 RCEP 构建的巨大区域，甚至以我国大循环加上国际双循环，来加强我国同周边区域甚至全球的融合发展，RCEP 提供了一种融合发展的新模式。

作为我国高水平对外开放的重要合作成果，RCEP 落地生效后，我国超过 1/3 的对外贸易将实现零关税，也就是接近 1.5 万亿美元、接近 10 万亿元贸易规模可以在 RCEP 相关国家畅通无阻，这必将给相关产业行业带来巨大发展空间和发展红利，而这必将在 RCEP 各国的各行各业带来相互的投资，实现招商引资和对外投资并行，进出口和转口共同发展，形成国内国际双循环相互促进的发展格局。

从发展战略来看，我国在 RCEP 落地生效和申请加入 CPTPP 的新发展格局下，需要进一步扩大开放，特别是与周边国家的国际贸易，从东盟、日、韩等周边开始，增加进口，满足内需。

从国别研究来看，RCEP 成员国中既有中国最大的贸易伙伴东盟，也有重要的产业链上下游国家以及正在推进自贸区谈判的中、日、韩，还有与中国经济互补性强的澳大利亚，更有世界营商环境良好且独立自主的新西兰。如东盟、日、韩等都在中国周边，是我国外交的首要和重点。

从后疫情时代发展来看，在疫情反复的当下，印度疫情失控，日本第四波疫情泛起之时，加强和重启我国与周边国家的经贸往来，是后疫情时代开启国门、开展国际贸易与国际投资的首选。RCEP/CPTPP 正好为我国经贸带来了周边国家更多的投资意向和机遇。

而要实现双循环新发展格局，不仅要加强与 RCEP/CPTPP 国家的经贸往来，还要加强与 RCEP/CPTPP 国家的投资合作。RCEP/CPTPP 降低了关税壁垒和非关税壁垒，降低了 RCEP/CPTPP 各国间合作的门槛，强化了 RCEP/CPTPP 各国之间的经贸联系、产业合作，系牢了 RCEP/CPTPP 各国间的供应链，维护了 RCEP/CPTPP 间的生态链，激活了 RCEP/CPTPP 间的创新链。对我国在双循环新发展格局中强化产业链合作，巩固供应链地位，提升价值链水平具有重要作用。

第二节　针对 RCEP/CPTPP 机遇挑战，
重塑产业链供应链价值链

RCEP 区域内贸易占区域成员国在全球贸易的 40%，而美、加、墨三国区域内贸易占比接近 50%，欧盟内部贸易占比更是高达 60%，相比来看，RCEP 区域内贸易发展潜力更大，区域内相互投资和贸易增长幅度更大，区域内产业链和供应链的重塑和调整更有发展前景。由此，RCEP 落地生效必将促进区域产业链和供应链的重塑。我们需要加强中国与东盟以及中、日、韩产业链之间的互联互通，加强包括义乌在内的产业链升级，向价值链两端提升，掌握好产业转移规律。

一是向价值链两端提升。提升和巩固我国义乌在小商品的价值链两端的研发设计、系统集成、终端销售、品牌创造等高附加值环节的实力。中间生产制造环节可以对外转移。

二是强化产业链垂直分工。强化我国与日韩和东南亚各国在产业链上的垂直分工协作，巩固我国在产业链和价值链中的核心地位。

三是打造全供应链体系。利用我国在系统集成、现代物流、跨境电商等方面的综合优势，强化我国在 RCEP 内部的供应链优势，同时强化和提升小商品城的全供应链优势，进而打造全供应链和全价值链甚至产业链的竞争优势。

具体地，走出去和引进来相结合，招商引资和对外投资相结合，巩固义乌在全球小商品中的地位，首先要巩固义乌在 RCEP 内部的优势地位。考虑利用原有的境外经贸园区和产业园区，或有针对性地设立境外的产业合作园区、中小企业合作园区，更重要的是通过在义乌 RCEP 经贸示范区内设立中、日、韩产业园区等形式，加强中、日、韩产业链密切合作，在与东盟产业链合作的同时，提升我国在产业附加值和产业链整合方面的能力。将东盟的成本优势与中国制造业、产业链配套完备，实现优势互补。加强我国与东盟在纺织服装、装备制造、轻工业等领域的合作。加强我国与日韩在电子信息、汽车等领域的合作。

一、加强对世界形势、重点国别研究，防控风险，加强韧性贸易城市建设

新冠肺炎疫情加剧百年未有之大变局，RCEP 落地生效之后会改变世界经贸格局，让更多的贸易和投资转向以东盟以及中、日、韩、澳、新为代表的 RCEP 所在区域，与此同时，需要考虑 RCEP 与非 RCEP 区域的经贸关系以及政治经济格局，考虑 RCEP 内部的中国与东盟以及中、日、韩之间的小循环。关注国际关系对于地方经贸关系的影响，义乌需要高度关注美国、印度等国家对双边关系的影响，在 RCEP 落地生效之后，更要密切关注 RCEP 成员国内部间以及与中国的经贸形势。

以澳大利亚为例，中国小商品之都义乌的澳新线日用消费品的贸易量比较高，但是现在几乎陷于瘫痪。这主要受中澳关系的影响。尽管澳大利亚对华贸易大幅顺差，中国从澳大利亚进口的产品除了铁矿石、煤炭外，还有食品、日用消费品等，而且不仅是货物贸易，中国还是澳大利亚国际留学生的最大生源地。但是澳大利亚却把自己与美国绑定，对华采取无理举措，澳大利亚从 2018 年限制华为 5G 落地，无理在台海问题上发难，还跳出来在病毒溯源问题上针对中国，连续对华搞各种贸易摩擦。2021 年 5 月中国停止了国家发展改革委与澳方的一切战略经济对话。2021 年 6 月 24 日中国把澳大利亚对华发起的反倾销反补贴案告上了 WTO。

尽管是地方经贸，或者 RCEP 内部的双边贸易，但是也要密切关注国际形势，特别是中国与各国的双多边关系，RCEP 落地生效之后，更要密切关注

RCEP 成员国之间，及其成员国与中国的关系。防控美国发起贸易摩擦及贸易保护主义影响，特别是重点线路要防控风险，要保险保驾护航，要做到韧性贸易，能预留替代线路，确保贸易投资平稳运行。

二、RCEP/CPTPP 区域内产业结构性困境与产业链依赖

我国面临的产业结构性困境主要是指由于标准较低、国际产业规则参与度不足而导致的长期处于产业结构的低端，以及面临各产业，尤其是制造业和服务业大而不强的状况。借助改革开放政策，以及国际产业布局的影响，我国曾以现存产业结构赢得优势，壮大了制造业和服务业的发展，然而随着我国经济实力的加强，现存产业结构已成为经济更高质量发展的绊脚石，因此，我国亟须摆脱现存产业的结构性困境。

我国所处的产业链依赖形势主要是指资产已存在的低端产业由我国外移至其他发展中国家的现象。伴随着全球化加快以及基础设施、劳动力、技术等要素在全球范围内的普及，我国对低端产业的依赖将不得不受到产业转移的影响，更会阻碍经济的转型升级。如果不扭转这一局面，我国经济将面临更大阻力。

加入 RCEP 和 CPTPP，由于市场开放、关税降低，我国将面临更加激烈的国际竞争。一方面，如果不能完善规则与质量标准、对标国际先进产业水平，不能提质增效，实现产业向中高端迈进，则不仅制造业和服务业无法做大做强，而且我国的产业结构性困境也可能将进一步加大；另一方面，随着进口关税降低、原产地规则优化，劳动力和资源密集型产业将向土地和人力成本更低廉的发展中国家转移，产业链依赖将羁绊经济发展，甚至引发系列社会问题。如果找不到价格替代优势，就难以发挥市场优势，只有发挥我国的综合竞争优势，巩固和提升我国在全球产业链、供应链中的地位，企业才能妥善应对可能的冲击。

三、RCEP/CPTPP 加速产业链、供应链和价值链重构

RCEP 会带来产业转移的效应。RCEP 减少了区域内各种关税和非关税壁

垒，叠加新冠肺炎疫情冲击和大国博弈，加速产业链供应链重塑的同时，也会产生产业转移效应。产业会向着产业集聚度高、综合成本低、创新能力强、营商环境好的地方转移，由此，各地要积极利用 RCEP 带来的难得发展机遇，应对产业转移的挑战。对于产业基础好的地区要将较高价值的上游产业留在本地。具备劳动力成本优势的地区要主动承接有转移需求的优势产业。各地均需提升综合竞争力，防止核心价值的产业转移出去，主动进行产业布局与发展规划，加强产业链供应链合作。①

我国加入 RCEP 的举措，有利于密切区域合作，合力应对国际环境的不确定性，通过规定区域内原产地累积规则从而稳定和强化区域产业链和供应链，在国内深化改革开放促进产业升级。

对于地方政府来说，推动 RCEP 落地，离不开相关管理制度的改革，这需要有关部门有针对性地做好准备，包括制定原产地管理办法和实施指引，完善业务流程等。

在产业链、供应链和价值链重构方面，部分地区已经开启 RCEP 落地行动计划。安徽计划从高质量人员和产品两个角度，两手抓来重构我国产业链、供应链和价值链，即一方面抓好 RCEP 培训，使政府机关和企事业单位都充分认识实施 RCEP 的意义；另一方面抓好 RCEP 市场，结合企业进出口确定推荐展会目录，积极组织企业参加中国国际进口博览会等重点展会，拓展 RCEP 成员国市场及推动投资。例如，上海自贸区临港新片区通过推动产业链、供应链和价值链的重构，对标以 CPTPP 为代表的高水平国际经贸规则，鼓励 RCEP 的过渡性条款实践，加快建设开放性产业体系。香港则试图利用品牌效应，打通产业链、供应链和价值链的脉络，萌生出通过与内地企业深度合作，共同出海，推动中国品牌走出去的想法。以云南为代表的西部地区则希望结合西部大开发新格局与对外开放新格局，推动地区产业链、供应链和价值链提升。

值得注意的是，RCEP 与欧美区域经济一体化的模式有着根本的不同，这决定了 RCEP 集体及其成员国融入国际产业链、供应链和价值链的方式将截然

①　刘英：《RCEP 生效将带来多重经济效应》，《经济日报》2022 年 1 月 19 日。

不同。对于西方发达国家来说，为锁定共同利益，区域经济一体化的维护与巩固极度依赖大幅提高贸易协定标准和规则；相对来说，RCEP的规则设定则释放了新的信号，即尊重发达国家和发展中国家的双重利益，尊重国家间的差异性，维护不同国家的发展权利，在保障互补性的基础上寻求所有成员国的共同发展。因此，在巩固RCEP整体在全球产业链、供应链和价值链的地位上，RCEP注重实用区域累积原则，鼓励跨国公司灵活进行产业布局，建立清晰的产业链分工体系，从而强化亚洲的整体定位。而在RCEP整体向产业链、供应链和价值链高端转型时，鼓励扩大开放，引入国际竞争，提升质量和发展水平，为更高标准转型打下牢固基础。

具体地，中国重构价值链应首先重构区域价值链。学术界对区域价值链的定义为介于国内价值链和全球价值链之间的一种生产分工模式。重构区域价值链的原因主要有四点：第一，亚洲区域内，中国与不同国家的产业竞争结构存在不均衡的问题；第二，亚洲区域内其他国家对中国的依赖性在增强；第三，中国对区域市场的依赖不断加深；第四，美国等域外因素对亚洲区域的影响力维持在一定水平。

由此，中国应重构区域价值链：第一，通过技术提升手段，实现价值链中分工位置的上升；第二，为区域内其他国家的商品进一步扩大市场，倒逼国内生产技术的创新；第三，在区域范围内树立制度，建立良性的经贸关系，确保中国在价值链中位置的提升。总之，重构区域价值链是中国重构价值链的重点，RCEP提供了一个重构区域价值链的机会，中国应把握机遇。

第三节　中国在RCEP基础上积极加入CPTPP的对策建议

在世界经济复苏关键期，为促进区域经济一体化，推进经济全球化，我国要以二次入世的心态和行动，抓紧加入CPTPP，一面深化改革推进经济高质量发展，一面扩大高水平对外开放。美国彼得森研究所曾测算，中国加入CPTPP，将使贸易额增长50%，全球收入增长76.7%。同时，加入CPTPP，有助于更好地参与全球治理，对外掌握规则制定权，实现高水平开放，破解美国盟友战略，化被动为主动，还可以倒逼国内深化改革，培育经济增长新动能，推进区域经济一体化。由此，加入 CPTPP 宜早不宜迟。

一、充分利用 RCEP 落地生效带来的四大效应

一是贸易扩大效应。原产地累积规则将促进 RCEP 区域内贸易与投资的扩大，义乌具备世界小商品的集聚效应，应利用规则结合自身优势实现 RCEP 在义乌产生更大贸易创造效应。

二是产业链合作与供应链集成效应。义乌不仅要鼓励小商品生产，也要着力扩大中间品的生产，巩固义乌在 RCEP 区域内的产业链、供应链安全，强化义乌的全球小商品之都地位。

三是投资的虹吸效应。中国是世界上工业门类最齐全、产业链最完整的国家，同时拥有全球最大的消费市场。而跨国公司为了享受 RCEP 区域累积红利，会加大对 RCEP 的投资布局，义乌要充分利用这些竞争优势，进一步提升营商环境，完善基础设施配套，对企业增强技术创新能力给予技术支持，让自己的供应链更加完善，同时充分发挥自身作为全球小商品之都的核心地位，实现小商品的规模经济效应，让自己成为跨国公司的首选，吸引跨国公司的投资。

四是改革的棘轮效应。在 RCEP 当中我国实现了多个首次，包括我国首张国际协定中的负面清单，而在服务贸易方面，我国虽仍用正面清单，但也承诺在 RCEP 落地生效后的 6 年之内转化为负面清单，这些都是我国对 RCEP 成员国作出的庄严承诺，宣示着中国改革开放的车轮只会继续向前，不能后退，从而形成改革开放的棘轮效应。将我国义乌打造为我国改革开放的新高地，各项对外开放的指标都名列前茅。

二、抓住重要战略机遇期，从战略及政治层面加入 CPTPP

一是对外可以增强我国在全球的规则制定权。无论是奥巴马还是拜登都排他性地表示了美国要掌握全球的规则制定权。而 CPTPP 在竞争、国有企业、知识产权、数字贸易等方面都有更高标准，加入 CPTPP 犹如二次入世，有助

于我国掌握国际贸易、国际金融规则的制定权。

二是倒逼国内深化改革，促进经济高质量发展。国内经济已步入高质量发展阶段，要实现以国内大循环为主体、国内国际双循环相互促进的新发展格局，要培养新竞争优势都需要深化国有企业、知识产权等改革，而这些目标与CPTPP在很多方面的要求是一致的。

三是加强同CPTPP各成员国的合作。利用双多边机制和各种国际平台与CPTPP各成员国加强交流，与尚未签订自贸区的CPTPP国家商签自贸区。加强与主导国日本的关系，加强中、日、韩自贸区谈判。推进中欧CAI达成和RCEP生效。

三、抓住重要窗口期示范，从战术及规则层面加入CPTPP

一是优化货物贸易结构，强化和提升产业链、供应链、价值链的地位和水平。对于疫情防控对纺织品和汽车产业冲击的应对，与其将产业转移至越南、马来西亚等地，不如通过产业园区建设、跨境经济合作区建设，各自发挥优势，加强同东南亚各国重塑产业链、供应链的合作，推进区域经济一体化。

二是加强负面清单管理，推进服务贸易加快发展和升级。注重国内法规和国际规则的良性互动，加快完善国内法律体系，并强化执法。借鉴国际规则，加强国际协调与合作。同时，加强基础研究与储备，为国际国内的制度构建提供智力支持。

三是对于金融条款，要深化金融改革，强化金融监管合作。采取结构化政策稳步推进金融开放进程，应该结合实际情况对CPTPP中的金融服务开放程度进行有条件的采纳。对于已经在稳步推进的放宽准入、平等国民待遇等方面的政策，应该随着金融开放程度提高而加强。而在新金融服务、特定措施透明度管理、快速提供保险服务等方面，要有针对性地推进。而在金融数据本地化方面，我国目前坚持有效保护金融数据。依托境内已有的自由贸易体系对CPTPP中金融服务的相关条款进行试验。在防控风险的前提下，加强我国金融业对内对外开放，结合CPTPP和WTO给金融开放补课。

四是建立动态监控体系，完善争端解决机制。要深入研究CPTPP中对中国形成牵制的条款，建立动态评估和监控体系。

五是加强知识产权保护。完善知识产权法律体系，要重点把握数字经济发展趋势，结合数字经济时代知识产权迭代快、取证难的特点优化法律保护机制；推广数字信息技术在知识产权保护领域的应用，重点发展区块链技术保护，通过信息平台提高司法和执法效率；加强知识产权人才培育，推动国际知识产权保护沟通，促进标准对接。

六是推进国有企业改革。借助 CPTPP 高标准倒逼国有企业改革深化，对国有企业进行商业和公共行业分类监管，完善国有企业退出机制；要严格限制补贴，健全补贴机制；推动市场化改革，放宽行业限制，健全市场竞争机制，激发市场活力；配合"一带一路"倡议积极走出去，做大做好发展中国家新兴市场的相关工作，开拓新发展机遇。

七是完善国际劳工标准。CPTPP 提出更高的劳工标准，为此，我们需要深化改革并同时加强国际舆论。我国应坚持反对将劳工标准同贸易挂钩的立场，加强同其他国家在劳工标准上的沟通合作；要积极推动加入国际劳工组织，对接国际劳工标准；借鉴 CPTPP 劳工条款核心思想，完善我国劳工保障机制和法律体系建设。

第四节　RCEP/CPTPP 新格局下义乌的潜在机遇、挑战与应对

RCEP 整合效应明显，在 RCEP 签署落地前，是由 5 个"10+1"的 FTA 组成，包括中国与东盟签署和升级 FTA。而 RCEP 落地生效之后，就形成一个"10+5"的自由贸易协定。原来的 5 个 FTA 各自为政，其中不乏关税及非关税壁垒，区域内部也形成"意大利面碗"效应。而在 RCEP 落地生效之后，RCEP 将起到整合原有 FTA 的作用，形成一个"10+5"的更加优化的 FTA，而在 RCEP 区域内，贸易投资更加便利化，关税门槛下降，非关税壁垒拆除，进入一国相当于进入整个区域。由此，抓住 RCEP 落地生效历史性机遇，加强义乌与 RCEP 各国之间的经贸往来，将发挥贸易扩大、贸易倍增和贸易乘数

效应。

一、紧抓 RCEP/CPTPP 机遇，及时调整贸易投资的战略方向

（一）RCEP 是义乌重点发展的贸易和投资区域

RCEP 是义乌需要重点发展的贸易和投资洼地。分析东盟与中国的贸易及义乌与东盟的贸易占比情况不难看出，东盟在与义乌的贸易中尚处于低洼地带，具有巨大发展潜力。义乌与 RCEP 成员国有巨大合作潜力。

一方面，从静态的结构数据来看，义乌与 RCEP 国家贸易占比有倍增潜力。RCEP 成员国家与中国的贸易额占中国对外贸易额比例为 31.7%，而 RCEP 成员国家与义乌之间的贸易额仅占义乌对外贸易额的 15.8%，见图 7-3 和图 7-4，两者之间有一倍的差距，尤其是在对 RCEP 国家的出口方面有巨大潜力，2020 年义乌与 RCEP 国家的出口额占全市出口额的 14.8%，义乌与 RCEP 国家之间的进口额占全市进口额的 40%。

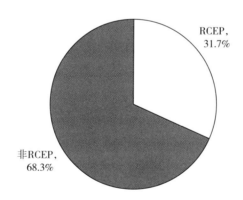

图 7-3 中国与 RCEP 国家的贸易占中国对外贸易额之比

数据来源：国家统计局、海关总署。

另一方面，从现实动态增长的速度数据看，义乌与 RCEP 国家的贸易有巨大的需求引领。2020 年，中国与 RCEP 国家的进出口额为 10.2 万亿元，同比增长 3.5%，进出口分别增长 2.2% 和 5%。同期，义乌与 RCEP 国家的贸易额为 493 亿元，同比增长 31%，进出口贸易增速远超全国与 RCEP 国家的增速。

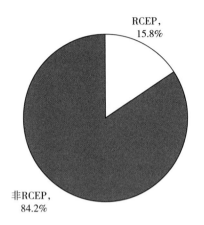

图 7-4　义乌与 RCEP 国家的贸易额占义乌贸易额之比

数据来源：国家统计局、海关总署、义乌商务局。

其中，出口 443.9 亿元，增长 33%；进口 49 亿元，增长 14.4%。对比来看，义乌与 RCEP 成员国之间的贸易增速接近全国增速的十倍。总之，无论从存量的结构、占比的潜力还是从增量的增速的潜力来看，义乌与 RCEP 成员国的贸易都具备巨大的发展潜力。

从贸易结构来看，中国与另外 14 个 RCEP 国家的出口金额最高的前几类产品分别是电机电气、机械、纺织、家具等行业，而这些也都是义乌最具竞争力的产品出口品类。从中国与另外 14 个 RCEP 国家的进口产品来看，前几类产品主要是电机电气、矿物、机械、塑料、精密仪器等，占比较高。

作为中国的名片——义乌，正在建设世界小商品之都，从义乌与世界各国的进出口贸易结构来看，义乌与 RCEP 国家的进出口贸易占比仅为 40%，与非 RCEP 国家的进出口贸易占比为 60%，而全国占比类似，RCEP 国家与非 RCEP 国家的出口占比基本是四六分（图 7-5，图 7-6）。而 RCEP 国家与义乌及中国的出口占比更加显著（图 7-7，图 7-8），由此可见，无论是义乌还是全国与 RCEP 国家的贸易在 RCEP 落地生效后，在关税和非关税壁垒消减之后，有巨大发展潜力。

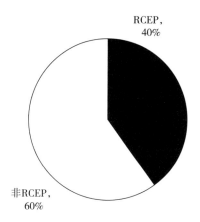

图 7-5 RCEP 国家出口在义乌出口的占比情况

数据来源：国家统计局、海关总署。

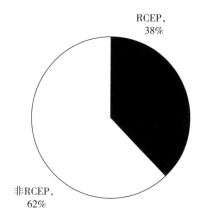

图 7-6 RCEP 国家出口在全国出口的占比情况

数据来源：国家统计局、海关总署。

（二）打造和夯实义乌的全产业链优势：由原来的"卖全球"转向"买全球，卖全球"和"全球买，全球卖"

作为中国制造的前沿，义乌发展成为世界小商品之都的比较优势在于拥有强大制造业的背景，能够制造规模庞大的物美价廉的小商品。由此，在众多小商品中义乌能够占据世界市场的半壁江山甚至 70%的份额。

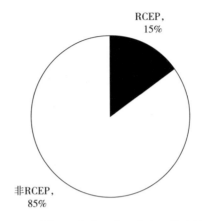

图 7-7　RCEP 国家出口在义乌出口的占比情况

数据来源：国家统计局、海关总署。

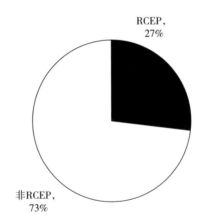

图 7-8　RCEP 国家出口在全国出口的占比情况

数据来源：国家统计局、海关总署。

　　作为世界小商品之都，义乌已经形成了高效的全球物流网络，可以以此为基础拓展全产业链和全供应链。随着 RCEP 的签署落地，以及对未来加入 CPTPP 的展望，义乌更要着重打造日、韩、东盟、澳、新区域市场，打造跨太平洋的全球小商品市场。构建 RCEP 区域现代物流网络和供应链网络，打造 RCEP 区域产业链。

在 RCEP 落地生效和加入 CPTPP 之后，东盟等国家有更低的劳动力成本、价格更低甚至品质更高的产品，义乌要成为世界小商品之都，就不只是从物理上，更是从空间上和理念上，要在全球价值链上向两端提升，要在设计研发上，更要在后端的销售品牌特别是销售网络上，牢牢锁住小商品的需求方。能够通过全产业链的打造，特别是全供应链的打造，让小商品的销售网络掌握在义乌手上，这样义乌就从"买中国，卖中国"，发展到"买全球，卖全球"上，直到"全球买，全球卖"的更高层次上。

由此，义乌不仅要在 RCEP 减税的具体产品品类上、在 RCEP 合作的国家上加强务实合作，更要在 RCEP 相关国家的产业上加强招商引资和对外投资力度，加强整个小商品闭环的供应链的打造。构筑线上线下双层次在 RCEP 和 CPTPP 乃至全球的小商品之都。

二、从国别研究分门别类地加强进出口和贸易投资合作

（一）根据与 RCEP 国家的经贸合作不同，分层次加强合作

从价值链的角度来看，在 RCEP 国家，跨境两次以上的复杂价值链比简单价值链更重要。全球价值链创造的附加值中，超过 50% 是通过复杂价值链创造的，包括 RCEP 规则里面的原产地累积规则适合复杂价值链之间的贸易。而在 RCEP 国家里面，中国拥有的复杂价值链更多，RCEP 对中国更重要，见图 7-9。

从贸易额的角度来，中国与 RCEP 成员国的经贸合作日益密切，加强与区域内各国的经贸合作是大势所趋，见图 7-10。

从中国对 RCEP 国家出口占比来看，2014—2019 年，中国对 RCEP 国家的出口占比从 26.6% 上升到 29.5%，而中国对日韩出口的占比始终保持在 10% 以上。

按产业链上中下游看，可把 RCEP 成员国划分为三类：

第一类是上游，澳大利亚和新西兰，以矿产、农产品等资源品出口为主的国家。

第二类是中游，日本和韩国，以中间品和零部件加工见长的国家。

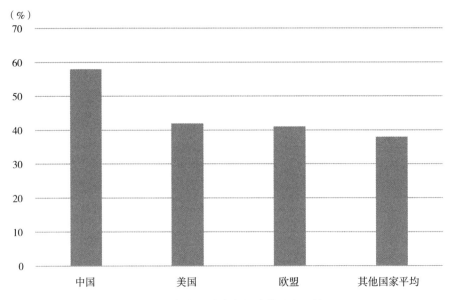

图 7-9　复杂价值链在各经济体的占比情况

数据来源：世界各国统计局。

第三类是下游，中国和东盟，中国既是制造组装强国，也是世界最大消费国。而东盟则是具备劳动力比较优势和消费增强潜力的国家。

分层次，可以根据 RCEP 区域内与中国贸易额的高低来划分不同的合作重点。从贸易结构来看，中国在 RCEP 成员国的贸易额高达 40%。按照 2020 年 RCEP 成员国与中国贸易的总额，可将 RCEP 成员国划分为四个梯队：

第一梯队是日本、韩国。日韩与中国贸易额在 3000 亿美元以上。

第二梯队是越南、马来西亚、澳大利亚。这三个国家每年每个国家与中国的贸易额在 1000 亿—3000 亿美元之间。

第三梯队是泰国、新加坡、印度尼西亚和菲律宾。这四个国家每年与中国的贸易额在 500 亿—1000 亿美元之间。

第四梯队是缅甸、老挝、新西兰、柬埔寨、文莱。这五个国家每年与中国的贸易额在 500 亿美元以内。

总之，无论从贸易结构、贸易总量还是产业结构来看，日本和韩国在

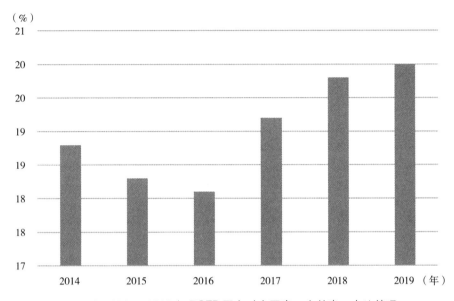

图 7-10 2014—2019 年 RCEP 国家对中国出口在其出口占比情况
数据来源：世界银行。

RCEP 国家中都是进出口的重点国家，也是义乌经贸合作的重点国家。

（二）从国别和品类来看，义乌要以日韩和东盟为重点

首先，从历史数据分析来看，东盟的发展潜力大。2015—2020 年，我国前五大对外贸易伙伴分别为东盟、欧盟、美国、日本和韩国，最突出的变化是，东盟与中国的贸易额从 2015 年的 29318 亿元大幅增加到 47357 亿元，大幅增长了 61.5%，远超美国、欧盟、日本和韩国，在我国对外贸易伙伴中的位次已从第五位跃升到第一位。这背后抛掉中美贸易摩擦、英国脱欧导致的中欧贸易锐减等特殊因素之外，中国与东盟的自贸区升级谈判对促进中国与东盟的贸易至关重要，伴随 RCEP 的落地生效和未来加入 CPTPP，东盟在我国的贸易和投资将更为重要，地位将更为突出。

其次，从 2020 年的数据来看，义乌对 RCEP 成员国出口额排名前五位的国家分别为马来西亚、泰国、印度尼西亚、韩国及菲律宾。就出口增速而言，日本和韩国位列前两名，较 2019 年增长了一倍有余。老挝排在第三位，

达 92.5%。中老铁路于 2021 年年底建成，中老贸易增速有望创历史最高纪录。

从 2020 年义乌第一大 RCEP 出口国马来西亚来看，其排名前二十位的商品出口额均超过亿元。排在前五位的塑料及其制品、家具及灯具、钢铁制品、电气设备及其零件、玩具及运动用品等，均为义乌竞争力产品，增幅都达到两位数以上。义乌对马来西亚的出口正处于稳步扩张阶段。

义乌与第二大 RCEP 出口国泰国的出口也以强项品类为主，包括塑料及其制品、电气设备及其零件、机械器具及其零件、家具及灯具、钢铁制品等。其中家具和灯具 2019 年增长了一倍有余，其余品类也以双位数增长。

在义乌对第三大 RCEP 出口国印度尼西亚的出口中，排名前五位的品类分别为塑料及其制品、钢铁制品、机械器具及其零件、电气设备及其零件、杂项制品等，其增幅均超过 50%。其中塑料及其制品出口上涨 63.3%。

另外，在疫情冲击印度和美国的同时，在义乌进出口市场中，拉丁美洲国家的重要性显著提升。受新冠肺炎疫情影响，2020 年义乌与印度的电商业务线被迫中断，拉丁美洲国家在义乌贸易伙伴中的排名则迅速提高。目前，义乌电商开拓拉丁美洲业务的问题主要还存在物流不畅、清关阻碍等。东南亚国家在产业结构上与义乌有同质性，暂时不是义乌最主要的出口目的地，东南亚潜力有待挖掘。

而从 2020 年到 2021 年一季度的义乌进出口十大贸易伙伴的分析来看，在义乌的前十大贸易伙伴当中，东盟国家只有马来西亚。即使加上 CPTPP 的成员国，在义乌前十大贸易伙伴当中，也只有马来西亚、智利、墨西哥三国。由此，在 RCEP 落地生效以及加入 CPTPP 后，义乌要继续保住原有的美国、印度和阿拉伯国家的底盘，同时大力开拓东盟市场。

特别强调的是，越南是同时签署 RCEP 和 CPTPP 的国家，而且也与欧盟签署了自由贸易协定，越南产品出口享受更多国家的零关税待遇。特别在中美贸易摩擦中，一些中国产品绕道越南抵达美国，但越南海关在美国压力下加大了对中国进口产品转口的打击，即便是越南从中国进口中间品并加工而成的产品也不符合关税优惠政策。这表明中国产品经越南"曲线出口"的路径越来越行不通。①

从进口来看，2020 年义乌对 RCEP 成员国进口额排名前五位的国家分别为泰国、日本、澳大利亚、越南及韩国。就进口增速而言，缅甸和印度尼西亚排名前两位，增长幅度高达 257% 及 144%。新西兰和日本增长幅度亦较大，分别达到 72% 及 68%，尤其是日本，在进口基数较大的前提下达到如此增速，可谓十分可观。

最后，从义乌进出口商品结构来看，义乌出口商品以塑料及其制品、服装及衣着附件、电机电气设备及其零件、钢铁制品、玩具运动用品等工业中间品及制成品为主；进口商品以食用水果及坚果、肉类制品、水产品、谷物产品等农副产品及化妆品等轻工商品为主。尽管受疫情影响，但 2020 年至 2021 年，义乌商品贸易结构并未发生实质改变。

从商品品类出口来看，2020 年义乌对 RCEP 成员国出口的前五大商品分别为塑料及其制品、家具及灯具、钢铁制品、电机电气设备及其零件、机械器具及其零件。

（三）义乌要把握 RCEP 机遇调整出口国别及产品线

从义乌 2020 年对 RCEP 出口前十名的品类来看，塑料及其制品、家具及灯具、玩具及运动用品、服装及衣着附件、家用纺织品和纸制品等可选消费品均可囊括在轻工小商品中。RCEP 在已有双边自由贸易协定基础上扩展了对中国轻工商品关税降零税目的覆盖范围，义乌要把握 RCEP 机遇，加大出口。

一是加大对泰国、印度尼西亚、菲律宾等的塑料及其制品出口。塑料及其制品在 2020 年是义乌对三国出口排名首位的品类。其中，义乌对印度尼西亚出口 7.8 亿元，增长 20.7%；对菲律宾出口 7.6 亿元，下滑 9.5%，2021 年回升；对泰国出口 6.8 亿元，增长 41.2%。RCEP 生效后，印度尼西亚聚异丁烯塑料制品的基准税率将从 5% 立即降至零；菲律宾乙烯和聚异丁烯塑料制品的基准税率将从 3% 立即降至零；泰国的聚丙烯、丙烯共聚物、聚乙烯-醋酸乙

---

① 中国贸促会信息中心：《越南海关加大中国从越南转出口美国产品的打击力度！》，2019 年 11 月 6 日，见 http：//www.tradeinvest.cn/information/4432/detail。

烯共聚物等塑料制品的基准税率将由 5% 立刻降至零。由于义乌对这三国本身的出口规模较大，降税的边际效应将更明显。

二是对新加坡、日本、柬埔寨和文莱扩大家具、寝具及灯具出口。家具及灯具是义乌对新加坡和日本出口排名前列的产品且增幅大。新加坡在 RCEP 中承诺对所有产品进口免关税。日本进口关税整体较低，但在 RCEP 关税承诺表中，该国仍将对不少来自中国的家具及寝具逐步减免关税。例如，床垫出口基准税率由 3.8% 经 15 年降至零，睡袋由 3.8% 的税率经 10 年降至零，羽绒被由 3.8% 经 15 年降至零。柬埔寨对相关品类降税幅度较大，红木家具基准税率为 35%，预计在第 13 年降至零关税；竹藤家具在第 20 年由 35% 降至零。文莱的办公室用、厨房用、卧室用等木家具均是从 5% 的基准税率在第 15 年降至零；电灯及照明装置也是从 5% 开始起降。

三是在玩具及运动用品出口领域，对澳大利亚出口比对新西兰出口更有优势。义乌对澳大利亚、新西兰出口不仅规模大而且 2020 年上涨幅度在 80%—120%，并处于稳健增长阶段。RCEP 将给义乌对澳大利亚、新西兰出口玩具及运动用品带来更大利好。在澳大利亚的关税减让承诺中，儿童玩具、滑水板及冲浪板、高尔夫球杆及设备、钓竿鱼钩及其他钓具的大多数品类都将在 RCEP 生效后立刻减免 5% 的关税。新西兰相关品类的基准税率亦为 5%，但减免方式则采取的是 10 年或 15 年降至零。

四是对日本扩大纺织制成品和服装及衣着附件的出口。在义乌对日本的出口中纺织制成品和服装及衣着附件的所占份额位列前五名，增速 2—3 倍，潜力大。义乌运用 RCEP 扩大该类出口，重点瞄准日本。据中国纺织工业联合会①统计，在纺织原料及纺织制品大类项下的所有税目中，RCEP 生效后日本对我关税立即降至零的产品占 33.7%，第 11 年降至零的产品占 37.6%，第 16 年降至零的产品占 28%，不参与降税的产品仅占 0.7%。立即降至零的产品主要包括化学纤维长丝制无纺织物（当前 4.3%），胸罩（当前 8.4%），

---

① 刘耀中：《RCEP 实施对纺织业影响——机遇、挑战与相关建议》，中国纺织工业联合会国际贸易办公室，2021 年。

紧身胸衣、吊袜带及其零件等（当前 8.4%）。义乌无缝内衣及运动装出口潜力大。

若单从国别角度考量，本书经对比各国关税减让承诺后认为，RCEP 落地后，义乌对泰国的出口极有可能大幅增加。泰国本来即为义乌名列前茅的出口目的国，并且增长态势平稳。RCEP 对义乌向泰国出口的产品免税力度大且生效较快。例如，机械器具及其零件，电机电气设备及其零件项下部分品类将由 10% 的基准税率立即降至零关税，家具、寝具及灯具项下大部分品类由 20% 或 10% 的基准税率直接降至零关税。这对义乌而言无疑是重大利好。

RCEP 下义乌可重点扩大出口的国别及产品线见表 7-1。

表 7-1 RCEP 下义乌可重点扩大出口的国别及产品线（结合出口额与降税幅度）

序号	国别	主要产品
1	澳大利亚	塑料及其制品；玩具、游戏品、运动用品及其零件、附件；家具、寝具、未列名灯具及照明装置；钢铁制品
2	日本	寝具、褥垫、弹簧床垫、软坐垫及类似的填充制品；其他纺织制成品；非针织或非钩编的服装及衣着附件
3	韩国	寝具、褥垫、弹簧床垫、软坐垫及类似的填充制品；未列名灯具及照明装置；塑料及其制品（乙烯基聚合物）
4	新西兰	玩具、游戏品、运动品及其零件、附件；塑料及其制品；针织或钩编的服装及衣着附件；钢铁制品；家具、寝具、未列名灯具及照明装置
5	文莱	家具；未列名灯具及照明装置；电机电气设备及其零件；录音机及放声机、电视图像、声音的录制和重放设备及其零件、附件
6	柬埔寨	核反应堆、锅炉、机器、机械器具及其零件；电机电气设备及其零件；录音机及放声机、电视图像、声音的录制和重放设备及其零件、附件；钢铁制品；家具；纸或纸板制品
7	印度尼西亚	塑料及其制品；钢铁制品；核反应堆、锅炉、机器、机械器具及其零件；电机电气设备及其零件
8	老挝	钢铁制品；核反应堆、锅炉、机器、机械器具及其零件；药品；玩具、游戏品、运动用品及其零件、附件

序号	国别	主要产品
9	马来西亚	未列名灯具及照明装置；钢铁制品
10	缅甸	钢铁制品；塑料及其制品；纸或纸板制品
11	菲律宾	塑料及其制品；钢铁制品；家具；寝具、褥垫、弹簧床垫、软坐垫及类似的填充制品；未列名灯具及照明装置；发光标志、发光铭牌及类似品；活动房屋；核反应堆、锅炉、机器、机械器具及其零件
12	新加坡	所有产品零关税
13	泰国	塑料及其制品；电机电气设备及其零件；录音机及放声机、电视图像、声音的录制和重放设备及其零件、附件；核反应堆、锅炉、机器、机械器具及其零件；家具；寝具、褥垫、弹簧床垫、软坐垫及类似的填充制品；未列名灯具及照明装置；发光标志、发光铭牌及类似品；活动房屋
14	越南	机械器具及其零件；录音机及放声机、电视图像、声音的录制和重放设备及其零件、附件；钢铁制品；塑料及其制品

数据来源：中国人民大学重阳金融研究院整理。

（四）强调日韩作为进出口贸易的重点国别

日本是义乌进出口需要重点发展的区域。日韩作为中国不少产业的上游和中游，在中国与 RCEP 国家的新增贸易当中有超过 50%—65% 的新增市场份额来自日本和韩国，伴随 RCEP 的签署，将首次在中日、日韩之间形成自由贸易协定，由此，中、日、韩之间的贸易扩大效应将最为明显，因此，义乌也要重点推进与日本和韩国之间的贸易与投资。

特别是注意打造中、日、韩产业链，巩固中、日、韩供应链，为中、日、韩自贸区做准备，也为加入 CPTPP 做试验。RCEP 的落地生效强化了中、日、韩产业链。在中、日、韩三国的电子产业和汽车产业中，日本常处于技术顶端，提供制作集成电路的原材料和资金，从两方面控制整个电子产业链，韩国则更多是加工方，而中国的巨大需求及加工能力成为稳固的下游集成商。因此，加入 RCEP 之后，我国在保护既有产业链、供应链安全的基础上，还要给未来产业升级打下基础，通过加强中、日、韩产业合作，或核心产业循环，巩固中、日、韩在电子产业和汽车产业等各产业领域的产业链和供应链地位，通过与日韩之间的投资贸易合作来保证关键中间品和资本品的进口来源，发挥RCEP 在我国双循环中的重要作用，防止美国科技打压带来的国内产业链供应链阻断风险。

在 RCEP 生效后，伴随关税的下调，可以加强中国的纺织服装、电气机械设备及零部件、钢铁制品、家具制品等的出口。与此同时，我国对于来自日韩的精密仪器、机械设备、汽车零部件等关键工业品的关税也在下调，这有助于加速协调和匹配中、日、韩三国之间的供给与需求。伴随中、日、韩各产业之间合作的进一步密切，中、日、韩在 RCEP 区域的大市场地位将得到强化，进而强化中、日、韩在 RCEP 区域以及 RCEP 在双循环中的地位。

与此同时，还需要考虑与东盟之间的协调，义乌作为劳动密集型产品的加工提供方，可以考虑将一些产业分布在东盟，强化 RCEP 内部的产业分工与协调，更好提升中、日、韩和东盟的产业布局，更好地发挥资源配置的作用，发挥区域经济一体化的重要效能。

（五）以日本为重点，加强中日经贸与投资合作

国别上要重点加强与日本贸易，RCEP 首次在中日之间建立了自由贸易安排。中国对日本商品平均关税将由 2020 年 11 月的 9.76%降至 0.04%，日本对华平均关税将从 7.47%降至趋近于零。

一是要抓住中日两国首次建立自由贸易关系带来的机遇，扩大义乌与日本的进出口，建设中日合作园区。二是吸引日本来义乌投资，加大药妆产业投资，形成义乌产业链、供应链。

从总量来看，日本是全球前十的经济体，中日贸易投资关系非常紧密。2019 年中日双边货物贸易额达 3150 亿美元，服务贸易达 477 亿美元，日本对华投资约 37 亿美元。中国已连续 12 年成为日本最大贸易伙伴国，而日本也连续 4 年成为中国第二大贸易伙伴国。

从关税来看，根据两国减税安排，在第 11 年和第 16 年两国零关税占比将有跨越式提升，中国分别达到 73%和 84.6%，而日本分别达到 71.5%和 83%。经过 20 年中国将达到 86%，日本将达到 85.6%。手表、钢琴、眼镜等产品关

税降至零。

日本承诺在 RCEP 生效后，63.6% 的税目实施零关税，并在 20 年内再削减 19.6% 的税目至零关税。剩下包括农产品在内的 16.8% 的税目不参与减税。

从品类上看，2019 年日本对中国出口规模最大的是机电设备与电子产品，其次是纺织服装。在 RCEP 生效前，99.6% 的机电设备和电子产品税目已实现零关税，剩下的 0.4% 10 年内逐年下降，第 11 年为零关税。纺织服装（鞋靴和皮革除外）中 59.9% 的税目在 RCEP 生效时立即实现零关税，24.9% 的协定生效 10 年内降至零关税，14% 的协定生效 15 年内降为零关税，另 1.2% 的税目始终不减税，而日本有超 40% 的农产品不参与减税，中国则有 83.9% 的汽车整车税目不减税。

而一直不降税的有香水、化妆品、洗涤剂、纸张、木质纤维板等日本产品品类，可以考虑吸引日本投资。

从制造业来看，日本是全球运输设备（如汽车）、精密机械及电子产品的主要生产国和出口国。RCEP 落地生效降税对中日制造业贸易影响，以工业机器人为例，激光焊接机器人的关税将从 8% 降为零，非集成电路工厂专用搬运机器人的关税从 5% 降为零。但机器人这四大企业均在国内设厂，大部分机型已本地生产，国产品牌比进口品牌便宜 30%，总体影响较小。①

从进口来看，由于地缘和产业链紧密，日本既是中国主要出口目的地，也是中国主要进口国，机电产品占比较高。RCEP 落地生效带来的减税效应为进口带来了机遇。从全球范围来看，2019 年日本最大出口品类是运输设备，包括轨道车辆、机动车及其零部件、摩托车等，占总出口量的 24%。第二类是一般机械，包括发动机、农业机械、办公设备、金融加工机械、纺织机械、缝纫机、印刷机、建筑机械等，占比 20%。第三类是电气机器等，占比 17%。

日本对中国的出口额占其出口总额近 20%，按照出口金额占总金额的比例来看，第一类是各类纺织机械，占比 51.7%；第二类是半导体设备，占比

---

① 野村东方国际证券：《RCEP 带给中国先进制造业的机遇与挑战》，2020 年 11 月 28 日。

36.5%；第三类是有机化学品，占比 35.8%。而在日中贸易顺差额当中，最大的是电子设备、集成电路、存储器，总计有 4536 亿日元，其次是电子零部件 1974 亿日元。

RCEP 落地生效，则首次在中国和日本之间建立了自由贸易关系，取得历史性突破。义乌要特别引导企业利用好这次空前的历史性机遇，加强与日本的进出口贸易及转口贸易，甚至考虑建设中日经贸合作园区，推动优势产业深化合作。义乌要充分利用中日双方的比较优势，做大规模效益，提升产业能级，推动产业结构和贸易结构的转型升级。建立和发展发挥中日义乌合作示范区等合作机制，打造中日经贸合作的新样板，拉动中日两国经济。

在品类上考虑加强汽车制造业及化妆品产业合作。由于部分化妆品类始终不降税，可以考虑吸引日本和韩国来义乌投资化妆品生产。而在汽车方面，我国已经连续多年成为世界汽车产销最大国家。在 RCEP 中，我国对约 65% 的汽车零部件给予零关税待遇，占贸易额的 90%。在 RCEP 落地生效后，大型客车、火车用车轮及零部件等从 10% 的关税降为零，为汽车零部件贸易带来潜在机遇。

义乌可以考虑挖掘汽车产业和汽车贸易的发展潜力。近十年，亚洲地区成为全球最大的区域汽车市场，特别是东南亚汽车市场保持了较高的增速。

我国在 RCEP 项下也保留部分整车进口关税，我国对日本整车关税保持在 83.9%，这给国内汽车整车行业的发展保留空间。义乌应考虑汽车业及其零部件产业的贸易与发展。

最后，澳、新及拉丁美洲国家是义乌潜在发展方向。拉丁美洲国家目前有巴西、墨西哥、智利是义乌的十大贸易伙伴，RCEP 的落地生效可以进一步加强义乌与澳大利亚和新西兰的贸易往来，而在未来中国加入 CPTPP 之后，义乌要更进一步拓展与拉丁美洲国家的贸易。

综合 2020 年与义乌贸易排名前五位的国别及品类来看，可以在这些强项上下功夫，见表 7-2。

表 7-2   从 2020 年数据看义乌贸易重点国别和重点品类

序号	国别	品类	备注
1	马来西亚	排在前五位的分别是塑料及其制品、家具及灯具、钢铁制品、电气设备及其零件、玩具及运动用品等	前二十位的商品出口额均超过亿元；前五类产品增速为双位数
2	泰国	排在前五位的分别是塑料及其制品、家具及灯具、钢铁制品、电气设备及其零件、玩具及运动用品	家具和灯具 2019 年增长了一倍有余
3	印度尼西亚	排在前五位的品类分别为塑料及其制品、钢铁制品、机械器具及其零件、电气设备及其零件、杂项制品	塑料及其制品出口上涨63.3%；义乌对印度尼西亚的杂项制品和钢铁制品份额收缩
4	韩国	排在第一位的是石料、石膏、水泥、石棉、云母及类似材料的制品；其次是家具及灯具、塑料及其制品、钢铁制品、玩具及运动用品等	排在第一位的是石料、石膏、水泥、石棉、云母等制品，18 亿元，增长 17486%；其次是家具及灯具、塑料及其制品、钢铁制品、玩具及运动用品等商品，增幅达 160%—355%
5	菲律宾	塑料及其制品、钢铁制品、家具及灯具、机械器具及其零件	排名第三的家具及灯具增长了 38%

数据来源：义乌市商务局、中国人民大学重阳金融研究院统计分析。

三、深化改革，促进产业结构调整升级，夯实义乌小商品城竞争优势

义乌需要立即考虑以落实 RCEP 为目标，围绕"一带一路"建设加快推进高水平对外开放，从"一文""两区""三会""多馆"入手来实践 RCEP。

"一文"是指义乌首先要出台率先示范 RCEP 的文件。用于加速推进和指导义乌出口、进口转口及服务贸易等落地实施。

"两区"是指建设 RCEP 经贸示范区，在其中践行以 RCEP 为核心，实施高水平对外开放的试验区和对内深化改革的压力测试区。

"三会"是指在义博会、进博会（义乌分会场）、广交会（分会场）专设

RCEP 专会。三会也指多次举办"RCEP 研讨会+投资贸易项目"签约会，亦指经常举办 RCEP 经贸研讨会及培训会，与海关密切结合让企业掌握 RCEP 红利。

"多馆"是指在进口馆重点推出 RCEP 国别馆，在国际商贸城专门开辟 RCEP 进出口国别馆，线上线下相结合加速义乌与 RCEP 的贸易与投资合作。

（一）发挥义乌优势

义乌作为全球小商品之都拥有良好的商贸发展基础和集聚优势，具备世界小商品之都的在位优势、政策优势、区位优势、集成优势及综合优势等，还需要利用 RCEP、CPTPP 巩固义乌在世界小商品之都建设当中的制度优势，以稳固和发展义乌"世界小商品之都"。

作为全球规模最大的日用品批发市场，义乌市场是我国中小微企业共享式销售渠道，对内服务 200 多万家中小微企业，对外为非洲、中东、亚洲、拉丁美洲、南美等地区 200 多个国家 50 多万个采购商提供日用品集采服务。2008 年以来国际小商品产业转移加速，低端的加工业外迁，义乌市场日益成为印度及中东新兴日用品生产国家上游的原料、技术、机械设备和半成品采购地，成为辐射亚洲、中东、非洲地区重要的日用品产业的生产资料、技术与装备市场。RCEP 落地生效之后，基于强大的中国制造能力、丰富的商品供给体系以及庞大的市场规模，将强化义乌市场强有力的全球采购服务能力，并推动义乌市场向全球日用品产业服务高地快速发展。

（二）应对挑战

RCEP 落地在带来巨大的市场空间的同时，也给义乌带来严峻挑战。从劳动力成本来看，越南、老挝、缅甸等东盟国家具有明显的比较优势，特别是在小商品方面带来竞争；从产业链来看，包括纺织等企业会更多地向成本低的东盟国家转移，特别是向越南等国家，因其不仅是 RCEP 成员国还是 CPTPP 成员国，而且还拥有与欧美等国家的自由贸易协定，RCEP 落地在中国与东盟及日、韩、澳、新之间降低了门槛，会加速低端产业、劳动密集型产业的转移。

进一步加强知识产权保护，进一步提升营商环境，将义乌打造成 RCEP 区域及国际一流的营商环境。由于 RCEP 在知识产权规则方面的规定既包容又对标国际标准，由此，在知识产权领域给予企业以包括著作权、商标、专利、地理标志、外观设计等在内的全面保护；反之亦然。对于 RCEP 区域内的市场主体来说，企业在 RCEP 内部的任一成员国所申请到的著作权、专利、商标、外观设计等知识产权，在 RCEP 区域内其他国家也能同样受到保护，这就在 RCEP 内部形成了一个稳定的营商环境，与关税降低一样带来一个互联互通的关税与非关税壁垒降低的营商环境。与此同时，RCEP 也在电子商务及数字化方面有一个提升，RCEP 在电子商务领域的电子认证、电子签名、消费者保护、个人信息保护等都做了明确规定，这给予企业跨境电商一个低成本的公平公开营商环境。由此，义乌要以 RCEP 落地生效为契机，带动和提升数字政府、数字贸易的全面提升，为吸引更多 RCEP 国家的投资，并在义乌对外贸易与投资中赢得先机。

（三）五点建议

针对 RCEP 落地和加入 CPTPP 所带来的机遇与挑战，义乌可以考虑从五个方面深化改革，巩固优势，提高国际竞争力。

一是加强产业结构转型和升级。特别是提升小商品的附加值和技术含量，将劳动密集型产业向技术知识密集型产业转型，提供更具竞争力的产品。

二是巩固全产业链、全供应链的优势。义乌的优势在于综合成本优势，综合竞争力优势，在于全产业链的竞争优势，因此，义乌需要打通小商品贸易的各个环节，需要在整个产业链和供应链上构筑义乌整合优势，打造义乌的世界品牌，强化义乌的核心竞争力。

三是加强贸易电子化，提升贸易效能。在数字经济发展和万物互联的时代，义乌要加强贸易数字化的速度，加强跨境电商的发展，与此相伴的海外仓建设、供应链金融的发展，都需要强化，打造义乌成为线上线下、国内国外、不分时空的小商品之都。

四是加强向价值链两端升级。中国经济高质量发展和高水平开放，义乌要提早布局，不仅面对东盟的劳动密集型产品的竞争，更面临日、韩、澳、新的竞争，义乌要从价值链的中间即生产制造环节，加速向价值链的两端，即产品设计研发和终端销售环节的提升，拓展利润的空间，抢占世界小商品之都的制高点。

　　五是加强金融赋能贸易发展。在加强义乌小商品的出口、进口和转口的同时，需要加强金融的支持和安排，不仅包括传统的信贷融资支持，也要加强直接融资支持，供应链金融创新。包括逐渐打造结算中心，便利小商品贸易；推进数字人民币试用，加强各种货币试点使用，小商品带动数字人民币使用，推动人民币国际化。

参考文献

［1］ Australian Government, "CPTPP Suspensions Explained", 见 https://www. dfat. gov. au/trade/agreements/in − force/cptpp/outcomes-documents/Pages/cptpp-suspensions-explained。

［2］ Chao Wang, Vinay Sharma, "India's RCEP Dilemma with China: Beyond the Legal Texts", *Pacific Focus*, Vol. 36, No. 1 (2021), pp. 40-62.

［3］ Chien-Huei Wu, "ASEAN at the Crossroads: Trap and Track between CPTPP and RCEP", *Journal of International Economic Law*, No. 23 (2019), pp. 97-117.

［4］ Chika Yamamoto Rosenbaum, "RCEP or TPP? An Empirical Analysis Based on Global Experience", *Asian Politics & Policy*, Vol. 10, No. 3 (2018), pp. 428-441.

［5］ Jane Kelsey, "The Risks for ASEAN of New Mega-Agreements that Promote the Wrong Model of e-Commerce", New Zealand: The University of Auckland, 2017.

［6］ Jeffrey Wilson, Hayley Channer, "Expanding the CPTPP: A Form Guide to Prospective Members", 2021 年 4 月 13 日, 见 https://www. hinrichfoundation. com/research/article/ftas/expanding-the-cptpp/。

［7］ Joe Biden, "The Presidential Candidates on the Trans-Pacific Partnership", 2019 年 7 月 30 日, 见 https://www. cfr. org/article/presidential-candidates-trans-pacific-partnership。

［8］ Joseph Francois, Manfred Elsig, "Short Overview of the Regional Comprehensive Economic Partnership (RCEP)", Belgium: European Parliament, 2021.

［9］ Joseph Nye, *International Regionalism: Readings*, Boston: Little Brown & Co. ,1968, p. 5.

［10］ Lisandra Flach, et al. , "The Regional Comprehensive Economic Partnership Agreement and Its Expected Effects on World Trade", Germany: Leibniz Information Centre for Economics，2021.

［11］New Zealand Foreign Affairs & Trade，"Comprehensive and Progressive Agreement for Trans-Pacific Partnership"，见 https：//www. mfat. govt. nz/en/trade/free-trade-agreements/free-trade-agreements-in-force/comprehensive-and-progressive-agreement-for-trans-pacific-partnership-cptpp/cptpp-overview/。

［12］New Zealand Foreign Affairs & Trade，"Regional Comprehensive Economic Partnership"，见 https：//www. mfat. govt. nz/en/trade/free-trade-agreements/free-trade-agreements-concluded-but-not-in-force/regional-comprehensive-economic-partnership-rcep/rcep-overview。

［13］F. Ortino，E. Lydgate，"Addressing Domestic Regulation Affecting Trade in Services in CETA，CPTPP，and USMCA：Revolution or Timid Steps？"，*Domestic Regulation*，No. 10（2019），pp. 23-38.

［14］Peter A. Petri，Michael G. Plummer，"China Should Join the New TransPacific Partnership"，Washington，DC：Peterson Institute for International Economics，2019.

［15］Peter A. Petri，Michael G. Plummer，"East Asia Decouples from the United States：Trade War，COVID-19，and East Asia's New Trade Blocs"，Washington，DC：Peterson Institute for International Economics，2020.

［16］Peter A. Petri，Michael G. Plummer，"Trade War，RCEP and CPTPP：Will East Asia Decouple From The United States？"，Washigton，DC：Peterson Institute for International Economics，2020.

［17］Wendy Cutler，"Reengaging the Asia-Pacific on Trade：A TPP Roadmap for the Next U. S. Administration"，New York：Asia Society Policy Institute，2020.

［18］World Bank，"Trading for Development in the Age of Global Value Chains"，Washinton，DC：World Bank，2020.

［19］Young-Chan Kim，"RCEP vs TPP-The Pursuit of Eastern Dominance"，United Kingdom：University of Greenwich，2015.

［20］《商务部国际司负责人解读〈区域全面经济伙伴关系协定〉（RCEP）》，2020 年 11 月 16 日，见 http：//www. mofcom. gov. cn/article/i/jyjl/j/202011/2020110-3016301. shtml。

［21］《商务部国际司司长详解 RCEP 文本》，2021 年 1 月 26 日，见 http：//chinawto. mofcom. gov. cn/article/e/r/202101/20210103034055. shtml。

[22]《〈区域全面经济伙伴关系协定〉（RCEP）各章内容概览》，2020 年 11 月 16 日，见 http://fta.mofcom.gov.cn/article/rcep/rcepjd/202011/43620_1.html。

[23]《商务部国际司负责同志解读〈区域全面经济伙伴关系协定〉（RCEP）之二》2020 年 11 月 16 日，见 http://fta.mofcom.gov.cn/article/rcep/rcepjd/202011/43619_1.html。

[24]《王受文副部长兼国际贸易谈判副代表在〈区域全面经济伙伴关系协定〉专题培训班的开班动员讲话》，2021 年。

[25]《区域全面经济伙伴关系协定（RCEP）》。

[26] 王文：《看好中国——一位智库学者的全球演讲》，人民出版社 2017 年版。

[27] 彼得·诺兰等：《全球商业革命——产业集中、系统集成与瀑布效应》，南开大学出版社 2007 年版。

[28] 商务部、商务部国际贸易经济合作研究院：《对外投资合作国别（地区）指南》，2020 年。

[29] 中国贸促会：《企业对外投资国别（地区）营商环境指南（2020）》，2020 年。

[30] 傅波：《RCEP 服务贸易与投资解读》，商务部国际司，2021 年。

[31] 刘英：《RCEP 助推我国高水平制度型开放，开启规则制定新时代》，《中国发展观察》2020 年第 22 期。

[32] 廖媛媛、马兰：《RCEP 对中国金融业的影响》，《中国金融》2017 年第 7 期。

[33] 刘英：《RCEP 有助于提高中国制度型对外开放水平》，《21 世纪经济报道》2020 年 11 月 18 日。

[34] 余淼杰、蒋海威：《从 RCEP 到 CPTPP：差异、挑战及对策》，《国际经济评论》2021 年第 2 期。

[35] 白明：《RCEP 并非诸多自贸协定简单叠加》，《中国金融》2020 年第 23 期。

[36] 全毅等：《如何构建区域全面经济伙伴关系（RCEP）：中国视角》，《和平与发展》2017 年第 5 期。

[37] 安联研究：《区域全面经济伙伴关系协定：统一的原产地规则》，2020 年 11 月 18 日。

［38］常思纯：《日本主导 CPTPP 的战略动因、影响及前景》，《东北亚学刊》2019 年第 3 期。

［39］戴康、俞一奇：《RCEP 中的机遇与挑战——广发宏观策略联合行业》，广发证券，2020 年。

［40］第一财经商业数据中心：《2020 跨境出口电商行业白皮书》，2021 年。

［41］杜方鑫、支宇鹏：《中国与 RCEP 伙伴国服务贸易竞争性与互补性分析》，《统计与决策》2021 年第 8 期。

［42］巩云华、张若望：《发展中国家的金融脆弱性及其防范》，《国家行政学院学报》2009 年第 6 期。

［43］郭永新：《RCEP 对我国轻工行业的机遇挑战和应对建议》，中国轻工业联合会，2021 年。

［44］《国务院办公厅转发商务部等部门关于扩大进口促进对外贸易平衡发展意见的通知》，2018 年 7 月 2 日，见 http：//www. gov. cn/zhengce/content/2018 - 07/09/content_ 5304986. htm。

［45］《2020 年我国对 RCEP 成员国进出口总值 10. 2 万亿元　增长 3. 5%》，2021 年 1 月 14 日，见 http：//www. scio. gov. cn/xwfbh/xwbfbh/wqfbh/44687/44744/zy44748/ Document/1696984/1696984. htm。

［46］何伟文：《新全球链的开启——RCEP 时代的深度影响与中国机遇》，中国人民大学重阳金融研究院，2020 年。

［47］沈铭辉、修青华：《RCEP 贸易与投资条款解读》，《中国外汇》2020 年第 24 期。

［48］胡涛：《银行主导模式下的外贸企业供应链金融创新研究——基于浙江省义乌市外贸业的调研》，《中国经贸导刊》2016 年第 11 期。

［49］胡跃飞、黄少卿：《供应链金融：背景、创新与概念界定》，《财经问题研究》2009 年第 8 期。

［50］黄家星、石巍：《〈区域全面经济伙伴关系协定〉电子商务规则发展与影响》，《兰州学刊》2021 年第 5 期。

［51］刘英：《RCEP 签署后中日韩自贸区还有多远?》，《21 世纪经济报道》2020 年 12 月 30 日。

［52］基岩资本：《大国博弈：世界格局的分化与重塑》，2019 年 7 月 19 日，见 https：//www. sohu. com/a/327957641_ 788199。

［53］康勇：《新冠疫情如何影响世界经济》，毕马威，2020 年。

［54］克劳斯·施瓦布、蒂埃里·马勒夫：《疫情后的"全球化"》，2021 年 2 月 19 日，见 https：//www. yicai. com/news/100952867. html。

［55］孔庆江：《RCEP 争端解决机制：为亚洲打造的自贸区争端解决机制》，《当代法学》2021 年第 2 期。

［56］李春丽、杜云波：《义乌发展转口贸易的战略选择》，《人民论坛》2012 年第 8 期。

［57］李飞：《供应链金融与供应链金融风险浅析》，《中国储运》2021 年第 6 期。

［58］李旻：《后 WTO 时代 CPTPP 金融服务贸易规则的先进性研究》，《新金融》2019 年第 6 期。

［59］李墨丝：《CPTPP+数字贸易规则、影响及对策》，《国际经贸探索》2020 年第 12 期。

［60］梁一新：《中美贸易摩擦背景下加入 RCEP 对中国经济及相关产业影响分析》，《国际贸易》2020 年第 8 期。

［61］刘宏松、程海烨：《跨境数据流动的全球治理——进展、趋势与中国路径》，《国际展望》2020 年第 6 期。

［62］卢正源等：《2020 年中国对外贸易全景分析报告》，前瞻产业研究院，2020 年。

［63］潘怡辰等：《RCEP 背景下印度对中国贸易逆差及合作潜力》，《亚太经济》2021 年第 3 期。

［64］秦泰：《中国与 RCEP："双身份+双循环"的"蝴蝶效应"》，申万宏源研究，2020 年。

［65］曲维玺、王惠敏：《中国跨境电子商务发展态势及创新发展策略研究》，《国际贸易》2021 年第 3 期。

［66］《美国与 CPTPP 国家重新接触的可选方案》，2020 年 11 月 6 日，见 http：//www. sccwto. org/#/pc/detail？ id＝26538。

［67］俞子荣等：《RCEP：协定解读与政策对接》，中国商务出版社 2021 年版。

［68］沈文璐等：《供应链金融风险管理研究述评与展望》，《科技和产业》2018 年第 10 期。

［69］司春晓等：《自贸区的外资创造和外资转移效应：基于倾向得分匹配—

双重差分法（PSM-DID）的研究》，《世界经济研究》2021 年第 5 期。

［70］苏庆义：《中国是否应该加入 CPTPP？》，《国际经济评论》2019 年第 4 期。

［71］王珉：《中国贸易便利化发展战略——基于 RCEP 成员之间区域自贸协定的比较分析》，《国际贸易》2021 年第 2 期。

［72］王彦志：《RCEP 投资章节：亚洲特色与全球意蕴》，《当代法学》2021 年第 2 期。

［73］武雅斌、王思语：《从义乌专业市场看我国扩大进口路径选择》，《国际贸易》2018 年第 10 期。

［74］王武青：《RCEP 成员国产业发展水平研究》，《亚太经济》2021 年第 3 期。

［75］肖琬君、冼国明：《RCEP 发展历程：各方利益博弈与中国的战略选择》，《国际经济合作》2020 年第 8 期。

［76］闫俊宏、许祥秦：《基于供应链金融的中小企业融资模式分析》，《上海金融》2007 年第 2 期。

［77］杨翠红等：《全球价值链研究综述及前景展望》，《系统工程理论与实践》2020 年第 8 期。

［78］《关于印发义乌市加快进口贸易促进创新示范区建设实施方案的通知》，2021 年 2 月 23 日，见 http：//www. yw. gov. cn/art/2021/2/23/art_ 1229187192_ 3829874. html。

［79］义乌市商务局：《2020 年 12 月商务数据小册子》，2021 年 1 月 27 日，见 http：//www. yw. gov. cn/art/2021/1/27/art_ 1229425075_ 3793522. html。

［80］义乌市商务局：《2021 年 3 月商务数据小册子》，2021 年 5 月 7 日，见 http：//www. yw. gov. cn/art/2021/5/7/art_ 1229425075_ 3841763. html。

［81］义乌市统计局：《2020 年义乌市国民经济和社会发展统计公报》，2021 年 5 月 19 日，见 http：//www. yw. gov. cn/art/2021/5/19/art_ 1229187192_ 3829874. html。

［82］义乌市统计局：《义乌统计年鉴 2020》，2020 年。

［83］义乌小商品城研究院：《义乌 RCEP 研究报告》，2021 年。

［84］虞静等：《义乌跨境电商业及市场渗透调研分析》，义乌小商品城研究院，2020 年。

［85］野村东方国际证券：《RCEP 带给中国先进制造业的机遇与挑战》，2020

年 11 月 28 日。

[86] 张媛卿等：《义乌国际贸易综合改革试点背景下的金融创新研究——基于全国首创"易透"供应链融资模式分析》，《中共宁波市委党校学报》2014 年第 5 期。

[87] 张方波：《CPTPP 金融服务条款文本与中国金融开放策略》，《亚太经济》2020 年第 5 期。

[88] 张健等：《供应链金融对产融结合型企业融资约束的缓解作用——基于企业间关联交易视角》，《商业经济研究》2019 年第 18 期。

[89] 张可云等：《双循环新发展格局与区域经济发展》，《区域经济评论》2021 年第 1 期。

[90] 张乃根：《与时俱进的 RCEP 知识产权条款及其比较》，《武大国际法评论》2021 年第 2 期。

[91] 张天桂：《RCEP：特点、问题与前景》，《国际展望》2021 年第 2 期。

[92] 张文朗、郭永斌：《东南亚能承接多少制造业？——产业转移专题之一》，光大证券，2019 年。

[93] 张原：《中国对外投资的特征、挑战与"双循环"发展战略应对》，《当代经济管理》2021 年第 7 期。

[94] 赵晓雷：《RCEP 金融服务条款对我国金融开放的影响》，《中国外汇》2020 年第 24 期。

[95]《首飞！义乌—菲律宾马尼拉国际货运航线开通》，2021 年 3 月 3 日，见 https：//www.ccaonline.cn/wuliu/hyhot/638092.html。

[96]《易纲行长在博鳌亚洲论坛宣布进一步扩大金融业对外开放的具体措施和时间表》，2018 年 4 月 11 日，见 http：//www.pbc.gov.cn/goutongjiaoliu/113456/113469/3517821/index.html。

[97]《商务部：中国愿与新西兰就加入 CPTPP 保持沟通》，2021 年 1 月 27 日，见 http：//tradeinservices.mofcom.gov.cn/article/news/gnxw/202101/113271.html。

[98]《促进全球最大自贸协定落地 中国积极行动》，2021 年 3 月 26 日，见 http：//www.gov.cn/zhengce/2021-03/26/content_ 5595812.htm。

[99]《双循环新发展格局的战略考量》，《广州日报》2020 年 8 月 31 日。

[100] 陆立军等：《义乌模式》，人民出版社 2008 年版。

[101] 刘英：《RCEP 生效将带来多重经济效应》，《经济日报》2022 年 1 月 19 日。

后　记

　　2020 年，突如其来的新冠肺炎疫情加剧百年变局，也在同一年，经过八年长跑，东盟和中国、日本、韩国、澳大利亚、新西兰 15 个国家终于签署了《区域全面经济伙伴关系协定》（RCEP），并于 2021 年元旦落地生效。作为全球最大的自贸区，RCEP 的落地生效具有划时代的意义，将推动区域经济一体化，改变世界经贸格局。目前以北美、欧洲为中心的世界贸易中心将发生东移，长远来看，世界格局也将随之改变。在此过程中，义乌作为世界小商品之都的地位和作用是非常有价值的研究课题。

　　从这个角度看，本书的出版首先要感谢国家与这个时代，RCEP 这一全球最大的自由贸易协定的签署，让本书的研究具有了现实指导意义。

　　感谢包括义乌市改革办、商务局、经信局、发展改革委、市场发展委、义乌海关等多个部门给予调研组的调研及数据支持。感谢义乌商城集团的国际商城各区给予调研的支持。感谢义乌商城集团多位领导支持课题组深入国际商城及市场取得第一手的调研成果，并给予宝贵的数据支持。

　　感谢人民出版社相关领导和编辑曹春等老师的精心编校，在拿到书稿后兢兢业业地第一时间推出新书。

　　感谢人大重阳金融研究院课题组刘英、胡倩榕、刘锦涛、郭方舟、许林、刘思悦、李懿行、陈正浩的撰写以及陈维泽、曾涵睿等参与编校，在这段宝贵时间付出的辛苦努力。

　　RCEP 谈判经历了漫长的八年长跑，对于 RCEP 的落地生效大家都迫不及待，本书的出版也是在义乌与 RCEP 的课题研究基础上所形成的。由于时间紧迫，课题组在有限时间内，不仅阅读了数千页的文献文件，而且要熟悉 20 章

1.4 万页的 RCEP 内容，并力求对 RCEP 做一个准确的阐释，用义乌精神与义乌效率，完成了这份艰难的作业，试图在第一时间给企业研究 RCEP 落地生效的影响以参考。

RCEP 的落地生效需要结合地方的具体情况，要了解 20 个国别（包含了 RCEP 成员国、CPTPP 成员国、东盟和印度等国家）情况，时间有限，课题组对 RCEP 及 CPTPP 涉及的国别做了初步的研究，在对部分国家进行实地调研的基础上，希望给地方及企业参与 RCEP 贸易和投资的这些国别一个画像，并进一步深入研究。

义乌是我的故乡，本着脚踏实地做学问的理念，课题组在与义乌多次合作基础上又多次深入义乌等地调研。

在地方样本选取上，各种商品远销世界 200 多个国家的义乌堪称中国的名片。义乌在全球的竞争力是综合性的，体现制造业和供应链优势。义乌小商品城所交易的商品涵盖六大类 200 多万种产品，尽管课题组数次调研，但仍是管中窥豹。对此，我们基于数据分析和协定文本分析，在政策研究基础上提出一些建议，拿出一部分内容来出版，并力求将义乌作为 RCEP 经贸示范的经典案例来做跟踪研究。不仅助推义乌作为世界小商品之都的发展，也以此帮助各地方、企业充分认识 RCEP/CPTPP 的重要性及其所带来的巨大发展机遇及局部挑战，加强同 RCEP/CPTPP 成员国之间的贸易与投资，促进 RCEP 产业链、供应链的重塑，并深化改革和扩大开放，从而推进区域经济一体化。如本书能给读者一点启迪，课题组都感到无比欣慰。书中挂一漏万，恳请读者批评指正，请将建议惠至 wangwen2013@ ruc. edu. cn。

最后还是要再次感谢立志于打造世界小商品之都的义乌市政府，这里要特别感谢浙江中国小商品城集团赵文阁董事长、王栋总经理及傅春晗、方正平、陈颖与孙太云等多位领导、同仁给予的研究思路、课题调研等方面的鼎力支持。

王　文

2022 年 4 月 29 日于望京

责任编辑:曹　春

封面设计:汪　莹

图书在版编目(CIP)数据

中国经贸新形势与地方发展:以义乌与 RCEP/CPTPP 的关系为例/中国人民
　大学重阳金融研究院,义乌中国小商品城研究院 编写;王文,赵文阁,
　刘英 主编. —北京:人民出版社,2022.4
ISBN 978－7－01－024056－5

Ⅰ.①中…　Ⅱ.①中…②义…③王…④赵…⑤刘…　Ⅲ.①地区贸易-
经济　经济发展-关系-自由贸易-国际贸易-贸易协定-研究-义乌
　　Ⅳ.①F727.554

中国版本图书馆 CIP 数据核字(2021)第 281266 号

中国经贸新形势与地方发展

ZHONGGUO JINGMAO XINXINGSHI YU DIFANG FAZHAN

——以义乌与 RCEP/CPTPP 的关系为例

中国人民大学重阳金融研究院　义乌中国小商品城研究院　编写

王文　赵文阁　刘英　主编

人民出版社出版发行

(100706　北京市东城区隆福寺街 99 号)

北京盛通印刷股份有限公司印刷　新华书店经销

2022 年 4 月第 1 版　2022 年 4 月北京第 1 次印刷
开本:710 毫米×1000 毫米 1/16　印张:30.75
字数:470 千字

ISBN 978－7－01－024056－5　定价:158.00 元

邮购地址 100706　北京市东城区隆福寺街 99 号
人民东方图书销售中心　电话 (010)65250042　65289539